ENCORE TRICOLORE 4

nouvelle édition

Heather Mascie-Taylor and Sylvia Honnor

ICT Consultant: Terry Atkinson

Published in 2001 by:
Nelson Thornes Ltd
Delta Place
27 Bath Road
CHELTENHAM
GL53 7TH
United Kingdom

05 06 07 08 / 10 9 8

A catalogue record for this book is available from the British Library

ISBN 0 17 440344 5

Illustrations by Art Construction; David Birdsall; Dave Bowyer; Judy Byford; Debbie
Clark; Sarah Colgate; Angie Deering; Karen Donnelly; Phil Garner; Tim Kahane;
Debbie Kindred; Julia King; Mike Lacey; David Lock; Gillian Martin; Michael Ogden;
Andy Peters; Lisa Smith; Peter Smith; Mike Whelan; Peter Wilks; John Wood

Page make-up by AMR Ltd

Printed and bound in China by Midas Printing International Ltd.

Acknowledgements

The authors and publisher would like to thank the following people, without whose support they could not have created *Encore Tricolore 4 nouvelle édition*:

Marie-Thérèse Bougard for her valuable help in planning and writing this course; Susan Hotham and Wakefield Girls' High School; John Clancy and Kettlethorpe High School; Iain Lindsay, Henry Moyle and Reading School; Mrs J. Anderson and Cullompton Community College; Jenny Carr and Kendrick School, Reading; Philippe Bourgeois; Bethany Honnor; Jonathan Mascie-Taylor; Lucy and Natalie Ingram; Thomas and Owain Black; Nicola, Katy, Brian and Adrian Chapman; Alex O'Donnell; Liz Heeley, Arcade Cameras, Huddersfield; Adeline Dumay; La Famille Fardeau; La Famille Proulx (Montréal); Tuyen Vo and Émilie Saulmier-Talbot, Petit Séminaire, Québec; Michel, Brigitte, Cécile and Sophie Denise; Claude, Wendy and Charlotte Ribeyrol; Jacqueline, Clément and Marion Donnezan-Nicolau

Tasha Goddard, Sara McKenna and Michael Spencer for editing the materials.

Front cover photography by Images Colour Library

Photographs courtesy of David Simson/B-6490 Septon (DASPHOTOGB@aol.com) with the exception of:
Sylvia Honnor (pp. 6, 7, 15-17, 70, 110, 112, 113, 117, 118, 124, 134, 151, 191 and 206); Heather Mascie-Taylor (pp. 12, 18, 34, 49, 60, 62, 64, 69, 70, 76, 84, 86, 88, 91, 104, 111, 112, 124, 126, 130-133, 141, 195 and 200); Michael Spencer (pp. 62, 86, 104, 141, 150, 151, 164, 170, 172, 173, 213 and 233); John Clancy (p. 86); Sandy Chapman (p. 86); Valerie O'Donnell (p. 90); Sheila Swanson (p. 149); Nigel Chapman (p. 86); Christine DELPAL, NEROPTIK (p. 28 A and C); © Disneyland Paris (p. 32); Le parc Astérix (p. 34); Rex Features Limited (pp. 11, 145 and 149); Sipa Press/Rex Features Limited (p. 216); © Foxx Photography (NT) (p. 18); Instant Art (NT) (p. 54); Stockbyte (NT) (p. 113); Corbis (NT) (p. 116 and 199); Photodisc (NT) (p. 192); Corel (NT) (pp. 189, 205, 207, 216 and 234); Image 100 (NT) (p. 236).

The authors and publishers would also like to acknowledge the following for the use of copyright material:
AQA (NEAB) / AQA examination questions are reproduced by permission of the Assessment and Qualifications Alliance (p. 222 – 'Cosette, c'est moi'); AQA (SEG) examination questions are reproduced by permission of the Assessment and Qualifications Alliance (p. 86 'Le prix de l'honnêteté'); Bayard Presse for *Okapi* extracts © Bayard Presse (pp. 81, 161 – Olivier Rey, 170, 216 – Marc Beynier) and for the *Phosphore* extract © Bayard Presse (p. 222); Cegetel for material from SFR (p. 235); Comité Français d'Education pour la Santé (p. 116 – 'Un Atout pour votre Santé', p. 183 – 'C'est parce que qu'il y a des raisons d'espérer qu'il faut continuer' and 'Journée mondiale de lutte contre le Sida, 1er décembre 2000', p. 187 – 'Il n'y a pas de drogués heureux'); Croix Rouge Française (p. 170); Direction de la Sécurité et de la Circulation Routières (p. 53, 'Bison Futé' logo); Editions Gallimard for 'Déjeuner du matin' from *Paroles* by Jacques PRÉVERT © Editions GALLIMARD (p. 101); Excelsior Publications for the extract from *Science et Vie Junior* (p. 187); France Telecom (p. 50, 'Cyberbus'); FUAJ for leaflet 'Guide des Auberges de Jeunesse de France' (p.166) Hotel de L'Arcade, Paris (p. 157); J'ai lu (p. 139, for book covers of *La Ligne Vert* by Stephen King, *Les Cendres d'Angela* by Frank McCourt and *L'Alchemiste* by Paul Coehlo); Mairie de Paris (p. 46, extract from 'Triez vos déchets'); Médecins sans frontières (p. 189, logo); OCR (MEG) (p. 231 – 'Des journées particulières'); Office de Tourisme d'Annecy (p. 27, Annecy logo); Office de Tourisme de Bordeaux (p. 27, Bordeaux logo); Office de Tourisme de Calais (p. 27, Calais logo); Office de tourisme de Lyon (p. 27, Lyon logo); SNCF 2001 (p. 138, 'En train de lire' poster); Supermarché Eric Leclerc (p. 221); Ville de Marseille (p. 27, Marseille logo); Ville et Communauté urbaine de Strasbourg (p. 27, Strasbourg logo).

Every effort has been made to trace copyright holders but the publisher will be pleased to make the necessary arrangements at the first opportunity if there are any omissions.

Recorded by John Green tefl tapes with Jean-Pierre Blanchard, Marianne Borgo, Evelyne Celerien, Stephane Cornicard, Philippe Cruard, Marie-Virginie Dutrieu, Sebastian Dutrieu, Pamela Farbre, François Gould, Mathieu Korwin, Sebastian Korwin, François Lescurat, Stephanie Maio, Katherine Mamy, Daniel Pageon, Sophie Pageon, Carole Rousseau, Vanessa Seydoux, Philippe Smolokowski, Jean Tox and Geraldine Visser.

 Work in pairs or groups.

 Using a computer will help with this activity.

Listen to the recording for this activity.

Pour vous aider

Words and phrases to help you do an activity.

DOSSIER-LANGUE

Grammar notes to help you understand the patterns and rules of French.

SOMMAIRE

A summary of all the main language introduced in the unit.

Table des matières

Table des matières

unité 1

Jeunes sans frontières

1.1 Nous les jeunes

1 C'est qui?

Lisez les témoignages A à D, puis répondez aux questions.

Exemple: 1 C'est Sophie.

C'est qui?

1 Elle habite à la campagne.

2 Combattre le racisme est très important pour cette personne.

3 Il y a trois enfants dans sa famille, mais les deux autres sont plus jeunes que lui.

4 Elle a un frère aîné.

5 Il n'a pas de sœurs, mais il a trois frères.

6 Il habite en Belgique, mais son rêve est de visiter d'autres pays.

7 Elle a des amies qui sont jumelles.

8 Il a dix-sept ans et il s'intéresse à la médecine.

9 Dans son temps libre, elle aime lire et faire des promenades.

10 Sa mère est veuve.

11 Il aime faire du sport et discuter avec d'autres jeunes.

12 Elle n'est pas née en Europe, mais elle y habite à présent.

13 Il a des correspondants dans plusieurs pays.

14 Elle voudrait travailler dans un autre pays.

Jeunes sans Frontières ▲ STAGE ANNUEL

Voici des jeunes personnes qui participent à un stage à Paris, dont le but est d'encourager les contacts entre les jeunes des différents pays du monde.

Voici les témoignages de quatre stagiaires:

A **Sophie Milon (18 ans)**

J'habite dans un tout petit village au Luxembourg. Pendant mon temps libre, j'écoute de la musique, je lis et je fais des randonnées. Comme je suis fille unique, je suis souvent seule. Au Stage, c'est super: on n'est jamais seul, on se fait très vite de nouveaux amis. Mon rêve est d'aller travailler à Copenhague au Danemark. L'an dernier, j'y ai passé des vacances chez des sœurs jumelles danoises qui sont mes correspondantes et j'adore cette ville.

B **Nicolas Balland (17 ans)**

Le Stage me plaît beaucoup et j'y vais depuis trois ans. Je suis français, j'habite à Toulouse avec mes parents, ma sœur qui a quinze ans et mon frère, onze ans, et j'ai beaucoup d'amis, mais c'est un monde un peu limité. Au Stage, j'ai rencontré des jeunes de beaucoup de pays et ça m'a donné de nouvelles idées. Mon rêve est de devenir médecin et de travailler pour l'organisation 'Médecins sans frontières'.

C **Damien Bertin (16 ans)**

Je suis belge et j'habite à Bruxelles. Comme la Belgique est assez petite comme pays, je suis heureux qu'on fasse partie de l'Europe, on a l'impression d'être plus libre! Chez moi, j'ai trois frères plus jeunes que moi, alors nous sommes quatre garçons à la maison. Au Stage, on est avec beaucoup de filles (et d'autres garçons, bien sûr!) de pays différents. On fait beaucoup de sport, on discute ensemble, on s'amuse bien. Mon rêve est de voyager à l'étranger pour rendre visite à mes correspondants, surtout Anna, une amie néerlandaise et Patrick, un copain irlandais.

D **Leila Sabatier (16 ans)**

Je suis marocaine, mais nous habitons à Strasbourg en France, car ma mère travaille comme interprète pour le Parlement européen. Je crois qu'il est très important de faire la connaissance de jeunes personnes d'autres pays et de combattre le racisme, donc, je suis venue au Stage avec Yusuf, mon frère aîné. Comme notre père est décédé, nous avons obtenu une bourse pour venir cette année et mon rêve est de revenir l'année prochaine!

2 🎧 Deux interviews

Écoutez les interviews avec deux autres stagiaires et notez leurs détails dans votre cahier.

FICHE D'IDENTITÉ

1
1 Nom .... Weinitz ....
2 Prénom .... Jacob ....
3 Âge ....
4 Anniversaire ....
5 Nationalité ....
6 Ville ....
7 Famille ....
8 Adore ....
9 Déteste ....
10 Sports pratiqués ....
11 Couleurs préférées ....
12 Rêve ....

FICHE D'IDENTITÉ

2
1 Nom ....
2 Prénom ....
3 Âge ....
4 Anniversaire ....
5 Nationalité ....
6 Ville ....
7 Famille ....
8 Adore ....
9 Déteste ....
10 Sports pratiqués ....
11 Couleurs préférées ....
12 Rêve ....

Lexique

Les pays	Countries	Les nationalités
l'Allemagne *(f)*	*Germany*	allemand(e)
l'Angleterre *(f)*	*England*	anglais(e)
la Belgique	*Belgium*	belge
le Canada	*Canada*	canadien(ne) (français(e))
le Danemark	*Denmark*	danois(e)
l'Écosse *(f)*	*Scotland*	écossais(e)
l'Espagne *(f)*	*Spain*	espagnol(e)
les États-Unis *(m pl)*	*United States*	américain(e)
l'Europe *(f)*	*Europe*	européen(ne)
la France	*France*	français(e)
la Grande Bretagne	*Great Britain*	britannique
la Grèce	*Greece*	grec (grecque)
l'Inde *(f)*	*India*	indien(ne)
l'Irlande *(f)*	*Ireland*	irlandais(e)
l'Italie *(f)*	*Italy*	italien(ne)
le Maroc	*Morocco*	marocain(e)
la Norvège	*Norway*	norvégien(ne)
le Portugal	*Portugal*	portugais(e)
le Pakistan	*Pakistan*	pakistanais(e)
les Pays-Bas *(m pl)*	*Netherlands*	néerlandais(e)
le pays de Galles	*Wales*	gallois(e)
le Québec	*Quebec*	québécois(e)
le Sénégal	*Senegal*	sénégalais(e)

3 🗣 Deux interviews à faire

Travaillez à deux. Regardez les fiches et imaginez une autre interview. Une personne pose les questions, l'autre prend le rôle de Valérie ou d'Yves et répond.

Exemple: – *Comment t'appelles-tu?*
– *Je m'appelle Valérie Fayemi.*

1 Nom .. Drouot
2 Prénom .. Yves
3 Âge .. 17 ans
4 Anniversaire 24 octobre
5 Nationalité canadien français
6 Ville .. Québec
7 Famille 1 sœur (Sophie, 13 ans) 1 demi-frère (Jean-Victor, 5 ans)
8 Adore .. faire du théâtre
9 Déteste .. les sports d'équipe
10 Sports pratiqués le ski, l'équitation
11 Couleurs préférées .. le rouge et le noir
12 Rêve .. travailler comme magicien professionnel

1 Nom .. Fayemi
2 Prénom .. Valérie
3 Âge .. 16 ans
4 Anniversaire 1 janvier
5 Nationalité .. sénégalaise
6 Ville .. Marseille
7 Famille .. 2 sœurs et 3 frères
8 Adore .. la lecture et écrire des histoires pour enfants
9 Déteste .. les jeux électroniques
10 Sports pratiqués .. le tennis et les randonnées
11 Couleurs préférées .. le violet et le vert
12 Rêve .. visiter les États-Unis

Des questions possibles:

- Ton nom, comment ça s'écrit?
- Ton anniversaire, c'est quand?
- Quelle est ta date de naissance?
- Tu es de quelle nationalité?
- Quels sont tes passe-temps/sports/couleurs préféré(e)s?
- Quel est ton rêve?

4 À vous!

Écrivez une description d'Elsa ou de Jacob.
Exemple: *Elsa Johannessen a dix-sept ans et ...*

DOSSIER PERSONNEL

Écrivez la première partie d'un dossier sur vous-même, sous forme d'une fiche d'identité ou d'une description (de préférence, créez un fichier sur l'ordinateur).

N'oubliez pas de parler de ces choses: nom, âge, anniversaire, nationalité, domicile, passe-temps, rêve.

Now you can ...

○ exchange general information about yourself and your family (name, age, nationality, likes and dislikes)

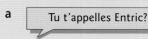

Des questions

Pour faire la connaissance de quelqu'un, on lui pose des questions:

a Tu t'appelles Entric?

b Est-ce que tu t'appelles Entric?

c Tu t'appelles Entric, non?

d T'appelles-tu Entric?

e Comment t'appelles-tu?

The cartoon shows five different ways, all in common use, of asking questions in French (in this case, to check someone's name).

1 **Raising your voice** in a questioning way:
   Tu t'appelles Entric? Are you called Entric?
2 **Using** *Est-ce que*:
   By adding this to the beginning you can turn any French statement into a question.
   Est-ce que tu t'appelles Entric? Are you called Entric?
3 **Putting** *non?* **or** *n'est-ce pas?* at the end of a statement (often used when you are expecting someone to agree with you, like saying 'Isn't it?' or 'Right?'):
   Tu t'appelles Entric, non?
   Tu t'appelles Entric, n'est-ce pas? Your name is Entric, isn't it?
4 **Changing the word order** by turning the verb and the subject round (this method is often called 'inversion'):
   T'appelles-tu Entric? Are you called Entric?
5 **Using a question word**, like *Comment?*, or *Combien?:*
   Comment t'appelles-tu? What is your name?
   Comment tu t'appelles? What are you called?

I   Posez des questions

Travaillez à deux. Une personne pose une question, l'autre répond, puis choisit une autre façon de poser la même question.
Exemple:
– *Tu as des frères et sœurs?*
– *Oui, j'ai un frère. Et toi, est-ce que tu as des frères et des sœurs?*
– *Oui, j'ai ...*

Des questions possibles:

Toi
1 Tu es anglais, non?
2 C'est quand, ton anniversaire?
3 Ton nom, comment ça s'écrit?
4 Tu aimes le sport?
5 Quelle est ta couleur préférée?
6 Comment ça va?

Ta famille
1 Tu as des frères et sœurs?
2 Ton frère/Ta sœur s'appelle comment? (ton demi-frère? ta demi-sœur?) Comment ça s'écrit?
3 Il/Elle a quel âge?
4 Tu es l'aîné(e) de la famille, non?
5 Est-ce que tu t'entends bien avec tes parents? (ton beau-père? ta belle-mère?)
6 As-tu des grands-parents? (des tantes? des oncles? des cousins?)

Les animaux
1 Tu aimes les animaux?
2 Quel est ton animal préféré?
3 Tu as un animal ou tu connais quelqu'un qui a un animal?
4 Qu'est-ce que c'est?
5 Il/Elle est comment?
6 Comment s'appelle-t-il/elle?

Lexique

Des mots interrogatifs	*Question words*
Combien?	*How much? How many?*
Comment?	*How? What like?*
Où?	*Where?*
D'où?	*Where from?*
Tu viens d'où?	*Where are you from?*
Pourquoi?	*Why?*
Quand?	*When?*
Depuis quand?	*How long? Since when?*
Qu'est-ce que c'est?	*What is it?*
Qu'est-ce que tu fais comme (loisirs/sports)?	*What sorts of (leisure activities/sports) do you do?*
Qui?	*Who?*
Quoi?	*What?*

Special case:* quel(le)? *(which/what?)
Quel is an adjective and agrees with the noun which goes with it:

Quel âge as-tu?	*How old are you?*
De **quelle** nationalité es-tu?	*Which nationality are you?*
Quels sont tes loisirs favoris?	*What are your favourite leisure activities?*
Quelles langues parles-tu?	*What languages do you speak?*

2 Encore des questions

Vous voulez poser des questions à des copains français.
a *Complétez les questions.*
Exemple: 1   Comment t'appelles-tu?

1 … t'appelles-tu?
2 … âge as-tu?
3 … viens-tu?
4 Tu es de … nationalité?
5 … tu parles anglais?
6 … de frères et sœurs as-tu?
7 … s'appellent-ils?
8 – Vous restez ici jusqu'à …?
    – Jusqu'à samedi.
9 – … êtes-vous ici?
    – Pour un échange scolaire.
10 – … penses-tu de notre collège?
    – Je pense qu'il est … (pas mal/bien/intéressant/excellent).

b 🎧 *Écoutez pour vérifier les questions et notez les réponses d'Alexandre.*
Exemple:

1	Nom	Alexandre Michelin
2	Âge	……………………………
3	Ville	……………………………
4	Nationalité	……………………………
5	Il parle anglais?	……………………………
6	Frères et sœurs	……………………………
7	Comment s'appellent-t-ils/elles?	………………
8	Il reste ici jusqu'à	……………………………

DOSSIER-LANGUE

Une question très utile

Qu'est-ce que tu aimes comme …?
What kind of … do you like?
Exemple:

– *Qu'est-ce que tu aimes comme **films**?*
– *J'aime **les films** de science-fiction.*

• In the question, just say the noun (without *le/la/les*).
• In the answer say *le/la/les* before the noun as usual.

---

3 Qu'est-ce que tu aimes comme …?

*Vous posez des questions à un(e) ami(e) français(e). Regardez les images et inventez cinq questions avec **Qu'est-ce que tu aimes comme …?***
Exemple: *Qu'est-ce que tu aimes comme fruits?*

(les) fruits
(les) voitures
(le) sport
(la) nourriture
(les) vêtements,
(les) livres
(les) animaux
(les) boissons
(les) groupes
(la) musique

Qu'est-ce que tu aimes comme …?

DOSSIER PERSONNEL

Complétez la liste:
Comme fruits, j'aime les …   Comme boisson, j'aime le/la/l' …
Comme sport, j'aime le/la/l' …   Comme animaux, j'aime les …
Comme nourriture, j'aime le/la/l' …   Comme musique, j'aime le/la/l' …

DOSSIER-LANGUE

Answering questions

- You often need a different 'person' of the verb in the answer from the one in the question.
  - question: *tu* or *vous*
  - answer: *je* or *nous*

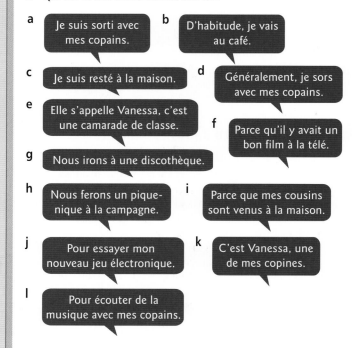

But if you're talking about other people, you often use the third person for both question and answer:

- *Est-ce que ce sont des Martiens?*
- *Non, non. Ce sont les nouveaux professeurs!*

- When replying to a question, you nearly always use the same tense as in the question:

- *À quelle heure **arrives-tu** chez toi, d'habitude?* (present)
- *J'**arrive** vers cinq heures.*
- *À quelle heure **es-tu arrivé** chez toi après la boum?* (perfect)
- *Je **suis arrivé** à une heure du matin.*
- *Quand **arriveras-tu** chez moi ce soir?* (future)
- *J'**arriverai** vers sept heures.*

- Questions asking 'why?', using *pourquoi?* are usually answered either with *parce que* (= because) + a noun or pronoun and a matching part of a verb:

- ***Pourquoi** vas-tu en France?*
- ***Parce que** je vais chez mon correspondant.*

or with *pour* + an infinitive:

- ***Pourquoi** vas-tu en France?*
- ***Pour** visiter mon correspondant.*

---

4 Qu'est-ce qu'on répond?

Pour chaque question, il y a au moins deux réponses possibles. Pouvez-vous les trouver?

Exemple: 1   Que fais-tu le samedi?
             Réponses *b* et *d*.

1   Que fais-tu le samedi?
2   Qu'est-ce que tu as fait samedi dernier?
3   Que ferez-vous samedi prochain, toi et tes amis?
4   Pourquoi n'es-tu pas sorti samedi dernier?
5   Pourquoi vas-tu rester à la maison ce soir?
6   Qui est la fille aux cheveux blonds?

a   Je suis sorti avec mes copains.

b   D'habitude, je vais au café.

c   Je suis resté à la maison.

d   Généralement, je sors avec mes copains.

e   Elle s'appelle Vanessa, c'est une camarade de classe.

f   Parce qu'il y avait un bon film à la télé.

g   Nous irons à une discothèque.

h   Nous ferons un pique-nique à la campagne.

i   Parce que mes cousins sont venus à la maison.

j   Pour essayer mon nouveau jeu électronique.

k   C'est Vanessa, une de mes copines.

l   Pour écouter de la musique avec mes copains.

5   L'interviewer, c'est vous!

Travaillez à deux. Une personne (A) regarde cette page, l'autre (B) regarde la page 239.

Voici les détails personnels de deux jeunes. Votre partenaire regarde les détails de deux jeunes différents. Posez des questions et répondez à tour de rôle et notez les détails.

Exemple: A *Ta première personne – qui est-ce?*
            B *C'est Corinne Trudeau.*
            A *Comment ça s'écrit?*
            B *C-O-R-I-N-N-E T-R-U-D-E-A-U*
            A *Quel âge a-t-elle?*

A	prénom	nom	âge	nationalité	domicile	loisirs	rêve
1	Jean	Boulez	17	français	Toulouse	le football le golf le cinéma jouer de la guitare	jouer dans l'équipe de France
2	Alice	Schwarzkopf	18	belge	Bruxelles	la peinture la lecture le théâtre	être actrice célèbre

6 Céline Dion – superstar

Lisez l'article et faites les activités.

Vous connaissez Céline Dion? Tout le monde connaît ses chansons, mais que savez-vous de sa vie?

Céline Dion est canadienne française et elle a passé son enfance dans une petite ville à 50 kilomètres de Montréal au Québec. Née en 1968, elle fait partie d'une famille nombreuse – quatorze enfants – dont elle est la plus jeune. Avec tous ces enfants, ça va sans dire que ce n'était pas une famille riche et ses parents, musiciens tous les deux, jouaient dans un bar dans la petite ville de Charlemagne où ils habitaient (et où Céline est née).

Tous les membres de la famille Dion adorent la musique, tout le monde joue ou chante, un peu comme dans 'The Sound of Music', ils ont souvent fait des concerts en famille dans les petites villes de la région.

À l'âge de cinq ans, Céline a commencé à faire partie de ces concerts et elle a vite appris les secrets de la réussite devant 'le public'. À l'âge de douze ans, Céline a interprété une chanson en français, composée par sa mère, 'Ce n'était qu'un rêve'. On a enregistré cette chanson sur une cassette démo et on l'a envoyée à un homme célèbre dans le monde de la musique populaire, le producteur René Angelil. Il a tout de suite reconnu que le talent de Céline était extraordinaire et c'est lui qui l'a transformée en artiste célèbre et qui a financé son premier album.

C'était le début d'une vie de star pour Céline!
En 1982, elle a gagné la médaille pour le meilleur interprète au Festival Yamaha de la Chanson Internationale à Tokyo. Un an plus tard, elle a reçu un disque d'or en France – c'est la première fois qu'une Canadienne gagnait ce prix prestigieux! La reconnaissance internationale de Céline avait commencé!

Depuis ce temps-là, Céline a tout fait. Elle a gagné presque tous les prix possibles pour la musique, y compris le premier prix du concours de l'Eurovision à Dublin. Elle a vendu plus de 100 millions d'albums; son premier album s'appelait 'La Voix du Bon Dieu', et entre les plus célèbres sont, en français 'D'eux' et en anglais, 'The Colour of my Love'.

Céline a chanté pour le Pape et pendant l'ouverture des Jeux Olympiques à Atlanta en 1996. Beaucoup de ses chansons sont très célèbres; par exemple, 'My heart will go on', le thème principal du film 'Titanic' et son enregistrement de la chanson-titre pour 'La Belle et la Bête' de Walt Disney, qui a gagné un Academy Award.

Mais la famille a toujours été très importante pour Céline. En 1994, elle a épousé René Angelil et plus tard, elle a décidé de se retirer de sa carrière publique pendant deux ans pour se consacrer à sa vie personnelle et pour peut-être avoir un enfant. Tout s'est bien passé et le 25 janvier 2001, son fils, le petit René-Charles est né. Il ne sait pas encore que sa mère, Céline, est une des chanteuses les plus connues du monde!

7 Une interview avec Céline Dion

a *Voici des réponses de Céline. Quelles étaient les questions?*
Exemple: 1 *Où êtes-vous née?*

1 Je suis née au Canada, pas loin de Montréal.
2 J'ai treize frères et sœurs.
3 Oui, toute la famille aime la musique.
4 Oui, je chante en français et en anglais.
5 Je n'ai pas de chanson favorite.
6 Bien sûr, je suis souvent très fatiguée.

b *Choisissez cinq phrases et complétez-les pour faire un petit article sur Céline Dion.*
Exemple: Céline Dion est née *au Canada*.

1 Céline Dion est née …
2 À l'âge de cinq ans, …
3 Les membres de sa famille …
4 Elle aime beaucoup …
5 Elle chante …
6 Elle a gagné …
7 Une de ses chansons les plus célèbres est …
8 Maintenant, elle est …

Now you can …
- seek information about people's family, pets, hobbies and interests, opinions and preferences
- understand information about famous people

1.3 Une lettre … à la poste

1 Une lettre de Roselyne

Chloë Notton, une jeune Anglaise, cherche une correspondante française. Elle a posté un message sur Internet. Voici la première réponse à son annonce. Lisez la lettre, puis faites les activités a et b.

a Roselyne pose au moins cinq questions dans sa lettre. Écrivez ces questions.
> **Exemple: 1** *Est-ce que tu as des frères et sœurs?*

b Chloë décrit sa correspondante à son prof de français, mais elle fait six erreurs. Lisez la description et corrigez les erreurs.
> **Exemple: 1** Elle a *15* ans.

1 Ma correspondante s'appelle Roselyne. Elle a 16 ans et son anniversaire est le 5 septembre.
2 Elle a une sœur qui s'appelle Antoinette. Elle habite à la Rochelle.
3 Elle aime les animaux, elle a un chien et deux oiseaux.
4 Elle aime le sport, surtout le roller et l'équitation, et elle aime aussi la musique classique.
5 Elle travaille dans un magasin de chaussures le week-end, mais elle rêve d'être agent de police.

DOSSIER PERSONNEL

Écrivez votre première lettre à votre correspondant(e) français(e). Parlez de votre famille, de vos passe-temps, etc. et posez quelques questions. Mettez-la dans votre dossier personnel.

Salut, Chloë!

J'ai lu ton message sur Internet et je t'écris tout de suite parce que ça fait longtemps que je cherche une correspondante anglaise.

Je m'appelle Roselyne Bosquet, j'ai quinze ans et mon anniversaire est le 5 octobre.

J'habite à Rocamadour, en France, avec mon père, ma belle-mère et mon demi-frère Antoine, qui sont très gentils. J'ai un chat qui s'appelle Vanille et deux oiseaux qui s'appellent César et Cléopâtre. Et toi, est-ce que tu as des frères et sœurs? As-tu des animaux à la maison?

Mon père est agent de police et ma belle-mère travaille dans un magasin de chaussures. Et tes parents, qu'est-ce qu'ils font dans la vie?

Qu'est-ce que tu aimes comme sport et comme musique? Moi, j'aime le roller et la natation et j'adore la musique pop et le jazz. Mon rêve est d'être vétérinaire. Tu as un rêve, toi?

Réponds-moi vite (et envoie-moi une photo, si possible).

Amitiés,

Roselyne

2 Des e-mails à écrire

Écrivez un e-mail pour chacune des situations suivantes. Pour vous aider, regardez le Lexique.

Exemple: *a*

> Joyeux Noël à toute la famille!
> Richard

a C'est bientôt Noël: envoyez un message à votre correspondante française et à toute sa famille.
b C'est le jour de l'An: écrivez un e-mail à des amis au Québec.
c Écrivez un message pour l'anniversaire d'un copain français.
d Envoyez un message pour la fête de Marie, une copine française.
e Écrivez à quelqu'un qui va passer un examen.
f Envoyez un message à une copine qui a eu son permis de conduire.

3 🎧 Tu aimes les fêtes en famille?

Des jeunes parlent des fêtes en famille. Écoutez et notez la lettre qui correspond à l'avis de chaque personne.
Exemple: 1 c (Christophe)

1 Christophe	a Les fêtes sont amusantes.
2 Claire	b Je trouve les fêtes toujours agréables.
3 Jean	c Quelquefois, ça va.
4 Sandrine	d Souvent, ça dure trop longtemps.
5 Lucie	e Quelquefois, c'est un vrai désastre.
6 Marc	f Les fêtes, c'est ennuyeux.

Lexique

Fêtes et expressions de politesse	Special occasions and phrases
Bonne année!	Happy New Year!
Bon anniversaire!	Happy Birthday!
Bon appétit!	Enjoy your meal!
Bonne chance!	Good luck!
Bonne fête	Happy Saint's day!
Bonne fin de séjour!	Enjoy the rest of your stay!
Bon voyage!	Have a good journey!
Bon retour!	Have a good journey back!
Bon week-end!	Have a good weekend!
Félicitations!	Congratulations!
Santé! (À votre santé!)	Good Health!, cheers
Joyeux Noël!	Happy Christmas!
Joyeuses Pâques!	Happy Easter!

Point-info

À la poste

En France, on peut acheter des timbres dans un bureau de poste, un bureau de tabac ou un magasin de journaux. Souvent, on peut acheter des timbres auto-collants*.

*auto-collant = *self-adhesive*

DOSSIER-LANGUE

Prepositions with towns and countries

To say … • in or to + **towns** use *à*, e.g. *à Paris, à Londres**;
                • in or to + **countries** …
… beginning with a vowel or with a singular feminine noun use *en*, e.g. *en France*,
… with a singular masculine noun use *au*, e.g. *au Portugal*,
… with a plural noun use *aux*, e.g. *aux États-Unis*.
* A few towns in France have names beginning with *le*, e.g. *Le Havre, Le Mans*.
For these, use *au*, e.g. *Je vais au Havre/au Mans*.

---

4 On achète un timbre

Travaillez à deux. Lisez la conversation, puis inventez d'autres conversations.

– C'est combien pour envoyer **une carte postale en Angleterre** s'il vous plaît?
– 45 cents.
– Je voudrais **dix** timbres à 45 cents, s'il vous plaît.
– Voilà. **Dix** timbres, Madame/Monsieur/Mademoiselle. Ça fait quatre euros cinquante.
– Voilà, monsieur.
– Merci beaucoup. Au revoir, Madame/Monsieur/Mademoiselle.
– Au revoir, Monsieur.

en France
en Irlande
en Écosse
au pays de Galles
au Canada
au Pakistan
aux États-Unis
(Voir la liste des pays à la page 7)

une lettre
ce paquet

deux
trois
quatre
cinq   etc.

---

5 Des conversations à la poste

a *Écoutez les quatre conversations et notez à chaque fois:*
• ce qu'on achète
• ce qu'on envoie
• la destination (regardez la case bleue, activité 4)
• le prix total

b *Travaillez à deux. Maintenant, faites des conversations un peu plus longues en ajoutant des expressions dans le **Lexique**.*

---

6 Téléphoner en France

Écoutez les dialogues et notez les numéros de téléphone.
Exemple: 1 *02 40 61 05 37*

Qu'est-ce que vous remarquez?

---

7 Notez ce numéro

Choisissez deux numéros et dictez-les à votre partenaire.

a 02 47 27 02 37   d 00 44 1865 24 76 55   f 0 33 297 62 14 18
b 01 44 99 95 50   e 00 44 1738 72 83 06   g 04 68 91 24 11
c 04 50 61 54 25

Lexique

Au bureau de poste	At the post office
A l'intérieur/Dehors.	*Inside/Outside.*
Ça arrivera quand?	*When will it arrive?*
C'est par avion?	*Is it by air?*
Composer	*to dial*
Devant/Derrière le bureau de Poste.	
Behind/In front of the Post Office.	
Est-ce que vous vendez des télécartes?	
Do you sell phonecards?	
Est-ce qu'il y a une boîte spéciale pour l'étranger?	
Is there a special box for overseas?	
L'indicatif (m)	*dialing code*
Où est la boîte aux lettres/le téléphone public, s'il vous plaît?	
Where is the post box/the phone box, please?	
un paquet	*package*
un timbre	*stamp*

Point-info

Pour téléphoner à l'étranger ou de l'étranger

1   Composez le 00
2   + l'indicatif du pays (le 44 pour le Royaume-Uni, le 33 pour la France)
3   + l'indicatif de la ville (sans faire le premier zéro)
4   + le numéro de votre correspondant

Exemple: Votre meilleur ami habite à Huddersfield. Vous êtes en France et vous voulez l'appeler.
Son numéro de téléphone est le   01484 956921.
Vous devez composer le   00 44 1484 956921.

(Si vous utilisez un téléphone public et vous voulez parler longtemps, achetez une télécarte au tabac ou à la papeterie – c'est pratique et c'est moins cher!)

Now you can …

- exchange letters with a French-speaking penfriend
- discuss festivals and special events and send greetings
- understand the French postal services
- phone from and to France and exchange telephone numbers

1.4   La vie familiale

I 🎧 La vie familiale

a *Lisez ces idées et trouvez les paires de contrastes.*
b *Écoutez pour vérifier vos réponses.*
Exemple: 1d

À mon avis

1 À notre âge, les amis, c'est plus important que la famille. Si j'ai un problème, j'en parle à mes copains, pas à mes parents.

5 Avoir un frère ou une sœur plus âgée, c'est bien, mais un petit frère ou une petite sœur, c'est embêtant. Ils sont toujours trop gâtés.

3 Quand on est fils unique, on se sent seul quelquefois, mais il y a quand même des avantages!

2 Je m'entends très bien avec mes parents, je peux leur parler de tout, ou presque!

4 Les familles nombreuses, c'est super! On ne se sent jamais seul et on s'amuse beaucoup.

6 Je préfère que mes parents me donnent chaque semaine ou chaque mois une somme fixe d'argent de poche.

7 À partir de l'âge de douze ans, il faut avoir le droit de s'habiller comme on veut, même quand on sort avec ses parents.

Au contraire

a Tu as de la chance! Moi, par contre, j'ai un gros problème de communication avec mes parents. Ils ne veulent pas du tout écouter mon point de vue.

b À mon avis, il n'y a pas beaucoup d'avantages! Moi, je suis fille unique et je me sens trop seule!

c Oh, là, là! Les familles nombreuses, c'est affreux! On n'est jamais seul, on n'a pas de vie privée et il y a toujours trop de bruit.

d Je ne suis pas d'accord! Les copains, c'est très bien, mais si on a vraiment des problèmes, c'est la famille qui compte.

e Moi, je pense que quand on sort avec ses parents, il faut mettre les vêtements qu'ils préfèrent. Après tout, ce sont eux qui les achètent!

f Un frère ou une sœur plus jeune, ça va, mais un grand frère ou une grande sœur, c'est vraiment embêtant!

g Moi, mes parents ne me donnent pas d'argent régulièrement. Ils m'en donnent quand j'en ai besoin. C'est mieux comme ça.

2 🎧 On discute de la vie familiale

Écoutez l'émission et notez les avis exprimés par Élodie, Charles, Alexia et Emmanuel. Quel est l'avis le plus populaire?
Exemple: *Élodie 2*

Lexique

La famille	The family
un beau-frère	brother-in-law
un beau-père	step-father, father-in-law
une belle-mère	step-mother, mother-in-law
une belle-sœur	sister-in-law
un(e) cousin(e)	cousin
un demi-frère	step-brother
une demi-sœur	step-sister
un(e) enfant	child
une famille nombreuse	big family (5 children or more)
une femme	wife, woman
une fille/un fils (unique)	(only) daughter/son
un frère	brother
une grand-mère	grandmother
un grand-père	grandfather
les grands-parents	grandparents
un jumeau(-x)/une jumelle(-s)	twin(s)
le mari	husband
la mère	mother
un neveu	nephew
une nièce	niece
un oncle	uncle
un parent	parent, relation
le père	father
les petits-enfants	grandchildren
une sœur	sister

Pour décrire quelqu'un dans la famille	
plus âgé(e) que	older than
plus jeune/moins âgé(e) que	younger than
l'aîné(e)	oldest
le cadet/la cadette	youngest
jeune	young
vieux (vieille)	old
né(e)	born
décédé(e)/mort(e)	dead

La situation de famille	
célibataire	single
divorcé(e)	divorced
marié(e)	married
retraité(e)	retired
séparé(e)	separated
veuf (veuve)	widowed

3 Chère Alice

Lisez les lettres, puis faites les activités.

Nos lecteurs et lectrices nous écrivent

Chère Alice,
Tu as raison – à mon avis, les parents s'inquiètent trop. Chaque fois que je sors, ma mère veut tout savoir: avec qui je sors, où je vais, à quelle heure je rentre, etc. Je ne veux pas mentir à mes parents, mais ça ne m'encourage pas à leur dire la vérité.
Noémie (Avignon)

Chère Alice,
Tu as de la chance! Mes parents ne s'inquiètent pas beaucoup à mon sujet. Je ne vois ma mère que très rarement: mes parents sont séparés et j'habite avec mon père et mon frère aîné. Ils sont tous les deux gentils, mais ils n'ont pas le temps de s'occuper de moi, malheureusement! Mon père travaille le soir et la nuit, puis dort pendant la matinée (il est boulanger). On prend rarement un repas ensemble. Mon frère est étudiant et quand il a du temps libre, il sort tout le temps avec sa copine.
La liberté – c'est peut-être bien, mais moi, j'en ai trop!
Christophe (Clermont-Ferrand)

La semaine dernière, dans son émission à la radio, Alice a posé la question 'Est-ce que les parents s'inquiètent trop? Est-ce que cela nous empêche d'être indépendant ou nous encourage à leur cacher des choses?'
Nous avons reçu beaucoup de réponses. En voici quelques-unes qui sont assez typiques de vos idées.

Chère Alice,
Bien sûr, les parents sont inquiets; ils ont raison! La drogue, l'alcool, le sida – il y a un tas de dangers pour les 'ados'. En plus, les parents, eux aussi, ont des droits. S'ils savent où sont leurs filles et leurs fils, et à quelle heure ils rentrent, ils peuvent passer eux-mêmes un samedi soir agréable et sans souci. D'accord, on aime la liberté, mais soyons quand même un peu raisonnables!
Linda (Grenoble)

C'est l'avis de qui?
Quelles phrases représentent l'avis de Noémie? De Christophe? De Linda? Trouvez les deux phrases qui représentent les avis de chaque personne.
Exemple: Noémie *e, …*

a Les parents ont aussi des droits.
b Quelquefois, les parents ne s'occupent pas suffisamment de leurs enfants.
c Les parents ont raison d'être inquiets: de nos jours, il y a tant de dangers!
d Il est quelquefois difficile de dire la vérité à ses parents.
e Les parents s'inquiètent trop.
f La liberté n'est pas la chose la plus importante.

4 🎧 Alice répond

Écoutez la réponse d'Alice. Prenez des notes et complétez le résumé.
Exemple: 1 *les parents s'inquiètent un peu trop*

Je crois toujours que …(1)…, mais il est vrai qu' …(2)… . En effet, comme on vit ensemble, il faut …(3)… et de ne pas …(4)… et comme le dit ma correspondante de …(5)…, les parents …(6)…

5 À vous!

Et vous, qu'en pensez-vous?
Écrivez une réponse courte à Alice.
(Voir l'activité 1 à la page 14.)

DOSSIER PERSONNEL

Écrivez une description de votre famille. N'oubliez pas de parler de ces choses:
– Mes parents (mariés/divorcés, etc.)
– Mes frères et sœurs (prénoms, âges, etc.)
– C'est une famille nombreuse ou vous êtes fils/fille unique?

Now you can …
● understand information and opinions about family life in France
● talk and write about yourself and your family

1.5   **La vie de tous les jours**

◼ Le jour que je préfère

Tristan Benodet a 15 ans et il est en 3ᵉ B au Collège Jeanne d'Arc, dans la banlieue de Paris. Les élèves de sa classe écrivent des articles pour le magazine du collège sous le titre Le jour que je préfère. *Si possible, ils doivent illustrer les articles avec des dessins ou des photos. Lisez l'article de Tristan, puis faites les activités.*

Le samedi

Je sais très bien le jour que je préfère: c'est le samedi, surtout les samedis de vacances! Quand nous sommes en congé, je me lève assez tôt le matin et, avec une bande de copains, je vais passer le samedi au centre de Paris. On se promène près de la Seine, on regarde les gens, on bavarde ensemble. C'est très amusant.

En été, on achète une glace ou une crêpe, et, en automne ou en hiver, des marrons chauds. Moi, j'adore ça!

J'aime surtout le Quartier Latin, parce qu'il y a toujours beaucoup de choses à voir. On dit bonjour à des personnes intéressantes qui sont souvent dans ce quartier et que nous connaissons depuis longtemps: Jean-Marcel, par exemple, ça fait au moins trois ans qu'on le connaît. D'habitude, il est au même endroit, tout près de Notre-Dame, avec son chapeau melon et sa vieille pipe. Sur la photo, on peut voir son chien, qui s'appelle Toutou, et le chat noir, Minouche. Ils s'entendent très bien ensemble et ils sont souvent dans le même panier.

Quand on a soif, on entre dans un café et on boit un coca, ou, s'il fait froid, on choisit plutôt un chocolat bien chaud! Quand nous avons faim, nous mangeons des frites ou un sandwich, ou quelquefois, nous allons à cette pâtisserie tunisienne. Là, il y a des choses vraiment délicieuses!

S'il fait beau, on voit beaucoup d'artistes dans les rues. Ils dessinent sur le trottoir ou ils font des portraits des touristes, et je crois qu'ils gagnent pas mal d'argent.

La journée passe vite. L'après-midi, on va quelquefois dans le Jardin du Luxembourg …

… ou au cinéma s'il y a un bon film. Puis on prend le RER pour rentrer chez nous. Il n'est pas difficile à comprendre pourquoi le samedi est ma journée favorite!

2　Résumé

Dix de ces phrases font un résumé de l'article de Tristan. Trouvez les deux phrases qui ne sont pas vraies et mettez les autres dans l'ordre de l'article.

1　Tristan habite dans la banlieue de Paris.
2　Ils entrent dans les grands magasins pour regarder les vêtements à la mode.
3　L'après-midi, ils vont quelquefois au cinéma.
4　Il passe la journée à Paris avec ses amis.
5　Le soir, ils rentrent par le RER.
6　Ils disent bonjour à des personnes qu'ils connaissent depuis longtemps.
7　Le samedi matin, Tristan se lève assez tôt.
8　Tristan aime regarder les artistes.
9　Quelquefois, ils font une excursion en bateau sur la Seine.
10　Ils se promènent, ils mangent et ils boivent.
11　Une de ces personnes s'appelle Jean-Marcel.
12　Son jour favori est le samedi, surtout pendant les vacances.

3　Trouvez les contraires

Dans l'article de Tristan, il y a des mots ou des expressions qui sont les contraires de ceux-ci. Pouvez-vous les trouver?
Exemple: 1　la nuit – *le jour*

1	la nuit	11	lentement
2	le centre-ville	12	bonsoir!
3	facile	13	s'il fait mauvais
4	nouvelle	14	s'il fait chaud
5	en été	15	on a faim
6	au printemps	16	nous avons soif
7	quelquefois	17	on vend
8	tard	18	je déteste ça
9	rarement	19	je me couche
10	loin de	20	ils se disputent

4　Trouvez les synonymes

Dans l'article de Tristan, il y a des mots ou des expressions qui ont presque le même sens que ceux-ci. Pouvez-vous les trouver?
Exemple: 1　mon jour favori = *le jour que je préfère*

1　mon jour favori
2　normalement
3　pas loin de
4　nous sommes en vacances
5　un groupe d'amis
6　trois ans ou même plus
7　de bonne heure
8　nous avons besoin de manger
9　beaucoup d'argent
10　Ça fait longtemps que nous connaissons ces gens.
11　On le connaît depuis au moins trois ans.
12　pour retourner à la maison

5　En groupes

Inventez des phrases vraies ou fausses au sujet de la journée de Tristan pour les échanger avec un autre groupe.

DOSSIER-LANGUE

The present tense

Nearly all the verbs in Tristan's article are parts of the **present tense** and refer to something which is a state of affairs or something going on at the present time.

Regular verbs
They form the present tense in one of three ways according to their ending:

	-er, jouer	-re répondre	ir finir
je	joue	réponds	finis
tu	joues	réponds	finis
il/elle/on	joue	répond	finit
nous	jouons	répondons	finissons
vous	jouez	répondez	finissez
ils/elles	jouent	répondent	finissent

The **present tense** is also used for talking about things which don't change: *Je m'appelle Tristan et j'ai les cheveux bruns,* and about things which happen again and again: *Mes grands-parents viennent/J'écoute des disques.*

There are several meanings for the present tense in English, but in French, there is only one way of saying it: *ils s'entendent bien* could mean 'they get on well' **or** 'they are getting on well' **or** 'they do get on well'.
See how many examples of regular verbs in the present tense you can find in Tristan's article.

Irregular verbs
Many common French verbs are irregular. Tristan used at least one part of the present tense of all the following verbs:

*aller avoir boire croire connaître dire être
faire mettre pouvoir prendre savoir voir vouloir*

Can you find them?
Think about what they mean. Look them up and check that you know the whole of their present tense.

DOSSIER PERSONNEL

- Écrivez un article avec le titre: *Mon jour favori* ou *Un jour que je n'aime pas.*

Voici des idées:
Le jour que je préfère est .../Le jour que je déteste est ...
parce que je vais .../je ne vais pas .../il y a .../il n'y a pas de ... J'aime/Je n'aime pas/Je dois + infinitive ...
Le matin, je me lève tard/tôt/à sept heures, etc.
D'habitude, nous allons/je vais en ville/au collège/chez mes amis, etc.
Quelquefois, je sors/je travaille/je téléphone à .../je vois ...
Le soir, je regarde la télé/j'écoute des CD/la radio, etc.
Je me couche normalement vers ...

6 🎧 Mon jour favori

Écoutez la conversation entre Élodie et son professeur de français. Ensuite, complétez l'extrait avec les mots dans la case.
Exemple 1 *je préfère*

Élodie
Le jour que ...(1)... est le dimanche, d'abord parce que ...(2)... au collège, et aussi parce que, d'habitude, ...(3)... bien ce jour-là. Le dimanche matin, ...(4)... assez tard et quelquefois, ...(5)... au lit. De temps en temps, mes grands-parents ...(6)... déjeuner chez nous et le soir, ...(7)... ou ...(8)...

a on mange **b** viennent **c** je préfère **d** je me lève
e je regarde la télé **f** je ne vais pas **g** je sors
h j'écoute des disques

7 Un jour que je n'aime pas

Emmanuel préfère parler du jour qu'il n'aime pas. Complétez son article avec la forme correcte du verbe.
Exemple 1 je me *réveille*

Moi, je n'aime pas le lundi! Je me (**1** réveiller) assez tôt parce que je (**2** aller) au collège, mais je (**3** être) souvent fatigué après le week-end, donc je me (**4** lever) au dernier moment! Ma sœur (**5** être) toujours dans la salle de bains avant moi, alors je (**6** devoir) attendre. Je (**7** frapper) très fort à la porte et ma mère (**8** commencer) à rouspéter. Finalement, je me (**9** laver) et m'(**10** habiller) à la hâte, je n'(**11** avoir) pas le temps de manger le petit déjeuner et quelquefois, je (**12** finir) par manquer l'autobus. Dans ce cas, j'(**13** arriver) à l'école en retard et le professeur se (**14** fâcher). Encore un lundi typique qui (**15** venir) de commencer!

8 Êtes-vous chouette ou alouette?

Vous vous levez de bonne heure ou préférez-vous rester au lit? À quelle heure est-ce que vous vous couchez? Êtes-vous 'chouette ou alouette'? Pour le savoir, faites ce jeu-test.

1 Il est dix heures et demie, un lundi soir typique. Qu'est-ce que vous faites?
   a Je dors comme une souche depuis une demi-heure.
   b Depuis un quart d'heure (ou plus), je pense aller me coucher.
   c Pour moi, la soirée vient de commencer!

2 Il est neuf heures et demie du matin, un jour de semaine. À l'école ou au travail, qu'est-ce que vous faites?
   a Je travaille très bien depuis huit heures et demie, ou même plus tôt.
   b Je travaille assez bien depuis neuf heures.
   c Je commence à me réveiller (mais je dors toujours un peu quand même!).

3 Il est dix heures, un dimanche matin. Qu'est-ce que vous faites?
   a J'ai déjà pris mon petit déjeuner et, depuis une heure, je fais mes devoirs ou je lis le journal.
   b Ça fait une heure que je me suis réveillé, mais je suis toujours en pyjama.
   c Je dors toujours depuis une heure du matin!

4 Il est minuit, un samedi soir pendant les vacances. Qu'est-ce que vous faites?
   a Ça fait au moins une heure que je dors.
   b Je suis au lit, mais depuis quelques minutes seulement.
   c Ça fait seulement deux heures que je suis à la boum. J'espère que ça va continuer encore au moins une heure!

 Maintenant, écoutez la solution enregistrée ou regardez la page 240.

Now you can ...
- exchange information about everyday life and your favourite day
- use *depuis* to say how long you have been doing something

DOSSIER-LANGUE

A special use of the present tense

Look at the examples of *depuis* and *ça fait... que* in use, in activité 8. They are often translated into English by **for** or **since**:

> *Je travaille **depuis** huit heures et demie.*
> I have been working **since** half past eight.

> ***Ça fait** au moins une heure **que** je dors.*
> I have been asleep **for** at least an hour.

Look carefully at the tense of the verbs used with these two expressions. In English people say:

> I **have been** working/asleep.

In French, the present tense is used (the verb is just one word):

> *Je **travaille**/Je **dors**.*

Here are some more examples:

> *Ça fait longtemps que vous **habitez** ici?*
> **Have you been** living here for long?

The **present tense** is used in French because it is clear that **you still are** living there.

> *Oui, nous **habitons** cette maison depuis sept ans.*
> Yes, we **have been** living in this house for seven years (**and still are**).

9 🎧 Depuis quand?

Écoutez la conversation entre Jérémie, collégien à Bruxelles, et un jeune Parisien. Complétez les phrases avec les mots dans la case.

1 – Ça fait longtemps que tu habites ici?
   – Ça fait ... que j'habite Bruxelles.

2 – Depuis quand es-tu dans ce collège?
   – Je suis dans ce collège ...

3 – Depuis combien de temps apprends-tu une langue étrangère?
   – J'apprends l'anglais ... et l'allemand ...

4 – Qu'est-ce que tu fais comme sport? Et depuis quand?
   – Je joue au hockey ...

5 – As-tu un(e) correspondant(e) dans un autre pays? Si oui, ça fait longtemps que tu lui écris?
   – Oui, oui. Je lui écris ...

> depuis un an   depuis deux ans et demi   depuis quatre ans
> sept ans   depuis deux ans   depuis trois ans et demi.

10 À vous!

a *Travaillez à deux. Posez les questions de l'activité 9 à tour de rôle, mais répondez pour vous-même.*
b *Écrivez vos propres réponses.*

1.6 Pour faire une description

1 🎧 Défilé de mode

Ces jeunes font partie d'un défilé de mode au Salon de la Jeunesse à Montréal. Écoutez le commentaire et, pour chaque mannequin, écrivez la bonne lettre (A–F).

Exemple: 3 (C) Marie-Christine

A Sophie **B** Philippe **C** Marie-Christine **D** Louis-Martin **E** Magali **F** Jean-Pierre

Lexique

Les vêtements	Clothes
un anorak	anorak
des baskets *(f pl)*	trainers
un blouson	jacket
des bottes *(f pl)*	boots
une casquette	cap
une ceinture	belt
un chapeau	hat
des chaussettes *(f pl)*	socks
des chaussures *(f pl)*	shoes
une chemise	shirt
un collant	tights
une cravate	tie
une écharpe	scarf (long/woolly)
un foulard	scarf (headscarf)
des gants *(m pl)*	gloves
un gilet	waistcoat
un haut	top (camisole)
un imper(méable)	raincoat
un jean	pair of jeans
un jogging	tracksuit/jogging trousers
une jupe	skirt
un maillot (de bain)	swimming costume
un manteau	coat
un pantalon	pair of trousers
un pull(over)	pullover

un pyjama	pyjamas
une robe	dress
un short	pair of shorts
un sweat(-shirt)	sweatshirt
un T-shirt	T-shirt
une veste	jacket
un vêtement	article of clothing

Pour faire une description	Descriptions
à carreaux	checked
assorti	matching
fleuri	floral
en coton	cotton
multicolore	multi-coloured
rayé	striped
en laine	woollen
uni	plain-coloured
en soie	silk
des vêtements décontractés	casual clothes

Les bijoux	Jewellery
une bague	ring
une boucle d'oreille	ear-ring
un bracelet (pour la cheville)	(ankle) bracelet
une chaîne	chain
un collier	necklace
le piercing	body-piercing
le maquillage	make-up

2 👤 À vous!

a *Travaillez à deux. À tour de rôle, décrivez l'une des six personnes dans le défilé de mode.*
b *Une personne choisit une des personnes illustrées et en fait une description écrite, l'autre lit la description et identifie la personne.*
Exemple: *Cette personne porte un short, …*

DOSSIER-LANGUE

Adjectives (1)

Adjectives are essential for describing things. In French, adjectives agree with the noun – i.e. their spelling depends on whether the word they describe is masculine or feminine, singular or plural.

Regular adjectives:

(m)	*(f)*	*(m pl)*	*(f pl)*
noir	*noire*	*noirs*	*noires*

Some adjectives are irregular:
– *beau* (*bel*, before a vowel), *belle, beaux, belles*
– *vieux* (*vieil* before a vowel), *vieille, vieux, vieilles*
– *blanc, blanche, blancs, blanches*

(See **La Grammaire** page 243.)

DOSSIER PERSONNEL

• Écrivez un ou deux paragraphes sur vous-même, votre visage, vos cheveux, vos yeux, vos vêtements.

Une description physique:

Je suis	assez	grand(e) *(tall)*
Il/Elle est	très	petit(e) *(small/short)*
		mince *(slim)*
		gros(se) *(fat)*

Les cheveux:

J'ai	les cheveux	blonds	courts
Il/Elle a	les cheveux	roux	longs
		noirs	mi-longs *(medium length)*
		bruns	raides *(straight)*
			frisés/bouclés *(curly)*

Les yeux:

J'ai les yeux bleus/gris/marron/verts
Je porte des lunettes — *I wear glasses*
Il a une barbe — *He has a beard*
Il a une moustache — *He has a moustache*

Les couleurs:
(Voir aussi la liste de l'activité 4)
bleu (vert, etc.) clair — *light blue (green, etc.)*
vert (bleu, etc.) foncé — *dark green (blue, etc.)*

Les vêtements:
Aujourd'hui, je porte …
Pour sortir le soir, je mets … ou …
Pour faire du sport, je mets …
Mes vêtements favoris sont …

---

3 C'est utile, le dictionnaire!

Voici quelques expressions françaises qui contiennent chacune une couleur. Choisissez quatre de ces expressions et cherchez-en le sens dans le dictionnaire. Ensuite, essayez d'écrire une phrase qui contient au moins une de ces expressions:

blanc
un examen blanc
passer une nuit blanche
laisser un blanc

rouge
un poisson rouge
le rouge à lèvres
un rouge-gorge
voir rouge
la liste rouge

bleu
un bleu
le(s) bleu(s) de travail
bleu marine
cordon bleu
un steak bleu

noir
le marché noir
il fait noir
une bête noire

---

4 Les couleurs reflètent-elles votre caractère?

Oui, selon un célèbre psychologue suisse. Pour faire son 'test-couleurs', mettez ces huit couleurs par ordre de préférence, en commençant par la couleur que vous aimez le plus. Ensuite, regardez la description de votre caractère à la page 22.

1 rouge   **2** jaune **3** vert   **4** violet

5 brun   **6** gris **7** bleu   **8** noir

Now you can …

● describe a person's physical appearance and clothing

1 Le test-couleurs

Rouge
En première place
Tu es impulsif, tu aimes la vie, l'aventure, mais tu veux toujours gagner! Tu es indépendant, quelquefois un peu impatient ou même agressif.
En dernière place
Tu manques d'enthousiasme pour la vie. Tu es un peu paresseux.

Jaune
En première place
Tu es ambitieux et tu veux plaire.
En deuxième, troisième ou quatrième place
Tu es positif et optimiste.
En dernière place
Tu n'as pas beaucoup d'ambition et tu es un peu pessimiste.

Vert
En première place
Tu es fort et tu n'aimes pas les changements. Tu travailles bien et tu réussis souvent, mais tu es assez fier, un peu obstiné et quelquefois un peu égoïste.
En dernière place
Tu as souffert un peu dans le passé et maintenant tu manques de confiance. Tu es assez sérieux et un peu timide.

Violet
En première place
Tu rêves trop, mais tu as beaucoup d'imagination et tu es sympathique.
En dernière place
Bien! Tu es très adulte, aimable, responsable et mûr.

Brun/Marron
(la couleur de la santé)
En première place
Tu es trop inquiet. Tu t'occupes trop de ta santé.
En dernière place
Tu es en bonne santé et tu es très 'relax'.

Gris
En première place
Tu aimes être seul, tu n'es pas très sociable.
En dernière place
Tu es très sociable et agréable, et tu as beaucoup d'enthousiasme.

Bleu
En première place
Tu es calme, gentil et loyal, mais très sensible. Tu organises bien ta vie.
En dernière place
Tu n'es pas très content et tu voudrais être plus libre.

Noir
En première place
Tu es rebelle, tu as mauvais caractère.
En deuxième place
Tu es très déterminé et tu travailles beaucoup.
En dernière place
Tu es très bien équilibré, honnête et aimable.

DOSSIER-LANGUE

Adjectives (2)

The *test-couleurs* is full of adjectives (all in the masculine singular form). Remember to make them agree if you are describing someone feminine.

Check that you know the feminine form of the following:

1	impulsif	6	gentil
2	obstiné	7	loyal
3	paresseux	8	agressif
4	fier	9	équilibré
5	inquiet	10	ambitieux

(Attention! *Relax, marron* and *bleu marine* are invariable; that is, their spelling does not change.)
Exemple: 1 *impulsive*

---

2 Selon le test-couleurs …

Décrivez votre caractère, selon votre choix de couleurs. À votre avis, c'est vrai ou pas?
Exemple: J'ai mis violet en première place. Selon le test-couleurs, je suis sympathique, mais je rêve trop. À mon avis, c'est assez vrai.

---

3 Cherchons animateur/animatrice

> **Cherchons animateur/animatrice**
> pour notre nouveau club pour les jeunes handicapés (de 12 à 20 ans). S'adresser à la Mairie.

Travaillez à deux. Quatre candidats au poste d'animateur/animatrice ont fait le test-couleurs en donnant les réponses suivantes.

a Décrivez le caractère de chaque candidat, à tour de rôle.
Exemple: Claire est calme, gentille et loyale. Elle est aussi …

b Discutez de vos descriptions et choisissez le candidat idéal.
Exemple:
 – Moi, j'ai choisi Claire, parce qu'elle est calme et gentille. C'est important pour un travail comme ça.
 – Oui, mais moi, je préfère Sébastien. Il est fort et il travaille bien.
 – D'accord, mais …

Sébastien Lamartine 1 vert 2 noir 3 violet 4 gris 5 rouge 6 jaune 7 brun 8 bleu

Claire Dubœuf 1 bleu 2 jaune 3 gris 4 brun 5 vert 6 rouge 7 noir 8 violet

Florence Gravier 1 brun 2 violet 3 gris 4 rouge 5 bleu 6 jaune 7 noir 8 vert

Nicolas Gaudin 1 rouge 2 jaune 3 vert 4 violet 5 bleu 6 brun 7 noir 8 gris

c Écoutez pour savoir qui aura l'emploi. Est-ce que vous êtes d'accord avec la décision officielle?

Lexique

Pour décrire le caractère de quelqu'un	Describing someone's character
agréable	pleasant
aimable	kind, polite
amusant	amusing, funny
calme	quiet
content	happy, contented
difficile	difficult
drôle	funny
égoïste	selfish
ennuyeux(-euse)	boring
équilibré	well-balanced
fort	strong
généreux(-euse)	generous
gentil(le)	nice, kind
heureux(-euse)	happy
indépendant	independent
inquiet(-iète)	anxious, worried
intéressant	interesting
libre	free
méchant	naughty, bad, spiteful
optimiste	optimistic
paresseux(-euse)	lazy
patient	patient
pessimiste	pessimistic
positif(-ive)	positive
sensible	sensitive
sérieux(-euse)	serious
seul	alone, lonely
sympa(thique)	nice
timide	shy

Impressions de quelqu'un ou de quelque chose	Your impressions of someone or something
avoir l'air	to seem, look
Il a l'air sympa.	He seems pleasant.
Elle a l'air intelligent	She seems clever
Ce livre a l'air intéressant.	This book looks interesting.

DOSSIER PERSONNEL

- Choisissez les quatre adjectifs qui, à votre avis, décrivent votre caractère,

  OU

- Écrivez une description du caractère d'une personne célèbre, un chanteur ou un acteur par exemple,

  OU

- Écrivez une description du caractère d'un(e) bon(ne) ami(e), vrai(e) ou idéal(e).

DOSSIER-LANGUE

The position of adjectives

1 Many adjectives go **after** the word they describe, e.g. colours, nationalities, long adjectives.
2 But a number of very common, often irregular, adjectives go **before** the noun: *long/longue/longs/longues; gros/grosse/gros/grosses.*
  (Also *beau/belle, petit, grand, vieux/vieille*, etc.)
3 A few adjectives change their meaning according to whether they go before or after the noun:

ancien	un *ancien* élève	a **former** pupil
	des ruines *anciennes*	**ancient** ruins
cher	Ma *chère* Hélène?	**Dear** Hélène
	un hôtel *cher*	an **expensive** hotel
propre	Elle a son *propre* ordinateur	
	She's got her **own** computer	
	Je n'ai pas de chemise *propre*	
	I haven't got a **clean** shirt	

4 Ajoutez des adjectifs!

Complétez les phrases avec des adjectifs dans la case (il y a plusieurs réponses possibles). Attention! N'oubliez pas de faire accorder les adjectifs.

1 – Est-ce que tu as une correspondante *allemande*?
  – Non, non, elle est …
2 – Qu'est-ce que c'est qu'un(e) bonn(e) ami(e), à ton avis?
  – À mon avis, un (e) bon(ne) ami(e) est quelqu'un qui est … et toujours … Mon ami(e) idéal(e) serait … et quelquefois … mais il (elle) ne serait pas …
3 – Elle est comment, ta … amie?
  – Elle est …, mais selon ma mère, c'est une fille … Par contre, mon frère pense qu'elle est très …
4 – Tu as vu ce … film à la télé, hier soir avec Jean-Paul Belmondo?
  – Non, mais ma mère l'a regardé et elle a dit que c'était un très … film et que Belmondo était un très … acteur … Dans sa jeunesse, toutes les filles l'adoraient!
5 – Il est à toi ce téléphone …
  – Oui oui. C'est mon … téléphone. Ma sœur … en a un aussi mais elle le garde dans son sac.

> aîné allemand amusant anglais beau bon célèbre
> égoïste français fantastique généreux gentil grand
> honnête impatient intéressant loyal méchant nouveau
> petit portable propre sensible sympathique vieux

Now you can …

- exchange information and opinions about people's character and personality

1.8   On pourrait peut-être se revoir

1  Tu fais quelque chose ce soir?

a *Trouvez les paires pour faire quatre petites conversations.*
b *Écoutez pour vérifier vos réponses.*

1 Tu fais quelque chose ce soir? Il y a une boum au club des jeunes. On y va?

2 Est-ce que tu es libre samedi? On pourrait peut-être faire un pique-nique à la campagne, s'il fait beau.

3 Tu veux prendre quelque chose à boire? Il y a un café là-bas.

4 Tu aimes le jazz? Il y a un grand concert en plein air vendredi après-midi. Tu veux y aller?

a Oui, mais j'y vais déjà … avec quelqu'un d'autre. Merci quand même.

b Un pique-nique? Oui, bonne idée!

c Euh … ce soir? Non, désolée. Ce soir, je vais au cinéma avec Paul.

d Oui, je veux bien. Il fait tellement chaud!

4 On échange des détails

*Travaillez à deux. Posez des questions et répondez à tour de rôle. Pour vous aider, regardez le **Lexique**.*

Lexique

On échange des coordonnées	Exchanging détails
Quel est ton nom (ton prénom), s'il te plaît?	What is your name (first name) please?
Ça s'écrit comment?	How do you spell it?
Quelle est ton adresse au Royaume Uni?	What is your address in the UK?
Quelles sont tes coordonnées?	What is your address and telephone number?
As-tu un (téléphone) portable?	Do you have a mobile (phone)?
C'est quel numéro?	What is the number?
Tu vas me passer un coup de fil? *(slang)*	Will you ring me?
Tu as Internet à la maison?	Are you on the Internet?
Quelle est ton adresse e-mail?	What's your e-mail address?
On peut s'envoyer des e-mails de temps en temps?	Can we send each other e-mails sometimes?

2 Inventez des conversations

Travaillez à deux. Lisez les conversations de l'activité 1, puis inventez d'autres conversations. Pour vous aider, regardez le Lexique.
Exemple: – Est-ce que tu aimerais aller … ?
       – Ça dépend. Demain, je …

Lexique

On veut se revoir	Arranging to see someone again
On pourrait peut-être se revoir?	*Perhaps we could see each other again?*
Tu es libre ce soir/demain/samedi soir?	*Are you free this evening/tomorrow/on Saturday evening?*
Tu fais quelque chose samedi?	*Are you doing anything on Saturday?*

On décide quoi faire	Suggesting what to do
Est-ce qu tu aimerais … ?	*Would you like to … ?*
On pourrait peut-être …	*Perhaps we could …*
… prendre un verre au café.	*… have a drink at the café.*
… aller au cinéma/au bal.	*… go to the cinema/dance.*
… faire un pique-nique.	*… go for a picnic .*

On accepte	Accepting
Oui, je veux bien.	*Yes, I'd like to.*
Oui, avec plaisir.	*Yes, I'd like to.*

On décide	Deciding
Ça dépend!	*It depends!*
Je ne sais pas.	*I don't know.*
C'est un peu difficile.	*It's a bit difficult.*
Il faut que je demande à …	*I'll have to ask …*

On refuse	Declining
Désolé(e), mais je ne suis pas libre.	*Sorry, I'm not free.*
Désolé, je ne peux pas.	*Sorry, I can't make it*
Désolé(e), mais j'ai rendez-vous avec quelqu'un d'autre.	*I'm sorry, but I've got a date with someone else.*
Merci quand même.	*Thanks all the same.*

3 Écrivez un e-mail

a *Travaillez à deux. Écrivez trois e-mails pour inviter des copains à trois de ces événements:*

- a   une boum au club
- b   un concert au théâtre
- c   une randonnée à la campagne
- d   un pique-nique
- e   une fête chez vous
- f   un match au stade
- g   un film au Gaumont
- h   une discothèque en ville.

b *Échangez ces e-mails avec un ami, choisissez l'invitation que vous préférez et écrivez une réponse.*

5 Le courrier des lecteurs

A *Chère Martine,*
Ma meilleure amie (ou je le croyais) vient de commencer à sortir avec mon (ancien) petit ami. Qu'est-ce que je dois faire? Ils disent qu'ils s'aiment mais qu'ils ne l'ont pas fait exprès et qu'on pourrait rester amis, tous les trois. Qu'est-ce que je dois faire?
Laure

B *Chère Martine,*
Pendant les grandes vacances d'été chez ma tante, je suis sortie avec un garçon très gentil, qui s'appelle Paul. Avec mes cousins, on a passé tout le temps ensemble à se baigner et à se promener à la campagne. Il a promis de m'écrire et de rester en contact après les vacances, mais il n'a pas répondu à mes e-mails et je n'ai pas son numéro de téléphone. Est-ce que je dois continuer de lui envoyer des messages ou essayer de l'oublier?
Nathalie

C *Chère Martine,*
Je m'appelle Corinne et je recherche un garçon que j'ai rencontré dans le train à destination de Paris, le 28 août dernier. Il est châtain, les yeux marron clair. Il mesure 1m70 environ. Il était vêtu d'un pantalon vert et d'une chemise blanche. Nous avons discuté un peu, mais je ne sais pas son nom. Si quelqu'un le connaît, montrez-lui mon message, s'il vous plaît, et dites-lui de m'appeler au 01 33 25 28 16. Merci à tous.
Corinne

Read these letters from a teenage magazine and note down the following details for your friend who doesn't learn French.

A
1 What is the tricky situation which Laure describes?
2 What solution do her friends suggest?

B
3 Which holiday activities does Nathalie mention?
4 What attempts has she made to contact Paul?
5 Why doesn't she ring him up?
6 What alternative courses of action does she mention?

C
7 Give three details about the boy's appearance.
8 What is Corinne hoping might happen as a result of her letter?

6 Écrivez une lettre

Imaginez que vous avez rencontré quelqu'un que vous voudriez revoir. Écrivez une lettre à Martine, en décrivant cette personne et en disant où et quand vous l'avez rencontrée.

> **Now you can ...**
> ● make arrangements to meet and go out
> ● make and respond to invitations

SOMMAIRE

Now you can ...
1 exchange general information about yourself and your family (name, age, nationality, likes and dislikes)
2 seek information about people's family, hobbies and interests, opinions and preferences; understand information about famous people
3 exchange letters with a French-speaking penfriend; discuss festivals and special events and send greetings; understand the French postal services; phone from and to France and exchange telephone numbers
4 understand information and opinions about family life in France; talk and write about yourself and your family
5 exchange information about everyday life and your favourite day; use *depuis* to say how long you have been doing something.
6 describe a person's physical appearance and clothing
7 exchange information and opinions about people's character and personality
8 make arrangements to meet and go out; make and respond to invitations

See also **Vocabulaire par thèmes**, unité 1.

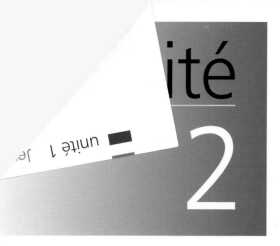

En ville et à la campagne

2

2.1   En ville

Les chiffres indiquent la distance de la ville de Paris, par exemple, Nice est à 932 km de Paris.

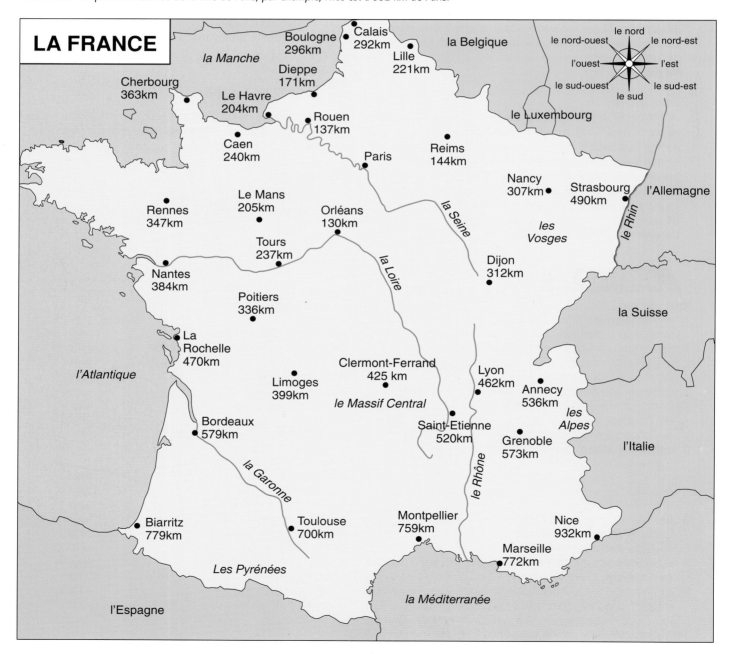

1 🎧 Le savez-vous?

*Choisissez **a**, **b** ou **c**, puis écoutez les bonnes réponses.*

1 La France est la première destination touristique du monde. Chaque année, il y a environ combien de visiteurs?
a 10 millions b 30 millions c 60 millions
2 En raison de sa forme, on appelle la France
a le pentagone b l'hexagone c l'ovale
3 Le fleuve qui divise le nord du sud de la France s'appelle
a la Loire b le Rhin c le Rhône

4 Les plus hautes montagnes de France (et d'Europe) sont
a les Pyrénées b les Alpes c les Vosges
5 La France a presque la même population que le Royaume-Uni, mais c'est un pays
a plus petit b aussi grand c presque deux fois plus grand

Solution: page 240

2 Six villes

Lisez les détails et consultez la carte pour identifier chaque ville. C'est une des six villes indiquées sur la page.

1 C'est une grande ville importante située sur le Rhin dans l'est de la France, près de la frontière allemande. Le Parlement Européen et le Conseil de l'Europe se trouvent ici.
2 C'est une ville située au bord de la mer, dans le nord de la France. C'est un port de la Manche et le tunnel sous la Manche est tout près.
3 C'est une ville moyenne qui se trouve près des Alpes, à 137 km de Lyon. La ville est célèbre surtout pour son site pittoresque au bord d'un lac et entouré de montagnes.
4 C'est la deuxième ville de France avec plus d'un million d'habitants. C'est une grande ville industrielle, située sur le Rhône, dans le sud de la France.
5 C'est une grande ville située près de la côte Atlantique dans l'ouest de la France. La ville est célèbre pour la production de vin.
6 C'est une grande ville située dans le sud de la France sur la côte méditerranéenne. C'est un port très important. De cette ville, on peut prendre un bateau pour aller en Corse.

3 🎧 Les villes de France: un jeu

Maintenant, écoutez deux personnes qui parlent de leur ville: Strasbourg et Lyon. Choisissez les phrases qui décrivent chaque ville. Attention! Il y a des phrases qui décrivent les deux villes.
Exemple: Strasbourg = 1, …

1 C'est une ville universitaire.
2 La ville est située sur un fleuve.
3 C'est dans le sud de la France.
4 C'est près de la frontière allemande.
5 Il y a un métro.
6 Il y a beaucoup de musées.
7 Il y a une belle cathédrale avec une horloge astronomique.
8 Il y a un parc qui s'appelle l'Orangerie où il y a souvent des expositions et des concerts en plein air.
9 Pour sortir le soir, il y a des cinémas, des bars et des discothèques.
10 Dans le vieux quartier, il y a des petits restaurants qu'on appelle des 'bouchons'.

Lexique

Le pays, la région	The country, the region
au bord de (la mer)	on the edge of, by (the sea)
la côte	coast
un département	administrative area
un fleuve	main river
une frontière	border
une île	island
un lac	lake
la mer	sea
la montagne	mountain
le pays	country
une plage	beach
un port	port
une rivière	river
se trouver	to be situated
situé	situated
un village	village
une ville	town

4 Un dépliant sur Lyon

Vous préparez une brochure sur Lyon. Voici le texte et les photos qu'on veut utiliser. Décidez quelle photo va avec quel texte.
Exemple: 1d

Christine DELPAL – NEROPTIK

1 Capitale régionale, Lyon est une grande ville industrielle avec plus d'un million d'habitants. La ville est située sur deux fleuves: le Rhône et la Saône. On peut faire une promenade en bateau pour voir le confluent des deux fleuves. Ce sont les Romains qui ont fondé la ville en 43 av. J.C. et on peut toujours voir les ruines des théâtres romains.

2 Au centre-ville, il est agréable de se promener le long des quais ou dans les rues piétonnes. La rue de la République ('la rue de la Ré' comme disent les Lyonnais) est une rue piétonne très longue. On y trouve des librairies, des magasins de mode, des grands magasins et des cafés.

3 Lyon est un grand centre culturel pour toute la région. À part ses vingt-six musées, il y a un opéra, plusieurs théâtres et une maison de la danse. Pour les sportifs, il y a un grand complexe sportif, plusieurs piscines, une patinoire et une piste de ski artificielle.

4 En ville, on peut circuler en métro. C'est rapide, pratique et pas cher. Il y a aussi un tramway.

5 Si vous aimez les magasins, allez à La Part-Dieu, un centre commercial avec environ 200 magasins, des salles de cinéma et la bibliothèque municipale.

6 Et si vous aimez la bonne cuisine, vous trouverez beaucoup de bons petits restaurants, surtout dans le Vieux Lyon.

5 💻 Un dépliant touristique

Préparez un petit dépliant sur Lyon ou une autre ville. Voici des idées:

Découvrir ...

Ville touristique/historique/dynamique

Capitale régionale/Ville d'art et de culture

Si vous aimez les magasins, visitez ...

Si vous aimez les arts et la musique, il y a ...

Et ne manquez pas ...

Si vous aimez le sport, il y a ...

Si vous aimez l'histoire, visitez les ...

Pour circuler en ville, prenez ...

Dans la région/À proximité ...

Lexique

En ville et à proximité	In town and nearby
un aéroport	airport
une auberge de jeunesse	youth hostel
la banlieue	suburbs
un bâtiment	building
une bibliothèque	library
une cathédrale	cathedral
un centre commercial	shopping centre
un centre sportif	sports centre
le centre-ville	town centre
un centre de recyclage	recycling centre
le commissariat	police station
la gare (routière)	(bus) station
l'hôtel de ville (m)	town hall
un magasin	shop
la mairie	town hall
un marché	market

6 🎧 Ma ville

Écoutez et complétez le texte.
Exemple: 1 Calais

– Où habitez-vous?
– J'habite à …(1)…
– C'est une grande ville?
– Non, c'est une ville …(2)… avec environ soixante mille …(3)…
– C'est où exactement?
– C'est dans le …(4)… de la France. C'est au bord de la …(5)…
– Ça fait longtemps que vous habitez là?
– Mmm – depuis …(6)… ans.
– Vous habitez en ville ou dans la banlieue?
– …(7)…, dans un appartement.
– Qu'est-ce qu'il y a comme distractions?
– Il y a …(8)…, il y a …(9)… et des cinémas.
– Et dans la région?
– Il y a le Tunnel sous la Manche. Il y a un grand centre commercial avec beaucoup de …(10)… qui s'appelle La Cité d'Europe.

8  À vous!

a Travaillez à deux. Posez des questions sur votre ville et répondez à tour de rôle. Pour vous aider, relisez les questions de l'activité 6.

b Décrivez votre ville et votre région, par exemple, la situation géographique, le nombre d'habitants, les monuments historiques, les fêtes, les festivals, les distractions, les possibilités sportives, etc. Pour vous aider, relisez la lettre de l'activité 7.

Lexique *(suite)*

municipal (-e, -aux, -ales)	*owned by the town*
la municipalité	*town council*
un musée	*museum*
un office de tourisme	*tourist office*
un parking	*car park*
une patinoire	*ice rink*
une piscine	*swimming pool*
une piste de ski artificielle	*dry ski slope*
une piste cyclable	*cycle track*
un quartier	*district*
un restaurant	*restaurant*
une rue piétonne	*pedestrian street*
un stade	*stadium*
une station-service	*petrol station*
un théâtre	*theatre*
une zone piétonne	*pedestrian area*

7 On parle de Cheltenham?

Lisez la lettre. Lesquels de ces extraits sont d'un dépliant sur Cheltenham?

1 Ne manquez pas le festival de musique en juillet!
2 Une ville médiévale au pays de Galles
3 Ville d'art et de culture au milieu des 'Cotswolds'
4 Visitez le château qui date du moyen âge.
5 Pour le shopping, il y a beaucoup de magasins au centre-ville.
6 Montez à la Tour Olympique pour un beau panorama sur la ville.

Une lettre

Cher Dominique,
Merci bien de ta dernière lettre. Alors, tu viens à Cheltenham cet été: c'est excellent!
Je t'envoie une photo de notre maison et quelques dépliants sur Cheltenham et le Gloucestershire. Cheltenham, c'est une ville moyenne avec environ 100 000 habitants, située dans l'ouest de l'Angleterre. Nous habitons dans la banlieue. À Cheltenham, il y a beaucoup de magasins, des cinémas et un théâtre. Au mois de juillet, il y a un grand festival avec des concerts de musique. Est-ce que tu aimes la musique? Moi, j'aime surtout le jazz.
Le Gloucestershire est une belle région où il y a de petits villages et des collines qui s'appellent 'les Cotswolds'. Le paysage est très pittoresque.
De temps en temps, je vais aussi à Gloucester. Ce n'est pas très loin, à 30 kilomètres environ. J'y vais pour voir des matchs de rugby ou pour faire du ski sur la piste de ski artificiel. Le sport, ça t'intéresse? Moi, j'aime beaucoup le sport.
À bientôt,
James

9 🎧 Les villes et l'environnement

La protection de l'environnement, tout le monde le sait, est quelque chose de très important. Voici des initiatives prises dans certaines villes.

1 On a créé des pistes cyclables.
2 On a réintroduit le tramway, moyen de transport qui marche à l'électricité et qui ne pollue pas.
3 On a établi un système de vélos municipaux que le public peut utiliser gratuitement.
4 On a installé des centres de recyclage pour le verre et le papier.
5 On a transformé le centre-ville en zone piétonne.
6 On a amélioré les transports en commun.
7 On a planté des arbres et des fleurs au centre-ville.
8 On analyse l'air et l'eau régulièrement.

a Écoutez l'interview. Notez parmi ces initiatives, celles qui ont été prises à La Rochelle.
 Exemple: 3, …

b Parmi ces initiatives, lesquelles ont été prises dans votre ville?

Now you can …

● give and seek descriptions of towns, neighbourhood and region (mentioning location, character, amenities, features of interest, etc.)

2.2 Toutes directions

1 🎧 Des touristes en ville

Écoutez les conversations 1–8. Des touristes demandent des renseignements. À chaque fois, notez:
a *la destination (A–H)* **b** *la direction (↑ , → ou ←)*
c *la distance*
Exemple: 1 a E, b ↑ c à 5 minutes

A   B   C   D

E   F   G   H

2 Inventez des conversations

Travaillez à deux. Lisez cette conversation, puis changez les mots en bleu pour inventer d'autres conversations.
Exemple: centre sportif?
              ↑, symbol for traffic lights, ←, 5 min

– Pour aller au centre sportif, s'il vous plaît?
– Continuez tout droit jusqu'aux feux. Puis tournez à gauche.
– C'est loin?
– Non, c'est à cinq minutes d'ici.

1 marché, ↑ ⬡, →, 10 min
2 bibliothèque, ↑, ⊣⊢, ←, 5 min
3 centre-ville, ↑, ⊣⊢, → 2 km
4 office de tourisme, ↑, ⊣⊢, →, 500 mètres
5 commissariat, ↑, ▯, ←, 1km

masc.	fem.	before a vowel	plural
au	à la	à l'	aux

Lexique

C'est quelle direction?

Pardon	Monsieur, Madame, Mademoiselle,	pour aller	à la gare à l'office de tourisme au commissariat	s'il vous plaît?
		est-ce qu'il y a	un café une piscine	dans le quartier. près d'ici.
	où se trouve le cinéma? je cherche le supermarché.			

C'est (assez) loin.	It's (quite) a long way.
C'est à cinq minutes à pied.	It's five minutes on foot
au carrefour	at the crossroads
au coin	at the corner
au passage à niveau	at the level crossing
au pont	at the bridge
au rond-point	at the roundabout
aux feux	at the traffic-lights
C'est loin?	Is it far?

Continuez tout droit.	Go straight on.
Descendez la rue jusqu'à/au/aux ...	Go down the road as far as ...
Prenez la première/deuxième rue à droite/à gauche.	Take the first /second road on the right/left.
Au carrefour, tournez à droite/à gauche.	At the crossroads, turn right/left.
C'est tout près.	It's very near.
C'est très loin.	It's a very long way.
Vous en avez pour dix minutes à pied.	You've got about a ten-minute walk.
C'est à environ 500 mètres.	It's about 500 metres away.
C'est à deux kilomètres.	It's two kilometres away.

---

3 Le jeu des bâtiments

Travaillez à deux. Une personne (A) regarde cette page, l'autre (B) regarde la page 239. Demandez où se trouvent les bâtiments sur la liste. Votre partenaire a un plan complet.

Exemple: a A *L'hôpital, c'est où exactement?*

        B *C'est au coin de la rue, à côté du supermarché.*

Vous notez: a *l'hôpital = 7*

a l'hôpital
b la boulangerie
c le commissariat
d la poste
e la banque
f le cinéma,
g l'office de tourisme
h la pharmacie

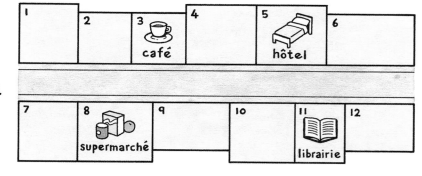

4 Ça mène où?

Lisez les directions en partant de la gare et consultez le plan. Où est-ce qu'on arrive à chaque fois?

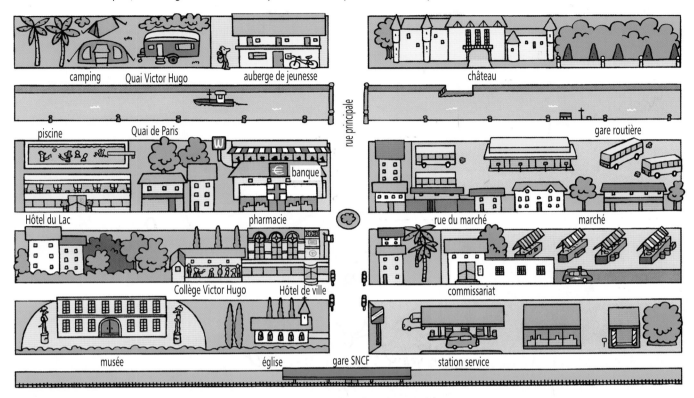

camping   Quai Victor Hugo   auberge de jeunesse   château

piscine   Quai de Paris   rue principale   gare routière

banque   rue du marché   marché

Hôtel du Lac   pharmacie

Collège Victor Hugo   Hôtel de ville   commissariat

musée   église   gare SNCF   station service

1 Continuez tout droit jusqu'aux feux, puis prenez la première rue à gauche. C'est après l'église.

2 Ce n'est pas loin. Continuez tout droit jusqu'aux feux et c'est au coin de la rue, juste avant l'hôtel de ville.

3 Descendez la rue principale jusqu'au rond-point, puis tournez à droite et vous le verrez sur votre droite.

4 Descendez la rue principale jusqu'au bout, traversez le pont et c'est droit devant vous, au coin de la rue. C'est en face de l'auberge de jeunesse.

5 Descendez la rue principale jusqu'à la rivière, mais ne traversez pas le pont. Tournez à droite. Vous êtes au quai de Paris, et c'est un peu plus loin, sur votre droite.

6 Continuez tout droit. Il y a des feux, puis un rond-point, puis après le rond-point, vous la verrez sur votre gauche. C'est entre la pharmacie et la pizzeria.

5 Quelle destination?

Travaillez à deux. Une personne choisit une destination sur le plan et donne les directions en partant de la gare. L'autre devine la destination.

Lexique

C'est après l'église.	*It's after the church.*
C'est avant le supermarché.	*It's before the supermarket.*
C'est à votre droite/gauche.	*It's on your right/left.*
C'est droit devant vous.	*It's right in front of you.*
à (au, à l', à la, aux)	*to, at*
à côté de	*next to, beside*
au bout de	*at the end of*
au coin de	*at the corner of*
devant	*in front of*
derrière	*behind*
en face de	*opposite*
entre	*between*
la rue	*street*
le trottoir	*pavement*

Now you can ...

● understand, seek and give directions to places in towns

En ville et à la campagne   unité 2

Disneyland Paris: *la construction d'un parc d'attractions*

En 1985, la compagnie Walt Disney a décidé de créer un grand parc d'attractions en Europe. On a considéré plusieurs endroits: Séville et Barcelone (en Espagne), Avignon et Paris (en France). Finalement, on a choisi le site à Marne-la-Vallée parce que c'était un grand terrain, près de deux aéroports, une ligne SNCF et des autoroutes. En plus, Marne-la-Vallée n'est qu'à 32 kilomètres de Paris et, chaque année, Paris attire environ 12 millions de touristes.

Au total, 1700 entreprises françaises et étrangères ont participé à la construction du parc. 2 000 camions ont circulé sur le chantier pour transporter des tonnes de terre et des rochers. On a construit des attractions, des hôtels, un lac, des piscines, des courts de tennis, des boutiques, un office de tourisme, un bureau de poste, un parking, un camping et un golf et on a planté 360 000 arbres et buissons.

Et à proximité, on a construit deux usines pour le nettoyage à sec et le lavage des milliers de costumes des acteurs.

A
Les Pirates des Caraïbes, l'attraction qui a coûté le plus cher à construire.

E
Le Manoir Hanté, avec des effets spéciaux extraordinaires.

F
La Parade Disney, avec tous les personnages de Disney.

B
Le labyrinthe d'Alice – attention à la reine de cœur!

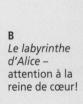

G
Le train fou de *Big Thunder Mountain –* une attraction à sensation!

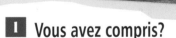

C
La cabane des Robinson, construite dans un arbre artificiel.

D
Faites un voyage dans l'espace avec *Star Tours.*

I   Vous avez compris?

1   Pourquoi a-t-on choisi un site près de Marne-la-Vallée pour le parc d'attractions Disneyland Paris?
   a   Parce que le site était grand et bien situé géographiquement.
   b   Parce que le climat y est très agréable.
   c   Parce qu'il y avait déjà un parc d'attractions dans la ville.

2   Selon l'article, quel était l'avantage d'être près de Paris?
   a   On trouverait facilement des employés.
   b   Beaucoup de touristes visitent Paris chaque année.
   c   Les Parisiens pourraient facilement visiter le parc.

3   Combien d'entreprises ont participé à la construction du parc?
   a   deux mille
   b   soixante-quinze
   c   dix-sept cents

4   Qu'est-ce qu'on a construit près du parc?
   a   un aéroport
   b   des écoles
   c   des usines

2 🎧 Une visite à Disneyland Paris

Sophie et Guillaume Hubert sont frère et sœur. Ils habitent avec leur mère à Lyon. Pendant les vacances, ils ont passé quelques jours chez leur père à Paris. Un jour, ils sont allés à Disneyland Paris. Ils parlent de leur visite à une amie. Écoutez la conversation, puis faites les activités.

a Regardez les photos à la page 32. Dans quel ordre ont-ils fait ces attractions?
Exemple: *D, …*

b Sophie et Guillaume ont fait beaucoup de choses au parc, mais pas toutes ces choses. Choisissez les phrases qui correspondent à la conversation.
Exemple: *1, …*

1 Sophie et Guillaume ont pris le RER jusqu'à Marne-la-Vallée.
2 Ils ont voyagé en voiture.
3 Pour commencer leur visite, ils ont pris le train à vapeur qui fait le tour du parc.
4 Ils ont fait un voyage dans l'espace avec Star Tours.
5 Ils ont vu un film au CinéMagique.
6 Ils ont visité le Labyrinthe d'Alice.
7 Ils ont fait un voyage en bateau.
8 Ils ont regardé un spectacle.
9 Ils ont visité le Manoir Hanté.
10 L'après-midi, ils ont regardé la parade Disney.
11 Ils ont grimpé dans l'arbre des Robinson.
12 Sophie a acheté des oreilles de Mickey, comme souvenir.

c Corrigez les erreurs.
1 Sophie et Guillaume ont visité Walt Disney World en Amérique.
2 Ils ont pris l'avion.
3 Ils ont fini leur visite à Discoveryland.
4 Comme déjeuner, ils ont mangé une pizza.
5 Ils ont manqué la parade Disney.
6 Guillaume a acheté une peluche.

DOSSIER-LANGUE

The perfect tense (verbs with *avoir*)

Look at these examples:
a *J'ai visité Disneyland Paris.*
b *Nous visitons Disneyland Paris.*
c *Elle a acheté une carte postale.*
d *Elle va acheter des timbres.*

1 Which describe what has happened?
2 How can you tell which verbs are in the perfect tense?

Solution
1 **a** and **c**: these verbs are in the perfect tense, which is the most commonly used of all the past tenses. It describes an action that is completed and no longer happening.
2 The perfect tense is made up of two parts: an auxiliary verb (*avoir* or *être*) and a past participle. Most verbs form the perfect tense with *avoir*.

Here is the perfect tense of the verb *jouer* in full:

j'ai joué	*nous avons joué*
tu as joué	*vous avez joué*
il/elle/on a joué	*ils ont joué*

Regular verbs form the past participle as follows:
-er verbs → *-é: travailler* → *travaillé*
-re verbs → *-u: attendre* → *attendu*
-ir verbs → *-i: finir* → *fini*

But many commonly used verbs have irregular past participles. How many can you spot on this page? Can you remember any others? Look at **La grammaire** page 251, for a list of the most common ones. Pick any two (or more) and see if you can use them in one sentence, e.g.
Hier, j'ai lu un magazine et j'ai vu un bon film.

3 Une visite au parc Astérix

Un autre jour, Sophie et Guillaume sont allés au parc Astérix.
Complétez cette lettre que Sophie écrit à une amie, avec les verbes au
passé composé.
Exemple: 1 *nous avons visité*

Chère Francine,
Hier, nous (**1** visiter) le parc Astérix, c'est un parc d'attractions
près d'ici. Astérix, tu le connais? C'est un Gaulois qui a beaucoup
d'aventures. J'(**2** lire) toutes ses histoires.

Pour y aller, nous (**3** prendre) le RER à l'aéroport Charles de
Gaulle, puis un autobus jusqu'au parc. Il y a beaucoup d'attractions
au parc. On (**4** commencer) avec le Goudurix, c'est un grand huit.
Ça m'a donné mal au cœur! Alors, après, on (**5** visiter) la Place du
Moyen Âge, où nous (**6** regarder) les acrobates et les jongleurs. À
midi, nous (**7** manger) dans un café. J'(**8** prendre) un sandwich
au jambon et de la salade.

Nous (**9** passer) toute la journée au parc. C'était très amusant.
Avant de partir, j'(**10** acheter) un poster d'Astérix comme
souvenir.
À bientôt,
Sophie

Astérix et Obélix: deux personnages de bande dessinée
qui vivaient à l'époque des Gaulois.

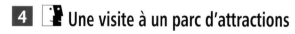

| un grand huit | *roller coaster* |
| les jongleurs (mpl) | *jugglers* |

Le delphinarium, une des attractions au parc Astérix

4 🗣 Une visite à un parc d'attractions

a *Répondez aux questions pour Sophie*
b *Travaillez à deux. On parle d'une visite à un parc d'attractions. Ça*
peut être vrai ou imaginaire. Posez les questions et répondez à tour
de rôle.

1 Quel parc as-tu visité?
   (le parc Astérix, Disneyland Paris, Alton Towers, etc.)
2 Ça se trouve où, exactement?
   (c'est près de …)
3 Tu y es allé(e) avec qui?
   (des amis, ma famille, mes cousins, le collège, etc.)
4 Comment avez-vous voyagé au parc?
   (en car, en voiture, en train, etc.)
5 À midi, qu'est-ce que tu as mangé?
   (une pizza, des frites, un sandwich, etc.)
6 Est-ce que tu as acheté un souvenir?
   (une peluche, un sac, un stylo, une BD, etc.)
7 C'était comment?
   (très amusant, excellent, un peu cher, assez bien, etc.)

Now you can …

● exchange information and opinions about a particular
tourist attraction using the perfect tense with *avoir*

2.4 Qu'est-ce qu'on a fait?

1 Cartes postales de Paris

À part les parcs d'attractions, Sophie et Guillaume ont visité les principaux monuments à Paris.
Lisez les cartes postales de Guillaume, puis faites les activités.

1

mardi

Bonjour de la Tour Eiffel, où je suis monté au troisième étage. Quel panorama! C'était superbe. J'ai acheté une petite Tour Eiffel comme souvenir.
Guillaume

2

jeudi

Hier, je suis allé à la Cité des Sciences avec Sophie. Nous sommes restés au musée tout l'après-midi. C'était très intéressant.
À bientôt, Guillaume

3

vendredi

Ce matin, Sophie est allée au musée Picasso. Moi, je suis resté à la maison. Nous sommes allés à un concert hier soir avec papa et nous sommes rentrés très tard. zzzz, Guillaume

a Écrivez vrai (**V**) ou faux (**F**). Corrigez les phrases qui sont fausses.

Exemple: 1 *F – Mardi, Guillaume est allé à la Tour Eiffel.*

1 Mardi, Guillaume est allé à la Tour Montparnasse.
2 Il est allé à la Tour Eiffel.
3 Il est monté au 59ème étage.
4 Mercredi, Guillaume et Sophie sont allés à la Cité des Sciences.
5 Ils sont restés là-bas toute la journée.
6 Jeudi soir, ils sont allés au cinéma et ils sont rentrés tard.
7 Vendredi, Sophie est allée au musée Rodin.
8 Guillaume est resté à la maison.

2 Voyage de retour

Sophie et Guillaume sont rentrés à Lyon.
Complétez les phrases avec le verbe au passé composé.

Exemples: 1 Nous **sommes partis** de l'appartement à 10h00.
5 Le train **est parti**.

1 Nous ... ... de l'appartement à 10h00. (*partir*)
2 Nous ... ... à la gare en voiture. (*aller*)
3 Nous ... ... à la gare à 10h25. (*arriver*)
4 Nous ... ... dans le train. (*monter*)
5 Le train ... ... (*partir*)
6 Mais, près de Lyon, le train ... ... en panne. (*tomber*)
7 Nous ... ... sur place pendant une heure. (*rester*)
8 Enfin, le train ... ... (*repartir*)
9 Il ... ... à Lyon avec une heure de retard. (*arriver*)
10 Et nous ... ... (*descendre*)

b Un ami téléphone à Guillaume pour lui parler de ses vacances. Répondez pour lui.

1 Tu es allé à la Tour Eiffel?
2 Et tu es monté au sommet?
3 Tu as acheté quelque chose comme souvenir?
4 Et à part ça, qu'est-ce que tu as fait?
5 Et vous êtes restés longtemps à la Cité? C'est bien, non?
6 Vous êtes sortis le soir? Qu'est-ce que vous avez fait?

DOSSIER-LANGUE

The perfect tense (verbs with *être*)

In the postcards and questions there are several verbs which form the perfect tense with *être*. Can you spot four examples?
What is special about the past participles of verbs which take *être*?

Look at these examples:
Je suis allé à la Tour Eiffel.
Anne est allée au musée.
Nous sommes allés au concert.

When you form the perfect tense with *être*, the past participle agrees with the person doing the action (the subject):
• add -e if the subject is feminine
• add an extra -s, if the subject is plural (more than one).

For example:
je suis allé(e)   *nous sommes allé(e)s*
tu es allé(e)   *vous êtes allé(e)(s)*
il est allé   *ils sont allés*
elle est allée   *elles sont allées*
on est allé(e)s

Can you remember the main verbs which form the perfect tense with *être*? There are about thirteen verbs, mostly verbs of movement.
This picture may help you.
For a full list, see **La grammaire** page 251.

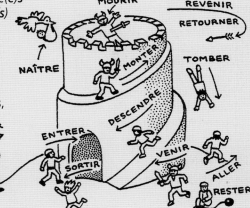

3 🎧 **Un bon week-end**

Écoutez la conversation entre Mathieu et Corinne. On pose beaucoup de questions, mais pas toutes ces questions. Notez les questions qu'on a posées.
Exemple: 1, ...

1 Tu as passé un bon week-end?
2 Où es-tu allé?
3 Et comment as-tu voyagé?
4 Tu as mis combien de temps à faire le voyage?
5 Tu es allé dans un hôtel?
6 Où as-tu logé?
7 Qu'est-ce que tu as fait à Lyon?
8 Est-ce que tu es sorti le soir?
9 Tu as fait la connaissance de beaucoup de jeunes?
10 Tu es rentré à quelle heure, dimanche?

DOSSIER-LANGUE

Questions in the perfect tense

To ask a question in the perfect tense you can
* add *Est-ce que*:
  Est-ce que tu as fini tes devoirs?
* use a question word:
  Qui a fini ses devoirs?
* change the tone of your voice:
  Tu as fini tes devoirs?
* turn the auxiliary verb round, and add a hyphen:
  As-tu fini tes devoirs?

Find an example of each type on this page.

5 🗣 **Le week-end dernier**

Travaillez à deux. Une personne (A) regarde cette page, l'autre (B) regarde la page 239. Posez des questions et répondez à tour de rôle. Notez les détails. Pour vous aider, relisez l'activité 1.

Exemple: 1 A *Tu as passé un bon week-end?*
          B *Oui.*
          A *Où es-tu allé(e)?*
          B *Je suis allé(e) à Londres.*

Vous notez: 1 = *à Londres*

Voici les détails de votre week-end.
1 Destination: à la campagne
2 Moyen de transport: vélo
3 Logement: dans une ferme
4 Samedi: faire une promenade
5 Samedi soir: aller à la fête du village
6 Dimanche, heure de rentrée: 17h00

Now you can ...
● give and seek information about past events using the perfect tense with *avoir* and *être*

4 🎧 **Le week-end de Mathieu**

Avez-vous bonne mémoire? Complétez ce résumé, puis réécoutez la conversation pour vérifier.
Exemple: 1 Lyon

Le week-end dernier, je suis allé à …(1)… *(Lyon/Strasbourg/Paris)* pour un tournoi de …(2)… *(rugby/tennis/badminton)*. J'ai voyagé …(3)…*(en train/en car/en voiture)*. J'ai logé …(4)… *(à l'hôtel/à l'auberge de jeunesse/chez des amis)*. J'ai joué …(5)… matchs et j'en ai gagné …(6)… Le soir, je suis allé …(7)… *(au cinéma/à un concert/en discothèque)*. Je suis rentré à la maison dimanche après-midi, vers …(8)… heures.

DOSSIER PERSONNEL

Choisissez une de ces activités. Votre récit peut être vrai ou imaginaire.
* **Une journée de vacances**
Décrivez une journée ou vous avez fait quelque chose d'intéressant. Pour vous aider, voici des idées.
Exemple: *Le matin, j'ai fait les magasins …*

Une journée à Londres
Le matin: faire les magasins, acheter un T-shirt et un guide de Londres

Midi: manger dans un fast-food, un hamburger et une glace au chocolat

Après-midi: visiter la Tour de Londres (le monument le plus populaire de Londres), beaucoup de touristes, faire la queue et attendre longtemps, très intéressant, surtout aimer les bijoux de la reine

* **Un long week-end**
Décrivez votre week-end. Pour vous aider, voici des idées.
Exemple: *Samedi matin, je suis resté(e) au lit jusqu'à 11 heures …*

Un week-end récent
Samedi matin: rester au lit jusqu'à 11 heures
L'après-midi: aller au match de football/à la patinoire/à la piscine.
Le soir: passer la soirée chez des copains

Dimanche matin: faire du roller/une promenade en ville
L'après-midi: aller au cinéma pour voir …
Le soir: dîner dans une pizzéria, manger une pizza/des spaghettis, etc.

Lundi matin: aller en ville pour faire des achats
L'après-midi: rentrer à la maison

2.5 | Non, non et non!

1 Ça ne va pas!

La mère de Claudine vient de rentrer et lui pose des questions. Trouvez la bonne réponse à chaque question.

1 Bonjour Claudine, ça va?
2 As-tu fait quelque chose d'intéressant aujourd'hui?
3 As-tu vu quelqu'un?
4 Est-ce que quelqu'un t'a téléphoné?
5 As-tu fait les mots croisés?
6 Es-tu allée au café?
7 Alors, as-tu préparé un bon repas?

A Non, je ne vais jamais au café.

B Non, je n'ai rien fait.

C Non, je n'ai pas pu les faire.

D Non, il n'y a plus de provisions.

E Non, je n'ai vu personne.

F Non, on ne me téléphone jamais.

G Non, ça ne va pas.

DOSSIER-LANGUE

Negative expressions

You may recognise these negative expressions:
ne ... pas, ne... plus, ne... jamais,
ne ... rien, ne ... personne

Look for examples of these in Claudine's replies.
1 Can you work out what they each mean?
2 Where does each part of the negative go normally?
3 But where does *ne* go if there is an object pronoun (*le, la les, me, te, se, nous, vous, lui, leur,* etc.) in the sentence? (See reply **F** above.)
4 What happens in the perfect tense? One of these negative expressions works slightly differently; which one?
5 What often happens to d*u, de la, de l', des, un, une* after *ne ... pas or ne ... plus*?

Ne vous en faites pas! Il n'a jamais mangé personne.

Solution

1 ne ... pas — *not*
  ne... plus — *no more, no longer*
  ne... jamais — *never*
  ne ... rien — *nothing*
  ne ... personne — *no-one, nobody, not anybody*

2 *Ne* goes before the verb and *pas*, etc. follows the verb.

3 If there is a pronoun in the sentence, *ne* goes before it:
  *Ça **ne** me dit **rien*** — That doesn't appeal to me
  *Je **ne** le connais **pas*** — I don't know him

4 In the perfect tense, the negative normally goes round the auxillary verb:
  *Je **ne** l'ai **jamais** vu* — I've never seen it
  But there are a few exceptions, such as *personne*:
  *Je n'ai vu **personne*** — I didn't see anybody

5 After the negative, *du, de la, de l', des, un, une* become *de* or *d'* (except with the verb *être* and after *ne ... que*):
  *Il **ne** reste **plus** de gâteau* — There's no cake left.

---

2 🎧 Au téléphone

Écoutez la conversation. La tante de Claudine lui téléphone. Ensuite, lisez les questions et trouvez les bonnes réponses.
Pourquoi, Claudine, est-ce qu'...

1 ... elle ne s'amuse pas?
2 ... elle ne joue pas au tennis?
3 ... elle ne va jamais à la piscine?
4 ... elle n'est pas allée en ville?
5 ... elle n'a pas vu ses amis?

Parce qu'...

a ... il ne faisait pas beau
b ... ils sont partis en vacances
c ... elle n'aime plus le tennis
d ... il y a trop de monde
e ... elle ne fait rien

3   Le repas du soir

Complétez les phrases avec plus, rien ou personne.

1
Tu as beaucoup travaillé aujourd'hui?

Non, je n'ai presque … fait.

2
Est-ce que le directeur était au bureau?

Non, il n'y avait … au bureau.

3
Tu as acheté du pain?

Non, il n'y avait … de pain au supermarché.

4
Tu veux encore des légumes?

Merci, je n'en veux …

5
Et toi, tu as passé une bonne journée?

Je n'ai … fait de spécial.

6
Tu as téléphoné à tes parents?

J'ai essayé, mais il n'y avait … à la maison.

7
Est-ce qu'il y a encore du café?

Désolé, il n'en reste …

8
Je peux en refaire, si tu veux?

Non, non, ne t'en fais pas. Ça ne fait …

4   Ça veut dire quoi?

*Choisissez la phrase (**a** ou **b**) qui a presque le même sens. Pour vous aider, consultez le **Lexique**.*

1 Rien de plus facile
   a C'est très facile à faire.
   b Ça ne va pas être facile.
2 Ne t'en fais pas.
   a Ça n'a pas d'importance.
   b Tu dois faire ça plus tard.
3 Ça ne me dit rien.
   a Je n'ai rien dit.
   b Je ne veux pas faire ça.

4 Il n'y a pas de quoi.
   a De rien.
   b Tout le monde est parti.
5 Il n'a pas de chance.
   a Il n'a rien gagné.
   b Il a gagné mille francs.
6 Il n'y a personne à la maison.
   a Je n'ai vu personne en ville.
   b Tout le monde est sorti.

5 Des provisions pour un pique-nique

Travaillez à deux. Une personne (A) regarde cette page, l'autre (B) regarde la page 239. On a besoin des provisions illustrées pour un pique-nique. Demandez à votre partenaire s'il y en a à la maison. Ensuite, faites une liste des choses qu'il faut acheter.

Exemple: A *Est-ce qu'il y a du fromage?*
                B *Non, il n'y en a plus.*

Vous écrivez:

du fromage

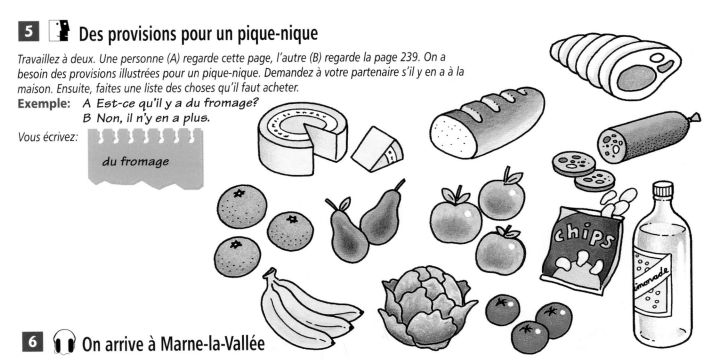

6 On arrive à Marne-la-Vallée

Jean-Pierre, qui habite dans un village près de Strasbourg, va travailler à Disneyland Paris. Il va loger chez Mme Bertrand. Écoutez leur conversation. À chaque fois, trouvez la phrase qui suit.

Exemple: 1 *e*

1 Comme hors-d'œuvre, il y a des asperges.
2 Vous avez déjà visité le parc?
3 Et vous? Vous aimez les parcs d'attractions?
4 Prenez encore des légumes, si vous voulez.
5 Et vous connaissez déjà des gens qui travaillent au parc?
6 Et la ville de Paris? Vous la connaissez un peu?
7 Oh, excusez-moi. J'ai renversé mon verre.
8 Vous prenez un café?
9 Bon, je vous remercie, Madame. J'ai très bien mangé.

a Non, pas du tout. Je n'y suis jamais allé.
b Non, je ne connais personne.
c Non, pas encore.
d Il n'y a pas de quoi.
e Ah ça, je n'en ai jamais mangé.
f Ah, non. Les parcs d'attractions, ça ne me dit rien.
g Merci. C'était très bon, mais je n'en veux plus.
h Ne vous inquiétez pas, ce n'est pas grave.
i Non merci. Je ne bois pas de café le soir.

Il ne reste plus de nourriture, mais moi, je n'ai plus faim.

7 Des questions

*Répondez sans dire **oui** ou **non**.*
Exemple: 1 *Il n'habite pas à Londres.*

1   Est-ce que le président de la République habite à Londres?
2   Tu as vu beaucoup de films français?
3   Est-ce qu'il y a beaucoup de choses dans une valise vide?
4   Est-il vrai qu'on peut acheter beaucoup de choses quand on n'a pas d'argent?
5   Est-ce qu'on peut surfer sur Internet dans une charcuterie en France?
6   Et toi, tu manges beaucoup quand tu n'as pas faim?
7   Est-ce qu'il y a beaucoup de gens dans un restaurant fermé?
8   À ton avis, est-ce qu'il y a beaucoup de touristes sur la plage, quand il neige?
9   Tu connais le premier ministre?
10 As-tu déjà visité la Chine?

Now you can ...

● understand and use negative expressions

I La ville et la campagne

Lisez les lettres et faites les activités.

Infos-jeunes:
la ville et la campagne

Aujourd'hui, nous posons la question: Êtes-vous ville ou campagne? Voici une sélection de vos lettres à ce sujet.

J'habite dans une ferme, pas loin de Poitiers. Notre ferme est toute petite. Nous avons trois chèvres, pas mal de lapins, des poules, des canards et deux cochons. Moi, je suis assez content de vivre ici. J'aime le plein air et j'aime les animaux. Je trouve que la vie à la campagne est plus détendue. En ville, les gens ont toujours l'air pressé. Ils n'ont jamais le temps de vous parler. Mais à la campagne les gens sont plus tranquilles. Ils ont le temps de se connaître. Il y a une certaine solidarité et j'aime ça.

François

À mon avis, la vie est trop tranquille à la campagne. Je m'ennuie, surtout pendant les vacances. Nous habitons dans un petit village, à 30 kilomètres de Rodez. On connaît tout le monde, bien sûr, mais il n'y a pas beaucoup de jeunes et il n'y a pas de distractions: aucun cinéma, aucune maison de jeunes, aucune piscine ... rien, sauf quelques magasins et un café. Et, en plus, il n'est pas facile d'aller en ville: il n'y a qu'un autobus par jour pour aller à Rodez. Moi, j'aimerais mieux vivre en ville.

Marie-Claire

C'est vrai qu'il y a moins de distractions, surtout en hiver. À Saillans par exemple, il n'y a pas grand-chose à faire. Il n'y a pas de piscine, mais on peut se baigner dans la rivière, ou aller à la pêche. En été, c'est très agréable. On peut faire des randonnées et faire un pique-nique dans les champs. Nous avons un petit verger et j'aide à cueillir des fruits. On s'amuse entre copains et ça, c'est sympa.

Ce que je n'aime pas en ville, c'est la circulation et le bruit. Voyager tout le temps en métro et en bus, ça ne me dit rien. Chez moi, j'ai une mobylette et je circule partout, sans problème. Je me sens plus libre à la campagne.

Nicole

La campagne, c'est vrai, ça a des avantages. Il y a moins de bruit, moins de pollution, mais c'est un peu trop calme pour moi. En ville, je trouve que la vie est plus dynamique, plus animée. Il y a beaucoup de distractions et on n'a jamais le temps de s'ennuyer. Et il y a plus de possibilités d'emploi. C'est vrai que dans les grandes villes, il y a aussi des problèmes, par exemple, l'isolement et le logement. Mais en fin de compte, je choisirais la ville.

Luc

a *Vous avez bien compris? Lisez soit la lettre de François, soit la lettre de Nicole. Corrigez les erreurs dans ces phrases.*

La lettre de François
1. Il habite dans une grande ferme près de Lyon.
2. Il est assez content de vivre en ville.
3. À sa ferme, il y a des vaches, des moutons, des chevaux et des cochons.
4. Il trouve que les gens sont plus pressés à la campagne.
5. La vie est plus dynamique à la campagne.

La lettre de Nicole
1. On peut se baigner dans le lac.
2. On peut faire de la voile.
3. En été, Nicole aide à cueillir des fleurs.
4. Elle aime circuler en métro.
5. Elle se sent plus libre en ville.

b *Qui pense ça? Lisez toutes les lettres et décidez qui partage ces avis.*

À la campagne ...
1. ... la vie est trop calme; on s'ennuie.
2. ... les transports en commun ne sont pas très fréquents.
3. ... on peut respirer; il y a moins de pollution.
4. ... il y a moins de voitures, donc on peut circuler plus facilement.
5. ... la vie est plus détendue; les gens ne regardent pas l'heure tout le temps.

En ville ...
6. ... il y a plus d'emplois.
7. ... il y a toujours quelque chose à faire.
8. ... il y a souvent des problèmes de logement.
9. ... la vie est plus dynamique; il se passe des choses.
10. ... il y a plus de monde, plus de circulation, plus de bruit.

c *Inventez un titre pour chaque lettre.*

2 🎧 Pour ou contre la vie à la campagne?

Voici une liste des arguments pour ou contre la vie à la campagne.
Classez-les en deux listes: pour et contre. Ensuite, écoutez la
discussion. Lesquels de ces arguments sont mentionnés?
Exemple: 2, …

1 Il n'y a pas beaucoup d'emplois.
2 La vie est plus calme et on se relaxe.
3 Il n'y a pas beaucoup de distractions.
4 Les gens ont le temps de se connaître.
5 On est plus près de la nature.
6 … il y a moins de danger: on n'a pas peur d'être attaqué, par exemple.
7 On s'ennuie.
8 Il y a moins de bruit, moins de pollution.
9 Il peut être difficile d'aller en ville par les transports en commun.
10 Il y a trop d'insectes.

3 La vie en ville

Complétez les phrases avec un mot dans la case.

assez beaucoup bruit dangereux différents trop

1 La ville est toujours très animée. Il y a … de choses à faire.
2 Ça peut être un peu … si on rentre tard le soir.
3 On rencontre beaucoup de gens … C'est intéressant, ça.
4 Il y a … de circulation.
5 Ça fait du … et ça pollue l'atmosphère.
6 Les transports en commun marchent … bien, en général.

4 📖 La ville et la campagne

Travaillez à deux. Une personne parle de la vie en ville, l'autre de la vie
à la campagne. Chacun à son tour donne une réflexion (positive ou
négative). Qui peut continuer le plus longtemps?
Pour vous aider, consultez l'activité 1b à la page 40 et l'activité 2
ci-dessus.

DOSSIER PERSONNEL

1 Écrivez deux ou trois phrases à propos de la campagne.
Exemple:
Mon expérience personnelle
J'habite dans un village/dans une ferme à la campagne depuis …

Je n'ai jamais habité à la campagne … mais j'aime bien y aller pendant les vacances/mais j'aimerais bien y aller/et la campagne, ça ne m'intéresse pas.

Quand j'étais plus jeune, … nous habitions à la campagne/nous avons passé des vacances dans une ferme/nous ne sommes jamais allés à la campagne.

Mon avis
À mon avis, c'est mieux de vivre à la campagne/en ville parce que …

2 Écrivez une lettre à ce sujet pour le magazine Infos-jeunes.

5 La campagne et l'environnement

Écrivez cinq phrases pour décrire ce qu'on doit faire pour protéger la
campagne.

Il ne faut pas On ne doit pas Il faut On doit	jeter des papiers par terre. faire attention au feu. protéger les bois et les forêts. cueillir des fleurs. polluer l'eau des rivières et des lacs. abîmer les arbres et les buissons. marcher sur les plantes. faire beaucoup de bruit. bien fermer les portes.

Lexique

À la campagne	*In the country*
un arbre	*tree*
un bois	*wood*
un buisson	*bush*
un champ	*field*
une colline	*hill*
cueillir	*to pick*
cultiver	*to grow, cultivate*
une ferme	*farm*
un fermier	*farmer*
une fleur	*flower*
une forêt	*forest*
un fruit	*fruit*
l'herbe *(f)*	*grass*
un insecte	*insect*
le paysage	*countryside*
une plante	*plant*
en plein air	*in the open air*
une randonnée	*ramble, hike*
une rivière	*river*
un village	*village*
Les animaux	**Animals**
un canard	*duck*
un cheval	*horse*
une chèvre	*goat*
un cochon	*pig*
un mouton	*sheep*
un oiseau	*bird*
un poney	*pony*
une poule	*hen*
une vache	*cow*

Now you can …

● express, seek and explain views and opinions about living in the countryside

I Les petites annonces

Quand on cherche un logement dans une nouvelle région ou une location pour les vacances, on consulte souvent les petites annonces dans le journal régional. Lisez les petites annonces et trouvez un logement possible pour ces personnes.

Exemple: 1 *c*

1 M. et Mme Henri cherchent un petit appartement moderne avec ascenseur et garage.
2 Jean-Luc Predet, étudiant en médecine, cherche un studio ou une chambre meublée près de la faculté de médecine.
3 Mme Leclerc cherche un appartement au rez-de-chaussée avec jardin au centre-ville.
4 La famille Jouvet (2 adultes, 2 enfants) cherche une maison ou une villa à louer au mois d'août près de la côte.
5 La famille Martin cherche une maison ou un villa à louer à la campagne au mois de juillet. M. Martin aime aller à la pêche et les autres aiment faire des randonnées.
6 Aurélie Robert cherche un studio ou une chambre meublée au centre-ville. Loyer €600 max.

Immobilier

LOCATION

A **Spécial Étudiants**
à louer STUDIOS F1, F2, quart nord, proche des facs et écoles dans Rés. de standing, cuis. équipée, balcons, pkg ou garages Ag Proby 04 67 10 83 26

B **LYON**, centre-ville, particulier loue studio, 1er ét., chauffage individuel gaz, cuisine équipée €200 charges comprises. Tél. 04 78 02 69 43

C **Lyon**, rue Jeanne d'Arc, Appt. 2 pièces + cuis. équipée, 2e étage, asc. tout confort, €420 charges, chauffage et garage comp., Agence Lacan, 36 crs. Mirabeau. Tél. 04 78 40 09 33

D **À LOUER** appartement F3 tout confort + jardin, centre-ville libre 1er novembre. Tel. 04 78 94 03 42

E **Charente-Maritime** Villa récente, séjour TV, 2 chambres, cuisine aménagée (réfrigérateur congélateur, lave-vaisselle, lave-linge), salle de bains avec baignoire, W.-C., jardin clos, terrasse, barbecue. 200m plage, 250m commerces. Tél. 05 46 05 24 18

F **Pyrénées-Atlantiques** 10km de la mer, loue maison tout confort, jardin, dans village tranquille, commerces à proximité. Pour 4 personnes, 2 salles d'eau, moquette, cuisine équipée. Tel. 05 46 53 72 19

G **Dordogne** Maison de campagne indépendante, entourée prairies et bois, 6 à 8 personnes, calme, confort, grand séjour-cuisine, 4 chambres, 2 salles d'eau, 2 W.-C., 2 abris-autos. À 1 km: pêche, rivière, forêts pour promenades. Tél. 05 53 60 20 49

2 🎧 On cherche un studio

a *On peut aussi mettre une annonce dans le journal. Élodie Bayard et Lucie Dubois cherchent un studio dans le centre de Lyon. Après avoir mis cette annonce dans le journal, Élodie reçoit un coup de téléphone. Écoutez la conversation.*

Demandes
2 J.F. cherchent meublé studio ou chambre/douche jusqu'à €680, charges comprises, centre Lyon ou proche. Tel. 04 48 96 46 36

b *Élodie a écrit ce mot pour Lucie, mais elle a fait six erreurs. Corrigez les erreurs.*

Lucie,
Une dame a téléphoné. Elle a un grand studio meublé avec coin cuisine et douche. C'est au 6, rue Saint-Jean, dans le vieux Lyon. C'est au deuxième étage d'une vieille maison. Il y a le chauffage électrique individuel. Le loyer, charges comprises, est de €680. On pourra le voir demain après 19 heures.

3 Des questions utiles

Trouvez les paires.

1 C'est au …
2 C'est à quel …
3 Est-ce qu'il y a …
4 C'est dans …
5 C'est combien,…
6 Quand est-ce qu'on pourra …
7 Quelle est l'adresse …

a le voir?
b centre-ville?
c exacte, s'il vous plaît?
d étage?
e un immeuble moderne?
f le loyer?
g un ascenseur?

4 📷 Studio à louer

Travaillez à deux. Une personne regarde cette page et veut louer un studio. L'autre regarde la page 239 et donne les détails d'un studio à louer. Inventez une conversation. Pour vous aider, relisez l'activité 3.

au cinquième étage →
au quatrième étage →
au troisième étage →
au deuxième étage →
au premier étage →
au rez-de-chaussée →
au sous-sol →

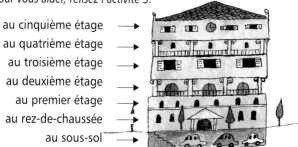

5 🎧 Une maison, un appartement

Lisez les descriptions et devinez les mots qui manquent. Ensuite, écoutez les descriptions pour vérifier.

Exemple: 1 *mère*

a *Une maison à Londres*
Ma correspondante anglaise habite avec sa …(1)… à Londres. J'aime bien sa …(2)… C'est une …(3)… maison pas très …(4)… Au rez-de-chaussée, il y a un salon et une …(5)… Au …(6)… étage, il y a deux chambres et une salle de …(7)… Il n'y a pas de garage, mais il y a un petit …(8)… très joli. Ce qui est bien, c'est que la …(9)… de métro est tout près, donc on peut facilement aller au …(10)…

b *Un appartement de rêve*
Voici mon appartement idéal. C'est un …(1)… appartement de luxe au …(2)… à New York. C'est au dixième étage, donc il y a une belle …(3)… sur la ville. Il y a trois …(4)… et trois salles de bains. Il y a aussi un grand …(5)…, un bureau avec un ordinateur, bien sûr, et une grande cuisine. Il y a le …(6)… central et un système d'alarme, bien sûr. Au …(7)… de l'immeuble, il y a un …(8)… et une …(9)… Et sur le …(10)…, il y a un joli jardin avec des tables et des chaises.

Lexique

Le logement	Accommodation
un appartement	*flat*
un ascenseur	*lift*
un balcon	*balcony*
une chambre	*bedroom*
le chauffage central	*central heating*
un chauffe-eau	*water heater*
un coin cuisine	*cooking area*
une cuisine	*kitchen*
une douche	*shower*
l'escalier (*m*)	*staircase*
une fenêtre	*window*
un garage	*garage*
une maison	*house*
une pièce	*room*
une porte	*door*
une salle à manger	*dining room*
une salle de bains	*bathroom*
une salle d'eau	*washroom, shower room*
les W.-C.	*toilet*
une salle de séjour	*living room*
un salon	*lounge*
le toit	*roof*
un vestibule	*hall*
Le jardin	**Garden**
des fleurs (*f pl*)	*flowers*
une pelouse	*lawn*
des plantes (*f pl*)	*plants*
une terrasse	*patio*

6 📱 À vous!

Travaillez à deux. On parle de sa maison: ça peut être un logement vrai ou imaginaire. Posez des questions et répondez à tour de rôle.

1 C'est une maison ou un appartement?
2 C'est au centre-ville ou dans la banlieue?
3 Il y a combien d'étages?
4 Qu'est-ce qu'il y a comme pièces?
5 Est-ce qu'il y a une cave/un garage/un jardin?
6 Le jardin, comment est-il? (*Il est [assez/très] petit/grand. Il est comme une jungle.*)
7 Est-ce qu'il y a un système d'alarme?
8 Est-ce que vous avez un ordinateur à la maison? Où est-il?
9 Qu'est-ce qu'il y a dans le quartier? (*Il y a quelques magasins, par exemple, …*)

DOSSIER PERSONNEL

• Écrivez quelques phrases à propos de votre maison.

7 À la maison, pensez à l'environnement

Voici trois bons conseils. Lisez les exemples, puis décidez lesquels de ces exemples vont avec chaque conseil.

Exemple: 1 *b,* …

1	Ne gaspillez pas d'énergie!
2	Conservez l'eau!
3	Faites du recyclage!

a On utilise du papier à lettres fait à partir du papier recyclé.
b On ferme l'éclairage, la télévision et la chaîne stéréo quand on sort du salon.
c On ne laisse pas couler l'eau quand on se brosse les dents.
d On isole le chauffe-eau et les tuyaux.
e On apporte le verre et le papier journal au centre de recyclage.
f On utilise des lampes de basse consommation.
g En hiver, on ferme les rideaux quand il fait nuit pour conserver le chaleur.
h On prend une douche (qui consomme entre 60 et 80 litres) au lieu d'un bain (qui consomme 120 litres).

Now you can …

• exchange information about accommodation (type of housing, location, rooms, etc.)

2.8 À la maison

1 🎧 Chez moi

Écoutez Daniel et Mélanie et complétez les textes.

a La chambre de Daniel

Ma chambre est au …(1)… étage de la maison. Elle est assez grande. Les murs sont … (2)… et les rideaux sont bleu marine et, par terre, il y a de la moquette …(3)… Dans la chambre, il y a mon lit, une armoire, une grande …(4)… avec mon ordinateur et mon clavier électrique. Il y a aussi des …(5)… et une bibliothèque pour mes …(6)…

b La chambre de Mélanie

J'ai une chambre à moi toute seule. Elle est au rez-de-chaussée. Elle n'est pas très …(1)… Les murs et les rideaux sont …(2)… et il y a de la moquette …(3)… par terre. Comme meubles, il y a mon lit, un …(4)… pour mes vêtements et un …(5)… où je mets toutes mes affaires. J'ai une chaîne-stéréo, mais je n'ai pas de …(6)… dans ma chambre. J'ai plein de posters aux murs, des posters de groupes et des …(7)… J'aime bien ma chambre, mais elle n'est pas très bien …(8)… C'est souvent la pagaille chez moi!

2 🗣 À vous

Travaillez à deux. Posez des questions et répondez à tour de rôle.

1 Tu partages une chambre ou est-ce que tu as ta propre chambre?
2 Elle est comment, ta chambre ou ta chambre idéale? (*grande, moyenne, petite*)
3 De quelle couleur sont les murs, les rideaux, la moquette, le tapis?
4 Est-ce qu'il y a des posters ou des photos aux murs?
5 Qu'est-ce qu'il y a comme meubles?
6 Est-ce que tout est bien rangé ou est-ce que c'est la pagaille?

> **DOSSIER PERSONNEL**
>
> • Écrivez quelques phrases pour décrire votre chambre.

3 🎧 On fait l'inventaire

La famille Laroche a loué un appartement. Mélanie et Daniel vérifient l'inventaire. Écoutez la conversation et notez les détails.
Exemple: D x 6

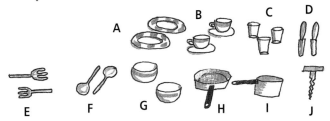

Lexique

Les meubles	Furniture and fittings
une armoire	*wardrobe*
un aspirateur	*vacuum cleaner*
une baignoire	*bath*
une bibliothèque	*bookcase*
un bureau	*desk*
un canapé	*sofa*
une chaîne stéréo/hi-fi	*stereo system*
une chaise	*chair*
un congélateur	*deep freeze*
une cuisinière (électrique/à gaz)	*cooker*
une étagère	*shelf*
un fauteuil	*armchair*
un four (à micro-ondes)	*(microwave) oven*
un frigo/réfrigérateur	*fridge/refrigerator*
un lavabo	*wash-basin*
un lave-vaisselle	*dishwasher*
un lit	*bed*
une machine à laver	*washing-machine*
la moquette	*fitted carpet*
le mur	*wall*
un placard	*cupboard*
le plafond	*ceiling*
le plancher	*floor*

une prise de courant	*power point*
un rideau	*curtain*
un robinet	*tap*
un tapis	*carpet*
un tiroir	*drawer*

Les ustensiles de cuisine	Kitchen utensils
une assiette	*plate*
un bol	*bowl*
une carafe à eau	*water jug*
une casserole	*saucepan*
des ciseaux *(m pl)*	*scissors*
une clé (clef)	*key*
un couteau	*knife*
une cuillère	*spoon*
une fourchette	*fork*
un ouvre-boîte	*tin-opener*
un plateau	*tray*
une poêle	*frying-pan*
une poubelle	*dustbin*
une tasse	*cup*
un tire-bouchon	*corkscrew*
une soucoupe	*saucer*
un verre	*glass*

DOSSIER-LANGUE

ne … que

> Il y avait trois tasses, mais maintenant, il n'y en a que deux.

> Tu as beaucoup de bagages?

> Non, ça va, je n'ai qu'une valise.

Il n'y a que (qu') …	There's only
Je n'ai que (qu') …	I only have .

These two expressions are often used in conversation. *Ne… que* goes around the verb like a negative, but the meaning is different. Can you work out the meaning of these sentences?

Je n'ai que 50 euros.
Je n'ai qu'une valise.
Je n'ai que des pêches aujourd'hui

Il n'y a qu'un bus par jour.
Il n'y a qu'un magasin dans le village.
Il n'y a que des sandwichs au fromage.

DOSSIER-LANGUE

Direct object pronouns (*le, la, l', les*)

The pronouns *le, la* and *les* are used a lot in conversation and save you having to repeat the name of something.

Look at these examples and work out which words in the questions have been replaced by *le, la, l'* and *les* (shown in **bold** type) in the answers.

1 – *Tu connais Pierre Duval?*
– *Oui, je **le** connais très bien.*
2 – *Tu fais la cuisine quelquefois?*
– *Oui, je **la** fais tous les jours.*

3 – *Tu as lu le journal ce matin?*
– *Non je ne **l'**ai pas encore lu.*
4 – *Tu as acheté des billets?*
– *Non, je vais **les** acheter demain.*

Where does the pronoun go? What happens if the infinitive is used? Now look at these examples with the command form (the imperative).

> Où est-ce que je mets les tasses?

> Mets-les dans le placard au-dessus de l'évier.

> Non, ne les mets pas là!

Where does the pronoun go, when the command form is used? What happens when it's in the negative?
For more information about direct object pronouns, see **La Grammaire** page 246.

Now you can …

- give and seek information about house contents and features of the home
- use direct object pronouns

4 Jeu des définitions

Quels sont ces objets? On les trouve tous à la maison.

1 Elles sont rondes. On les utilise tous les jours pour servir des repas. Elles peuvent être petites, moyennes ou grandes.
2 On le cherche quand on doit ouvrir des boîtes de conserve. C'est un petit ustensile mais c'est très utile.
3 On la trouve dans la cuisine. Il y en a même plusieurs. On s'en sert pour chauffer l'eau, le lait ou une sauce, ou pour faire cuire des légumes.
4 On les utilise pour servir des boissons chaudes.
5 C'est une machine qu'on emploie pour faire le ménage. C'est très pratique et on la trouve dans presque toutes les maisons et tous les appartements.
6 On la cherche quand on veut faire la cuisine. On l'utilise pour faire une omelette.

5 On déménage

Travaillez à deux. Une personne (A) regarde cette page, l'autre (B) regarde la page 240. Posez des questions et répondez à tour de rôle.

Exemple:

A *Où est-ce qu'on met la table?*
B *Mets-la dans la cuisine.*

2.9 Notre planète

1 🎧 Notre environnement

Lisez la liste des actions. Écrivez les noms des jeunes dans votre cahier:
Dominique, Isabelle, Philippe et Marie-Claire.
Écoutez la discussion et notez les actions faites par chaque personne.
Exemple: Dominique *a*

a Je ne jette rien par terre.
b Je fais du recyclage à la maison.
c Nous faisons du compost avec des déchets organiques.
d Quand je fais des achats, j'apporte mon propre sac.
e J'essaie de ne pas gaspiller d'énergie.
f En ville, je circule à vélo ou à pied.
g Quand j'achète des produits, par exemple du papier à lettres, j'essaie de les acheter faits à partir des matières recyclées.
h Si j'ai des vêtements qui ne sont plus à la mode et que je ne porte plus, je les donne à la croix rouge.

2 Triez vos déchets

a *Comme beaucoup de municipalités, la Mairie de Paris s'engage dans la collecte sélective. Lis l'extrait d'un dépliant.*

Je jette les journaux, les prospectus et les magazines dans le bac bleu.

Je jette les emballages, par exemple les bouteilles en plastique, les boîtes de conserve, les briques alimentaires, les sacs en papier et les boîtes en carton dans le bac jaune. Il ne faut pas laver les emballages alimentaires. Il suffit de les vider complètement.

Je jette le verre, par exemple des bouteilles, des pots et des bocaux dans le bac blanc.

Le non-recyclé
Les techniques actuelles ne permettent pas de tout recycler.
On ne peut pas recycler les bouteilles d'huile à cause de la présence du gras.
Les films et les sacs en plastique sont trop fins pour être recyclés.
On ne peut recycler ni la vaisselle, ni les pots de fleurs.
En cas de doute, je le jette dans le bac à couvercle vert.

je trie, tu tries, il trie, nous recyclons

L'environnement	The environment
le bruit	noise
les déchets (m pl)	rubbish
l'énergie (f)	energy
gaspiller	to waste
jeter	to throw (away)
une lessive	washing powder, liquid
la planète	planet
polluer	to pollute
la poubelle	dustbin
protéger	to protect
recycler	to recycle
réduire	to reduce
réutiliser	to reuse
toxique	poisonous
trier	to sort out
vert	green, ecological

b *Travaillez à deux. Une personne pose la question, l'autre répond en consultant le dépliant. Posez des questions et répondez à tour de rôle.*
Exemple: 1 – *La boîte, je la jette où?*
          – *Tu la jettes dans le bac jaune.*

1

2

3

4

5

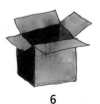
6

7

8

3 Que fait-on avec les matières récupérées?

Voici les matières qui sont récupérées dans beaucoup de villes. Regardez les images et choisissez deux choses qu'on peut produire à partir de chaque matière.
Exemple: 1 *b*, …

1 le papier journal
2 le verre
3 le plastique
4 le métal

A des chaises de jardin

B des cartons d'œufs

C des mouchoirs en papier

D des clous

E des bocaux

F des tasses en polystyrène

G des bouteilles

H du fil de fer

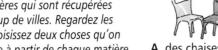
I du papier hygiénique

J des canettes en aluminium

K des sacs en plastique

L des magazines

M des cartes de voeux

N du papier à lettres

4 🎧 Un jeu sur l'environnement

*Choisissez **a**, **b** ou **c**, puis écoutez les bonnes réponses.*

1 Avec une tonne de papier journal recyclé, on sauve combien d'arbres?
  a 10   **b** 17   **c** 21
2 Quelquefois, on appelle la Terre la planète bleue. Quelle est la superficie de la surface de la Terre, recouverte d'océans?
  a 30%   **b** 50%   **c** 70%
3 L'eau est une ressource essentielle pour la vie. En Europe, on utilise environ 150 litres d'eau par personne par jour; comparativement, on en utilise combien en Inde?
  a 100 litres   **b** 50 litres   **c** 25 litres
4 En Californie et dans certains pays d'Europe comme le Danemark et les Pays-Bas, on produit de l'électricité à partir de moulins à vent modernes. Ils s'appellent des éoliennes. Le mot vient du nom Éole. Éole, c'est le nom de qui ou de quoi?
  a c'est le nom de l'inventeur
  b c'est le nom du dieu du vent grec
  c c'est le nom de l'entreprise qui fabrique ces moulins

5 On vit dans l'ère du prêt à jeter – on ne répare plus, on jette et on remplace … des montres, des rasoirs, des stylos. Mais environ combien de déchets un Européen jette-t-il à la poubelle par an?
  a 100 kg   **b** 300 kg   **c** 1000 kg
6 Le panda géant est une espèce menacée. Autrefois, il habitait partout en Chine; maintenant, il n'habite que dans les montagnes du sud-ouest où il y a de la forêt de bambou. On estime qu'il y a environ combien de pandas en Chine maintenant?
  a moins de 400   **b** entre 400 et 1000
  c entre 1000 et 1600

Solution: page 240

Now you can …
● exchange information and opinions about environmental issues and measures taken to protect the environment

SOMMAIRE

Now you can …
1 give and seek description of towns, neighbourhood and region (location, character, amenities, features of interest etc.)
2 understand, seek and give directions to places in towns
3 exchange information and opinions about a particular tourist attraction using the perfect tense with *avoir*
4 give and seek information about past events using the perfect tense with *avoir* and *être*
5 understand and use negative expressions
6 express, seek and explain views and opinions about living in the countryside
7 exchange information about accommodation (type of housing, location, rooms, etc.)
8 give and seek information about house contents and features of the home; use direct object pronouns
9 exchange information and opinions about environmental issues and measures taken to protect the environment

See also **Vocabulaire par thèmes**, unité 2.

For your reference:
Grammar

perfect tense with *avoir*	page 33
perfect tense with *être*	page 35
questions in perfect tense	page 36
negatives	page 37
Direct object pronouns *(le, la, les)*	page 45
ne …que	page 45

Vocabulary and useful phrases

country and region	page 27
town	page 28–9
directions	page 30–31
negative expressions	page 38
in the country	page 41
accommodation	page 43
furniture and fittings	page 44
kitchen utensils	page 44
environment	page 46

unité 3

Bon voyage!

3.1 Transports au choix

I Les transports

Regardez les photos et faites les activities.

Lexique

Les transports	Transport
(en) avion *(m)*	*(by) plane*
(en) bateau *(m)*	*(by) boat*
(en) bus *(m)*	*(by) bus*
(en) camion *(m)*	*(by) lorry*
(en) camionnette *(f)*	*(by) van*
(en) car *(m)*	*(by) coach*
(en) ferry *(m)*	*(by) ferry*
(en) moto *(f)*	*(by) motorbike*
(en) métro	*(by) metro*
(en) poids lourd *(m)*	*(by) lorry (heavy goods vehicle)*
(en) taxi *(m)*	*(by) taxi*
(en) train *(m)*	*(by) train*
(en) tramway *(m)*	*(by) tram*
(en) voiture *(f)*	*(by) car*
(à) cheval *(m)*	*on horseback*
(à) mobylette	*(by) moped*
(à) pied *(m)*	*on foot*
(à) roller *(m)*	*on rollerskates*
(à) vélo *(m)*	*(by) bike*

2 🎧 Comment aimez-vous voyager?

Écoutez. Pour chaque personne (1–8), notez:
- *le moyen de transport*
- *la phrase qui correspond.*

Exemple: 1 F (le train), d

a Pour aller en ville, c'est pratique pendant la journée quand le service est assez fréquent.

b C'est amusant et rapide. Beaucoup de jeunes aiment faire ça et on peut le combiner avec d'autres moyens de transport.

c C'est peut-être un peu cher, mais pour aller de Paris à Édimbourg, c'est très rapide.

d On peut acheter une boisson, on peut lire ou on peut simplement se détendre pendant le voyage.

e C'est propre, ça ne fait pas de bruit et, en plus, c'est bon pour la forme.

f C'est notre moyen de transport préféré quand nous partons à plusieurs en vacances et quand nous avons beaucoup de bagages.

g Pour traverser la Manche, c'est plus amusant et on est à l'air libre.

h À Paris, c'est pratique et c'est rapide parce qu'on n'a pas de problèmes de circulation.

3 🗣 À discuter

Travaillez à deux. Une personne choisit un moyen de transport et donne un avantage, l'autre donne un inconvénient.

Exemple: – *Le vélo, c'est bon pour la forme.*
                  – *Oui, mais c'est fatigant.*

Pour vous aider	
C'est (assez/très)	**Des inconvénients** cher.
Ce n'est pas (très)	lent. rapide. confortable. sûr. pratique.

Ce n'est pas direct. Après, il faut marcher ou prendre un taxi.
Ce n'est pas agréable par mauvais temps.
C'est fatigant.
Il n'y a pas toujours de la place pour s'asseoir.
Il y a souvent des bouchons.
C'est difficile de trouver une place de parking/stationnement.
On est toujours serré *(= squeezed in).*

4 À vous!

a *Travaillez à deux. Posez des questions et répondez à tour de rôle. Donnez des raisons si possible.*

1 Quel moyen de transport est-ce que tu prends normalement …
   a … pour aller au collège?
   b … pour aller en ville?
   c … pour sortir le soir?
2 Quel est ton moyen de transport préféré …
   a … pour circuler en général?
   b … pour aller à Londres ou dans une grande ville?
   c … pour traverser la Manche?
   d … pour partir en vacances?

Exemple: *J'aime bien circuler à vélo, parce que ça me permet d'être indépendant.*
Quand je vais à Londres, j'aime prendre …
Pour traverser la Manche, je préfère …
Pour partir en vacances, j'aime prendre …

b *Écrivez vos réponses.*

5 Le jeu des transports

Devinez la réponse, puis écoutez pour vérifier.

a **Le tunnel sous la Manche**
   1 Le Tunnel fait combien de kilomètres?
      a 25   b 50   c 72
   2 Il y a combien de tunnels exactement?
      a un   b deux   c trois
   3 Il faut combien de temps pour aller de Paris à Londres en Eurostar?
      a une heure   b trois heures   c cinq heures
   4 On arrive à quelle gare à Londres?
      a Kings Cross   b Paddington   c Waterloo
   5 Comment s'appelle la première locomotive du Shuttle?
      a Luciano Pavarotti   b Rigoletto   c Kiri Te Kanawa

b **Lequel/Laquelle?**
   1 Lequel de ces moyens de transport est le plus sûr?
      a la voiture   b le car   c le train
   2 Lequel de ces moyens de transport consomme le plus d'énergie?
      a l'avion   b le train   c le bus
   3 Lequel de ces moyens de transport fait le plus de bruit?
      a le vélo   b le TGV   c la moto
   4 Qu'est-ce qui prend le plus de place?
      a une piste cyclable   b une ligne TGV
      c une autoroute

Now you can …
● discuss and explain views on the advantages and disadvantages of different forms of transport

6 Faits divers

Lisez les Faits divers et complétez les résumés avec les mots dans les cases.

Le cyberbus:
un véhicule pas comme les autres!

Avez-vous aperçu, dans les rues de la capitale, le Cyberbus du Wanadoo Tour?

Depuis le 15 mars, les Parisiens peuvent s'initier gratuitement à Internet en montant dans le 'Cyberbus'.
Le Cyberbus est un lieu d'information et d'initiation à Internet, équipé d'ordinateurs bénéficiant d'une connexion à Internet ultra-rapide grâce à l'ADSL. Les trois démonstrateurs, Claire, Gilles et Serge, vous proposent de découvrir le monde de l'Internet, notamment:
● Comment faire une recherche?
● Quels sont les sites vraiment intéressants?
● Qu'est-ce que l'Internet peut apporter?
● L'Internet et l'entreprise
● Acheter sur Internet, etc.

Rollers
'Dimanche dernier, en descendant l'avenue Daumesnil, j'ai été choquée de me trouver nez à nez avec une foule de rollers et de gens à vélos qui se déplaçaient dans tous les sens sur le trottoir. Un accident pouvait facilement arriver, alors je me suis dépêchée de quitter l'endroit.'
Monique Delarue

a **Le Cyberbus**
   Le Cyberbus n'est pas un …(1)… de transport, mais un service d' …(2)… qui permet aux Parisiens de découvrir comment se servir de l' …(3)… Le véhicule est équipé d' …(4)… connectés à Internet. Les animateurs à bord peuvent expliquer aux gens comment …(5)… Internet pour faire des choses diverses.

   information   Internet   moyen   ordinateurs   utiliser

b **Rollers**
   Quand elle …(1)… l'avenue Daumesnil dimanche dernier, Monique Delarue a …(2)… beaucoup de gens à roller et à vélo. Elle n'était pas du tout …(3)… et elle a quitté la …(4)… en vitesse. À son …(5)…, un accident pourrait facilement arriver.

   avis   contente   descendait   rencontré   rue

3.2 Tu as fait bon voyage?

1 Quel voyage!

Trouvez le bon texte pour chaque image.

1 C'était le 15 août et il y avait des bouchons partout.
2 Il faisait mauvais et la mer était très agitée.
3 Il y avait une grève des chauffeurs de car.
4 Il pleuvait toute la journée.
5 Il y avait beaucoup de monde dans le train et je ne trouvais pas de place pour m'asseoir.
6 On était très serré dans le métro.

2 🎧 Bien arrivé!

a *Écoutez les conversations. Pour chaque personne, notez les détails suivants:*
  a la destination
  b le moyen de transport
  c le temps
  d l'heure d'arrivée
  e une réflexion sur le voyage

b *Travaillez à deux. Essayez de recréer une des conversations avec un(e) partenaire. Voici les questions:*
  – Où es-tu allé(e)?
  – Comment as-tu voyagé?
  – Quel temps faisait-il?
  – Quand es-tu arrivé(e)?
  – Est-ce que tu as fait bon voyage?

DOSSIER-LANGUE

The imperfect tense (1)

The imperfect tense is used for description in the past or to set the scene for something:

Il neigeait beaucoup le jour de notre départ.
It was snowing a lot on the day we left.
Aux environs de Paris, il y avait un long embouteillage.
Near Paris, there was a long traffic jam.

Look for some more examples of the imperfect tense used in this way on this page.

C'était + adjective is used to express an opinion about something that happened in the past:
C'était long, le voyage?　　Was the journey long?
Oui, et c'était vraiment pénible.　Yes, and it was really tiresome.

A recipe for forming the imperfect tense
1 Take your verb, e.g. *faire*.
2 Form the *nous* part of the present tense

nous faisons

3 Chop off the *nous* part and the *-ons* ending
nous　　*fais*　　*ons*

4 Add the endings:

ais	ions
fais + ais	iez
ait	aient

5 The dish is now ready.

je faisais　　*nous faisions*
tu faisais　　*vous faisiez*
il/elle/on faisait　　*ils/elles faisaient*

Note: *être* is one of the few exceptions where the first part (the stem) is not formed in this way. The imperfect stem of *être* is *ét-*. Verbs which end in *-ger* like *manger*, and verbs which end in *-cer* like *commencer* also form the stem in a slightly different way. See **La grammaire** page 251.

3 Souvenirs de voyage

Lisez les lettres et faites les activités.

Dans la dernière édition, on vous a demandé: *Quels sont vos plus beaux souvenirs de voyage et quels en sont les pires?* **Voici une sélection de vos réponses.**

A C'était quand je suis allé de Dakar à Paris en avion. C'était mon premier voyage en avion et c'était magique. **Oumou**

B C'était quand nous vivions en Martinique. Nous prenions un bateau pour visiter une autre île. Le temps était orageux, beaucoup de gens ont été malades. C'était affreux. **Flora**

C C'était quand je suis rentré en train du pays de Galles. Le train est arrivé en retard et il roulait très lentement. Il faisait très chaud. Finalement, le train s'est arrêté dans une gare et nous sommes tous descendus pour continuer le voyage en car. On nous a expliqué que les rails se déformaient à cause de la chaleur. C'était pénible. Le voyage a duré sept heures au lieu de trois! **Mathieu**

D C'était quand j'ai fait un circuit à cheval au Québec. Il faisait beau. Le paysage était magnifique. Mes compagnons étaient sympa. C'était super. **Luc**

E C'était en hiver, quand nous sommes allés à Douvres en ferry. Il faisait mauvais et la mer était très agitée. À un moment donné, toute la vaisselle de la cantine est tombée par terre. Au début, on ne pouvait pas entrer dans le port, tellement il y avait du vent. Finalement, avec l'aide de deux remorqueurs, on a pu entrer dans le port et débarquer. C'était épouvantable. **Sophie**

F C'était quand j'ai voyagé de Paris à Londres en Eurostar. Le train était très confortable et très rapide. On est passé par le terminal à Calais, mais le train ne s'est pas arrêté. On est entré dans le Tunnel, mais on n'avait pas du tout l'impression d'être sous la mer. **Laurent**

a 1 Quelles lettres parlent d'un mauvais voyage, et quelles lettres décrivent un bon voyage?
2 Beaucoup d'expressions d'opinion commencent avec 'C'était ...' Faites deux listes: opinions positives, opinions négatives.
3 Trouvez quatre expressions qui décrivent le temps.

b 🗣️ *Travaillez à deux. Une personne choisit un extrait, l'autre devine de quel extrait il s'agit en posant des questions. On peut répondre uniquement par* **oui** *ou* **non**:

– C'était un voyage en France?
– C'est une fille qui décrit le voyage?
– Est-ce qu'on a voyagé en train?
– Est-ce qu'il faisait mauvais?

4 On raconte un voyage

Choisissez une de ces activités pour décrire un voyage.

a Écrivez une série de six numéros de 1 à 6 ou jetez un dé six fois, puis écrivez un résumé du voyage selon les numéros.
Exemple: *6, 5, 4, 3, 2, 1*

Le premier avril, quand j'étais en Tunisie, j'ai pris un taxi pour visiter la région. Il faisait mauvais. On a eu un accident. C'était affreux.

b 🗣️ *Travaillez à deux. Chaque personne écrit une série de six numéros de 1 à 6. Selon les numéros, faites des conversations à propos des voyages que vous avez faits avec votre famille ou vos amis.*
Exemple: *6, 6, 6, 6, 6, 6*

– Quand avez-vous fait le voyage? – Quel temps faisait-il?
– Le premier avril. – Il y avait du vent.
– Où étiez-vous? – Qu'est-ce qui s'est passé?
– Au pays des Merveilles. – On a vu des choses extraordinaires.
– Qu'est-ce que vous avez fait? – C'était comment?
– Nous avons pris un tapis magique pour visiter la région. – C'était incroyable.

1	la semaine dernière	1	Il faisait beau.
2	l'année dernière	2	Il faisait très chaud.
3	l'été dernier	3	Il faisait mauvais.
4	au mois d'août	4	Il neigeait.
5	il y a deux ans	5	Il pleuvait.
6	le premier avril	6	Il y avait du vent.

1	au Sénégal	1	On a vu des animaux sauvages.
2	au Canada	2	On a eu un accident.
3	au Maroc	3	Tout le monde a été malade.
4	en France	4	Nous sommes tombés en panne.
5	en Tunisie	5	Nous nous sommes perdus.
6	au pays des Merveilles	6	On a vu des choses extraordinaires.

1	le train	1	affreux/excellent
2	le bateau	2	pénible/super
3	le car	3	atroce/magnifique
4	un taxi	4	épouvantable/génial
5	une moto	5	un désastre/passionnant
6	un tapis magique	6	la catastrophe/incroyable

c 🗣️ *Inventez d'autres conversations.*

DOSSIER PERSONNEL

• Décrivez un voyage vrai ou imaginaire.
(où, quand, comment, avec qui, le temps, vos impressions)

Now you can ...

● give an account of a journey using the imperfect tense

3.3 Bonne route!

1 Conduire en France

Lisez les infos et répondez aux questions (à droite) en français.

Conduire en France

- En France, il faut avoir 18 ans pour conduire.

BISON FUTÉ

- Si vous conduisez, vous devez garder votre permis de conduire et votre assurance sur vous ou dans votre voiture.
- N'oubliez pas qu'en France, on roule à droite.
- Faites surtout attention aux carrefours et aux rond-points.
- En ville et dans les villages, la vitesse est limitée à 50 km/h.
- Il faut souvent payer pour prendre les autoroutes.
- Sur les autoroutes, on peut rouler plus vite, jusqu'à 130 km/h.
- Quand on fait un long voyage en voiture, il est important de faire une pause de temps en temps. On trouve des aires de repos où on peut s'arrêter et se reposer.
- Pendant les week-ends des jours fériés et les départs en vacances (en juillet et en août), la circulation est souvent dense et très difficile. Pour éviter les embouteillages, il faut écouter les conseils de Bison Futé à la radio ou à la télévision.

AUTRES DIRECTIONS Péage (3')   Aire de St Georges s/ l'Aa   30   VOUS N'AVEZ PAS LA PRIORITÉ   PAR TEMPS DE PLUIE RAPPEL

FRANCE 50 90 130

Lexique

En route	Road travel
à péage	toll
une aire de repos	rest or service area
une assurance	insurance
un(e) automobiliste	motorist
une autoroute	motorway
un bouchon	traffic jam
un carrefour	crossroads
la circulation	traffic
conduire	to drive
un embouteillage	bottle neck, traffic jam
un panneau	sign
un permis de conduire	driving licence
un rond-point	roundabout
rouler	to drive, move
la route	road
un sens unique	one way system
stationner	to park
le stationnement	parking
la vitesse	speed

1 Il faut avoir quel âge pour conduire en France?
2 On roule à gauche ou à droite?
3 Où est-ce que les Britanniques doivent faire très attention?
4 À combien la vitesse est-elle limitée en ville?
5 Est-ce qu'il faut payer pour prendre une autoroute à péage?
6 Comment s'appelle l'endroit où on peut s'arrêter sur l'autoroute?
7 Quand est-ce que la circulation peut être difficile?
8 Comment s'appelle le personnage qui aide les automobilistes à éviter les bouchons?

2 Des conseils pour l'automobiliste

Trouvez la bonne phrase pour chaque image.

1 Gardez vos distances.
2 Prenez le temps de vous reposer.
3 Par mauvais temps, réduisez votre vitesse.
4 Vérifiez les pneus.
5 Ne déséquilibrez pas votre voiture.

A

B

C

D

E

3 🎧 Infos routières

Écoutez les informations routières et complétez le bulletin avec les mots dans la case.

> cinq huit du nord autoroute
> embouteillage neige facile du sud

Dans les Alpes …(1)…, il y a un embouteillage de …(2)… kilomètres à Albertville, sur la Nationale 90. Ensuite, sur la route Chamonix–Genève, …(3)… kilomètres d'attente près de Cluses. Dans les Alpes …(4)…, pour ceux qui rentrent à Marseille, ce n'est pas plus …(5)…: sept kilomètres d' …(6)… sur la Nationale 96, près d'Aix-en-Provence.
Enfin, dernière difficulté de cette soirée, mais cette fois en raison de la …(7)…: on roule très, très mal dans la région de Nancy. Et, vers dix-huit heures, on a dû totalement fermer l' …(8)… A33.

4 À la station-service

a *Trouvez la photo qui correspond.*

1 de l'air
2 les toilettes
3 le lavage
4 du sans plomb
5 du gazole
6 de l'huile

b *Écoutez les six conversations avec des automobilistes et décidez quelle photo va avec chaque conversation.*
Exemple: 1 A

5 Inventez des conversations

Travaillez à deux. Lisez la conversation puis inventez d'autres conversations.

– Bonjour. Je voudrais du sans plomb, s'il vous plaît.
– Oui. Vous en voulez combien?
– Faites le plein.
– Voilà. C'est tout?
– Euh ... non, est-ce que je peux vérifier la pression des pneus?
– Oui, l'air, c'est là-bas.
– Bon, merci.

du sans plomb
du super
du gazole

Faites le plein.
20 litres.
Pour 50 euros.

Est-ce que je peux vérifier la pression des pneus?
Est-ce que je peux téléphoner d'ici?
Où se trouvent les toilettes?
Est-ce que vous vendez des boissons/des cartes routières?

L'air, c'est là-bas.
Le téléphone est par là.
Les toilettes sont de l'autre côté du bâtiment.
Il y a des boissons/des cartes routières près de la caisse.

Lexique

Au garage	At the garage
l'air *(m)*	air
l'eau *(f)*	water
l'essence *(f)*	petrol
faire le plein	to fill up with petrol
les feux *(m pl)*	lights
les freins *(m pl)*	brakes
du gazole/gaz-oil	diesel
l'huile *(f)*	oil
le lavage automatique	car wash
un litre	litre
un mécanicien	mechanic
le numéro d'immatriculation	registration number
en panne	broken, not working
un pneu	tyre
du sans plomb	unleaded
du super	4-star petrol
tomber en panne	to break down
vérifier	to check

6 Maintenez votre véhicule en bon état

Complétez les conseils aux automobilistes avec un mot dans la case.

freins pneus eau feux huile

1 Nettoyez souvent vos ... et vérifiez leur bon fonctionnement.
2 Vérifiez le niveau d'...
3 Vérifiez la pression des ...
4 Faites attention à l'état des ...
5 Vérifiez le niveau d'... dans la batterie.

7 🎧 En panne!

Écoutez les conversations. Ces automobilistes téléphonent au garage.
a *Décidez quelle voiture appartient à quel automobiliste.*
   Exemple: 1 D
b *Écrivez des détails pour le mécanicien.*
   Exemple: 1 Une Peugeot bleue sur la N15 à 8 km de Rouen.

• Un voyage récent
  Vous êtes rentrés de vacances à l'étranger, mais le voyage de retour ne s'est pas très bien passé.
1 Décrivez vos vacances (*où, quand, quel temps il faisait, etc.*).
2 Décrivez votre voyage de retour (*parlez de vos problèmes: voiture en panne, accident, délai, etc. Pour vous aider, relisez l'activité 6*).

Now you can ...
● understand traffic and road information
● buy petrol
● give an account of unexpected events while travelling (breakdowns, delays, etc.)

8 🗣 Au garage

Travaillez à deux. Lisez la conversation, puis inventez d'autres conversations. Utilisez les mots dans les cases.

– Bonjour. Ma voiture est tombée en panne. Pouvez-vous m'aider?
– Oui, où êtes-vous exactement?
– À trois kilomètres d'ici, sur la Nationale 43.
– Et c'est quelle marque de voiture?
– Une Renault.
– Et la voiture est de quelle couleur?
– Rouge.
– Le numéro d'immatriculation?
– C'est 6378 EL 33.
– Bon, on va envoyer un mécanicien.
– Merci.

À cinq kilomètres, sur la Nationale 40.
À deux kilomètres, sur la route de Calais.
À 500 mètres, près d'une église.
À un kilomètre, sur la Nationale 43.
etc.

une Renault	bleue	1985 RN 92
une Peugeot	blanche	8475 SC 14
une Citroën	grise	9952 HG 38
une Ford, etc.	rouge	2760 SX 59
	noire, etc.	etc.

9 🎧 On est tombés en panne

Claire Prévost est française, mais elle habite à Colchester avec son mari, Paul. Ils viennent de rentrer en Angleterre après des vacances en France. Écoutez la conversation, puis lisez ces phrases. Choisissez les phrases qui décrivent leur voyage du retour.
Exemple: 1, ...

1 Nous avons quitté le camping vendredi matin.
2 Nous avons quitté l'hôtel samedi.
3 Tout allait bien au début.
4 Près de Reims, il y avait un grand embouteillage.
5 Près de Reims, on a pris du retard à cause d'un accident.
6 Il pleuvait.
7 Il faisait très chaud.
8 Puis nous sommes tombés en panne.
9 Heureusement, ce n'était pas grave.
10 Malheureusement, c'était assez grave.
11 Le mécanicien a pu réparer la voiture.
12 On a dû transporter la voiture au garage.
13 Nous avons dû passer la nuit à l'hôtel.
14 Nous avons pu continuer à Calais sans problème.
15 On a pu continuer à Calais le lendemain.
16 Nous avons manqué notre ferry, mais nous avons pu en prendre un autre.

Bon voyage! unité 3

1 🎧 Qu'est-ce qui a changé?

Écoutez les conversations (1–8). Des personnes parlent de ce qui a changé dans leur vie personnelle depuis cinq ans. Choisissez la phrase qui correspond à chaque personne.

Exemple: 1 *d*

Avant...

a elle ne savait pas conduire
b il habitait dans un village
c il était célibataire
d elle était professeur
e il devait travailler tous les soirs
f elle allait à l'école primaire
g il ne faisait pas de sport
h elle n'achetait pas beaucoup de vêtements

2 L'examen de conduite

Lisez la conversation, puis faites t'activité.

– Félicitations, Martine. Tu viens d'obtenir ton permis, non?
– Oui, c'est ça. Je suis bien contente.
– C'était ta première tentative?
– Non, la deuxième.
– Et comment ça s'est passé aujourd'hui? Tu étais inquiète?
– Oui, j'avais peur, surtout au début. J'essayais de me dire que ce n'était pas si important que ça. Mais quand je me suis assise dans la voiture, mon pied tremblait sur la pédale. Il commençait à pleuvoir et, momentanément, je ne pouvais pas trouver la commande des essuie-glaces. Heureusement, l'inspecteur était sympathique et j'ai pu me calmer.

| une tentative | *attempt* |
| les essuie-glaces | *windscreen wipers* |

Corrigez les erreurs dans les phrases 1–7.

1 Martine a obtenu son passeport aujourd'hui.
2 Au début du test, elle avait faim.
3 Sa main tremblait sur le volant.
4 Il commençait à faire nuit.
5 Elle ne pouvait pas trouver la commande des feux.
6 L'inspecteur était fâché.
7 Finalement, elle a pu se lever.

DOSSIER-LANGUE

The imperfect tense (2)

When to use it

- for descriptions in the past, for instance to describe someone's appearance or feelings:
  Tu étais inquiète?   Were you worried?
  Can you find another example of this use on this page?

- to describe how things used to be:
  À cette époque, il y avait beaucoup moins de circulation.
  At that time, there was much less traffic.

- to describe a state of affairs in the past:
  Je ne savais pas ça.   I didn't know that.
  Le temps était orageux.   The weather was stormy.

- to translate 'was ...ing' and 'were ...ing':
  Que faisiez-vous quand j'ai téléphoné?
  What were you doing when I phoned?

- to set the scene, to say what was happening when something else (a specific action) took place:
  La nuit tombait. Tout était calme. La rue était presque déserte. On entendait seulement le bruit d'une voiture lointaine. Laurence se cachait derrière la porte d'un magasin, quand soudain ...

- to describe something that happened regularly in the past. It often translates 'used to ...'
  Quand j'étais plus jeune, j'allais à la piscine tous les samedis.
  When I was younger, I used to go to the swimming pool every Saturday.

- to make excuses:
  Ce n'était pas de ma faute.   It wasn't my fault.
  Je ne connaissais pas leur adresse.   I didn't know their address.
  Je n'avais pas le temps.   I didn't have time.
  Le bus était en retard.   The bus was late.

- to describe something you wanted to do, but didn't:
  Nous voulions aller à Paris, mais il y avait une grève des transports.
  We wanted to go to Paris, but there was a transport workers strike.

3 Pourquoi pas?

Pourquoi a-t-on abandonné ces projets? Trouvez les paires.

1 Je voulais t'envoyer une carte, ...
2 Tu voulais voir le match, non?
3 Il voulait faire de la planche à voile, ...
4 Nous voulions voir un film, ...
5 Vous vouliez aller à Paris, non?
6 Elles voulaient te voir, ...

a mais il n'y avait pas assez de vent.
b Oui, mais nous n'avions plus d'argent.
c mais je ne connaissais pas ton adresse.
d mais elles n'avaient pas le temps.
e mais le cinéma était fermé.
f Oui, mais il n'y avait plus de billets.

4 🎧 Ma vie a changé

Écoutez les témoignages. Deux jeunes parlent des changements dans leur vie. Trouvez les mots qui manquent.
Exemple: **1** *tennis*

1 Damien:
Avant, il y a cinq ans, je faisais du …(1)…; maintenant, je fais du football. Je ne m'intéressais pas trop aux …(2)…; maintenant, j'aime bien m'habiller correctement. Et avant, je ne portais pas de …(3)…, mais maintenant, j'en porte. Quand j'étais plus jeune, je n'avais pas beaucoup de …(4)… à faire, le soir, mais maintenant, on a beaucoup de travail, tous les soirs. Autrefois, mes amis et moi, nous allions souvent à la …(5)…, alors que maintenant, nous allons plutôt au …(6)…

2 Morgan:
Il y a cinq ans, je faisais de la …(1)… environ douze heures par semaine, mais depuis un an, j'ai arrêté parce que j'avais un problème au …(2)… Il y a cinq ans, ma sœur était chez moi, mais maintenant, elle est partie faire ses études à …(3)… Donc maintenant, je suis toute seule chez moi avec mes parents: c'est …(4)… Nous avions un …(5)… blanc, mais il est mort il y a deux ans, donc nous n'avons plus d'animal à la maison. Quand j'étais plus jeune, je ne m'intéressais pas beaucoup à la musique, mais maintenant, je joue de la …(6)… et j'adore ça.

5 Avant, c'était différent!

Louis a son permis de conduire depuis un an et il y a un mois il a acheté une voiture. Maintenant, il va partout en voiture, mais avant c'était comment?

Exemple: *Avant, il prenait le bus pour aller en ville.*

1 … prendre le bus pour aller en ville.
2 … aller au bureau à pied.
3 … prendre le train pour aller à Paris.
4 … rentrer du supermarché à pied.
5 … aller au stade à vélo.
6 … dépenser son argent sur des jeux électroniques. Maintenant, il dépense tout son argent en essence.

DOSSIER PERSONNEL

Autrefois et aujourd'hui
Écrivez quelques phrases à propos des choses qui ont changé. Contrastez votre vie autrefois (par exemple, d'il y a cinq ans ou quand vous aviez dix ans) avec votre vie aujourd'hui.

6 🗣 À vous!

Travaillez à deux. Parlez ensemble des choses qui ont changé depuis cinq ans. Posez des questions et répondez à tour de rôle.
Exemple: – *Qu'est-ce qui a changé dans ta vie?*
   – *Il y a cinq ans, j'allais à l'école primaire. Et toi?*
   – *Il y a cinq ans, nous vivions dans une autre ville.*

Pour vous aider

j'allais à l'école primaire nous habitions à …
je ne parlais pas français
je ne savais pas nager/faire la cuisine
je ne jouais pas de la guitare/de la flûte
je ne sortais pas tout(e) seul(e)
je n'avais pas autant de devoirs
je mangeais/ ne mangeais pas …
je ne buvais pas …
j'avais/je n'avais pas de …
je n'apprenais pas …

Now you can …

● describe situations in the past using the imperfect tense

3.5 En voiture!

1 🎧 On prend la voiture?

La plupart des déplacements en ville se font en voiture: jusqu'à 90% dans certaines villes. Pourquoi est-ce qu'on utilise autant la voiture? Que pensent ces personnes?
Écoutez les témoignages et choisissez la phrase qui exprime la même opinion.

Exemple: 1 *a*

1 a Il n'est pas toujours nécessaire de prendre sa voiture pour de petits trajets.
  b Même pour de petits trajets, je trouve qu'il est plus pratique de prendre sa voiture.

2 a Je préfère prendre le bus, même le soir, comme ça je suis plus indépendant.
  b J'aime prendre le bus, mais le soir, il est souvent nécessaire de prendre la voiture.

3 a Il y a beaucoup de circulation et les rues sont dangereuses pour les enfants.
  b La plupart des enfants vont à l'école à pied, comme autrefois.

4 a Quand je vais en ville, je préfère prendre la voiture.
  b Toutes les voitures en ville contribuent à la pollution de l'air.

5 a Dans certains pays, comme la Suisse, on utilise sa voiture tout le temps.
  b Dans certains pays, les habitants ont l'habitude de prendre les transports en commun pour se déplacer en ville.

6 a Aujourd'hui, on fait plus de voyages en voiture parce qu'on habite plus loin de son travail.
  b Aujourd'hui, on habite plus près de son travail, alors on peut facilement aller au travail à pied.

2 Pour ou contre la voiture?

Voici d'autres avis pour et contre la voiture.
Divisez les phrases en deux listes: pour *et* contre.

1 On arrive directement à destination.

2 Ça contribue à la pollution de l'air.

3 Les automobilistes sont souvent stressés et s'énervent facilement.

4 On n'est pas contraint par des horaires: on peut partir quand on veut.

5 Le stationnement devient impossible.

6 Les automobilistes se sentent plus libres et plus confortables.

7 Pour les personnes handicapées, c'est souvent le seul moyen d'avoir un peu d'indépendance.

8 Il y a des embouteillages et des accidents.

9 Aux heures de pointe, on roule très lentement en ville.

3 💬 À discuter

Travaillez à deux. À tour de rôle, donnez un avantage et un inconvénient de la voiture comme moyen de transport.

Exemple: – *À mon avis, c'est pratique de prendre la voiture, parce qu'on arrive directement à destination.*
– *Oui, mais ça contribue à la pollution de l'air.*

Pour vous aider

À mon avis, il est (souvent) pratique de prendre la voiture, parce que (qu')…
Je trouve que (qu')…
Il est vrai que (qu')….

Oui, mais …
Cependant, …

4 En ville sans voiture

Complétez le reportage avec les mots dans la case.

augmenté autre diminué pied pollution skate voiture

Pour lutter contre la …(**1**)…, le bruit et l'encombrement des villes, on demande aux citadins de laisser leur …(**2**)… à la maison pendant une journée et de prendre un …(**3**)… moyen de transport. Plus de 150 villes françaises ont participé à cette opération. Pendant une journée en septembre, le bruit de la ville a …(**4**)… de 50%, la pollution d'origine automobile de 20 à 50% et la fréquentation des transports en commun a …(**5**)… de 10%. La marche à …(**6**)… et la pratique du vélo ont augmenté et on a vu aussi des gens à …(**7**)… et à roller.

5 🎧 La crise de la circulation

Autrefois, il y avait de graves difficultés de circulation à Strasbourg.
Écoutez l'interview et suivez le texte. Trouvez les mots qui manquent.

a l'autobus	**f** fréquent
b circulation	**g** lentement
c difficile	**h** piétons
d embouteillages	**i** stationner
e faire	**j** trottoir

Exemple: 1 *circulation*

– En 1990, il y avait une véritable crise de la circulation, non?
– Ah oui. On avait de graves difficultés de …(1)… à Strasbourg. C'était affreux.
– Pouvez-vous nous les décrire?
– Bon, alors en centre-ville, il y avait toujours des embouteillages: on roulait très …(2)… et ce n'était pas uniquement aux heures de pointe, c'était pendant toute la journée. Puis on ne trouvait pas de place pour …(3)… Donc, on était obligé de stationner sur le …(4)… ou sur les voies piétonnes, n'importe où, quoi.
– Et pour les …(5)…, c'était dangereux?
– Bien sûr, traverser la rue avec toutes ces voitures, eh bien … c'était dangereux. Puis l'air était pollué par le gaz d'échappement des voitures. Même respirer était …(6)…
– Et les automobilistes, comment se sentaient-ils?
– Eh bien, ils étaient énervés, ils étaient stressés. Ils voyaient qu'ils perdaient leur temps dans des …(7)… incessants.
– Il y avait quand même des transports en commun. Est-ce qu'on les prenait?
– Non. On a constaté, en effet, que très peu de gens prenaient …(8)… D'abord, parce que le service n'était pas très …(9)… et en plus parce que les autobus aussi étaient souvent bloqués dans des embouteillages. Donc, on s'est rendu compte qu'il fallait …(10)… quelque chose.

6 🎧 On change de sens à Strasbourg

Pour faire face à cette situation, on a élaboré le Plan Strass. Voici les mesures qu'on a prises. Dans quel ordre sont-elles mentionnées dans l'interview?

a On a créé une ligne de tramway.
b On a créé de nouvelles pistes cyclables.
c On a interdit aux automobilistes de traverser la ville.
d On a amélioré le réseau d'autobus.
e On a élargi la zone piétonne.
f On a créé des boulevards périphériques.
g On a construit de nouveaux parkings.

Point-info

Les tramways
Autrefois, il y avait des tramways dans beaucoup de villes françaises. Mais pendant les années 1930–50, on a détruit beaucoup de systèmes. Ça a été une erreur monumentale! Maintenant, on est en train de réintroduire le tramway dans plusieurs villes comme, par exemple, Bordeaux, Grenoble, Lyon, Montpellier, Nantes, Orléans et Rouen.

Now you can ...
● express and explain views and opinions about travel in cities

3.6 **Les transports en ville**

I Les transports parisiens: que savez-vous?

Devinez les bonnes réponses pour compléter ces phrases.
1 Quel est le transport en commun le plus populaire?
   a le métro **b** le bus **c** le tramway
2 Dans la ville de Paris, est-ce qu'il y a...
   a un tarif variable **b** un tarif unique
3 Qu'est-ce qui est plus économique?
   a acheter un ticket simple
   b acheter un carnet de dix tickets
4 Pour savoir quelle direction il faut prendre dans le métro, il faut savoir le nom de quelle station?
   a la première station de la ligne
   b la dernière station de la ligne
5 Si vous voulez changer de ligne, vous devez suivre quel panneau?
   a sortie **b** correspondance
6 Est-ce qu'on peut utiliser les billets de métro dans les bus?
   a oui **b** non
7 Qu'est-ce qu'il faut chercher si on veut prendre le bus?
   a une station-service **b** l'arrêt d'autobus
8 Normalement, on monte par l'avant du bus et on descend par la porte au milieu ou à l'arrière. Qu'est-ce qu'il faut valider quand on monte dans le bus?
   a son ticket **b** son plan du métro

Solution: page 240

Lexique

Le transport urbain	City transport
s'arrêter	to stop
un arrêt d'autobus	bus-stop
l'arrière (m)	rear, back
un bus	bus
un carnet	book of metro tickets
la correspondance	connection
descendre	to get off
direct	direct
la direction	direction
le guichet	booking-office
les heures de pointe (f pl)	rush-hour
la ligne	line
manquer	to miss
le métro	metro
monter	to get on
le numéro	number
prochain	next
la sortie	exit
une station de métro	metro station
le tarif unique	flat-rate fare
un taxi	taxi
le trajet	journey
traverser	to cross
valable	valid
valider	to date stamp, validate

2 Un jeu de définitions

Qu'est-ce que c'est? Les réponses sont dans le Lexique.
Exemple: **1** *l'arrêt d'autobus*

1 l'endroit où les autobus s'arrêtent en route
2 un bureau où on achète des billets
3 ça veut dire composter son billet
4 c'est dix tickets
5 c'est le contraire de l'avant
6 c'est la période de la journée où il y a beaucoup de voyageurs

3 🎧 Les touristes à Paris

Écoutez les conversations et choisissez la bonne image.

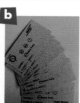

4 On prend le métro

Travaillez à deux. Lisez la conversation, puis inventez d'autres conversations. Utilisez les mots dans les cases.

Dans la rue
– Est-ce qu'il y a une station de métro près d'ici?
– Oui, il y a une station de métro au bout de la rue.

À la station de métro
– Un carnet, s'il vous plaît. C'est quelle station pour Notre-Dame, s'il vous plaît?
– Pour Notre-Dame, descendez à Cité.
– Pardon Madame, Cité, c'est quelle direction?
– Porte d'Orléans.

au bout de la rue
au coin de la rue
en face du musée

un carnet
un ticket
un plan du métro

Notre-Dame
la Tour Eiffel
le Louvre

Cité
Bir-Hakeim
Palais Royal

Porte d'Orléans
Charles de Gaulle-Étoile
Château de Vincennes

5 On prend le bus

Travaillez à deux pour faire ce dialogue à conséquences.
Chaque personne écrit:

1 une destination
2 une distance
3 le numéro du bus
4 où se trouve l'arrêt
5 la fréquence des bus/l'horaire du prochain bus

Ensuite, inventez la conversation.
Exemple:

la gare

3 km

19

en face du cinéma

toutes les 10 min.

– Pour aller à la gare, s'il vous plaît?
– C'est à 3 km.
– Est-ce qu'il y a un bus?
– Oui, prenez le numéro 19.
– Où est l'arrêt d'autobus?
– C'est en face du cinéma.
– Le prochain bus est à quelle heure?
– Je ne sais pas, mais normalement, il y a un bus toutes les 10 minutes.

Now you can ...
● give and seek information about public transport in cities
● use the pronoun y

6 Des conversations

Trouvez les paires, puis écoutez les conversations pour vérifier.
Exemple: 1b

1 Comment allez-vous à la piscine?
2 Vous avez déjà visité Paris?
3 Est-ce que tu as visité le parc Astérix?
4 Qui va à la Cité des Sciences?
5 Il pleut, alors vous allez au musée en bus?
6 On peut aller au Stade de France en bus?
7 Quand va-t-on aller à l'exposition?

a Toute la classe y va avec le prof de sciences.
b Comme il fait beau, nous y allons à vélo.
c Oui, on peut y aller en bus et en métro.
d On va y aller samedi prochain.
e Non, je n'y suis pas encore allé, mais j'aime bien les parcs d'attractions.
f Non, on y va en métro: c'est plus rapide.
g Oui, nous y sommes allés l'été dernier.

DOSSIER-LANGUE

The pronoun y
Can you work out what y means in sentences a–g of *Des conversations?*
Which words has it replaced? Where does it go?
Here are some more examples:
– *Comment peut-on aller à Paris?*
– *On peut y aller en train ou en avion.*
– *Comment vas-tu au collège?*
– *J'y vais en bus.*

Solution
Y means there. It is a pronoun and saves you having to repeat the name of a place. It often replaces a phrase beginning with à or au:
   à Paris, au collège
It goes before the verb or the infinitive of the verb:
   j'y vais   on y va   on peut y voir   on peut y aller

7 Quand?

Vous travaillez dans un centre de vacances. Consultez le programme puis répondez aux questions.

lu. le château
mar. la patinoire
mer. la piscine
je. le musée de la ville
ve. plage
sam. le shopping
dim. libre

Exemple:
1 *On y va mercredi* ou *Nous y allons mercredi.*

1 Quand est-ce qu'on va à la piscine?
2 On va à la plage quand?
3 Nous voulons surtout aller aux magasins.
4 Quand est-ce que nous allons au château?
5 C'est quand la visite au musée?
6 Et la patinoire, on y va quand?

3.7 On prend le train

1 Allez-y avec la SNCF

Vous travaillez au service de documentation à la SNCF. Voici le texte qu'on veut utiliser pour un nouveau dépliant. Choisissez une image qui correspond à chaque texte.

1 Les trains de la SNCF vous transportent dans tous les coins de France. Alors n'hésitez pas, embarquez!

2 Avant de partir, consultez les guides de la SNCF pour vous informer sur les itinéraires et les horaires.

3 Il y a aussi un service de renseignements par téléphone et sur Internet.

4 Achetez votre billet au guichet ou aux distributeurs automatiques qu'on trouve dans de nombreuses gares.

5 Dans les gares importantes, on peut vérifier l'heure du départ et la voie de son train en consultant le tableau général.

6 Avant d'aller aux quais, n'oubliez pas de composter votre billet. Puis montez dans le train et allez-y!

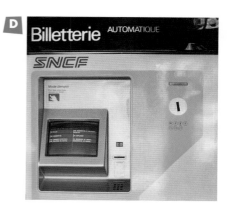

2 Comment voyager en train

Écrivez un texte pour chaque dessin

Exemple: 1 *Consultez l'horaire.*

On prend le train	**Taking the train**
un aller-retour	return ticket
un aller simple	single ticket
un billet	ticket
le buffet	buffet
le bureau des renseignements	information-office
changer	to change
un compartiment	compartment
composter	to date-stamp, validate a ticket
le côté couloir	aisle seat
le côté fenêtre	seat by the window
la consigne	left luggage
la correspondance	connection
le départ	departure

3 Des trains célèbres

Des trains célèbres

L'Orient-Express
En 1898, ce train de luxe a fait son premier voyage de Paris à Constantinople (actuellement Istanbul en Turquie) en 67 heures 45 minutes. Le roman policier d'Agathe Christie, *Le Crime de l'Orient-Express*, se déroule dans ce train célèbre.

L'Eurostar
L'Eurostar est le train qui fait Paris – Londres par le tunnel de la Manche. C'est une version du TGV. Toutes les personnes qui travaillent à bord du train Eurostar parlent au moins le français et l'anglais.

Le TGV Méditerranée
Pour son voyage d'essai, le TGV Méditerranée a traversé la France du nord au sud en 3h 30. Pendant le voyage de Calais à Marseille (1067 km) le train a atteint 366,6 km/h, un record de vitesse. La nouvelle ligne relie les trois plus grandes villes de France: Paris, Lyon, Marseille.

Lisez l'article et complétez les phrases.
1 En 1898, l'Orient-Express est parti de ... et est arrivé à Constantinople ... heures et 45 minutes après.
2 Un meurtre est commis dans ce train dans le ... d'Agathe Christie.
3 Pour travailler à bord de l'Eurostar, il faut parler français et ...
4 Le TGV Méditerranée relie le nord et le ... de la France.
5 Au cours du premier voyage, le train est allé à une ... très élevée.

Lexique *(suite)*

(en) deuxième classe	*(by) second-class*
direct	*direct*
une gare SNCF	*French railway station*
un guichet	*booking-office*
un horaire	*timetable*
non-fumeur(s)	*non-smoking*
premier	*first*
prochain	*next*
un quai	*platform*
une salle d'attente	*waiting room*
la SNCF	*French Railways*
un supplément	*supplement*
un train	*train*
une voie	*platform*
un wagon-restaurant	*dining-car*

Now you can ...

- give and seek information about rail travel (tickets, timetables, etc.)

---

4 🎧 À la gare

Écoutez les conversations et notez les réponses aux questions.
Exemple: 1 *(quai) 4*

1 Le train pour Lille part de quel quai?
2 a Le train de 12h20 est déjà parti?
   b Est-ce qu'il faut changer?
3 a Le prochain train pour Paris part à quelle heure, s'il vous plaît?
   b Et il arrive à Paris à quelle heure?
4 a Un aller simple pour Bordeaux, première classe, c'est combien?
   b Est-ce qu'il y a un train vers midi?
   c Est-ce qu'il y a un wagon-restaurant dans le train?
5 a Vous prenez quel train?
   b Vous préférez le côté fenêtre ou le côté couloir?

5 ▐ Un horaire

Travaillez à deux. Une personne regarde cette page, l'autre regarde la page 240. Posez des questions et répondez à tour de rôle, puis complétez l'horaire.

Exemple:
– *C'est à quelle heure le train pour (Dijon)?*
– *Pour (Dijon), c'est quel quai?*

Trains au départ		
Départ	Destination	Quai
	Dijon	6
08.10	Avignon	
	Nîmes	3
08.54	Marseille	
	Lyon	2
10.10	Montpellier	

6 ▐ Dialogues au choix

Travaillez à deux. Lisez ces conversations, puis changez les mots en bleu pour inventer d'autres conversations.

On achète un billet
– Un aller simple pour Paris, deuxième classe, s'il vous plaît.
– Voilà, c'est 80 euros.
– Merci. Le train part à quelle heure?
– À 10h20.
– Et le train arrive à quelle heure?
– À 13h10.
– C'est direct?
– Oui.
– Et c'est de quel quai?
– Quai numéro 3.

On voyage en TGV
– Un aller simple pour Lille s'il vous plaît.
– En TGV?
– Oui, en deuxième classe.
– Alors c'est 100 euros et 5 euros pour la réservation. Vous prenez quel train?
– Le train de midi.
– Coin fenêtre ou coin couloir?
– Coin fenêtre.
– Voilà votre billet et votre réservation. 105 euros, s'il vous plaît.

3.8 Voyages et accidents

1 🎧 Vacances à vélo

Écoutez la conversation et choisissez a, b ou c pour compléter les phrases.

Exemple: 1 *b*

1 Laure et Charlotte sont allées
   a à Quiberon. **b** à Belle-Île. **c** à l'île de Ré.
2 Elles ont pris
   a le car. **b** la voiture. **c** le train et le bateau.
3 Elles ont
   a loué **b** acheté **c** emprunté
   des vélos et elles ont fait le tour de l'île.
4 Le premier jour, c'était
   a un peu **b** assez **c** très
   fatigant, mais après, ça allait mieux.
5 Il n'y avait pas beaucoup de
   a touristes. **b** magasins. **c** circulation.
6 Le paysage était
   a un peu monotone. **b** très sec. **c** magnifique
7 Il a fait
   a beau. **b** mauvais. **c** froid.
8 Un jour elles ont visité le phare de Goulphar. C'était
   a un peu ennuyeux. **b** intéressant. **c** pénible.
9 Elles ont logé
   a à l'hôtel. **b** à l'auberge de jeunesse. **c** chez des amis.
10 C'était
   a un désastre. **b** très sympa. **c** affreux.

2 👥 À deux

À tour de rôle, inventez une phrase pour décrire des vacances (récentes ou imaginaires) en utilisant une de ces expressions. Qui peut continuer le plus longtemps?

Pour vous aider

Il y avait …	*There was (were) …*
Il n'y avait pas de (d') …	*There wasn't (weren't) any*
Il n'y avait pas beaucoup de	*(d') … There wasn't (weren't) much (many) …*
C'était …	*It was …*
J'étais …	*I was …*
Il faisait …	*It (the weather) was …*

DOSSIER-LANGUE

The perfect and imperfect tenses

- The **perfect tense** is used to describe an action that happened and is finished:
  Nous avons déménagé en France.
  Je suis partie à trois heures du matin.

- The **imperfect tense** is used to describe a situation which existed for a long time. It is used for description in the past.
  Quand j'étais tout petit, je vivais en Tunisie.
  Il faisait chaud.
  It is also used for something that used to happen regularly, a habit in the past:
  J'allais souvent à la piscine avec mes amis.
  Nous allions chez mes grands-parents chaque dimanche.
  Decide whether you need the perfect or imperfect in each sentence in **activité 3** (page 65), and write it out correctly.

- The **imperfect tense** is used to describe what was happening (a continuous action) when something else happened (in the perfect tense):
  Pendant que je regardais le film à la télévision, mon père a téléphoné.
  While I was watching the film on television, my father phoned.
  Practise with the sentences in **activité 4** (page 65).

- If you are telling a story in French, you need to use the **imperfect tense** for description or to set the scene and the perfect tense to describe what happened:
  Il était presque quatre heures. Il n'y avait pas de clients dans la banque. Les employés commençaient à ranger leurs affaires quand soudain, la porte s'est ouverte et un homme masqué est entré.
  Practise writing the beginning of the story in **activité 5** (page 65).

- Write a description of an accident in **activité 6** (page 65) using past tenses. Use the **imperfect tense** to describe the circumstances of the accident and the **perfect tense** to describe what actually happened.

3 C'était souvent comme ça ou pas?

Écrivez les verbes à l'imparfait ou au passé composé.

1 Quand elle (**habiter**) à Paris, ma grand-mère ne (**conduire**) pas.
2 Elle (**acheter**) sa première voiture l'année dernière.
3 Autrefois, quand mon grand-père (**partir**) en Angleterre, il (**prendre**) toujours le train et le bateau.
4 L'année dernière, il (**prendre**) l'avion pour la première fois.
5 Avant d'avoir une voiture, j'(**aller**) partout en transport en commun.
6 J'(**acheter**) un nouvel ordinateur, la semaine dernière.
7 Il y a trois ans, ma sœur (**déménager**) à Paris.
8 Avant, quand elle (**habiter**) à Grenoble, elle (**faire**) du ski tous les week-ends.

4 On n'a pas eu de chance

Écrivez les verbes à l'imparfait ou au passé composé.

1 Pendant que nous (**aller**) à Douvres, nous (**tomber**) en panne.
2 Pendant que nous (**être**) sur le bateau, j'(**être**) très malade
3 Pendant qu'elle (**faire**) des courses, ma mère (**perdre**) son porte-monnaie.
4 Pendant qu'il (**manger**) un sandwich, mon grand-père (**casser**) une dent.
5 Pendant que je (**jouer**) au volley, quelqu'un (**voler**) mon vélomoteur.
6 Ma sœur (**tomber**) malade quand nous (**être**) au restaurant.
7 Mes frères (**casser**) trois tasses quand ils (**faire**) la vaisselle.
8 Pendant que nous (**dormir**), quelqu'un (**entrer**) dans la maison.
9 Pendant que nous (**être**) sur l'autoroute, il y a (**avoir**) un accident.
10 C'était pendant que nous (**être**) en vacances que tout cela (**arriver**)

5 Un cousin inconnu

Écrivez les verbes à l'imparfait ou au passé composé.

C'(**être**) vers la fin de l'après-midi. Il (**pleuvoir**). Claire (**regarder**) par la fenêtre. Elle (**être**) malheureuse. Elle ne (**vouloir**) pas rester à la maison, mais elle ne (**savoir**) pas quoi faire. Soudain, une voiture (**s'arrêter**) devant la maison et un jeune homme en (**descendre**)...

6 Un accident de la route

Écrivez une description de l'accident, utilisant l'imparfait et le passé composé.

1 Nous sommes en route pour Rouen.
2 Ma sœur Claire conduit.
3 Elle ne fait que 40 à l'heure.
4 Il fait très mauvais.
5 Il pleut et la route est glissante.
6 Moi, j'ai peur.
7 Tout à coup, une autre voiture coupe le virage.
8 Elle essaie de l'éviter.
9 Elle tourne brusquement le volant.
10 Mais elle perd le contrôle de la voiture.
11 Nous heurtons un arbre.
12 Mais heureusement, personne n'est blessé.

7 Quelle coïncidence!

Lisez l'article, puis corrigez les erreurs dans ces phrases.

Accident provoque conséquences heureuses à Toul!

Reportage spécial de Michel Hibert

Un accident de la circulation a eu des conséquences inattendues et que l'on peut qualifier de miraculeuses ...

En effet, jeudi matin, Monsieur X, au volant de sa voiture, se rendait au tribunal de Nancy où devait être prononcé son divorce. Il roulait à vive allure sur la route nationale 4, à l'entrée de Toul, lorsqu'il a percuté une autre voiture qui débouchait d'une rue à droite et qui avait la priorité. Les deux voitures ont été fortement endommagés et Monsieur X, qui ne portait pas de ceinture de sécurité, a eu le bras gauche cassé, ainsi que quelques blessures superficielles au visage. La conductrice de l'autre voiture s'en est tirée avec une fracture de la jambe gauche et cette conductrice était – vous l'avez deviné – Madame X, qui se rendait également à Nancy pour le divorce.

Monsieur et Madame X ont été emmenés en ambulance au centre hospitalier de Toul et ils ont été placés dans la même chambre. Au bout d'une semaine d'hospitalisation et de discussions dans le calme et dans l'intimité, il n'était plus question de divorce ...

Souhaitons-leur un prompt rétablissement et une longue et heureuse vie commune!

1 Monsieur X a percuté une cycliste en roulant à Toul.
2 Les deux véhicules n'ont pas été endommagées.
3 Monsieur X s'est cassé le bras droit et a subi quelques blessures au visage.
4 La conductrice de l'autre voiture, en fait Madame X, s'est cassé le pied gauche.
5 En arrivant à l'hôtel, Monsieur et Madame X ont été placés dans la même chambre.
6 Après une semaine de discussions, il n'était plus question de mariage.

8 🎧 En ville

Pendant les vacances, il y a beaucoup de circulation en ville. Hélas, quelquefois, il arrive des accidents.
a Écoutez les conversations et choisissez le dessin qui correspond.

b Ensuite, choisissez la phrase qui décrit la situation.

a J'attendais au rond-point quand une voiture m'a heurté à l'arrière.
b Une moto a grillé un feu rouge.
c La voiture devant moi a changé de file sans signaler.
d Un camion a reculé et a fait tomber le mur.
e La voiture devant moi a freiné très brusquement.
f La voiture a heurté un arbre.

Lexique

Des accidents de la route	*Road accidents*
brusquement	*sharply*
changer de file	*to change lane*
faire demi-tour	*to turn round*
freiner	*to brake*
griller le feu	*to jump the lights*
heurter (à l'arrière)	*to hit, bump (from behind)*
reculer	*to reverse*
signaler	*to indicate*
un blessé	*injured (person)*
un virage	*bend*
virer	*to swerve*

**50 en ville, 50 maxi
La vie est fragile. Ne la brisez pas**

Sur 5 conducteurs impliqués dans un accident en ville, 4 roulaient trop vite

9 Être témoin

Travaillez à deux. Une personne pose les questions a–d, l'autre écrit une série de quatre numéros entre 1 et 4 et répond selon les numéros choisis. Ensuite, changez de rôle.
Exemple: *2 3 4 1*

a – Où étiez-vous à l'heure de l'accident?

  **1 la boulangerie   2 la charcuterie   3 la librairie
  4 le supermarché**
  – J'étais devant la charcuterie (2)

b – Quel temps faisait-il?

  – Il y avait du brouillard. (3)

c – Comment était la voiture?

  – C'était une petite voiture grise. (4)

d – Et l'automobiliste?

  – C'était une femme aux cheveux noirs qui portait des lunettes. (1)

Now you can ...

● understand and give an account of a journey and an accident using the perfect and imperfect tenses

3.10 On décolle

1 🎧 Départ en avion

a Mettez les phrases dans le bon ordre pour décrire le voyage à Londres.

a Dans la zone de contrôle douanier, j'ai regardé les boutiques. Il y avait beaucoup de jolies choses. J'ai acheté une montre.

b J'ai pris le RER à l'aéroport Charles de Gaulle.

c Pendant le voyage, on m'a servi un petit repas et une boisson.

d J'ai récupéré ma valise, je suis passé à la douane et voilà ... je suis arrivé en Angleterre.

e Avant de partir, j'ai téléphoné à Air France pour confirmer l'heure de départ de mon vol. J'allais prendre le vol AF812 à destination de Londres (Heathrow).

f Au guichet d'Air France, je me suis présenté pour les formalités. On a pris ma valise et on m'a donné une carte d'embarquement. Il était onze heures.

g Enfin, mon vol était indiqué sur le tableau. Je devais me rendre à la porte numéro 12.

h De la station RER, j'ai pris la navette au terminal 2D.

i Après une heure environ, nous avons atterri à l'aéroport de Heathrow à Londres. J'ai reculé ma montre d'une heure pour être à l'heure locale.

j J'ai mis ma grosse valise dans un chariot et je suis monté au niveau Départs.

k Je suis monté à bord avec les autres passagers et à 12h25, l'avion a décollé.

l Je me suis promené un peu dans l'aéroport. J'avais le temps. Mon vol ne partait qu'à 12h25. Ensuite, je suis passé au contrôle des passeports et à celui de la sécurité.

b Écoutez pour vérifier

Lexique

On prend l'avion	Taking the plane		
une aérogare	air terminal	le contrôle de sécurité	security control
un aéroport	airport	décoller	to take off
annulé	cancelled	la douane	customs
à l'arrière	at the rear	l'équipage (m)	plane crew
atterrir	to land	une hôtesse de l'air	air hostess
à l'avant	at the front	la navette	shuttle
un avion	plane	un(e) pilote	pilot
un chariot	trolley	une porte	gate
le commandant de bord	captain	un retard	delay
une compagnie aérienne	airline	un steward	steward
le contrôle des passeports	passport control	un vol	flight

2 Où vont-ils?

Lisez les phrases et regardez le tableau des départs pour trouver la destination de chaque personne.

Départs

Destination	Vol	Départ	Porte
Los Angeles	PA117	12h00	9
Delhi	AFUT174	12h30	24
Bordeaux	IT5265	13h05	29
Bruxelles	AFSN644	13h20	18
Zurich	SR705	14h00	10
Francfort	LH115	14h40	14
Copenhague	SK566	15h25	31
Belfast	BD254	16h40	17
Manchester	BA903	17h15	12
Hong Kong	AFUT172	17h30	26

a Il est midi:
1 Mlle Carter vient de partir.
2 M. et Mme Deladier ont une heure vingt minutes à attendre.
3 La famille Khan attend à l'aéroport depuis dix heures. Mais ils vont embarquer maintenant. Leur vol partira dans une demi-heure.
4 Pierre Dublanc est arrivé à l'aéroport il y a vingt minutes et il doit encore attendre une heure cinq minutes avant de partir.
5 Colette Reiss est arrivée à l'aéroport il y a dix minutes. Son vol partira dans deux heures.

b Il est trois heures:
1 'Oh! Zut alors! Je suis arrivé trop tard.' L'avion de M. Schaudi est parti il y a vingt minutes.
2 Lisa Brennan attend à l'aéroport depuis une heure. Elle va embarquer immédiatement parce que son vol partira dans vingt-cinq minutes.
3 John et Amanda James viennent d'arriver à l'aéroport. Ils ne partent que dans deux heures et demie.
4 Les O'Neill partent dans une heure quarante minutes.
5 La famille Corbett doit attendre plus longtemps que la famille O'Neill. (Ils ne vont pas à Hong Kong.)

3 À l'aéroport

Écoutez les annonces pour ces destinations. Mettez les destinations dans le même ordre que les annonces.
Exemple: e, ...

a AF001 New York
b BA305 Londres
c SR727 Genève
d LH131 Düsseldorf
e KL324 Amsterdam
f AC871 Montréal
g JY612 Jersey
h EI515 Dublin

4 On confirme le vol

Travaillez à deux. Une personne (A) regarde cette page, l'autre (B) regarde la page 240. Consultez ces détails pour répondre à votre partenaire. Après questions, changez de rôle.

Départs
1 AF 024 Washington 13.10
2 AF 2916Z Bruxelles 09.20
3 AF 1104 Madrid 20.35

Arrivées
4 AF 643 Milan 11.25
5 AF 807 Londres 11.35
6 AF 2855 Genève 15.20

Exemples: B Pouvez-vous me confirmer l'heure de départ du vol (AF 024) à destination de (Washington)?
A Oui, le vol part à (13h10).
B Pouvez-vous me confirmer l'heure d'arrivée du vol (AF 807) en provenance de (Londres)?
A Oui, le vol arrive à (11h35).

5   Un voyage imaginaire

a   *Écrivez des notes sur un voyage imaginaire. (Ça peut être un jeu à conséquences.)*

b   *Travaillez à deux. Une personne pose des questions, l'autre répond. Posez des questions et répondez à tour de rôle.*

Exemple:

mars dernier

Italie

le collège

avion

froid

du ski

Mon ami était malade pendant deux jours

C'était super!

– Quand avez-vous fait ce voyage?
– En mars dernier
– Où êtes-vous allé?
– Je suis allé en Italie.
– Avec qui?
– Avec le collège.
– Comment avez-vous voyagé?
– Nous avons voyagé en avion.
– Quel temps faisait-il?
– Il faisait froid.
– Qu'est-ce que vous avez fait?
– Nous avons fait du ski tous les jours.
– Est-ce qu'il y a eu des problèmes?
– Mon ami était malade pendant deux jours.
– C'était comment, en général?
– C'était super!

Now you can ...
● exchange and understand information about air travel

SOMMAIRE

Now you can ...
1   discuss and explain views on the advantages and disadvantages of different forms of transport
2   give an account of a journey using the imperfect tense
3   understand traffic and road information; buy petrol; give an account of unexpected events while travelling (breakdowns, delays, etc.)
4   describe situations in the past using the imperfect tense
5   express and explain views and opinions about travel in cities
6   give and seek information about public transport in cities; use the pronoun *y*
7   give and seek information about rail travel (tickets, timetables, etc.)
8   understand and give an account of a journey and an accident using the perfect and imperfect tenses
9   exchange and understand information about air travel

For your reference
Grammar

See also **Vocabulaire par thèmes**, unité 3.

unité 4

Un séjour en France

4.1 Projets de vacances

1 On pense vacances

L'été n'est pas trop loin, alors on pense vacances.
Lisez les projets de vacances de ces élèves et faites les activités.

> Moi, je ne pars pas en vacances cette année, mais mon correspondant anglais vient passer quelque temps chez moi. Un de mes amis lui prêtera un vélo et on fera le tour de la région ensemble. Espérons qu'on s'entendra bien!

Clément

> Cette année, j'espère passer des vacances vraiment merveilleuses. Avec ma sœur, je pars en Guadeloupe chez mes grands-parents qui habitent là-bas. Je suis né en France et c'est ma première visite en Guadeloupe. Nous pourrons visiter toutes les petites îles en bateau et je ferai de la plongée sous-marine pour voir des coraux et des poissons tropicaux.

Stéphane

> Pendant les vacances, je vais travailler à l'hypermarché pour gagner de l'argent. Je fais des économies pour mon voyage à Montréal cet été. J'y passerai deux semaines en été avec l'orchestre de jazz du collège pour le Festival de Jazz. Nous logerons chez des familles québécoises: ce sera formidable!

Sophie

> Cette année, je vais faire un échange avec Katy, ma correspondante anglaise, qui habite près de Wakefield, dans le Yorkshire. Dans quelques jours, je vais chez elle. Je vais voyager directement de Paris à Londres en Eurostar. Puis nous prendrons le train de Londres à Wakefield. Cet été, on recevra ma correspondante anglaise chez nous. Comme mes frères partent en colonie de vacances, elle aura leur chambre.

Céline

2 🎧 Qui parle?

Écoutez les conversations
et identifiez chaque personne qui parle.
Exemple: 1 *Céline*

> Moi, je ne pars pas. Pour moi, les vacances c'est fait pour gagner de l'argent. Cette année, je vais chercher du travail dans un restaurant ou dans une station-service. Si je gagne assez d'argent, je me payerai un téléphone portable et puis je ferai des économies pour m'acheter une moto l'année prochaine.

Olivier

> Les vacances? Je n'y pense pas encore! En tout cas, je n'ai pas de grands projets. Pendant les vacances de printemps, je vais essayer de travailler pour les examens: je ne veux pas redoubler! Si je m'ennuie trop, j'irai aux magasins, ou j'irai au cinéma. Cet été, je vais travailler dans un grand magasin. Avec l'argent, je m'achèterai des vêtements.

Francine

3 C'est qui?

Exemple: 1 *Francine*

1 Qui sortira si elle s'ennuie à la maison?
2 Qui passera ses vacances loin de la France, sur une île tropicale?
3 Qui va travailler dans un magasin?
4 Qui espère trouver un petit emploi dans un restaurant ou une station-service?
5 Qui va réviser pour ses examens au lycée?
6 Qui partira avec sa sœur chez ses grands-parents?
7 Qui fera du vélo avec son ami?
8 Qui ira en Angleterre?
9 Qui va faire de la musique au Canada?
10 Deux personnes recevront leur correspondant anglais cet été. Qui sont-elles?

Lexique

Dans l'avenir	In the future
l'année prochaine	next year
dans deux ans	in two years' time
bientôt	soon
demain	tomorrow
après-demain	the day after tomorrow
la semaine prochaine	next week
samedi prochain	next Saturday

4 Et les autres?

Travaillez à deux. Regardez les projets de quatre autres élèves (1–4).
Une personne est l'interviewer et l'autre répond pour l'élève. Posez des questions et répondez à tour de rôle. Utilisez aller + infinitif.

Exemple: 1
– *Loïc, quels sont tes projets de vacances?*
– *Je vais aller à Londres en Eurostar. Je vais passer une semaine chez une famille anglaise.*
– *Qu'est-ce que tu vas faire?*
– *Je vais visiter des monuments intéressants.*
– *Quand vas-tu partir?*
– *Je vais partir en juillet.*

1 Loïc

aller à Londres

passer une semaine chez une famille

visiter des monuments intéressants

juillet

2 Carine

travailler

faire du jardinage

avec l'argent, m'acheter une guitare

août

3 Philippe

aller en Écosse avec l'équipe du lycée

jouer un match à Aberdeen

loger à l'auberge de jeunesse

juin

4 Amélie

faire du camping

visiter des châteaux

faire du vélo

septembre

5 Tout le monde part?

Un ami veut savoir ce que tout le monde va faire pendant les vacances. Répondez à ses questions. Pour vous aider, relisez les activités 1 et 4.

Exemple: 1 *Non, il ne va pas partir.*

1 Est-ce que Clément va partir en vacances?
2 Et Stéphane, que fait-il?
3 Francine va travailler, je suppose?
4 Et Sophie, qu'est-ce qu'elle va faire?
5 Céline, est-ce qu'elle va chez sa correspondante?
6 Loïc va aller à l'étranger, sans doute.
7 Et Carine, est-ce qu'elle part en vacances?
8 Philippe va faire du rugby quelque part, non?
9 Et Amélie? Quels sont ses projets?

6 À vous!

Travaillez à deux. Posez des questions et répondez à tour de rôle.

– Est-ce que tu vas partir en vacances?
– Si oui, où, avec qui, quand, comment?
– Si non, qu'est-ce que tu vas faire? (*travailler, aller chez des amis, faire du sport,* etc.)
– Et tes amis, qu'est-ce qu'ils vont faire?

DOSSIER PERSONNEL

Écrivez quelques phrases pour décrire vos projets de vacances (vrais ou imaginaires).

DOSSIER-LANGUE

Future plans

In both French and English, there are three ways in which you can refer to what will (or will not) happen at some time in the future.

1 In conversation, the **present tense** might be used:
*Tu **pars** en vacances en août?*
Are you going on holiday in August?
*Et Olivier, que **fait**-il ce week-end?*
And what's Olivier doing this weekend?

2 *Aller* + an infinitive *(le futur proche)* is often used for something which is going to happen fairly soon. It is used a lot in conversation, but less often in printed texts.

*Pendant les vacances, je **vais travailler** à l'hypermarché.*
During the holidays I'm going to work at the hypermarket.
*Céline **va faire** un échange avec sa correspondante.*
Céline is going to do an exchange with her penfriend.

3 The **future tense** *(le futur simple)* is used for what will happen in the future, however distant (see also **La Grammaire**, page 252). This tense is the one used most often to recount future events in written or printed material.
*J'**irai** aux magasins.*   I'll go to the shops.
*On **fera** le tour de la région.* We'll do a tour of the region.

Expressions of future time also help you to recognise when someone is talking about the future (see the **Lexique** on page 70).

DOSSIER-LANGUE

The future tense (le futur simple)

Most verbs form the future tense from the infinitive and endings which are similar to those of the present tense of *avoir*. With *-re* verbs, the final *-e* is dropped. There are some irregular verbs, but in all cases, the stem ends in *-r* and you hear this 'r' sound whenever the future tense is used.

-er verbs	-ir verbs	-re verbs
travailler	**partir**	**attendre**
je travaille**rai**	je parti**rai**	j'attend**rai**
tu travaille**ras**	tu parti**ras**	tu attend**ras**
il/elle/on travaille**ra**	il/elle/on parti**ra**	il/elle/on attend**ra**
nous travaille**rons**	nous parti**rons**	nous attend**rons**
vous travaille**rez**	vous parti**rez**	vous attend**rez**
ils/elles travaille**ront**	ils/elles parti**ront**	ils/elles attend**ront**

Some verbs are irregular in the way they form the future stem (the part before the endings). However, the endings are always the same. Here are some of the most common ones. Others are listed in *Les verbes*, page 000.

aller	➜ j'**irai**	I'll go
avoir	➜ j'**aurai**	I'll have
être	➜ je **serai**	I'll be
faire	➜ je **ferai**	I'll do
pouvoir	➜ je **pourrai**	I'll be able to
venir (devenir/revenir)	➜ je **viendrai**	I'll come (become, return)
voir	➜ je **verrai**	I'll see

8 🗣 À discuter

Travaillez à deux. Donnez vos avis sur la vie à l'avenir, à tour de rôle.

Exemple: – À mon avis, les gens passeront plus de temps à la maison. Et toi, qu'en penses-tu?
– Peut-être, parce que tout le monde aura Internet et on fera ses courses sur Internet.

Pour vous aider

À mon avis, il y aura plus *(de pollution/de circulation/de violence dans les villes)*

... moins *(de petits magasins spécialisés/d'espaces verts/de catastrophes naturelles)*

On verra *(des maisons 'intelligentes' dirigées par des ordinateurs, des voitures 'intelligentes' qui n'auront pas besoin d'un conducteur)*

Il n'y aura plus *(de collèges/de cinémas/de concerts)* comme aujourd'hui

On pourra *(voyager partout dans le monde plus facilement/dans l'espace/aller sur la lune en fusée)*

Tout le monde aura *(Internet à la maison, des téléphones portables)*

Les gens passeront plus/moins de temps *(à la maison/au bureau)*

Now you can ...

● exchange information about future plans

7 🎧 La vie à l'avenir

Complétez ce texte avec les verbes au futur. Pour vous aider, les verbes irréguliers sont en rouge. Ensuite, écoutez le texte pour vérifier.

Les prédictions

La vie change vite. Dans dix ans, on (**1 voir**) beaucoup de changements. Les écoles (**2 exister**) toujours, mais les élèves (**3 apprendre**) beaucoup de choses sur l'ordinateur. Les téléphones portables (**4 devenir**) de plus en plus petits et de plus en plus puissants. Ils (**5 traduire**) les conversations et les messages en langues différentes. Par exemple, vous (**6 parler**) en français, et votre correspondant en Chine (**7 entendre**) la conversation en chinois. Pratique, non? Les gens (**8 faire**) leurs courses sur Internet, alors est-ce que les magasins (**9 disparaître**)?

On (**10 vivre**) plus longtemps, mais est-ce qu'on (**11 trouver**) un moyen de guérir le cancer? Est-ce que les gens (**12 aller**) toujours au cinéma, ou est-ce qu'ils (**13 regarder**) tous les nouveaux films à la maison? Est-ce qu'il y (**14 avoir**) de plus en plus de voitures et de routes? Et est-ce qu'on (**15 pouvoir**) passer ses vacances sur une autre planète? Qui sait, mais la vie à l'avenir (**16 être**) certainement différente.

9 Mes projets

Complétez ces phrases pour décrire vos projets d'avenir.

Exemple: 1 *Le week-end prochain, je dormirai jusqu'à midi.*

1 Le week-end prochain, ...
2 La semaine prochaine, ...
3 Pendant les vacances, ...
4 L'année prochaine, ...
5 Dans deux ans, ...
6 Un jour dans l'avenir, ...

Pour vous aider

travailler au supermarché	aller aux États-Unis/au Canada/en France
ranger ma chambre	
sortir avec des amis	jouer au tennis/de la guitare, etc.
dormir jusqu'à midi	
prendre des photos	faire du sport/du ski/la cuisine
lire des magazines/des BD/des livres	avoir de l'argent pour acheter ...

4.2 Si on faisait un échange?

▌ On propose un échange

Sandrine Briand, une jeune Parisienne, veut faire un échange avec sa correspondante anglaise. Lisez sa lettre et faites l'activité.

Vous voulez …
● faire la connaissance des jeunes de votre âge?
● partager le mode de vie d'une famille?
Alors, faites un échange. C'est un excellent moyen d'apprendre la langue et d'apprécier la culture d'un autre pays.

Paris, le 4 janvier

Chère Nathalie,

Bonne année! As-tu passé de bonnes vacances de Noël? Nous sommes restés à Paris et nous nous sommes bien amusés. Pour la Saint-Sylvestre, nous avons mangé dans un bon restaurant. C'était super!

Maintenant, nous pensons aux prochaines vacances. Comme toujours, tout le monde veut faire quelque chose de différent! Mon frère, Jean-Luc, veut aller à la montagne et moi, je veux aller en Angleterre. Alors, j'ai quelque chose à te proposer. Je veux bien faire un échange cette année et mes parents sont d'accord. Si ça t'intéresse, tu pourras venir chez nous à Pâques, et, si tes parents sont d'accord, je viendrai chez vous en juillet.

Écris-moi vite pour me dire ce que tu en penses. Pendant ton séjour, on visitera Paris, bien sûr (on montera à la tour Eiffel, on ira à la Cité des Sciences et on fera une promenade en bateau-mouche). Et si tu viens un ou deux jours avant les vacances scolaires, tu pourras venir en classe avec moi.

Dans l'attente de tes nouvelles,

Amitiés,

Sandrine

Écrivez vrai (V) ou faux (F).

1 Sandrine a écrit sa lettre après Noël.
2 Elle écrit pour proposer un échange avec Nathalie.
3 Si Nathalie veut faire un échange, elle pourra aller à Paris à Noël.
4 Si les parents de Nathalie sont d'accord, Sandrine ira chez eux en été.
5 Si Nathalie arrive avant les vacances scolaires, elle pourra aller en classe avec Sandrine.
6 Pendant son séjour, Nathalie visitera Perpignan.

DOSSIER-LANGUE

Si + present tense + future tense

These two sentences each contain two verbs:
– *Si tes parents sont d'accord, je viendrai chez vous en juillet.*
– *Si Nathalie arrive avant les vacances scolaires, elle ira en classe avec Sandrine.*
1 What are the two verbs?
2 Look at the verb which comes after 'si'. Which tense is it in?
3 Which tense is used for the second verb?
4 Now look at the cartoon captions. Do the verbs follow the same pattern? What is it?

Alphonse, si tu m'interromps une fois de plus, je t'enverrai tout de suite chez le Directeur!

Si vous suivez bien les instructions vous verrez des résultats étonnants.

Solution
1 The verbs are: *sont, viendrai, arrive, ira.*
2 The present tense.
3 The future tense.
4 Yes. The pattern is: *si* (or *s'*) + present tense + future tense
This is used to say that something will (or will not) happen if another thing occurs. In English, the same pattern is used: 'If your parents agree, I'll come to your house in the summer'.

2 Pour sortir ce week-end

Les vacances, c'est encore loin, alors on pense au week-end prochain. Qu'est-ce que Sandrine et ses amis vont faire? Lisez les extraits de la presse pour voir ce qu'on peut faire ce week-end. Ensuite, lisez ces phrases et trouvez l'extrait qui correspond.

Exemple: 1 *c*

Où peut-on aller ...

1 pour visiter un marché?
2 pour voir un film?
3 pour danser?
4 pour jouer au tennis?

5 pour voir une exposition de peinture?
6 pour regarder un match de football?
7 pour regarder les magasins?
8 pour faire de la natation?

Pour sortir ce week-end ...

A **Tennis municipaux**
24 courts
Stade municipal
Bois de Vincennes

B **Centre Pompidou**
Exposition: peintures du XXème siècle
Henri Matisse
5ème étage
4 jan–21 mai

C **Marché aux Puces**
Porte de Clignancourt
sam, dim, lun de 9h à 20h
Marché de la brocante et de l'antiquité

D **Caméléon**
discothèque
à partir de 21h
fermé le dimanche

E **Centre commercial: Les 4 temps**
250 magasins
Horaires d'ouverture:
tous les magasins sont ouverts de
10h à 20h du lundi au samedi

F **Cinéma Gaumont**
La reine Margot
film français de Patrice Chéreau
avec Isabelle Adjani, Daniel Auteuil

G **Football**
samedi (14h)
Jeunes II
Paris St. Germain–Cellois
Stade AR Guibert

H **Piscine municipale Reuilly**
Métro: Montgallet
Tarifs municipaux

3 🎧 Des projets

Sandrine et Luc parlent de leurs projets. Écoutez leur conversation et notez la lettre de l'activité qui correspond.

Exemple: 1 *E*

4 Où iront-ils?

*Complétez les phrases avec la forme correcte du verbe **aller**, au futur simple.*

Exemple: 1 *j'irai*

1 Si je n'ai pas trop de devoirs, j' ... aux magasins.
2 Si je ne suis pas trop fatiguée, j' ... à la discothèque.
3 S'il fait beau, nous ... au stade pour jouer au tennis.
4 S'il pleut, nous ... à l'exposition de peinture.
5 S'il y a un match de football, Luc ... au match.
6 S'il a assez d'argent, il ... au cinéma.
7 S'ils se lèvent assez tôt, Luc et Sandrine ... à la piscine.
8 S'il a le temps, Luc ... au marché aux puces.

> **DOSSIER PERSONNEL**
>
> Écrivez six phrases pour décrire ce que vous (et vos amis) ferez le week-end prochain. Vous pouvez choisir parmi ces activités ou d'autres.
> Exemple: *S'il pleut, j'irai au cinéma.*

5 Une réponse

a *Complétez la lettre de Nathalie avec les verbes au futur simple.*

Londres, le 21 janvier

Chère Sandrine,
Je te remercie de la lettre.
   Je veux bien faire un échange. À Pâques, ça (**1 aller**) très bien. Nous (**2 être**) en vacances à partir du 5 avril jusqu'au 19 avril. Donc, je (**3 pouvoir**) venir le 5 ou même le 4 avril. Je veux bien aller en classe avec toi.
   Si je prends l'Eurostar, j'(**4 arriver**) à Paris à 17h30. Est-ce que quelqu'un (**5 venir**) me chercher à la gare? Si ce n'est pas possible, je (**6 prendre**) un taxi.
   Comme tu le sais, je suis végétarienne. J'espère que ça ne (**7 poser**) pas de problème. Je mange des œufs et du fromage, mais je ne mange ni viande ni poisson.
   Si tu veux, tu (**8 pouvoir**) venir chez nous à partir du 19 juillet. Les grandes vacances (**9 commencer**) le 22 juillet. Comme ça, tu (**10 pouvoir**) m'accompagner au collège pendant deux jours. Ensuite, nous (**11 passer**) quelques jours à visiter Londres, si ça t'intéresse. Il y a beaucoup de choses à voir.
   À bientôt,
   Nathalie

b *La mère de Sandrine pose des questions. Imaginez que vous êtes Sandrine et répondez aux questions.*

1 Quand est-ce que Nathalie pourra venir?
2 Est-ce qu'elle veut aller en classe?
3 Comment voyagera-t-elle?
4 Quand arrivera-t-elle à Paris?
5 Quand pourras-tu aller chez elle?
6 Est-ce que tu iras en classe aussi?
7 Qu'est-ce que tu feras en plus?

Now you can ...

● discuss holiday and weekend activities
● say what will (or will not) happen if something else takes place

I On fait sa valise

*Réfléchissez à ce que vous allez mettre dans votre valise et faites des listes dans votre cahier. Mais attention!
Ne montrez pas vos listes à vos camarades.*

Des vêtements

Écrivez une liste de huit vêtements que vous mettrez dans votre valise. Choisissez surtout des vêtements confortables, mais prenez aussi un ensemble un peu plus 'habillé' pour une fête ou une visite chez des grands-parents, etc.

Des cadeaux

Un petit cadeau, ça fait toujours plaisir. Pour les parents de votre correspondant(e), pensez à un album de photos de votre ville ou de votre pays ou à des spécialités régionales. Pour votre correspondant(e), pensez à ce que vous aimez, vous et vos copains.
Écrivez les deux cadeaux que vous allez offrir à la famille.

N'oubliez pas votre trousse de toilette

Écrivez quatre choses à mettre dans votre trousse de toilette.

Et encore?

Écrivez quatre choses en plus que vous allez prendre – un appareil-photo, peut-être ou un dictionnaire? Mais, n'oubliez pas qu'en avion, vos bagages seront limités à 20 kg!

2 Qu'est-ce qu'on prendra?

Travaillez à deux. Une personne pose dix questions à l'autre pour deviner ce qu'il y a dans sa valise. Ensuite, changez de rôle. Qui peut deviner le plus grand nombre de choses?

Exemple: – *Est-ce que tu prendras un T-shirt?*
– *Oui.*
– *Est-ce que tu prendras un appareil-photo?*
– *Non.*

3 Jeu de définitions

*Trouvez un mot dans le **Lexique** qui correspond à chaque définition.*

1 On la met dans un appareil électrique quand il n'y a pas de prise de courant.
2 On la met dans un appareil-photo.
3 On s'en sert pour se laver la tête.
4 On s'en sert pour se brosser les dents.
5 On y met ses vêtements quand on part en vacances.
6 On y met du savon, du dentifrice, du déodorant, etc.

Lexique

À mettre dans sa valise	*Things to take*
un appareil-photo	*camera*
une brosse à dents	*toothbrush*
le dentifrice	*toothpaste*
un déodorant	*deodorant*
un gant de toilette	*face flannel (in France these are like a mitten)*
un kleenex	*tissue*
un mouchoir (en papier)	*tissue, paper hanky*
une pellicule	*film*
une pile	*battery*
un réveil	*alarm clock*
le savon	*soap*
le shampooing	*shampoo*
une trousse de toilette	*soap bag*
une valise	*suitcase*

4 🎧 Arrivée en France

C'est les vacances. David, un jeune Anglais, vient d'arriver en France. Il va passer quinze jours à Perpignan, chez son correspondant, Clément. Écoutez la conversation et complétez le résumé.

On s'installe

1 Quand David arrive à la maison, on lui offre quelque chose à boire. David accepte et choisit un …
2 Clément présente David à ses deux …
3 La chambre de David est au … étage.
4 Pour ses vêtements, il y a de la place dans l' … et dans la …
5 La salle de bains se trouve au bout du …

Au salon

6 Comme cadeaux, David a apporté un … et un …
7 Le soir, on va manger vers …
8 Comme plat, on va manger du … et du …
9 David veut … à ses parents plus tard.

5 Des questions posées

Quelles sont les trois questions que David a posées?

a Veux-tu quelque chose à boire?
b Où se trouvent les toilettes et la salle de bains?
c Où est-ce que je peux mettre mes vêtements?
d Tu as fait bon voyage?
e Est-ce qu'il y a quelque chose que tu n'aimes pas?
f Est-ce que je peux téléphoner à mes parents ce soir?
g Et le soir, tu te couches à quelle heure, normalement?
h Est-ce que tu as besoin de quelque chose?

6 Quelle est la question?

Choisissez une question qui va avec chaque image.
Exemple: A *Et le soir, tu te couches à quelle heure, normalement?*

Lexique

Chez une famille	At a family's home
une armoire	*wardrobe*
un cintre	*coat hanger*
une commode	*chest of drawers*
une couette	*duvet*
le couloir	*corridor*
une couverture	*blanket*
le linge (sale)	*(dirty) washing*
une serviette	*towel*
un verre d'eau	*glass of water*

7 🗣 À la maison

Travaillez à deux. Lisez cette conversation, puis changez les mots colorés pour inventer d'autres conversations.

– Bonjour, David. Tu as fait bon voyage?
– Oui, très bien, merci.
– Tu veux quelque chose à boire? Il y a du thé, du café, du chocolat, de la limonade et du jus d'orange.
– Un jus d'orange, s'il te plaît.
– Voici ta chambre. La salle de bains et les toilettes sont en face.
– Bon, je vais m'installer. Où est-ce que je peux mettre mes vêtements?
– Il y a de la place dans l'armoire.
– Est-ce que tu as besoin de quelque chose?
– Euh … est-ce que je peux avoir une serviette, s'il te plaît?
– Oui, bien sûr. On mangera vers sept heures et demie, ce soir. Est-ce qu'il y a quelque chose que tu n'aimes pas?
– Euh, je n'aime pas beaucoup le saucisson.

un jus d'orange
un thé
un café au lait
une limonade
un coca, etc.

en face
à côté
au bout du couloir, etc.

Il y a de la place dans l'armoire?
Tu peux les mettre dans la commode.
Il y a des cintres derrière la porte.

une serviette
une autre couverture
un réveil
des cintres, etc.

le saucisson
les choux de Bruxelles
le bœuf, etc.

8 Des questions utiles

Écrivez une liste des questions utiles a à comprendre b à poser chez ton/ta correspondant(e).
Exemple: a (à comprendre)

Est-ce que tu as besoin de quelque chose?

b *Où se trouvent les toilettes et las salle de bains?*

9 🎧 Je vous présente ...

DOSSIER-LANGUE

Formal and informal language

Formal language is used when speaking or writing to adults, people in authority or people you don't know.
- People normally use *vous*.
- The words *Monsieur* and *Madame* are often used.
- Correct French *(le bon français)* is used.

Informal language is used when speaking or writing to someone of your own age or younger in a social situation:
- People normally use *tu*.
- Words may be shortened, eg *corres* for *correspondant*, *d'acc* for *d'accord*.
- Some syllables, letters (like *u* in *tu*: *t'as fait tes devoirs?*) or words are missed out (like *ne*: *c'est pas mauvais*).
- Some slang expressions (*le français familier, l'argot*) may be used. For more about French slang, see page 219.

Lexique

Difficultés de langue	Language problems
Tu comprends/Vous comprenez?	Do you understand?
Excusez-moi, mais je n'ai pas compris	Sorry but I didn't understand.
Je ne comprends pas (très bien) le mot	I don't understand the word (very well).
Peux-tu/Pouvez-vous répéter ça?	Can you repeat that?
Peux-tu/Pouvez-vous parler plus fort/plus lentement?	Can you speak more loudly/more slowly?
s'il te plaît/s'il vous plaît	please
Qu'est-ce que ça veut dire (en anglais)?	What does that mean (in English)?
Comment dit-on 'computer' en français?	What's 'computer' in French?
Ça s'écrit comment?	How is that spelt?
un machin	thing, gadget
un truc	trick, knack; thingummy
C'est pour ...	It's for/to ...
C'est le contraire de ...	It's the opposite of ...

Pendant ses premiers jours à Perpignan, David rencontre beaucoup de personnes. Écoutez ses conversations et complétez les phrases.
Exemple: 1 *grand-père*

1   David parle au … de Clément.
2   a   David parle à Alain, un … On se dit … (tu ou vous?)
   b   Alain a passé … … à Londres.
   c   Le mot 'bahut' veut dire … en bon français.
3   a   Mme Legrand est un … … On se dit …(tu ou vous?)
   b   Elle demande si David va assister aux …
   c   En cours d'anglais, on va parler des … britanniques.
4   a   David parle à Sophie, une …
   b   Ils vont à la …
   c   La 'bouffe', ça veut dire la …

10 C'est quel mot?

a   *Qu'est-ce que ces étrangers veulent dire?*
   Exemple: 1 *ciseaux*

1   Pardon, Madame, mais est-ce vous avez une paire de … ? C'est un petit machin pour couper du papier.
2   Est-ce qu'il y a … ? Euh, c'est que je voudrais brancher mon lecteur de CD.
3   Avez-vous des … ? Ce sont des trucs pour les vêtements, pour les mettre dans l'armoire.
4   Où se trouve … ? Euh, c'est comme une casserole, mais plat. C'est pour faire une omelette.
5   Ce paquet est … ? Euh, il n'y en a plus.

b   *Vous avez oublié un mot et vous n'avez pas de dictionnaire? Essayez d'expliquer le mot avec une définition.*

11 Que dire?

Qu'est-ce qu'il faut dire dans les situations suivantes? Regardez le lexique pour vous aider.

1   Vous voulez savoir le mot français pour 'video-recorder'.
2   Vous voulez savoir comment l'écrire.
3   Vous ne comprenez pas l'expression 'l'embouteillage'.
4   Une personne vous parle très indistinctement. Vous voulez lui demander de répéter sa question.
5   Votre correspondant parle très rapidement. Demandez-lui de ralentir.
6   Vous essayez de noter un message au téléphone. La personne parle très doucement.

Now you can ...
- discuss what to take with you when staying with a French family
- ask and answer questions, and ask for help if you don't understand something

4.4 On regarde la télé

1 🎧 La télévision en France

Nathalie est bien arrivée chez Sandrine à Paris. Un soir, elle veut regarder la télé, alors elle demande à Sandrine de lui expliquer les différentes chaînes. Écoutez la conversation et complétez ces notes.

TF1: la chaîne la plus …(1)… On regarde souvent le …(2)… de 20 heures.
France 2: une chaîne assez …(3)…
France 3: assez sérieuse, mais on passe quelquefois de bons …(4)… et pour le …(5)…, c'est pas mal.
Canal +: on y passe beaucoup de bons films, mais il faut avoir un décodeur pour les voir. On passe aussi quelques …(6)… en clair, par exemple *'Nulle part ailleurs'*.
La Cinquième: c'est la chaîne éducative.
Arte: une chaîne culturelle; quelquefois, on consacre une soirée entière à un thème.
M6: pour beaucoup de jeunes, c'est la meilleure chaîne. On y trouve beaucoup de feuilletons et de …(7)… américaines.
Il y a de la publicité sur toutes les …(8)… Donc, pour l'éviter, on prend sa télécommande et on fait du 'zapping'!

2 C'est quoi, comme émission?

Suivez les lignes pour trouver les réponses.
Exemple: 1 *'Friends', c'est une série américaine.*

1 Friends
2 Les Simpson
3 Questions pour un champion
4 Le monde des animaux
5 L'équipe du dimanche
6 Tout sur la santé
7 Inspecteur Morse
8 Le Comte de Monte-Cristo

un documentaire
un jeu
une émission sportive
un feuilleton
une série américaine
un dessin animé
un magazine
une série policière

3 🎧 📺 On peut regarder la télé?

a *Écoutez la conversation et suivez le texte.*

b *Relisez la conversation, puis changez les mots colorés pour inventer d'autres conversations. Regardez aussi l'activité 2 pour d'autres idées d'émissions.*

– Est-ce que je peux regarder la télé?
– Oui, bien sûr.
– Qu'est-ce qu'il y a?
– Il y a Questions pour un champion. C'est un jeu. Tu aimes ça?
– Non, pas beaucoup. Je préfère les séries.
– Eh bien, il y a Buffy contre les vampires. Tu aimes?
– Ah oui, ça c'est super. C'est à quelle heure?
– C'est à cinq heures.
– Et c'est sur quelle chaîne?
– Sur M6.
– On peut regarder ça?
– Oui, d'accord.

Qui veut gagner des millions? (un jeu)
M comme musique (une émission musicale)
Le monde des animaux (un documentaire)

Sabrina, la sorcière
Urgences
Dawson
Les Simpson

sept heures
huit heures et demie, etc.

TF1
France 2, etc.

DOSSIER-LANGUE

Moi, toi, etc.

• When people are discussing things they often use extra pronouns to stress or emphasise their opinions:
Moi, j'adore les séries.   I really like TV series.
*Et **vous** autres, qu'en pensez-vous?*
And what about the rest of you, what do you think about it (them)?

• These pronouns are often called 'stressed' or 'emphatic' pronouns:

moi	me	**nous**	we/us
toi	tu	**vous**	you
lui	he, him	**eux**	they / them
elle	she /her	**elles**	they/them
soi	oneself		

• They are often used after prepositions, such as 'with', 'after', etc:
*Je suis tout à fait d'accord avec **lui**.*
I entirely agree with him.
C'est pour qui, le jus d'orange?
Who's the orange juice for?
*C'est pour **elle**.*   It's for her.

• They are often used after à to show who something belongs to:
*Ce magazine est à **toi**?*   Is this magazine yours?
*Ah non, il n'est pas à **moi**!*   No, it's not mine!

• One very common use is after **chez**:
*J'irai chez **toi** en août.*   I'll stay with you in August.
*Faites comme chez **vous**.*   Make yourself at home.

Lexique

Des opinions	*Opinions*
À mon avis, …	*In my opinion, …*
Je suis d'accord avec toi.	*I agree with you.*
Moi, je ne suis pas d'accord.	*I disagree.*
Et vous, qu'en pensez-vous?	
Qu'est-ce que tu en penses?	*What do you think of it/them?*

Des opinion positives	
Ça me fait rire.	*It makes me laugh.*
Ça détend.	*It's relaxing.*
Ça divertit.	*It's entertaining.*
C'est …	*It's …*
amusant	*fun*
marrant/rigolo/drôle	*funny*
génial	*brilliant*
super	*great*
passionnant	*fascinating*
J'adore!	*I love (it)!*
Ça m'intéresse.	*I find it interesting!*

Des opinions négatives	
Ça m'énerve.	*It annoys me.*
Je trouve ça …	*I find that …*
bête	*stupid*
ennuyeux	*boring*
nul	*rubbish*
Je déteste ça!	*I hate that!*

4 Le forum télé

Le forum: Qu'est-ce qu'on aime et qu'est-ce qu'on n'aime pas à la télé?

Salut à tous, moi, j'adore les séries américaines, enfin, pas toutes parce qu'il y a des limites … J'ai tous les épisodes de *Friends* en vidéo, j'adore *Urgences, Buffy contre les vampires,* etc. Alors si ça vous intéresse, écrivez-moi! —Amandine

Moi, j'adore *Friends* aussi. Et je voudrais demander aux fans quel est votre personnage préféré et ce que vous avez pensé de la 6ème série. Moi, je trouve qu'elle contient de bons épisodes mais que ce n'est pas la meilleure. Mes personnages préférés sont Chandler et Monica. —Lucie

Salut, moi, ma série préférée est *Buffy* car ça parle des situations de lycéens et je trouve que les histoires d'amour sont réalistes (sauf pour Angel, le vampire, évidemment). —Karima

Oui, moi aussi je suis un fan de *Buffy*. Je ne rate pas un épisode. Les situations sont stupides et les personnages sont drôles, mais ça détend. J'aime beaucoup le méchant vampire handicapé, mais qui en fait ne l'est pas … C'est le plus marrant! —Fatima

Pour moi, *Urgences* est la meilleure série: ça fait 4 ans que je veux faire médecine et depuis que je regarde cette série, je suis encore plus motivé. Je trouve la série originale: la diversité des malades et la vie des médecins (fêtes à l'hôpital, Carter et sa grand-mère, Dr Greene et sa fiancée …). Bref, on a l'impression de vivre à l'hôpital avec eux. Je souhaite une bonne continuation et une très longue vie à la série! —Élodie

Moi, j'aime le dessin animé *Les Simpson*. Tous les Simpson me font rire, ils sont tous super, surtout Homer. Qu'en pensez-vous? —Pierre

Les Simpson … je suis entièrement d'accord avec toi, les personnages sont trop drôles et les voix sont très bien choisies. —Jonathan

Que pensez-vous des jeux, comme *Qui veut gagner des millions*? Avec cette musique de suspens et ces questions bêtes à choix multiple, c'est un jeu ridicule, non? —Daniel

Tu as entièrement raison … et avec le présentateur qui joue trop avec «c'est votre dernier mot? Vous en êtes sûr?» N'importe qui peut répondre à des questions stupides du genre: «Qu'est-ce qu'on accroche au dos des gens le 1 avril? … A – une girafe, B – un poisson, C – une tortue, D – un éléphant.» À débattre! —Stéphanie

a *C'est qui? Notez les initiales: ça peut être une ou deux personnes.*
   Exemple: 1 E (*Élodie*)

1 Elle aime une série qui se passe dans un hôpital.
2 Elle pose une question sur les personnages dans une série.
3 Elle ne manque jamais un épisode de cette série.
4 Elle regarde souvent des séries à la télé et aussi en vidéo.

b *C'est l'avis de qui?*

1 Les personnages dans ce dessin animé sont très amusants.
2 Les voix des acteurs vont bien avec les personnages.
3 Les jeux, avec des questions trop faciles, sont stupides.
4 Presque toutes les séries américaines sont géniales.
5 En général, les situations traitées dans cette série reflètent les situations que les jeunes connaissent.
6 Les situations dans cette série sont ridicules, mais la série est très amusante.

Now you can …
- exchange information and opinions about TV programmes and personalities

5 À discuter

Travaillez à deux. Posez des questions et répondez à tour de rôle.
Pour vous aider, consultez le Lexique.

– Et toi, tu regardes souvent la télé? *(tous les soirs/ de temps en temps/quand je n'ai pas trop de devoirs, etc.)*
– *(Oui, moi j'aime bien regarder la télé/je n'aime pas beaucoup regarder la télé, etc.)*
– Qu'est-ce que tu regardes à la télé?
   C'est quoi, comme émission?
   C'est quand? *(jour et heure)*
   Qu'est-ce que tu aimes, toi, en général, comme émissions?
   Tu aimes les séries? Lesquelles?
   Quelle est ton émission préférée?

DOSSIER PERSONNEL

Écrivez un message au forum sur la télé et les émissions que vous aimez regarder. Exemple:

```
Tu connais la série 'Friends'? Tous mes amis
l'adorent. Je ne loupe jamais un épisode. Après,
j'en parle avec mes copains au lycée. On parle
des épisodes et on imagine la suite. Et toi,
qu'est-ce que tu aimes regarder à la télé?
```

4.5 En famille

1 🎧 Au cours du séjour

Quand on est chez une famille, on doit poser et répondre à beaucoup de questions. Écoutez les conversations, puis trouvez la bonne image.
Exemple: 1 *G*

2 La bonne question

Lisez les questions, puis trouvez l'image qui correspond.
Exemple: 1 *E*

1 Tu as bien dormi?
2 J'ai oublié du shampooing. Est-ce que je peux en emprunter?
3 Ça va? Tu as l'air fatigué?
4 Je voudrais acheter des spécialités pour ramener chez moi. Où est-ce que je trouverai ça?
5 Est-ce que je peux sortir samedi soir? Sébastien, un copain de Sandrine, m'a invitée au cinéma.
6 Je dois rentrer à quelle heure?
7 Où puis-je mettre mon linge sale?
8 J'ai un peu faim. Est-ce que je peux me faire une tartine?

3 La bonne réponse

Relisez les questions de l'activité 2, puis trouvez une réponse à chaque question. Attention! Quelquefois, il y a deux réponses possibles.
Exemple: 1 *f* ou *i*

a Tu peux le mettre dans le panier à linge, dans la salle de bains.
b Oui, tu en trouveras dans le placard, dans la salle de bains.
c Oui, si tu veux, mais il ne faut pas rentrer trop tard.
d Oui, je suis très fatigué(e). Je vais me reposer dans ma chambre.
e Vers 11h30, minuit au plus tard.
f Oui, très bien merci.
g Bien sûr. Prends ce que tu veux dans le frigo.
h Il y a un grand choix de spécialités régionales au supermarché.
i Oui, mai j'avais un peu froid. Est-ce que je peux avoir une couverture supplémentaire, s'il vous plaît?
j Mais oui, il y a des fruits ou du pain et du chocolat dans la cuisine.
k Oui, je suis fatigué et j'ai un peu mal à la tête.
l Oui, Sébastien, je le connais. Il est sympa, ce garçon.

4 Des impressions de la vie en France

Pendant son séjour, David a noté ses impressions de la vie en France. Complétez ses notes avec les mots dans la case.

après	céréales	émissions	fatigante
longtemps	moins	plus	tard tôt

Exemple: 1 *tôt*

Le matin d'une journée scolaire, on se lève plus …(1)… parce que les cours au collège commencent plus tôt que chez nous, vers huit heures. En général, on mange …(2)… que chez nous au petit déjeuner. Clément, par exemple, ne mange pas de …(3)…; il prend seulement des tartines et un bol de chocolat chaud.

Par contre, à midi, on mange …(4)…, souvent deux ou trois plats. L'après-midi, les cours continuent jusqu'à cinq heures quelquefois. Ça varie selon le jour. J'ai l'impression que la journée scolaire est plus …(5)… que chez nous.

À la maison, j'ai été surpris de voir les mêmes …(6)… que chez nous à la télé. C'était amusant de voir 'Les Simpson' et 'Friends' en français – mais je n'ai pas tout compris.

Le soir, on dîne plus …(7)… que chez nous, vers sept heures et demie. On discute beaucoup à table et le repas dure plus …(8)… À la fin du repas, il est déjà assez tard, alors on ne sort pas souvent …(9)… le dîner.

5 Vacances en Grande-Bretagne

*Sandrine pense à ses vacances en Angleterre. Elle a trouvé cet article
dans un magazine. Lisez l'extrait, puis faites les activités.*

100 conseils pour partir en Grande-Bretagne

La politesse avant tout

Les Britanniques sont des gens accueillants, cordiaux,
mais souvent réservés et très discrets. Faites de même.
Parmi les choses élémentaires: faites votre lit, rangez
derrière vous, ne laissez pas vos affaires partout, offrez
votre aide ... voilà ce qui sera apprécié. Évidemment, ne
vous servez pas dans le réfrigérateur sans demander.

Si vous ne vous sentez pas bien, n'hésitez pas à le
dire à la maîtresse de maison. Elle a l'habitude de
prendre soin de ses enfants et elle saura bien vous aider
si vous lui faites part de vos petits malaises (maux de
tête, de gorge, de ventre ...).

Demandez-lui aussi où poser votre linge sale ... et
comment fonctionne la chasse d'eau. Peut-être serait-il
prudent de lui confier vos papiers, votre billet d'avion et
votre argent.

Mangez anglais

Qui prétend que l'on mange mal en Angleterre? Vous
verrez que c'est un jugement en bonne partie injustifié.
Vous n'aimerez peut-être pas tout dans la cuisine
britannique, mais essayez tout. En particulier, ne
manquez pas:

- la fameuse sauce à la menthe servie avec de l'agneau
  rôti
- le 'jelly'
- les 'puddings', comme les 'trifles'
- des gâteaux différents des nôtres, comme les 'scones'
  et les 'buns'.

Vous verrez à votre gauche, en plus de votre assiette,
une petite assiette destinée à votre pain. Notez,
cependant, qu'on ne mange pas de pain à tous les repas
comme en France.

Pour éviter des problèmes

Gardez toujours sur vous le nom, l'adresse et le numéro
de téléphone de votre famille d'accueil.

Les Britanniques sont bien plus respectueux des
règlements que les Français: traversez la route quand
c'est votre tour dans les 'zebra crossings'. Et ne cherchez
pas à resquiller dans les queues d'attente. C'est très mal
vu.

À ne pas manquer

Profitez des jardins publics. Ils sont souvent très beaux
et vous avez le droit de marcher sur les pelouses. Allez
assister à un match de cricket. Faites-vous accompagner
dans un 'pub'; l'atmosphère est très différente de celle
de nos cafés. Il y a souvent des jeux: billards, fléchettes
et d'autres.

Intéressez-vous à tous et à tout. Vous apprendrez
beaucoup et vous laisserez l'impression que 'les Français
sont bien mieux qu'on ne croyait!'

© Okapi, février 1994

faire part de	to inform someone about something
un malaise	discomfort
comment fonctionne la chasse d'eau	how you flush the toilet
resquiller dans les queues	to jump the queues
C'est très mal vu	People take a dim view of it. It's not accepted.
des fléchettes	darts

a *C'est à faire ou à ne pas faire?*
   Exemple: à faire: *a, ...*

a faire votre lit
b ranger derrière vous
c laisser vos affaires partout
d offrir votre aide
e se servir dans le réfrigérateur sans demander
f essayer tout ce qu'on vous offre à manger
g garder sur vous l'adresse et le numéro de téléphone de la
   famille d'accueil
h resquiller dans les queues

b *Voici quelques impressions que des étrangers ont des Britanniques.
Lesquelles sont mentionnées dans l'article? À votre avis, lesquelles
sont justifiées?*

1 Ils sont accueillants.
2 Ils aiment la nature, la campagne et surtout les animaux.
3 Ils boivent jusqu'à vingt tasses de thé par jour.
4 Ils sont souvent réservés et très discrets.
5 Ils ne montrent jamais leurs sentiments.
6 Ils mangent mal.
7 Le dimanche, on mange toujours du rosbif.
8 Ils sont très disciplinés et ils respectent toujours les
   règlements.
9 Ils font souvent la queue.
10 Ils sont toujours en train de prendre de petits snacks.

Now you can ...

- ask and answer questions when in France or when
  receiving a visitor
- make comparisons between home country and France
  (customs, hospitality, national character, specialities,
  etc.)

4.6   Aider à la maison

1   Au travail!

Les parents de Lucie et de Frédéric sont partis en vacances. Pendant leur absence, on a fait la fête. Mais les parents rentrent ce soir et il faut tout ranger. Qu'est-ce qu'on fait?

2   Vous avez bonne mémoire?

Regardez bien l'image pendant quelques minutes, puis fermez le livre et essayez de décrire toutes les activités.
Exemple: *On fait la lessive.*

Lexique

Le travail à la maison	*Household tasks*		
aider à la maison	*to help at home*	faire la vaisselle	*to do the washing-up*
débarrasser la table	*to clear the table*	laver la voiture	*to wash the car*
essuyer	*to wipe up*	mettre la table	*to lay the table*
faire les courses	*to go shopping*	nettoyer	*to clean*
faire la cuisine	*to cook*	passer l'aspirateur	*to vacuum*
faire du jardinage	*to do some gardening*	préparer les repas	*to prepare the meals*
faire la lessive	*to do the washing*	ranger ses affaires	*to tidy up*
faire les lits	*to make the beds*	remplir le lave-vaisselle	*to load the dishwasher*
faire le ménage	*to do the housework*	travailler dans le jardin	*to work in the garden*
faire le repassage	*to do the ironing*	vider le lave-vaisselle	*to unload the dishwasher*

3 🎧 Qui dit ça?

Écoutez et notez la phrase qui correspond.
Exemple: 1 f

a Je fais la vaisselle.
b Je débarrasse la table.
c Je fais du jardinage.
d Je passe l'aspirateur.
e Je range ma chambre.
f Je fais mon lit.
g Je sors les poubelles.
h Je nettoie la salle de bains.

4 Un coup de main

Vous êtes chez une famille en France et vous voulez donner un coup de main. Qu'est-ce que vous dites?

Pour vous aider

Qu'est-ce que je peux faire pour vous aider?	
Est-ce que je peux	mettre la table?
	débarrasser la table?
	faire le café?
	faire la vaisselle?
	essuyer la vaisselle?
	ranger la vaisselle?

5 🎧 📝 Une enquête

*On va faire une enquête sur le travail à la maison. D'abord, il faut préparer le questionnaire. Copiez ces détails, puis écrivez une liste de dix tâches (ou plus). Pour vous aider, consultez le **Lexique**.*

Une enquête: Les tâches ménagères

les tâches	volontiers	de temps en temps	déteste faire
faire la vaisselle	✔		

a *Écoutez bien. On a interrogé les membres d'une famille française sur les tâches ménagères. Notez leurs réponses dans votre questionnaire.*

b *Travaillez à deux. À tour de rôle, interrogez votre partenaire et notez ses réponses. Ensuite, faites un petit résumé.*
Exemple: *(Nom) fait volontiers les tâches suivantes: ... De temps en temps, il/elle fait ... Il/elle déteste faire ces tâches: ...*

DOSSIER PERSONNEL

Écrivez quelques phrases à propos des tâches ménagères. Voici des idées:
– Qui participe aux tâches ménagères chez toi?
– Qui travaille le plus?
– Qu'est-ce que tu aimes faire?
– Qu'est-ce que tu fais de temps en temps?
– Qu'est-ce que tu détestes faire?

6 🎧 On discute des tâches ménagères

Écoutez les conversations. On parle des tâches ménagères. À chaque fois, trouvez le résumé qui décrit le mieux ce que la personne a dit.

a Elle a horreur de ranger sa chambre. Elle préfère le désordre.
b Pendant les vacances, il aide à faire des courses et il s'occupe de son petit frère, mais pendant l'année scolaire, il n'a pas le temps d'aider beaucoup.
c Tout le monde participe, parce que c'est une grande famille et il y a beaucoup de travail. Chacun a sa petite tâche.
d Le mari et la femme participent aux tâches ménagères. Les deux travaillent, alors ils trouvent ça normal.
e La mère s'occupe principalement des tâches ménagères, mais les enfants doivent ranger leur chambre et remplir le lave-vaisselle.

Now you can ...

● talk about household tasks and offer help around the house

4.7   Objets perdus

1 Nathalie a perdu quelque chose

Sandrine et Nathalie passent une journée à Paris.
Lisez leur conversation et répondez aux questions.

– Ah non! J'ai perdu mon appareil-photo. Je l'avais ce matin quand j'ai pris des photos de la Tour Eiffel et maintenant, je ne l'ai plus.
– Tu l'as peut-être laissé au café à midi?
– Peut-être, ou bien je l'ai perdu dans le métro.
– Bon, alors on retourne d'abord au café et, s'il n'est pas là, on ira au bureau des objets trouvés.
– D'accord.

Au café
– Bonjour, Mesdemoiselles. On peut vous aider?
– Oui, Monsieur. J'ai perdu mon appareil-photo et je me demande si je l'ai laissé au café.
– Attendez un moment. Je vais demander.
– Ah, non. Je suis désolé, nous n'avons pas d'appareil-photo.

1 Qu'est-ce que Nathalie a perdu?
2 Qu'est-ce qu'elle a fait ce matin?
3 Où est-elle allée à midi?
4 Est-ce qu'elle a pris le métro?
5 Est-ce qu'on a trouvé son appareil-photo au café?

2 Attention à vos affaires

Complétez ces conseils aux touristes avec les mots dans la case.

argent   bijoux   contenu   pantalon   parlez
portefeuille   rues   sac   tables

3 🎧 On prend les détails

Écoutez les conversations et regardez les photos.
a   *Identifiez l'objet perdu.*

b   *Notez les autres détails.*

	objet perdu	quand?	description (forme, couleur)	contenu	où
1	H	10h	noire	–	magasin
2					
3					

Voyagez plus sûr dans le métro

1 Manipulez votre ... avec discrétion.

2 Si vous êtes bousculé, vérifiez le … de votre sac.

3 Mettez votre ... dans une poche intérieure – jamais dans la poche revolver.

4 Ne portez pas de ... trop voyants.

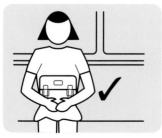

5 Ne posez pas votre ... sur le siège. Il pourrait tenter quelqu'un.

Les portables   Un portable est volé toutes les demi-heures. Prenez soin de votre portable.

1 Évitez les … désertes, et regardez autour de vous quand vous … au téléphone.

2 Ne laissez pas traîner votre portable sur les … dans les cafés.

3 N'accrochez pas votre portable à la ceinture de votre …

Lexique

Pour décrire quelque chose	Describing something
Comment est-il/elle?	**What is it like?**
Il est gros/petit/étroit.	It's big/small.
Elle est grosse/petite.	
C'est large comme ça.	It's that long.
C'est haut comme ça.	It's that high.
C'est tout neuf?	**Is it brand new?**
Il est (tout) neuf.	It's (brand) new.
Elle est (toute) neuve.	
Il est (assez) neuf.	It's (quite) new.
Elle est (assez) neuve.	
Il est (assez) vieux.	It's (quite) old.
Elle est (assez) vieille.	
C'est de quelle forme?	**What shape is it?**
carré(e)	square
rond(e)	round
rectangulaire	oblong
en forme de tube	tube-shaped
C'est en quelle matière?	**What is it made of?**
en argent	silver
en bois	wood
en coton	cotton
en cuir	leather
en laine	wool
en métal	metal
en nylon	nylon
en or	gold
en plastique	plastic
en vinyle	vinyl
C'est de quelle couleur?	**What colour is it?**
blanc/blanche	white
bleu	blue
bleu clair (inv.)	light blue
bleu marine (inv.)	navy blue
jaune	yellow, tan
noir	black
orange	orange
rose	pink
rouge	red
vert	green
vert foncé (inv.)	dark green
de couleur argent	silver-coloured

4 On a perdu quelque chose

Travaillez à deux. Lisez cette conversation, puis changez les mots colorés pour inventer d'autres conversations.

– Est-ce que je peux vous aider?
– Oui, j'ai perdu un appareil-photo.
– Bon, je vais prendre quelques détails. Il est comment?
– Il est assez petit et rouge.
– Il est neuf?
– Assez neuf, oui.
– Et il est de quelle marque?
– Ça, je ne sais pas.
– Il a quelle valeur à peu près?
– Oh, il a coûté à peu près 60 euros.
– Et où l'avez-vous perdu?
– Je ne sais pas, dans le métro, je crois.
– Et quand l'avez-vous perdu?
– Cet après-midi.
– Bon, je vais prendre votre nom et votre adresse et on vous avertira si on le trouve.

Qu'avez-vous perdu?
un appareil-photo
un portefeuille
un porte-monnaie
un sac, etc.

Autres détails
Il/Elle a quelle valeur, à peu près?
Oui, il/elle a coûté à peu près …
Qu'est-ce qu'il y avait dedans?
Il y avait … dedans.
Est-ce qu'il/elle est marqué(e) à votre nom?
Il y a mon nom et mon adresse dedans.
C'est un Kodak/une Sony, etc.

Où l'avez-vous perdu?
dans le métro
au restaurant
au café
à l'hôtel
dans le bus/le train
C'était quel bus/train?
C'était le train de (heure) de (ville).
C'était le bus numéro …

Quand l'avez-vous perdu?
ce matin
cet après-midi
hier
entre … heures et … heures
Je ne sais pas, mais je l'avais (hier matin).

Now you can …
● report lost property and describe missing items

4.8 Objets trouvés

1 🎧 Qu'est-ce qu'on a trouvé?

a *Écoutez les conversations et regardez les photos. Notez ce qu'on a trouvé après chaque conversation.*

Exemple: 1 G

A

B

C

D

E

F

G

H

b *Voici des extraits des conversations. Complétez chaque phrase.*

Exemple: 1 *son appareil*

1 Elle sera très contente de retrouver son ...
2 Madame, ce sont vos ... ?
3 Je crois que nous avons trouvé votre ...
4 Nous avons trouvé ton ...
5 Avez-vous vu mon ...
6 Marc est rentré sans sa ...
7 Je cherche mes ...
8 Luc, tes ... sont dans la cuisine.

2 Le prix de l'honnêteté

Lisez l'article et répondez aux questions en anglais.

Le prix de l'honnêteté

Dimanche matin, dans les rues de Montréal, William Murphy, un chômeur canadien de 28 ans, trouve un porte-monnaie. À l'intérieur, plusieurs billets de Loto et un peu d'argent. Notre homme, n'ayant pas un sou, décide d'abord de garder le porte-monnaie, espérant gagner quelques dollars au tirage. Dans un bar, il ouvre le journal, et découvre que les billets qu'il a trouvés gagnent le gros lot, 7 millions de dollars.

C'est alors qu'il change d'avis. «J'ai hésité pendant deux heures», confessera-t-il avant de rapporter les billets gagnants à leur propriétaire, un veuf de 53 ans, Jean-Guy Lavigueur, également au chômage.

Mais l'homme avait du cœur et a décidé de partager sa victoire, en récompense du geste héroïque de William. Il lui a donné un chèque de 1,2 million de dollars. La classe, non?

1 What did William Murphy find in the street?
2 What was he going to do with it at first?
3 How did he discover that his find was worth more than he thought?
4 In what way was it worth more?
5 How long did it take him to make up his mind what to do?
6 What did he do with the lottery tickets?
7 Why did Jean-Guy Lavigueur give him a large sum of money?
8 Apart from being honest, what did the two men have in common?

© AQA (*SEG*)

DOSSIER-LANGUE

Expressing possession

There are several different ways of saying who something belongs to:

1 Possessive adjectives, eg *mon, ma, mes* and *son, sa, ses*.
   – There are different forms for masculine, feminine, singular and plural
   – They agree with the word that follows (not the person who owns the object).
   Practise using *mon, ma, mes* and *son, sa, ses* in **activité 3** (page 87).

2 There is no use of apostrophe 's' in French, so to say 'Charlotte's purse' or 'my brother's key', you have to use *de* followed by the name of the owner:
   *le porte-monnaie **de Charlotte**   la clef **de mon frère***
   Practise using *le/la ... de ...* in **activité 4** (page 87).

3 After the verb *être*, you can use *à* + name or *à* + an emphatic pronoun:
   *Cette raquette est **à Daniel**.*   This racket belongs to Daniel.
   *C'est **à toi**, la valise?*   Is the case yours?
   Practise using *le/la ... est à ...* in **activité 5** (page 87).

3 Des objets trouvés

a Corinne a retrouvé son sac à main. Complétez ces phrases.

b Sébastien a trouvé un cartable au lycée. Il pense que c'est celui de son frère. Complétez ce qu'il dit.

C'est formidable! voilà ... sac à main et ... porte-monnaie, ... carte d'identité, ... portable, ... carnet de chèques, ... cartes de crédit, ... permis de conduire et ... stylos.

Ça, c'est ... stylo, ... crayons et ... règle; voilà ... cahiers et ... livres. Voilà aussi ... peigne, ... mouchoir, ... portefeuille avec ... argent et ... clés.

4 🎧 On se déguise

C'est la fête du Mardi Gras. Ces jeunes vont à un bal masqué. Pour se déguiser, ils ont utilisé des vêtements empruntés. Écoutez la conversation et complétez les phrases.

1 Manon va mettre
  a le pull de ...
  b le collant de...
  c le tapis de bain de ....

2 Sophie va mettre
  a le chapeau melon de ... grand-père
  b la ... de ... frère aîné
  c le ... de ... père
  d les ... de ...

3 Sébastien va mettre
  a la cape noire de ...
  b le collant de ...
  c les faux ongles de ...

5 À qui sont ces affaires?

Suivez les lignes et écrivez les phrases.
Exemple: 1 Le sac de sports est à moi.

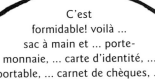
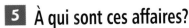

moi
toi
Sandrine
elle, aussi
nous
David
lui, aussi
vous?
eux
elles

Now you can ...
• say who something belongs to

4.9   Mille fois merci

I   Trois cartes postales

Pendant son séjour à Paris, Nathalie écrit à une amie française. Sophie écrit à des amis chez qui elle va bientôt passer ses vacances à Montréal. Clément écrit à un ami pour lui parler de la visite de David.

*Copiez une phrase dans chaque section (**A–C**) pour compléter leurs cartes postales. (Pour vous aider, regardez bien les verbes. Sont-ils au présent, au futur ou au passé composé? Nathalie se sert surtout du présent, Sophie parle du futur et Clément décrit les choses au passé.)*

a   La carte de Nathalie

> Bonjour de Paris!
>
> …
>
> Meilleurs vœux,
> Nathalie

b   La carte de Sophie

> Dans trois semaines, je serai chez vous à Montréal.
>
> …
>
> Amitiés,
> Sophie

c   La carte de Clément

> Salut!
> Mon correspondant anglais, David, est parti hier.
> …
> À bientôt, j'espère,
> Clément

A   Les vacances

1   Je passe de très bonnes vacances ici et tout le monde est très gentil!
2   Nous avons passé de très bonnes vacances ensemble.
3   Je sais que je passerai de très bonnes vacances.

B   La nourriture

4   Il a beaucoup aimé la nourriture française, surtout la soupe à l'oignon et les crêpes.
5   Je suis sûre que j'aimerai la nourriture québecoise, surtout le sirop d'érable.
6   On mange très bien ici; j'aime surtout les omelettes aux champignons et les gâteaux!

C   Les visites

7   Si possible, j'irai au sommet de la Tour Olympique.
8   La semaine dernière, on a visité la région à vélo.
9   Aujourd'hui, je passe une journée très intéressante au collège de ma correspondante.

2   🎧 On dit 'merci'

a   *Lisez les descriptions et trouvez la bonne image.*
   Exemple: 1 *d*

1   Ils vont partir. Ils ont passé un week-end formidable chez eux.
2   Elle lui téléphone pour dire qu'elle s'est très bien amusée à sa fête, hier soir.
3   Elle a passé une très bonne soirée chez eux. Maintenant, elle leur dit au revoir.
4   Il a passé dix jours en France. Maintenant, il va prendre l'avion pour rentrer chez lui.
5   Elle a passé une semaine chez sa correspondante. Maintenant, elle rentre chez elle en train.
6   Il lui téléphone pour dire que sa fête était super. Puis il l'invite à aller au cinéma.

b   *Écoutez les conversations et trouvez la bonne image.*
   Exemple: 1 *c*

Lexique

Dire au revoir et merci	Saying goodbye and thank you
Au revoir!	Goodbye!
Merci pour tout/Un grand merci pour tout.	Thank you for everything.
Merci mille fois.	Thanks a million.
Merci beaucoup/ Je vous remercie beaucoup.	Thank you very much.
À la prochaine!	See you (soon)!
À bientôt, j'espère!	See you soon, I hope!
À un de ces jours!	See you one of these days!
N'oublie pas de téléphoner.	Don't forget to phone.
Bon voyage!	Have a good journey!
Bon retour!	Have a good return journey!

3 Une lettre pour dire merci

Choisissez la lettre de Nathalie ou la lettre de David et complétez-la.
ou
Écrivez une lettre pour remercier une famille francophone chez qui vous avez passé des vacances (la visite peut être vraie ou imaginaire).

Pour vous aider

Le voyage	***The journey***
J'ai fait (Je n'ai pas fait) bon voyage de retour	*I had (didn't have) a good journey.*
Je suis arrivé …	*I arrived …*
en retard	*late*
en avance	*early*
à l'heure	*on time*
Le séjour	***The trip***
Pendant mon séjour en France …	*During my stay in France …*
J'ai surtout aimé …	*I especially liked …*
Une chose qui m'a surtout frappé, c'est …	*Something which really struck me was …*
Je me souviendrai de …	*I shall remember …*
Je n'oublierai jamais …	*I shall never forget …*
Des messages	***Messages***
Dis/Dites (bonjour/merci) à … de ma part.	*Remember me to …/Say hello/thank you to … for me.*
Embrasse(z) … pour moi.	*Give … my love.*
Merci encore	*Thank you again*

La lettre de Nathalie

Londres, le 24 avril
Chers Monsieur et Madame Briand,
Je voulais vous écrire tout de suite pour vous remercier de votre hospitalité …

La lettre de David

Nottingham, le 18 août
Cher Clément,
Je te remercie encore de ce formidable séjour.
Un grand merci à …

Now you can …
- thank someone for hospitality

SOMMAIRE

Now you can …
1 exchange information about future plans
2 discuss holiday and weekend activities; say what will (or will not) happen if something else takes place
3 discuss what to take with you when staying with a French family; ask and answer questions and ask for help if you don't understand something
4 exchange information and opinions about TV programmes and personalities
5 ask and answer questions when in France or when receiving a visitor; make comparisons between home country and France (customs, hospitality, national character, specialities, etc.)
6 talk about household tasks and offer help around the house
7 report lost property and describe missing items
8 say who something belongs to
9 thank someone for hospitality

See also **Vocabulaire par thèmes**, unité 4.

unité 5

Une semaine typique

5.1 Une journée typique

Une journée scolaire

On se lève, on se rend au collège, on a cours, on rentre, on fait ses devoirs, on se couche. Voilà en gros la journée typique de beaucoup d'écoliers. Mais comment se passe une journée scolaire plus exactement? Trois jeunes personnes décrivent pour nous une journée typique. Lisez les textes, écoutez pour en savoir plus et faites les activités.

▐ Mathieu: Montréal, Québec

Je me réveille à six heures et demie. Je me lève et je mange des céréales et je bois un chocolat chaud. Je pars à sept heures et demie. Mon père me conduit à l'école. J'y arrive à huit heures et demie et j'ai cours jusqu'à midi et demi.

Puis c'est la pause-déjeuner. J'apporte mon propre repas. Normalement, je mange des sandwichs, un fruit, des chips, et je prends une boisson. L'après-midi, j'ai cours jusqu'à quatre heures et demie. Puis je prends le bus pour rentrer chez moi.

Le soir, on mange à six heures et après, je fais mes devoirs: j'en ai pour une heure normalement. D'habitude, je me couche vers dix heures.

a Regardez l'heure: que fait Mathieu?
Exemple: 1 *c*

1 `06.30`
2 `07.30`
3 `09.15`
4 `12.45`
5 `16.35`
6 `18.15`
7 `19.00`
8 `22.00`

a Il quitte la maison.
b Il rentre en bus.
c Il se réveille.
d Il mange son repas.
e Il est en classe.
f Il mange à la maison.
g Il se couche.
h Il fait ses devoirs.

b 🎧 *Écoutez et écrivez vrai (**V**) ou faux (**F**).*
Exemple: 1 *F*

1 Mathieu ne prend pas de petit déjeuner.
2 Le voyage dure une demi-heure.
3 Quelquefois, on doit fermer l'école à cause de la neige.
4 D'habitude, il mange des sandwichs, un fruit et des chips à midi.
5 Le soir, il regarde la télévision ou il joue sur l'ordinateur.

2 Charlotte: Paris, France

Tous les matins, je me lève à sept heures moins le quart. Je prends mon petit déjeuner (des céréales, un jus d'orange, et quelquefois des tartines avec de la confiture) et je pars à sept heures et demie. Je vais au collège en métro et je reviens en bus.

Mes cours commencent à huit heures. J'ai une pause à dix heures le matin: ça dure dix minutes. La pause-déjeuner est de midi à deux heures. Je suis demi-pensionnaire, alors je mange à la cantine. Ensuite, les cours reprennent vers deux heures et se terminent vers cinq heures.

Je rentre chez moi en bus. En arrivant à la maison, je goûte et puis je fais mes devoirs. On dîne vers huit heures. Puis je regarde la télévision ou je lis, et je me couche généralement vers dix heures et demie.

a *Complétez les phrases pour faire un résumé de la journée de Charlotte.*

1 Elle se lève à …
2 Pour le petit déjeuner, elle prend …
3 Elle quitte la maison à …
4 Elle va au collège en …
5 Elle a environ … heures de cours, le matin.
6 La pause-déjeuner dure …
7 Normalement, les cours finissent à …
8 En arrivant à la maison, elle …
9 Après le dîner, elle …
10 À dix heures et demie, elle …

b 🎧 *Écoutez, puis choisissez la bonne réponse.*

1 Qu'est-ce que les lycéens vendent pendant la récréation?
   a des chips   **b** des pains au chocolat   **c** des fruits
2 Qu'est-ce qu'elle aime manger à la cantine? (2 choses)
   a de la salade   **b** des frites   **c** du riz
   d de la viande hâchée   **e** du poulet   **f** du poisson
3 Comment rentre-t-elle à la maison?
   a à pied   **b** en métro   **c** en bus
4 Elle a besoin de combien d'heures pour faire ses devoirs le soir?
   a une heure   **b** deux heures   **c** trois heures

3 Giliane: Fort de France, Martinique

Je me lève de bonne heure le matin, vers six heures, car c'est la seule période de la journée où il fait à peu près bon. Je prends du café et des tartines et je me prépare. Pour l'école, je m'habille en chemisier et en jupe. Je vais à l'école à pied avec mes frères et mes sœurs. Il commence déjà à faire chaud.

Les cours commencent à huit heures. À midi, nous rentrons à la maison pour déjeuner. L'après-midi, les cours reprennent à deux heures et se terminent vers quatre heures.

Avant de rentrer, nous nous amusons un peu. Quelquefois, on fait une partie de football, on fait de la musique ou on s'assied sur le trottoir pour discuter et plaisanter. Puis je rentre à la maison à pied et je commence mes devoirs. Je dîne et je me couche assez tôt (vers neuf heures), vu que je dois me lever à six heures le lendemain.

a *Corrigez les erreurs dans ces phrases.*

1 À six heures du matin, il fait plus chaud qu'à onze heures.
2 Pour le petit déjeuner, Giliane mange du pain et de la confiture et elle boit du thé.
3 Elle s'habille en uniforme scolaire.
4 Elle va au collège à vélo.
5 À midi, elle mange à la cantine.
6 Les cours se terminent vers trois heures.
7 Quelquefois, elle joue au volley avant de rentrer.
8 Elle se couche vers sept heures.

b 🎧 *Écoutez pour trouver les réponses.*

1 Giliane a combien de frères et de sœurs?
2 Il faut combien de temps pour aller au collège?
3 Qu'est-ce qu'elle mange comme légumes à midi? (3 choses)
   a des patates douces   **b** des petits pois   **c** des ignames
   d des champignons   **e** des carottes   **f** des bananes vertes
4 Qu'est-ce qu'elle aime faire après les cours?
5 À quelle heure est-ce qu'il fait nuit?

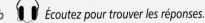

DOSSIER-LANGUE

Reflexive verbs (present tense)

Reflexive verbs are verbs like *se laver, s'habiller, se réveiller* which take an 'extra' (reflexive) pronoun. Often, the action 'reflects back' onto the subject. Many reflexive verbs are regular -*er* verbs:

*Je **me** lave.*	I get washed.
*Tu **te** lèves?*	Are you getting up?
*Il **se** rase.*	He gets shaved.
*Elle **s'**habille.*	She gets dressed.
*On **s'**entend (bien).*	We get on (well).
*Nous **nous** débrouillons.*	We manage/We get by.
*Vous **vous** dépêchez?*	Are you in a hurry?
*Ils **s'**entendent (bien).*	They get on (well).
*Elles **se** disputent (toujours).*	They're (always) arguing.

4 Des questions et des réponses

a Complétez les questions avec la bonne forme du verbe.
   Exemple: 1 *Tu t'entends bien avec tes parents?*

En famille
1 Tu ... bien avec tes parents? (**s'entendre**)
2 Est-ce que vous ... quelquefois, toi et ta sœur? (**se disputer**)
3 Ça va, tu ne ... pas ici? (**s'ennuyer**)

En ville
4 Le bus ... près d'ici? (**s'arrêter**)
5 Où ... la piscine, s'il vous plaît? (**se trouver**)

b Complétez les réponses.
   a Elle ... près du stade. (**se trouver**)
   b En général, je ... bien avec eux. (**s'entendre**)
   c Non, on ne ... pas souvent. (**se disputer**)
   d Oui, il ... au coin de la rue. (**s'arrêter**)
   e Mais non, tout est intéressant. Je ne ... pas. (**s'ennuyer**)

c Trouvez les paires. **Exemple: 1 *b***

5 Une interview

Travaillez à deux. Posez les questions et répondez à tour de rôle et notez les réponses. Puis écrivez un résumé de la journée de l'autre personne. Au lieu de son nom, écrivez un numéro codé, par exemple 1234. La classe doit identifier la personne d'après votre description.

Exemple: *(1234) se lève à huit heures et demie. Il ne prend pas de petit déjeuner: il n'a pas le temps, mais il mange beaucoup à midi. Il va au collège ...*

1 Tu te lèves à quelle heure?
2 Qu'est-ce que tu prends pour le petit déjeuner?
3 Comment vas-tu au collège? (J'y vais ...)
4 Que fais-tu à midi?
5 L'école se termine à quelle heure?
6 Que fais-tu après?
7 Comment rentres-tu à la maison?
8 Que fais-tu, le soir?
9 À quelle heure est-ce que tu te couches?

Lexique

La routine	Routine
aller à l'école/au travail	*to go to school/work*
se coucher	*to go to bed*
déjeuner	*to have lunch*
se déshabiller	*to get undressed*
dormir	*to sleep*
goûter	*to have an afternoon snack*
s'habiller	*to get dressed*
se laver	*to get washed*
se lever	*to get up*
prendre un bain/une douche	*to have a bath/shower*
prendre son petit déjeuner	*to have breakfast*
rentrer	*to return home*
se réveiller	*to wake up*

DOSSIER PERSONNEL

Racontez une journée typique. Voici quelques questions pour vous aider. Consultez aussi l'**activité 2a** (page 91) et l'**activité 5** sur cette page.

Le matin
1 Qui se lève le premier chez toi?
2 À quelle heure est-ce que tu quittes la maison?
3 Est-ce que tes parents quittent la maison avant toi?

L'après-midi et le soir
4 Est-ce que tu rentres directement à la maison d'habitude?
5 Que fais-tu en arrivant à la maison?
6 À quelle heure est-ce que tu manges le soir?
7 À quelle heure te couches-tu les jours d'école/le week-end?

Now you can ...

- exchange information about daily routine and describe a typical day

5.2 La vie scolaire

1 L'éducation en France

Essayez d'abord de répondre aux questions. Ensuite, lisez le texte pour vérifier toutes les réponses et pour apprendre beaucoup plus sur la vie scolaire en France.

Exemple: 1 a *l'école primaire*

1 Comment s'appelle l'école …
   a pour les élèves de 6 à 11 ans?
   b pour les élèves de 11 à 15 ans?
   c pour les élèves de 15 à 18 ans?
2 Comment s'appellent les élèves qui habitent à l'école toute la semaine?
3 Comment s'appellent les élèves qui habitent à la maison mais qui déjeunent à l'école?
4 Comment s'appelle l'examen très important qu'on passe à la fin des études secondaires?

5 Est-ce que tous les élèves doivent …
   a porter l'uniforme scolaire?
   b aller à l'école le samedi après-midi?
6 Quelles sont les choses que les élèves doivent acheter eux-mêmes?
   Ils doivent acheter …
   L'école leur prête …
7 Si un(e) élève ne fait pas assez de progrès ou ne réussit pas aux examens, qu'est-ce qu'il/elle doit faire?

Un guide de la vie scolaire en France

Les années à l'école

En France, l'éducation est obligatoire à partir de six ans jusqu'à seize ans. À six ans, on commence l'école primaire où on apprend à lire, écrire et faire du calcul. Puis à onze ans, on entre en sixième, la première année du collège.

Après quatre ans au collège, à l'âge de 15 ans environ, on change d'école et on va au lycée.

L'entrée en sixième est un moment important pour nous les enfants!

La dernière année au collège s'appelle la troisième. Moi, je suis en troisième.

Au lycée, on fait des études qui durent trois ans: la seconde, la première et la terminale. À la fin, il y a le baccalauréat, un examen très important!

Le bac, c'est dur, dur, dur!

En France, il n'y a pratiquement pas d'uniforme scolaire, sauf dans quelques écoles privées.

Si un(e) élève habite à l'école pendant toute la semaine, on l'appelle un(e) interne. Beaucoup d'élèves sont demi-pensionnaires, c'est-à-dire qu'ils prennent le déjeuner à la cantine, mais qu'ils rentrent à la maison chaque soir.

Au collège, on nous fournit les livres scolaires, mais il faut acheter ses propres cahiers, son papier et ses classeurs. Les stylos, les crayons, les gommes – on achète tout ça en plus, bien sûr! Le soir, il faut faire des devoirs.

On nous en donne trop, ça c'est évident!

Le mercredi, il n'y a pas cours, heureusement, mais on peut faire du sport. Le samedi matin, d'habitude, on doit aller à l'école, mais jusqu'à midi.

Les inconvénients de la vie scolaire
 – les examens
 – les contrôles
 – les retenues
 – le bulletin scolaire
 – le redoublement (si on a de très mauvaises notes, il faut répéter une année scolaire)

Redoubler, ce n'est pas amusant!

Les avantages de la vie scolaire
 – voir ses amis
 – discuter avec d'autres jeunes

Il y a quand même des cours qui sont intéressants et des profs qui sont sympa!

Hélène — 3è

heures	8.30–9.25	9.30–10.25	10.40–11.30	11.35–12.30	pause-déjeuner	14.00–14.55	15.40–16.05	16.10–17.00
LUNDI	histoire géographie	maths	latin	dessin		français	français	latin
MARDI	physique		sciences naturelles	espagnol		anglais	maths	français
MERCREDI								
JEUDI	maths	technologie	espagnol		sport	sport	anglais	histoire géographie
VENDREDI		sport	espagnol	maths		histoire géographie	anglais	musique
SAMEDI	latin	français	français	technologie				

2 Un emploi du temps

a *Regardez l'emploi du temps et écoutez les élèves (1–10). C'est quel jour?*
Exemple: 1 *mardi*

b *Regardez l'emploi du temps des élèves en troisième et répondez aux questions.*

1 Combien de matières différentes font-ils?
2 Est-ce qu'ils ont cours le mercredi?
3 À quelle heure commence le premier course?
4 À quelle heure finit le dernier cours de l'après-midi?
5 Ils ont combien de cours de français par semaine?
6 Est-ce qu'ils ont cours le samedi matin/l'après-midi?
7 Les cours commencent à quelle heure, l'après-midi?
8 Combien de temps, environ, dure chaque cours?
9 On fait quelles langues?
10 À votre avis, quelle est la meilleure journée (à part le mercredi et le samedi, bien sûr!)?
   Quelle est la journée la plus mauvaise?

3 À vous!

Travaillez à deux. Posez des questions et répondez à tour de rôle.

La vie au collège	School life
apprendre	to learn
un contrôle	test, assessment
un cours	a lesson
les devoirs (*m pl*)	homework
enseigner	to teach
les épreuves écrites (*f pl*)	written tests
une note	a mark
passer un examen	to take an exam
échouer à un examen	to fail an exam
être reçu à/ réussir à un examen	to pass an exam
une retenue	a detention

Voir aussi: **Vocabulaire par thèmes**, unité 5.

DOSSIER PERSONNEL

Faites le résumé de vos réponses.

Au collège
1 À quelle heure est-ce que tes cours commencent, le matin?
2 Et à quelle heure finissent-ils?
3 Tu as combien de cours par jour?
4 Combien de temps dure chaque cours?
5 Combien d'heures de devoirs par jour as-tu?
   À ton avis, c'est trop/ce n'est pas assez/c'est ce qu'il faut ?

Les matières
1 Tu apprends le français depuis combien de temps?
2 Qu'est-ce que tu étudies comme langues et comme sciences?
3 Tu as combien d'heures de maths par semaine?
4 Qu'est-ce que tu aimes, comme matières? Pourquoi?
   (Parce que c'est facile/intéressant/utile, etc. Parce que je suis fort(e) en …)
5 Quelles sont les matières que tu n'aimes pas beaucoup? Pourquoi?
   (Parce que c'est difficile/ennuyeux, etc. Parce que je suis nul(nulle) en …)

4 Le bulletin scolaire

Ça vous rend heureux ou ça vous fiche le moral à zéro? Regardez cet extrait du bulletin scolaire de Dominique. Pour chaque matière, on donne une note et une appréciation. Le maximum est 20. Si on a au moins 12 dans chaque matière, tout va bien. Si on a beaucoup de notes en dessous de 10, on risque de redoubler!

DISCIPLINES	MOYEN	APPRÉCIATIONS
FRANÇAIS	16	Travail sérieux. Résultats très satisfaisants.
HISTOIRE	10	Médiocre, manque de concentration.
GÉOGRAPHIE	12	Résultats d'ensemble assez satisfaisants.
ANGLAIS	15	Bons résultats!
MATHÉMATIQUES	18	Excellent! Bon travail!
SCIENCES NATURELLES	12	Du travail soigné.
SCIENCES PHYSIQUES	13	Bon effort, il y a une amélioration.
DESSIN	9	Résultats vraiment décevants.
MUSIQUE	11	Moyen: peut mieux faire.

Consultez le bulletin et répondez aux questions.

1 Est-ce que Dominique est plus fort en français ou en sciences?
2 Est-ce qu'il est plus fort en histoire ou en géographie?
3 Dans quelle matière a-t-il les meilleurs résultats?
4 Dans quelle matière a-t-il les plus mauvais résultats?
5 Qu'est-ce qu'il fait comme langue vivante?
6 Il a combien de notes en dessous de 12?

Lexique

Les locaux	The premises
la bibliothèque	library
le bureau	office
la cantine	canteen
le CDI (centre de documentation et d'information)	resources room/library
le couloir	corridor
la cour	school yard/playground
le gymnase	gym
le laboratoire (de sciences)	(science) laboratory
la salle de classe	classroom
la salle de technologie	computer room
la salle des profs	staff room
la salle de permanence	study room
le terrain de sports	sportsground
les toilettes/W-C (f pl)	toilets
le vestiaire	cloakroom

5 🎧 Notre collège

Écoutez la description et complétez le texte.

Je m'appelle Luc Dubois et je vais au collège Henri Matisse. C'est un collège …(1)… Il y a beaucoup d'élèves: à peu près …(2)… cents. Le collège est dans un grand bâtiment assez …(3)… Il est bien équipé. Il y a un CDI (un centre de documentation et d'information) où on peut emprunter des …(4)… Il y a des gymnases et des terrains de sport pour le …(5)…, le foot et le hand. Il n'y a pas de …(6)…, mais des élèves vont à la piscine municipale pour faire de la natation.

Pour la …(7)…, nous allons dans la salle d'ordinateurs. On fait une heure et demie de technologie par semaine. J'aime bien ça. Il y a aussi des laboratoires de sciences pour la chimie, la …(8)… et la biologie. Dans la classe, il y a une bonne ambiance. Quand on n'a pas cours, on peut aller dans la salle de permanence pour faire ses …(9)…

Il n'y a pas d'internat au collège, mais beaucoup d'élèves sont demi-pensionnaires. Comme clubs, il y a un club …(10)… et un club théâtre.

6 📖 À vous!

a *Travaillez à deux pour faire une description de votre collège. À tour de rôle, ajoutez une phrase à la description.*

Pour vous aider

C'est un collège mixte/de filles/de garçons?
Il y a environ combien d'élèves?
Le bâtiment est comment?
(vieux/moderne/grand/petit)
Il y a quels équipements sportifs?
(un gymnase, un terrain de sports, etc.)
Qu'est-ce qu'il y a comme clubs?
Est-ce qu'il y a un orchestre/une chorale/des équipes de foot/de badminton, etc.
Est-ce qu'il y a une cantine?
Est-ce qu'il y a un magasin où on peut acheter des sandwichs/des frites/du chocolat/des fruits, etc?

b *Écrivez un paragraphe pour décrire votre collège.*

Now you can …

- exchange information and opinions about school life in France and in your own school

5.3 C'est obligatoire!

1 Bien sûr, Maman!

Les parents et les enfants ne sont pas toujours d'accord au sujet de ce qu'il faut ou ce qu'il ne faut pas faire. Voici, par exemple, une matinée typique chez Léonie. C'est une journée scolaire. Léonie répond à sa mère, mais qu'est-ce qu'elle pense vraiment? Trouvez le texte correct (a–e) pour chaque bulle (1–5).

Exemple: 1 d

1 Dépêche-toi, Léonie! Si tu manques le bus, tu seras obligée d'aller au collège à pied!

Il faut prendre ton parapluie, je suis sûre qu'il pleuvra plus tard.

Avec ton argent de poche, tu dois acheter des stylos et du papier pour l'école.

Tu seras obligée de faire tes devoirs tout de suite en rentrant à cinq heures, car nous avons des invités à dîner ce soir.

Tu as tout ce qu'il te faut, tes devoirs, tes livres, ta trousse?

Bien sûr, Maman. J'arrive! **1**

Bien sûr, Maman! **2**

Bien sûr, Maman! **3**

Bien sûr, Maman! **4**

2 **a** Avec mon argent de poche, je dois acheter un cadeau d'anniversaire pour Emmanuel.

b Je dois me dépêcher, Emmanuel m'attend!

c Zut! J'ai prêté mon parapluie à Claudine! Je dois lui demander de me le rendre.

d Alors, qu'est-ce que je vais mettre aujourd'hui?

e Je ne dois pas manquer l'émission sur le Hit-Parade à cinq heures ce soir!

Bien sûr, Maman, j'ai tout, mais je dois partir. **5**

2 🎧 Pourquoi pas?

*Écoutez les conversations. Les personnes ne sont pas libres. Pourquoi?
Notez la bonne lettre et expliquez pourquoi.*
Exemple: *1 c – Élodie doit faire du baby-sitting.*

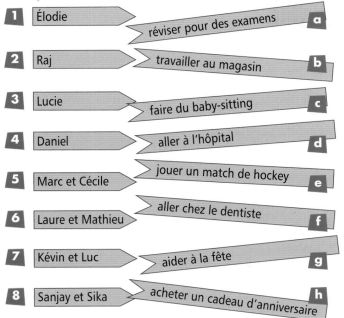

1 Élodie	réviser pour des examens	**a**
2 Raj	travailler au magasin	**b**
3 Lucie	faire du baby-sitting	**c**
4 Daniel	aller à l'hôpital	**d**
5 Marc et Cécile	jouer un match de hockey	**e**
6 Laure et Mathieu	aller chez le dentiste	**f**
7 Kévin et Luc	aider à la fête	**g**
8 Sanjay et Sika	acheter un cadeau d'anniversaire	**h**

DOSSIER-LANGUE

Saying what has to be done

Look at *activité 1* above and see how many ways you can find of saying that something is compulsory or must or ought to be done.

1 *devoir* + **infinitive**:
*Tu **dois** acheter des stylos.*
You **must** buy some pens
*Tous les élèves **doivent** apprendre une langue vivante au collège.*
All pupils **have to** learn a modern language at secondary school.

2 *Il faut* + **infinitive**:
***Il faut prendre** ton parapluie.*
You **must take** your umbrella.
*Tu as tout ce qu'**il te faut**?*
Have you got everything **you need**?
(i.e that you **ought to have**)

3 *être obligé/c'est obligatoire*:
***Tu seras obligé(e)** d'aller à pied.*
You **will be forced to/will have to** go on foot.
*Presque tous les petits Français savent nager, parce qu'à l'école primaire, la natation est **obligatoire**.*
Almost all French children can swim, because at primary school, swimming is **compulsory**.

Note: to say something is optional or not compulsory, use *facultatif/facultative*.

3 C'est la règle

a *Écrivez six phrases pour décrire ce qu'il faut ou ce qu'il ne faut pas faire dans une école en France.*
   Exemple: *En France, on doit souvent aller au collège le samedi matin.*

b *Écrivez six phrases pour décrire ce qui est obligatoire dans votre collège.*
   Exemple: *Dans notre collège, il faut arriver à …*

Utilisez chaque expression une fois:
– il faut … on est obligé de (d') …, on doit …
– il ne faut pas … on n'est pas obligé de (d') …
  on ne doit pas …

Pour vous aider

porter un uniforme scolaire
acheter ses cahiers et ses livres
arriver en retard/à l'heure
sortir du collège sans autorisation
courir dans le couloir
souvent aller au collège le samedi matin
se maquiller
écrire des graffiti aux murs
porter des bijoux
aller au collège le mercredi
faire de la natation à l'école primaire
aller à l'école jusqu'à seize ans
aller à l'école à l'âge de trois ans
montrer son bulletin scolaire à ses parents
porter une blouse et des lunettes dans les laboratoires
utiliser son portable pendant les cours

4 Vous inventez les règles

Choisissez une situation, puis inventez cinq règles (ordinaires ou ridicules). Des situations possibles: à la maison, à notre école, en ville, à la piscine, pendant les vacances.
Exemple: À la maison:

1 *On ne doit pas manger toutes les choses dans le frigo sans consulter les autres!*
2 *Il ne faut pas fumer, sauf dans le jardin ou dans une salle spéciale.*

5 🗣 À discuter

Travaillez à deux pour discuter de cette question: quelles règles voudrais-tu changer?
Exemple: *Je ne comprends pas pourquoi on ne peut pas porter de bijoux au collège. Je voudrais changer cette règle.*

Now you can …

● say what must and what mustn't be done and talk about rules

5.4 On parle du collège

1 🎧 On compare les systèmes scolaires

Écoutez la discussion. On compare la vie scolaire en France et en Angleterre. Faites des notes sous ces titres:
- l'uniforme
- l'assemblée
- la journée scolaire
- la pause-déjeuner
- le système des surveillants
- les matières
- les grandes vacances

2 Le forum: l'école

Lisez les extraits d'une discussion sur Internet.

a *Notez cinq choses (ou plus) qu'on veut avoir dans les écoles.*
  Exemple: *un ordinateur par élève, …*

b *Notez trois choses qu'on ne veut plus avoir.*
  Exemple: *des cartables très lourds, …*

Le forum: l'école

Qu'est-ce que vous aimez? Qu'est-ce que vous n'aimez pas? Comment peut-on améliorer le collège?

Un ordinateur pour chaque élève
Ce serait bien d'avoir des salles équipées d'ordinateurs, scanners, encyclopédies, vidéos, CD, etc. avec un ordinateur par élève, connecté à Internet, bien sûr. En plus, je voudrais avoir de grands espaces verts où on pourrait se promener et un coin pour se détendre aux heures libres.
—**Djamel, 14 ans**

J'aime mon école!
L'école idéale … c'est un peu la mienne! Je commence à 9h et finis à 15h30. Pas de tonnes de devoirs à la maison, pas plein de livres à emmener chez soi, tous restent à l'école et les devoirs sont sur des polycopies (donc des cartables très légers!). Les élèves portent l'uniforme et c'est très cool car il n'y a pas de jalousie entre les élèves (pour ceux dont les parents n'ont pas les moyens d'acheter des vêtements très chers et de marque) et pas de «racket»!
Il y a des clubs (foot, danse …) après les cours et c'est gratuit. On peut manger à la cantine ou emmener son déjeuner, si on préfère. Voilà quelques raisons pourquoi j'aime mon école.
—**Pierre, 11 ans, à l'école primaire en Angleterre**

Commencer plus tard
Ce serait bien si on pouvait commencer le plus tard possible, s'il y avait la télévision dans le réfectoire, un foyer d'élèves et un immense gymnase.
—**Mélanie, 15 ans**

Pas de contrôles, pas de devoirs
Nous avons trop de devoirs et trop de contrôles. Les journées au collège sont déjà longues et en plus, on nous donne des heures de devoirs à faire à la maison. On n'a jamais le temps de faire autre chose.
—**Laurent, 16 ans**

La cantine et les cartables
Je suis déléguée de classe et, depuis deux ans, nous demandons toujours la même chose: une amélioration des repas à la cantine et des cartables moins lourds. Ce n'est pas la mer à boire, mais ça ne change pas!
—**Corinne, 15 ans**

Moins de bagarres dans les collèges
Il devrait y avoir plus d'activités pendant les pauses (ex: basket, ping-pong, etc.). Les élèves s'ennuient pendant les pauses et c'est pour cela qu'il y a des bagarres. Les élèves dans nos collèges s'insultent lorsqu'ils ne savent pas quoi faire et c'est presque toujours comme ça que ça débute. C'est pourquoi nous proposons de renforcer les activités pendant les pauses. Stefan est allemand et moi français (c'est dans le cadre d'un échange scolaire que nous rédigeons ce texte), et nous partageons la même opinion.
—**Stefan et Daniel, 14 ans**

Un stade énorme
L'école idéale, ce serait: plus d'espaces libres, moins d'heures de cours, plus d'activités sportives (basket), une cafétéria, un stade énorme, un garage à vélos plus grand et plein de bonnes choses.
—**Nicolas, 16 ans, Québec**

Marre des cartables lourds!
Nous, le jeudi, nos sacs pèsent 15 kilos (je ne rigole pas, je les ai pesés avec une de mes copines). Nous, ce qu'on veut, c'est des casiers, des casiers, des casiers.
—**Émilie, 13 ans**

Pour moi, l'école idéale serait une école fermée!!!
—**Anonyme**

---

une amélioration = *improvement*	marrant *(fam)* = *funny*
une bagarre = *fight*	le racket = *bullying*
un casier = *locker*	serait *(from* être*)* = *would be*
de marque = *designer label*	Il devrait y avoir … = *There ought to be …*
marre de *(fam)* … = *fed up with …*	Ce n'est pas la mer à boire *(fam)* = *It's not that hard.*
se marrer *(fam)* = *to have fun*	

3 À vous de continuer le débat!

Travaillez à deux. À tour de rôle, ajoutez une phrase de chaque section (A–C).

A Ce que j'aime au collège
Il y a des matières que j'aime bien, comme … parce que …
On voit ses copains et on s'amuse ensemble.
On fait du sport, comme …
Il y a des profs qui sont sympa.

B Ce que je n'aime pas
Il y a trop de contrôles.
On nous donne trop de devoirs. On n'a pas le temps de sortir en semaine.
On fait trop de travail personnel, par exemple des projets à thème pour les contrôles continus.
On ne fait pas assez de … *(sport, technologie)*
On fait trop de …. *(sport, technologie)*
Nous devons faire trop de matières.

C Ce serait bien si (s') …
… on pouvait faire ses devoirs au collège
… on pouvait sortir du collège pendant les pauses
… on ne devait pas porter d'uniforme
… il y avait plus de clubs, par exemple …
… il y avait plus de choix à la cantine

5 À discuter

Travaillez à deux. Posez des questions et répondez à tour de rôle.

– Qu'est-ce que tu aimes le mieux au collège?
– Qu'est-ce que tu aimes le moins?
– Pourquoi as-tu choisi les matières que tu fais?
– Est-ce qu'il y a une autre matière que tu voudrais faire? Laquelle?
– Est-ce que la journée scolaire est trop longue/courte?
– Tu as combien d'heures de devoirs, le soir? C'est trop?
– Que penses-tu de l'uniforme scolaire?

DOSSIER PERSONNEL

Écrivez un paragraphe sur la vie au collège pour un forum sur Internet. Dites ce qui est bien, ce qui est moins bien et comment on pourrait améliorer le système.
Essayez d'utiliser ces mots:

à mon avis	*in my opinion*
cependant	*however*
en plus	*moreover*

4 Les bons profs et les bons élèves

Dans une école idéale, il y aurait, bien sûr, de bons profs et de bons élèves, mais quelle est la définition d'un bon prof et d'un bon élève? Choisissez trois phrases pour les décrire ou inventez-en d'autres.

a Un bon prof …
… s'intéresse à sa matière.
… s'intéresse à ses élèves.
… explique bien.
… ne va pas trop vite.
… a le sens de l'humour.
… est bien organisé.
… ne donne pas trop de devoirs.

b Un bon élève…
… s'intéresse aux cours.
… est poli.
… arrive à l'heure.
… a les livres et les cahiers qu'il faut.
… ne range pas ses affaires dix minutes avant la fin du cours.
… fait ses devoirs à l'heure.

Notre prof de physique est super cool, mais trop gentille; on se marre avec elle, mais elle n'est pas assez sévère.

Le prof de maths est juste ce qu'il faut; il fait bien ses cours, on s'amuse avec lui, mais on connaît ses limites.

Now you can …

● exchange information and opinions about life at school and discuss possible improvements

5.5 C'est le week-end!

1 🎧 Le week-end dernier

Le week-end, on se détend, on se repose, on s'amuse. Écoutez Martin et Charlotte, qui parlent du week-end dernier.

a Martin
Complétez les phrases.
samedi
1 Je me suis levé vers ...
2 J'ai fait ...
3 L'après-midi, je suis allé ...
4 J'ai acheté ....
5 J'ai mangé avec ... dans un fast-food.
6 Le soir, je ne me suis pas couché ...
dimanche
1 Je me suis levé de bonne heure pour jouer au ...
2 On a ... trois à zéro.
3 Mais vers la fin du match, je suis ...
4 Je me suis fait mal au ...
5 J'ai dû me reposer le reste de la ...

DOSSIER-LANGUE

Reflexive verbs (perfect tense)

Can you find some examples of reflexive verbs in the sentences on this page? Then work out the following:
1 Which auxiliary verb (*avoir* or *être*) is used?
2 Where does the reflexive pronoun go?
3 What do you notice about the past participle?

> Il s'est levé, s'est habillé et m'a dit qu'il allait acheter des aspirines à la pharmacie.

Solution
1 Reflexive verbs form the perfect tense with *être*.
2 The reflexive pronoun goes before the part of *être* (the auxiliary verb).
3 The past participle has to agree with the subject, so add an -*e* if it's feminine and an -*s* if it's plural.

Here is the perfect tense of *se lever.*

je me **suis levé(e)**	nous nous **sommes levé(e)s**
tu t'**es levé(e)**	vous vous **êtes levé(e)(s)**
il s'**est levé**	ils se **sont levés**
elle s'**est levée**	elles se **sont levées**
on s'**est levé(e)(s)**	

b Charlotte
Corrigez les erreurs.
1 Samedi matin, elle est allée au cinéma.
2 À midi, elle a mangé au collège.
3 L'après-midi, elle a acheté un nouveau pull.
4 Le soir, elle est allée à l'anniversaire d'une fille de sa classe.
5 Tout le monde s'est disputé à la fête.
6 À dix heures, on a chanté 'Joyeux anniversaire' et on a mangé un pain au chocolat.
7 Elle s'est couchée vers onze heures.
8 Le dimanche, elle s'est levée vers deux heures.
9 L'après-midi, elle a fait une promenade.
10 Le soir, elle s'est ennuyée.

2 Dimanche dernier

a Complétez les questions.
Exemple: 1 Vous *vous êtes* levés tôt?

1 Vous ... levés tôt?
2 Est-ce que ta sœur ... installée devant l'ordinateur?
3 Est-ce que vous ... promenés à la campagne?
4 Et ton père ... trompé de chemin?
5 Est-ce que tes frères ... disputés?
6 Vous ... baignés dans le lac?

b Complétez les réponses.
Exemple: a ils ne se sont pas *disputés*.

a Non, pour une fois, ils ne se sont pas ... (**se disputer**)
b Non, nous ne nous sommes pas .... dans le lac, l'eau était trop froide. (**se baigner**)
c Oui, nous nous sommes ... de bonne heure. (**se lever**)
d Non, cette fois il ne s'est pas ... de chemin. (**se tromper**)
e Bien sûr, elle s'est.... devant l'ordinateur pour lire ses e-mails. (**s'installer**)
f Oui, comme tous les dimanches, nous nous sommes ... à la campagne. (**se promener**)

c Trouvez les paires. **Exemple: 1** *c*

3 Samedi soir

a *Alex est invité à une fête. Qu'est-ce qu'il a fait avant de sortir? Écrivez les textes.*
   Exemple: 1 *Il s'est déshabillé.*

1 se déshabiller 2 se laver 3 se raser

4 s'habiller 5 se coiffer

b *Virginie est aussi invitée à la fête samedi soir. Qu'est-ce qu'elle a fait avant de sortir? Écrivez les textes.*
   Exemple: 1 *Elle s'est lavée.*

1 se laver 2 se maquiller 3 s'habiller

4 se changer 5 se coiffer

On peut se revoir samedi prochain?

Oui, je veux bien.

c *À la fête: complétez les phrases.*

1 Tout le monde ... bien ... à la boum. (**s'amuser**)
2 Virginie et Alex ne se connaissaient pas avant, mais ils ... à la fête. (**se rencontrer**)
3 Ils ... bien ... (**s'entendre**)
4 Et ils ont décidé de ... samedi prochain. (**se revoir**)

4 Une journée récente

Racontez une journée récente. Ça peut être une journée au collège que vous avez bien aimée, ou une journée typique, ou une journée extraordinaire et pas comme les autres. Ça peut être vrai ou imaginaire. Voici des idées:

1 **Une journée récente au collège**
   'Je me suis réveillé, comme d'habitude, à sept heures et ...'

2 **Une journée extraordinaire**
   Vous rêvez d'être célèbre? Pour une journée, vous pouvez être une célébrité de votre choix. Racontez votre journée.

5 Déjeuner du matin

Jacques Prévert est un des plus grands poètes français du vingtième siècle. Voici un de ses poèmes les plus célèbres. Il raconte une matinée pas comme les autres. À votre avis, est-ce que c'est plutôt triste ou heureux?

Déjeuner du matin

Il a mis le café
Dans la tasse
Il a mis le lait
Dans la tasse de café
Il a mis le sucre
Dans le café au lait
Avec la petite cuiller
Il a tourné
Il a bu le café au lait
Et il a reposé la tasse
Sans me parler
Il a allumé
Une cigarette
Il a fait des ronds
Avec la fumée
Il a mis les cendres
Dans le cendrier
Sans me parler
Sans me regarder
Il s'est levé
Il a mis
Son chapeau sur sa tête
Il a mis
Son manteau de pluie
Parce qu'il pleuvait
Et il est parti
Sous la pluie
Sans une parole
Sans me regarder
Et moi j'ai pris
Ma tête dans ma main
Et j'ai pleuré

Jacques Prévert: Paroles © Éditions GALLIMARD

Now you can ...

- exchange information about a recent day or weekend
- understand and use reflexive verbs in the perfect tense

Rendez-vous au centre commercial

Une ville dans la ville où sont réunis 250 commerces, des services, des cinémas, des restaurants dans les styles les plus divers.

Horaires d'ouverture
Tous les magasins sont ouverts sans interruption de 10h à 20 h du lundi au samedi.
L'hypermarché Auchan: ouvert de 9h à 22h du lundi au samedi.
En semaine et le dimanche: la zone loisirs, restaurants et cinémas, est ouverte jusqu'à 23h.

Accès facile
En voiture: Avec 6000 places, vous avez toujours une place de parking.

Un hypermarché
Vous trouverez un des plus vastes hypermarchés avec la moitié de sa surface consacrée à l'alimentation. Mais si vous aimez les magasins spécialisés, le niveau 1 vous attend avec ses commerces traditionnels – comme la boulangerie Paul, la boucherie Coucaud, le traiteur Degras, la chocolaterie Léonidas.

Le shopping est roi
Environ 250 magasins: des magasins de mode, des magasins de chaussures, des librairies, des papeteries, des bijouteries, des parfumeries, des magasins de sport, des magasins de jouets, des magasins de cadeaux, des magasins de jeux. En plus un bureau de tabac, des opticiens, des coiffeurs, une agence de voyages, une pharmacie (niveau 1).

Question d'argent?
Vous trouverez deux banques: Crédit Lyonnais (niveau 1) Société Générale (niveau 1) et un bureau de change (niveau 2).

À votre service
Tous les services sont à votre disposition pour vous simplifier la vie: location de voitures, réparation-minute, pressing, photocopies. Il y a un bureau de poste au niveau 1. Il y a des téléphones publics à tous les niveaux. Vous trouverez des boîtes aux lettres au niveau 1, près de l'entrée des parkings. Il y a un cybercafé connecté à Internet au niveau 2.

Pour votre confort
Les différents niveaux sont desservis par des escaliers roulants, vous y circulerez sans fatigue. Le centre est climatisé. Il y fait toujours bon, qu'il fasse trop chaud ou trop froid dehors.

Des toilettes publiques
Vous trouverez des toilettes publiques
– au niveau 0
– au niveau 2, près des restaurants

Les restaurants et les bars
Plus de 30 restaurants et bars vous attendent jusqu'à 23 heures. La plupart sont situés au niveau 2.
En voici une sélection:
– La Croissanterie (niveau 2)
– La Pizzeria (niveau 2)
– Baskin Robbins: glaces (kiosque au niveau 0)
– Café de Lyon: restaurant, spécialités de Lyon (niveau 2)
– La crêperie de Bretagne: crêperie, snack (niveau 2)

---

1 🎧 On va en ville

C'est le week-end, beaucoup de personnes aiment faire du shopping. Écoutez les conversations et complétez les phrases.

1 Fatima veut acheter ...
   Julie doit acheter ... pour son frère.
2 Laure a besoin de ... et elle veut aussi acheter ... pour sa famille.
3 Nicolas veut regarder ...
   Thomas veut regarder ...
   Ils vont à la Boutique Électronique, au ... sport et aussi à ...
4 Madame Lebrun a besoin de beaucoup de choses: un ... pour sa fille, un jeu de Monopoly et une ... d'anniversaire pour son neveu, du ..., des boucles d'oreille et peut-être des ...

2 À propos du centre commercial

Trouvez les réponses dans le dépliant.
Exemple: 1 *Il y a un bureau de change au niveau 2 et une banque au niveau 1.*

1 Où est-ce qu'on peut changer de l'argent?
2 Est-ce qu'il y a un bureau de poste au centre?
3 Où sont les cafés et les fast-foods?
4 La pharmacie est à quel niveau?
5 Est-ce qu'il y a des toilettes au centre?
6 Quand est-ce que les magasins ferment, le soir?
7 Est-ce qu'il y a un hypermarché au centre?
8 Est-ce qu'il y a une boulangerie ici?
9 Est-ce qu'il y a un cybercafé au centre?

3 Où faut-il aller?

Travaillez à deux. Posez des questions et répondez à tour de rôle.

Exemples: 1 – *J'ai besoin d'un classeur.*
   – *Pour ça, il faut aller à la papeterie.*

   2 – *Je voudrais acheter des boucles d'oreille.*
   – *Pour ça, il faut aller au rayon bijouterie dans un grand magasin.*

Pour vous aider

J'ai besoin d'un(e) ...
Je voudrais acheter du/de la/de l'/des ...
Où est-ce qu'on peut trouver ...?

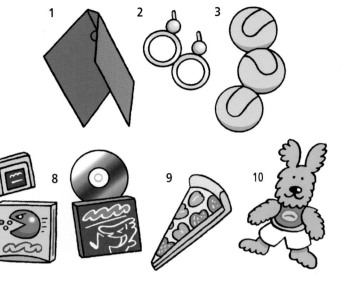

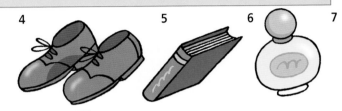

Lexique

Les magasins spécialisés	*Specialist shops*
une alimentation générale	*general food shop*
une bijouterie	*jeweller's*
une boucherie	*butcher's*
une boulangerie	*baker's*
un bureau de tabac (un tabac)	*tobacconist's*
une charcuterie	*pork butcher's/delicatessen*
une confiserie	*sweet shop*
une épicerie	*grocer's*
un grand magasin	*department store*
un hypermarché	*hypermarket*
une librairie	*bookshop*
un magasin de cadeaux	*gift shop*
un magasin de chaussures	*shoe shop*
un magasin de jeux électroniques	*computer games shop*
un magasin de jouets	*toy shop*
un magasin de mode	*fashion/clothing shop*
un magasin de sports	*sports shop*
une papeterie	*stationer's*
une pâtisserie	*cake shop*
une pharmacie	*chemist's*

Dans un grand magasin	*In a department store*
un ascenseur	*lift*
un bon rapport qualité-prix	*good value for money*
une chute	*fall*
un échantillon gratuit	*free sample*
un escalier	*stairs*
un escalier roulant	*escalator*
une marque	*brand name, designer label, make*
un rayon	*department*
une remise	*discount*
en promotion	*special offer*
des soldes	*sales*

4 Une semaine fantastique

Écoutez les annonces. Pour chaque rayon, notez un article en promotion et l'étage.

	rayon	étage	articles en promotion
1	*arts ménagers*	*3e*	*des verres*

1 le rayon arts ménagers
2 la parfumerie
3 la bijouterie
4 le rayon mode
5 la librairie
6 la papeterie
7 le rayon musique
8 le rayon sports

les étages:
3e = troisième étage
2e = deuxième étage
1er = premier étage
rdc = le rez-de-chaussée
ss = sous-sol

Now you can ...

- understand information about shops and services
- plan a shopping trip and find out about reductions and special offers

5.7 On fait des achats

1 🎧 En ville

Laure et sa correspondante arrivent au centre commercial. Écoutez les conversations et complétez le texte.

a À la banque
– Bonjour, Monsieur. Je voudrais changer des …(**1**)… de voyage, s'il vous plaît.
– Vous voulez changer combien?
– …(**2**)… livres sterling.
– Oui, vous avez votre passeport?
– Oui, le voilà.
– Quelle est votre adresse en France?
– Chez Mme Debré, 9 rue de l'église, Saint-Pierre.
– Merci. Voulez-vous signer là, s'il vous plaît?
– Voilà.
– Merci. Attendez à la …(**3**)…, s'il vous plaît.

b À la librairie
– On peut vous aider?
– Oui, je cherche un cadeau pour mon père.
– Il y a de très beaux …(**1**)… sur la région, sinon des jeux de …(**2**)… ou bien des porte-clés.
– Ce livre est très beau. Il fait combien?

– …(**3**)… euros.
– C'est un peu trop cher.
– Il y a aussi celui-ci qui est un peu moins cher à …(**4**)… euros.
– Ah oui. Bon, je prends celui-là.

c À la pâtisserie
– Je voudrais acheter un cadeau pour ma mère. Qu'est-ce que vous me conseillez?
– Nous avons ces …(**1**)… en boîte ou bien, il y a des petits …(**2**)…, ou bien, des …(**3**)… maison.
– La boîte de petits gâteaux, c'est combien?
– Celle-ci, est à …(**4**)… euros.
– Bon, je prends ça, s'il vous plaît.
– Je vous fais un paquet-cadeau?
– Oui, s'il vous plaît.

d Au magasin de cadeaux
– Je cherche un souvenir de la région – quelque chose de typique.
– Il y a de la poterie régionale qui est très jolie, un …(**1**)… ou un …(**2**)… peut-être.

– Le vase est à combien?
– Celui-ci est à …(**3**)… euros.
– Oui, je vais prendre ça.
– C'est pour …(**4**)…?
– Oui, c'est pour ma grand-mère.
– Je vous fais un paquet-cadeau?
– Oui, s'il vous plaît.

e Au magasin de souvenirs/jouets
– Bonjour, Madame. Je cherche quelque chose pour un garçon de neuf ans, un petit souvenir de France.
– Eh bien, il y a des maquettes, par exemple un …(**1**)… TGV ou un petit …(**2**)… de pêche.
– Oui, j'aime bien ce petit bateau de pêche. C'est combien?
– Celui-ci est à …(**3**)… euros, il y en a aussi qui sont plus grands à …(**4**)… euros.
– Non, je prendrai celui-ci, s'il vous plaît.
– Très bien.

Lexique

Les cadeaux et les souvenirs / **Presents and souvenirs**
une BD (bande dessinée) / comic strip book
une boîte de petits gâteaux / a tin/box of biscuits
un cadeau / present
une carte de vœux / greetings card
des fleurs / flowers
un jeu de boules / game of French bowls
un jeu de cartes / pack of cards
une maquette / model
un ours / teddy bear
une peluche / soft toy
un porte-clés / keyring
c'est pour offrir / It's for a present
faire un paquet-cadeau / to gift wrap

L'argent / **Money**
une banque / bank
un billet / bank note
une carte de crédit / credit card
changer / to change
un chèque de voyage / traveller's cheque
dépenser / to spend
un distributeur automatique / cashpoint
la monnaie / small change
une livre sterling / pound sterling
une pièce / coin

2 À propos de l'argent

Complétez les phrases avec des mots dans le Lexique.

1 Le Crédit Lyonnais et la Société Générale sont des …
2 Les … sont plus sûres que les billets de banque.
3 Si on n'a pas beaucoup d'argent liquide, on peut souvent payer avec …
4 Si on vous demande si vous avez de la monnaie, on veut savoir si vous avez des …
5 Quand les banques sont fermées, on peut obtenir de l'argent à un …

3 Inventez des conversations

Travaillez à deux. Relisez des conversations de l'activité 1, mais changez quelques détails.

DOSSIER-LANGUE

This and that

J'ai acheté ces fleurs pour ma mère, ce jeu de cartes pour mon père, cet ours pour ma sœur, cette gomme pour mon frère et cette grande boîte de chocolats pour moi!

Can you find an example to complete the table?

masculine singular		feminine singular	plural
	before a vowel or silent 'h'		
ce ...	cet ...	cette ...	ces...

Ce, cet, cette can mean either 'this' or 'that'. Ces can mean either 'these' or 'those'. If you want to be more precise, you can add -ci for 'this' or -là for 'that':

Cette boîte-ci est à 8 euros; cette-boîte-là, avec les fleurs, est à 12 euros.

This box costs 8 euros; that box with the flowers on is 12 euros.

4 Idées souvenirs

Complétez les phrases avec ce, cet, cette ou ces.
Exemple: 1 ce

1 Je vais acheter ... pot de confiture pour ma grand-mère
2 ... porte-clés fait un bon cadeau..
3 Je vais acheter ... poster pour mon frère.
4 J'aime bien ... bande dessinée.
5 Mes parents vont aimer ... jeu de boules.
6 ... CD est super.
7 J'ai acheté ... peluche pour ma petite sœur.
8 ... bonbons français sont vraiment délicieux.

DOSSIER-LANGUE

Celui-ci, celui-là, etc.

When you want to refer to something and don't want to repeat the name of it each time, you can use the different forms of celui (meaning 'the one ...'). Look at the conversation in the sports shop for some examples to complete the first line of the table.

	masculine singular	feminine singular	masculine plural	feminine plural
the one	celui	?	?	?
this one	celui-ci			
that one	celui-là			

To say 'this one' or these or 'that one' or those, add -ci or -là. Add these to your table.

5 🎧 Au magasin de sport

a Écoutez et lisez la conversation, puis répondez aux questions.

Nicolas et Thomas arrivent au magasin de sport

T – Regarde ces ballons de football. Celui-ci n'est pas cher.
N – Oui, c'est vrai.
T – Je vais peut-être l'acheter pour mon petit frère – il adore le foot.
N – Bon, moi, je vais regarder les raquettes de tennis.
T – Il y en a beaucoup.
N – Oui, alors celle-ci est une bonne marque et celle-là aussi. J'aime bien cette raquette. Elle n'est pas trop lourde. Je crois que je vais prendre celle-ci.
T – Regarde, il y a beaucoup de matériel pour le ski. Tu aimes ces gants noirs?
N – Oui, ils sont bien, mais je préfère ceux-là en bleu marine. Ils sont d'une bonne marque.
T – Oui, mais regarde le prix – ils sont beaucoup trop chers pour moi.
N – Oui, ils sont chers, c'est vrai.
T – J'aime bien ces lunettes de soleil.
N – Mais elles sont trop grandes pour toi. Essaie celles-là. Oui, elles te vont mieux. Tu les prends?
T – Non. Je vais acheter le ballon de football et c'est tout.
N – D'accord, alors allons au café maintenant.

1 Nicolas et Thomas sont dans quel magasin?
2 Qu'est-ce qu'ils regardent d'abord?
3 Qu'est-ce qu'ils regardent ensuite?
4 Ils regardent aussi deux autres choses. Lesquelles?
5 Qu'est-ce que Nicolas achète?
6 Est-ce que Thomas achète quelque chose?
7 Qu'est-ce qu'ils vont faire ensuite?

b Complétez les conversations avec celui, celle, etc.
Exemple: 1 Celui

1 – Tu as vu mon sac?
  – Lequel?
  – ... que j'ai acheté hier.
2 – Tu préfères cette raquette-ci ou ... -là?
  – Moi, je préfère ... -ci.
3 – C'est ton sac de sports?
  – Non, c'est ... de mon frère.
4 – Ce sont tes skis?
  – Non, les miens sont dans la voiture; ... -là sont à ma sœur.
5 – J'aime bien tes lunettes. Elles sont nouvelles?
  – Oui, ce sont ... que j'ai achetées hier matin.
6 – J'aime bien ces gants. Ils sont beaux. Avez-vous des gants comme ... -ci mais en rouge?
7 – Vous avez des balles de tennis?
  – Oui nous avons celles-ci en tube à 5 euros ou bien ... -là qui sont moins chères.
8 – Avez-vous ce maillot de bain dans d'autres couleurs?
  – Oui nous avons ... -là en bleu marine, vert et rouge.

Now you can ...

• change money
• find out what is available in a shop and say which item you prefer when offered a choice

5.8 Vous faites quelle taille?

1 🎧 On achète des vêtements

Écoutez les conversations 1–6. Qu'est-ce qu'ils achètent? Combien ça coûte?

Exemple: 1 *un pull rouge, en laine, 29 euros*

2 Qui dit ça?

Lisez les expressions 1–18 et classez-les en deux listes:
le/la client(e); le vendeur/la vendeuse.

Exemple:

le client/la cliente	le vendeur/la vendeuse
1, …	2, …

1 Est-ce que vous avez cette jupe dans d'autres couleurs, s'il vous plaît?
2 Vous faites quelle taille?
3 Je peux l'essayer?
4 La cabine d'essayage est là-bas.
5 Qu'est-ce que vous désirez, Monsieur?
6 Nous l'avons aussi en bleu, en gris et en jaune.
7 Je peux les essayer en bleu, s'il vous plaît?
8 Vous faites quelle pointure?
9 Je cherche un pull rouge pour un garçon de neuf ans.
10 Est-ce que vous prenez/acceptez les chèques de voyage?
11 J'ai vu un sweat-shirt en vitrine. Vous l'avez dans quelles couleurs?
12 Et c'est quel prix?
13 Bon, je le prends.
14 Pouvez-vous passer à la caisse, s'il vous plaît?
15 Je cherche une chemise rayée comme ça, mais en bleu clair.
16 Est-ce qu'on peut l'échanger si ça ne va pas?
17 Oui, si vous gardez le reçu.
18 Je peux payer avec une carte de crédit?

3 🗣 Inventez des conversations

Lisez cette conversation, puis changez les mots en couleur pour inventer d'autres conversations.

– Vous avez ce sweat dans quelles couleurs?
– Attendez. C'est quelle taille?
– Taille moyenne.
– Nous l'avons en bleu, vert et rouge.
– Vous ne l'avez pas en noir.
– Non, je regrette.
– Je peux l'essayer en bleu?
– Oui, bien sûr.
…
– Ça va?
– Oui, ça me va bien. Je le prends.

ce sweat
ce T-shirt
cette …
ces …

noir
blanc
jaune
gris, etc.

petite
moyenne
grande
très grande

Oui, ça me va bien. Je le/la/les prends
Non, ça ne me va pas. Merci, quand même.

Lexique

On achète des vêtements	Buying clothes
une cabine d'essayage	*fitting room*
la pointure	*shoe size*
rayé	*striped*
un reçu	*receipt*
la taille	*size*
en vitrine	*in the window*

DOSSIER-LANGUE

Quel and lequel?

Le rayon sport est à quel étage?

On va dans quels magasins?

Le magasin ferme à quelle heure?

Vous avez ce T-shirt dans quelles couleurs?

The different forms of *quel* (meaning 'what' or 'which') are used in many everyday questions. Can you copy out the table and add the different forms of quel?

masculine singular	feminine singular	masculine plural	feminine plural
quel	?	?	?

Quel is always followed by a noun. When there is no noun, the different forms of *lequel* (meaning 'which one') are used.

masculine singular	feminine singular	masculine plural	feminine plural
lequel	*laquelle*	*lesquels*	*lesquelles*

4 Vous aidez au magasin

Vous travaillez dans un grand magasin. Ces clients parlent des articles, mais lesquels? Que dites-vous?

Exemple: 1 *Lesquelles?*

1 Avez-vous les chaussures en vitrine dans d'autres couleurs?
2 Je voudrais acheter le pull.
3 Est-ce que je peux voir les gants de ski?
4 C'est combien la jupe, s'il vous plaît?
5 Le pantalon en vitrine, vous l'avez en 42?
6 Avez-vous ces chaussettes en taille moyenne?
7 Est-ce que je peux voir la ceinture?
8 Est-ce que je peux voir les boucles d'oreille?
9 Je voudrais essayer la chemise, s'il vous plaît.
10 Est-ce que je peux essayer le maillot de bain?

5 🎧 Quel est le problème?

a *Écoutez les conversations et complétez le résumé avec un mot dans la case.*

la couleur	rétréci *(shrunk)*	d'avis
marche	petites	un défaut

1 Un garçon a acheté une calculette samedi dernier, mais elle ne … pas.
2 Une fille a reçu un T-shirt comme cadeau, mais elle n'aime pas …
3 Un homme a acheté des chaussettes, mais elles sont trop …
4 Une femme a acheté un sweat, mais à la maison, elle a trouvé … – un petit trou dans le tissu.
5 Un homme a acheté une chemise, mais quand il l'a lavée, la chemise a …
6 Une fille a acheté un jean en soldes, mais elle a changé …

Pour vous aider

Pouvez-vous me rembourser, s'il vous plaît?
Can you give me a refund, please?
Les soldes ne sont ni échangeables ni remboursables.
Sale goods are neither exchanged nor refunded.

b *Trouvez la conséquence pour chaque situation (1–6).*
Exemple: 1 *f*

a Elle se fait rembourser.
b On les échange pour une paire en taille moyenne.
c Il se fait rembourser.
d On l'échange pour une autre couleur.
e Elle doit le garder parce que les soldes ne sont ni échangeables ni remboursables.
f On l'échange pour une autre, sans défaut.

6 ▯▮ On peut vous aider?

Lisez ces conversations, puis changez les mots en couleur pour inventer d'autres conversations.

1 – J'ai acheté cette calculette l'autre jour, mais elle ne marche pas.
 – Faites voir. Ah oui, vous avez raison. Vous avez votre reçu?
 – Le voilà.
 – Bon, on peut soit* remplacer la calculette, soit vous rembourser.
 – Pouvez-vous me rembourser, s'il vous plaît?

 *soit … soit … = *either … or …*

cette calculette	l'autre jour
cette montre	samedi dernier
cet appareil-photo	hier
ce baladeur, etc.	avant-hier
	vendredi dernier
	la semaine dernière. etc.

elle	la	une
il	le	un

2 – On m'a offert ce T-shirt comme cadeau, mais je n'aime pas beaucoup la couleur. Est-ce que je peux l'échanger?
 – Oui, vous voulez en choisir un autre?
 – Bon, merci.

ce T-shirt	
ce short	j'ai trouvé qu'il y avait un défaut … là
ce sac	je n'aime pas beaucoup la couleur/le modèle
ce pull	il est trop grand/petit
cette veste, etc.	

3 – J'ai acheté ce pull hier, mais à la maison, j'ai trouvé qu'il y avait un défaut … là.
 – Bon, vous avez le reçu?
 – Oui.
 – Bon, vous voulez le remplacer ou vous voulez être remboursé(e)?
 – Je voudrais le remplacer, s'il vous plaît.

J'ai acheté un œuf comme celui-là la semaine dernière.

Est-ce que je peux l'échanger?

Now you can …

- shop for clothes, specify and modify requirements
- make complaints about unsatisfactory goods and ask for a refund or a replacement

5.9 La mode, c'est important?

Tu devrais voir ce que j'ai acheté! Un jean super qui était en promotion: j'en ai acheté deux. Et toi, tu as fait de bons achats?

Ah oui, moi, j'ai trouvé des sweats d'une bonne marque qui étaient en soldes. Il y avait aussi des baskets de la dernière mode. Je ne pouvais pas résister!

1 🎧 On parle de la mode

Le week-end, on peut s'habiller comme on veut. On pose ces questions à un groupe de jeunes. Écoutez la discussion et prenez des notes.

a Qu'est-ce que vous portez de préférence le week-end?
Faites une liste de tous les vêtements mentionnés.

b Est-ce qu'il y a des couleurs que vous aimez souvent mettre ou que vous ne mettez jamais?
   1 Aurélie aime....; n'aime pas ...
   2 Sébastien aime ....; n'aime pas ...
   3 Nathalie aime ....; n'aime pas ...

c Aimez-vous porter des bijoux?
Écoutez Émilie, Aurélie et Nathalie. Qui aime porter quoi?
Exemple: Émilie *(E)* *a*

2 🗣 À discuter

Faites une petite discussion à deux ou en groupes. Répondez aux mêmes questions.

3 La mode, c'est important?

Lisez la discussion sur la mode et les marques et faites les activités.

Le forum: La mode   *Que pensez-vous de la mode et des vêtements de marque?*

▸ Pour moi, la mode n'a aucune importance: je porte toujours les mêmes choses – un pull et un jean. —**Daniel**

▸ Il est très cher et difficile de suivre la mode, car ça change tout le temps! Ne pas suivre la mode permet de se distinguer des autres et de montrer qu'on est différent. Mais parfois, on est un peu rejeté par les autres à cause de cette différence. On dit, «regarde celle-là, comment elle est habillée!» —**Élodie**

▸ C'est dommage qu'on accorde tant d'importance aux marques car c'est très cher et parfois, c'est moche!
—**Lucie**

▸ Ce n'est pas une honte d'avoir des jeans, des baskets, des sweats, etc. de l'année dernière. Si on devait acheter de nouveaux habits presque tous les mois, ce serait impossible. OK, c'est cool d'être à la mode, mais il ne faut pas exagérer!
—**Corinne**

▸ Moi, je m'achète des vêtements de marque, mais je le fais pendant les soldes car ils coûtent moins cher; sinon, j'achète des vêtements sans marque. —**Ibrahim**

▸ J'aime suivre la mode, mais parfois ce n'est pas facile. Alors si vous ne voulez pas vous casser la tête, enfilez un jean et une chemise: c'est indémodable!! —**Sébastien**

▸ Je suis contre les vêtements de marque. Ils sont souvent de bonne qualité, mais ils sont faits par des enfants très jeunes de pays étrangers. -
—**Thomas**

▸ Je suis pour la mode, mais certaines personnes n'ont pas les moyens de suivre la mode et certaines bandes rejettent ces gens-là – je trouve ça injuste. Je fais attention à ce que je porte et je n'aime pas porter de vêtements qui sont vraiment démodés.
—**Julie**

▸ J'aime porter des vêtements à la mode parce que je me sens bien dedans. Ça permet de se sentir comme les autres. En plus, les vêtements de marque sont souvent de bonne qualité.
—**Magali**

▸ À mon avis, c'est ridicule de payer trois fois plus cher un vêtement de la 'bonne' marque, alors qu'on peut trouver un vêtement presque identique à un prix moins élevé.
—Alex

a C'est qui?

1 Elle aime être à la mode et elle porte souvent des vêtements de marque.
2 Il ne suit pas la mode et il est toujours habillé de la même façon.
3 Elle pense qu'on devrait pouvoir porter des vêtements de l'an dernier sans se faire remarquer.
4 Il achète des vêtements de marque quand les prix sont réduits.
5 Elle critique les personnes qui jugent les autres selon leurs vêtements.

b C'est l'avis de qui?

1 On attache trop d'importance à la mode: ce n'est pas toujours beau et ça coûte cher.
2 Si on ne s'habille pas à la mode, on risque d'être rejeté par les autres.
3 Si on ne veut pas suivre la mode, on peut toujours porter un jean et une chemise: ça n'a pas l'air démodé.
4 C'est stupide de payer si cher pour les marques quand on peut acheter les mêmes vêtements sans marque.
5 Les vêtements de marque sont souvent fabriqués par des travailleurs très jeunes.

c Lisez les opinions de l'**activité 3b** et donnez votre opinion personnelle.

1 Vous êtes d'accord avec qui?
Je suis d'accord avec ...
Moi, je pense comme ....
J'ai le même avis que ...
2 Vous n'êtes pas d'accord avec qui?
Par contre, je n'ai pas le même avis que ...
Je ne suis pas d'accord avec ...
3 Donnez votre avis personnel sur la mode et les marques.

4 🎧 On a fait des achats

Marc et Sophie parlent au téléphone. Écoutez la conversation et répondez aux questions en anglais.

1 Was it busy at the shopping centre?
2 What did Marc buy? *(item and colour)*
3 Why did he choose that one?
4 What did Sophie buy? *(item and colour)*
5 How much discount was there on these items?
6 How much did she pay?

DOSSIER PERSONNEL

Écrivez une lettre ou un e-mail. Parlez d'un de ces thèmes:
– un week-end récent
– la mode et les marques
– une visite aux magasins

5 💬 Mon week-end

Et vous? Avez-vous passé votre week-end à faire des achats? Avez-vous acheté de nouveaux vêtements à la mode? Avez-vous discuté beaucoup avec vos copains? Avez-vous trouvé des sites intéressants sur Internet?
Travaillez à deux pour parler d'un week-end récent. Posez des questions et répondez à tour de rôle.

– Tu t'es levé(e) tôt ou tard?
– Tu as fait la grasse matinée?
– Qu'est-ce que tu as porté comme vêtements?
– Tu as fait les magasins?
– Qu'est-ce que tu as fait d'autre?
– Tu es sorti(e), le soir? *(Si oui, où, avec qui?)*
– Quand as-tu fait tes devoirs?

Now you can ...
● exchange views and opinions about clothing and fashion
● describe a recent shopping trip

SOMMAIRE

Now you can ...
1 exchange information about daily routine and describe a typical day
2 exchange information and opinions about school life in France and in your own school
3 say what must and mustn't be done and talk about rules
4 exchange information and opinions about life at school and discuss possible improvements
5 exchange information about a recent day or weekend; understand and use reflexive verbs in the perfect tense
6 understand information about different shops and services; plan a shopping trip and find out about reductions and special offers
7 change money; find out what is available in a shop and say which item you prefer when offered a choice
8 shop for clothes, specify and modify requirements; make complaints about unsatisfactory goods and ask for a refund or replacement
9 exchange views and opinions about clothing and fashion; describe a recent shopping trip

For your reference
Grammar

Vocabulary and useful phrases

See also **Vocabulaire par thèmes**, unité 5.

unité 6

Bon appétit!

6.1 Les repas en France

En France, on mange bien. Pour beaucoup de Français, les repas de tous les jours, les spécialités régionales, les repas de fête, tout ça est intéressant et important. Dîner dans un bon restaurant est un des grands plaisirs de la vie!

1 🎧 Quel est votre repas préféré?

*Nous avons posé cette question à cinq jeunes: **Quel est votre repas préféré et pourquoi?** Écoutez les réponses et complétez le texte.*
Exemple: 1 *le petit déjeuner*

Édouard

Moi, je préfère …(1)… J'aime bien les biscottes ou les tartines de beurre avec de la confiture et les croissants, mais c'est surtout parce que j'adore …(2)… et j'en bois toujours un grand bol. Mes parents prennent du café au lait, décaféiné souvent, mais moi, je n'aime pas ça.

Francine

J'habite à présent en France, mais je suis Québécoise et mon repas préféré est …(3)… mais pas le petit déjeuner typiquement français. J'aime beaucoup …(4)… puis chez nous, on mange un œuf, ou des saucisses ou du bacon, ou quelquefois des crêpes avec du sirop d'érable, comme à Montréal. Je trouve qu'il est important de bien manger le matin. Ça vous donne de l'énergie!

2 J'aime ça parce que . . .

Complétez les phrases.

1 Comme repas, Édouard préfère le petit déjeuner parce qu'il adore …
2 Le repas favori de Francine est …
3 C'est parce qu'elle pense qu'il est important de …
4 Le repas préféré de Guillaume est … parce qu'on … et ce n'est pas …
5 Il n'aime pas tellement les …
6 Comme repas, Séverine préfère … parce que, après l'école, elle …
7 Nicolas préfère … parce qu'il … pendant le repas.
8 Pour commencer, il mange … et pour terminer, il prend … ou …

Guillaume

Mon repas favori est …(5)… Avec mes copains, je vais dans un fast-food. On prend un hamburger avec des frites et un Coca. Comme ça, on mange vite et …(6)… et après, on a le temps d'essayer les nouveaux jeux électroniques dans le magasin d'à côté. Je préfère ça aux repas traditionnels!

Séverine

Mon repas favori, c'est …(7)… Je prends un jus de fruit ou une boisson chaude et du pain avec du chocolat ou du fromage, et quelquefois, …(8)… Après l'école, on a toujours une faim de loup!

Nicolas

Pour moi, le repas le plus important, c'est …(9)… parce que je le prends chez moi, devant la télé, et je mange beaucoup plus que pour le déjeuner. Je mange mon déjeuner très vite à la cantine de mon collège. Normalement, pour le dîner, je prends du potage, puis un plat chaud avec …(10)… après. Puis je mange un peu de fromage et ensuite, un fruit ou un yaourt.

3 Les repas et vous

a À discuter
Travaillez à deux. Posez des questions et répondez à tour de rôle.

1 Qu'est-ce que tu manges, d'habitude, au petit déjeuner et qu'est-ce tu prends comme boisson?
2 Où manges-tu à midi, en semaine, et qu'est-ce que tu aimes manger?
3 Le soir, à quelle heure manges-tu normalement?
4 Quel est ton repas préféré et pourquoi?
5 Est-ce qu'il y a quelque chose que tu n'aimes pas manger?
6 Qui fait la cuisine chez toi?
7 Est-ce que tu aides à préparer les repas chez toi?

b À écrire
Écrivez quelques phrases sur les repas et ce que vous aimez manger.

Pour vous aider

Mon repas préféré est … parce que (j'adore/je préfère …)
C'est plus/moins …/Il est important de (+ *infinitif*)

4 Les repas traditionnels – qu'est-ce qui a changé?

a *Lisez le texte.*

Jérôme
Selon ma mère, quand mes parents étaient petits, le déjeuner était un repas plus important. On avait au moins une heure et demie pour déjeuner et elle retournait à la maison pour son déjeuner. Tandis que moi, je déjeune assez vite au collège. C'est le self-service, et d'habitude, je prends du pâté ou des crudités, puis un plat et un fruit ou un yaourt.

Quand je suis en ville avec mes copains, on va au Cybercafé, on prend un sandwich ou un panini (une sorte de sandwich grillé) et on surfe sur le net ou on fait des jeux.

Manon
Je trouve qu'aujourd'hui, on mange moins à chaque repas mais que, par conséquent, on mange plus souvent. Si on mange des fruits ou des légumes, comme snack, ça va – c'est excellent! Mais beaucoup de mes amis ont pris la mauvaise habitude de 'grignoter', et de manger surtout des sucreries et des chips. Ce n'est pas bien: ça revient cher et ça fait grossir!

Stéphane
Je crois que le dîner n'a pas beaucoup changé, moins que le déjeuner en effet. On le prend d'habitude à une heure fixe, et chez nous, on essaie de dîner ensemble, au moins deux ou trois fois par semaine.

J'ai l'impression qu'on mange un peu moins et qu'on se sert de plus de plats cuisinés ou surgelés qu'auparavant, mais à part ça, on dîne comme avant.

Les repas de fête
Tout le monde est d'accord que les repas de fête n'ont pas beaucoup changé. Les jours de fête, on mange en famille, on prépare la table et la nourriture avec soin et on mange des plats traditionnels avec souvent un gâteau spécial pour terminer. Avec le vin et les bons plats, il y a une bonne ambiance et on reste longtemps à table. On aime bien ça!

grignoter = to nibble

Lexique

Les repas	Meals
le petit déjeuner	breakfast
le déjeuner	lunch
le dîner	dinner
le goûter	tea, after-school snack
un repas de fête	meal for a special occasion

(Voir aussi les **Lexiques: La nourriture**, à la page 112; **Les boissons** à la page 122.)

b *Écrivez vrai (V) ou faux (F).*
Exemple: 1 V

1 Stéphane mange un dîner assez traditionnel, mais il trouve que le déjeuner traditionnel a changé.
2 Manon croit que grignoter est très bien si on ne mange pas de choses qui font grossir.
3 Tout le monde croit que les repas de fête ont beaucoup changé.
4 Chez Stéphane, on prend le dîner à une heure fixe et la famille dîne ensemble tous les jours.
5 Si on mange trop de snacks sucrés ou des chips, on risque de payer plus cher et de grossir en plus.
6 Si on mange dans un Cybercafé, on peut aussi surfer sur le net.

5 Un repas de fête

a *Lisez l'article de Jamilla.*

Je m'appelle Jamilla. J'ai seize ans et je suis d'origine tunisienne. Normalement, c'est ma mère qui fait la cuisine chez moi, mais mon père prépare des repas traditionnels tunisiens quelquefois, surtout le dimanche.

Mes repas favoris sont toujours les repas de fête. Par exemple, pour fêter mes seize ans, mon père a préparé un repas spécial et on a invité toute la famille. On a mangé des plats typiquement tunisiens, comme celui-ci avec du mouton, et on a eu deux ou trois desserts délicieux. Il y avait beaucoup d'ambiance et on s'est bien amusé.

b *Complétez le résumé.*
Exemple: 1 repas

On a organisé un …(1)… spécial pour …(2)… de Jamilla. C'est …(3)… qui a fait le repas. Toute …(4)… est venue à la fête. On …(5)… des plats typiques de son …(6)… d'origine. Un des plats était fait avec du …(7)… Les desserts étaient …(8)…

6 À vous!

Faites une description d'un repas de fête chez vous, pour votre anniversaire peut-être, ou pour une fête religieuse.

Pour vous aider

On a organisé un repas spécial pour fêter …
On a invité …
On a mangé … et on a bu …
C'est … qui a préparé le repas. C'était …
J'ai surtout aimé …

Now you can …
- exchange information and opinions about meals and eating habits
- discuss traditional or special meals

6.2 Un repas en famille

I 🎭 Un repas en famille

Travaillez à deux. Lisez les conversations, puis changez les mots en couleur pour inventer d'autres conversations.

A – Qu'est-ce que tu veux boire?
– De l'eau, s'il vous plaît.
– Pour commencer, il y a du potage.
– Je te sers, tu aimes ça?
– Oui, je veux bien.
…
– Encore du potage?
– Non, merci. Ça me suffit.
– Tu aimes le poulet?
– Oui, c'est délicieux.
– Voilà des légumes. Sers-toi.
– Est-ce qu'il y a quelque chose que tu n'aimes pas?
– Euh … je n'aime pas beaucoup le chou-fleur.

B – Tu prends du fromage? Il y a du Brie et du Roquefort.
– Oui, je veux bien.
– Pouvez-vous me passer le pain, s'il vous plaît?
– Voilà.
– Merci.
– Comme dessert, il y a une tarte aux abricots ou des fruits. Qu'est-ce que tu prends?
– De la tarte aux abricots, s'il vous plaît.
– Tu en veux encore?
– Oui, avec plaisir.
– Tu prends du café?
– Non, merci. Je n'aime pas beaucoup le café.

de l'eau
du vin
de la bière
de la limonade
etc.

du potage
du melon
du jambon
etc.

les omelettes
le bœuf
la viande
le poisson
etc.

Oui, s'il vous plaît.
Oui, un petit peu, s'il vous plaît.

Non merci, j'ai assez mangé.
Non, merci. Je n'aime pas beaucoup (le café).
etc.

Oui, c'est délicieux.
Oui, c'est très bon.

le chou-fleur
les carottes
les épinards
etc.

le pain
l'eau
la moutarde
etc.

de la tarte aux abricots
une banane
une mandarine
etc.

Lexique

La nourriture	Food	La viande	Meat	Pour décrire la nourriture	Describing food
le fromage	cheese	l'agneau	lamb	bon (bonne)	good
le jambon	ham	le bœuf	beef	délicieux	delicious
la moutarde	mustard	le porc	pork	fort	strong
une omelette	omelette	le poulet	chicken	frais (fraîche)	fresh
le pain	bread	la saucisse	sausage	léger (légère)	light
le pâté	paté	le saucisson (sec)	continental sausage, salami	mauvais	bad
les pâtes *(m pl)*	pasta			mûr	ripe
un plat cuisiné/ surgelé	a ready-prepared/ frozen meal	le veau	veal	piquant	spicy
le poivre	pepper			salé	salt(y), savoury
le poisson	fish			sucré	sweet, sweetened
le potage	soup			tendre	tender
le sel	salt				
la tarte aux abricots	apricot tart				

On accepte	Accepting	On refuse	Refusing	(Voir aussi **Vocabulaire par thèmes**, unité 6:
Oui, s'il vous plaît.	Yes, please.	Non merci.	No thank you.	**Les fruits**
Oui, je veux bien.	Yes, I'd like some.	J'(en) ai assez mangé.	I've had enough (of it).	**Les légumes**
Oui, avec plaisir.	Yes, I would.	Ça me suffit.	I've had sufficient.	**Les boissons**)
Oui, un petit peu, s'il vous plaît.	Yes, just a little, please.	Je n'aime pas beaucoup (le café).	I don't like (coffee) very much.	

2 Des plats de chez nous

Si vous recevez des amis français à la maison, ils vont peut-être vous poser des questions à propos de la cuisine et des plats typiques. Êtes-vous capable de leur expliquer tout ça? Écoutez des Français qui viennent de visiter la Grande-Bretagne. Ils décrivent des choses qu'ils ont mangées. Pouvez-vous les identifier?
Exemple: 1 b

a   b   c

d   e   f   g   h

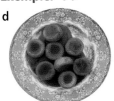  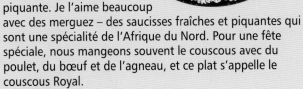

3 Chez moi, on mange …

Lisez les descriptions et répondez aux questions.

Le couscous
Chez moi, au Maroc, on mange beaucoup de couscous, et moi, je l'aime bien! C'est un plat arabe préparé avec de la semoule, et on le sert avec de la viande ou du poisson et des légumes, et souvent avec une sauce piquante. Je l'aime beaucoup avec des merguez – des saucisses fraîches et piquantes qui sont une spécialité de l'Afrique du Nord. Pour une fête spéciale, nous mangeons souvent le couscous avec du poulet, du bœuf et de l'agneau, et ce plat s'appelle le couscous Royal.

La mousse à l'érable
Au Québec, où j'habite, il y a beaucoup de spécialités préparées avec le sirop d'érable. Mon dessert préféré est la mousse à l'érable que ma mère fait souvent si on a des invités. On la sert avec des petits gâteaux et avec du sirop d'érable, bien sûr! Mmm! C'est délicieux!

1 Le couscous, c'est un plat typique de quel pays?
2 Les merguez, c'est quoi? Ce sont des …
3 Qu'est-ce qu'on mange avec le couscous?
4 Pour le couscous Royal, on mange du couscous avec quoi?
5 On mange la mousse à l'érable dans quel pays?
6 C'est un plat principal?
7 On la sert avec quoi?
8 Quand est-ce qu'on mange ça d'habitude?

4 Un plat spécial

Décrivez un ou deux plats qu'on mange souvent chez vous ou qui sont typiques de votre pays.

Pour vous aider

C'est	un dessert.
	un gâteau.
	un plat traditionnel.
	une spécialité.
	une sorte de …

Ça ressemble un peu à …		
À l'intérieur, À l'extérieur, Sur le dessus,	il y a	du sucre. de la confiture. de la viande (hachée). des légumes, etc.

On	le la les	mange fait sert	avec sur	des légumes. de la crème anglaise. de la sauce.
			comme	dessert. hors-d'œuvre. plat principal.

5 Quelles sont vos préférences?

a **À écrire**
Repondez aux questions.
1 Quel est ton plat préféré? (*Mon plat préféré est …*)
2 Qu'est-ce que tu n'aimes pas manger? (*Je n'aime pas …*)
3 Quelle cuisine étrangère préfères-tu? (*Par exemple, la cuisine chinoise, indienne, italienne, française.*)

b **À discuter**
Travaillez à deux. Posez les mêmes questions et répondez à tour de rôle.

Now you can …
● ask and answer questions at a family meal
● express food and drink preferences
● discuss typical meals and specialities

1 Les couleurs de la santé

Lisez l'article à droite et faites le jeu de définitions.
Exemple: 1 *poivron vert*

Jeu de définitions

1 C'est un légume vert, mais il y en a aussi qui sont rouges.
2 Il n'y a pas beaucoup de légumes de cette couleur, mais la betterave en est un.
3 C'est un légume assez rond, rouge ou brun et blanc. Ça vous fait pleurer quelquefois.
4 C'est un fruit vert et ovale, mais la peau est brune. On ne mange pas la peau.
5 C'est la couleur la plus importante pour la santé.
6 Ce sont des légumes oranges, longs et pointus avec de jolies feuilles vertes.
7 C'est un peu comme une orange, mais il est jaune.
8 Les gens qui font du sport en mangent souvent. Ça donne de l'énergie.
9 Il y en a beaucoup dans les fruits et les légumes.
10 Nous en avons besoin pour travailler ou faire du sport. Heureusement, les fruits et les légumes nous donnent ça.

Le vert

Voici la couleur la plus importante pour la bonne santé. 'Mangez vert' pour vous donner de l'énergie. Les légumes verts contiennent beaucoup de vitamines C et E et des produits chimiques qui vous protègent contre les infections. Si vous en mangez souvent, vous risquez moins d'attraper des maladies, même de contracter le cancer.

Mangez: les pommes, les kiwis, les laitues, les broccolis, les poivrons verts, les petits pois, les avocats.

Le rouge

Le béta-carotène, vous le connaissez? C'est une forme de la vitamine A, qui vous protège contre les maladies du cœur et le cancer, et aussi contre les effets de la pollution. Il y en a beaucoup dans les fruits et les légumes rouges, comme les tomates (surtout les petites), les oignons et les poivrons rouges, et les fraises. On devrait en manger pour rester en forme.

Le pourpre

Des fruits et des légumes pourpres – il n'y en a pas beaucoup, mais c'est quand même une couleur importante.

La betterave contient beaucoup de vitamine C et du fer et, en plus, ça vous calme; on dit que si vous en mangez le soir, ça vous aidera à dormir.

Les aubergines, les cassis et les prunes sont d'autres aliments pourpres.

Le jaune et l'orange

Vous aimez les bananes? Elles contiennent du potassium et du manganèse, et quand vous en mangez, ça vous donne tout de suite de l'énergie, (les athlètes et les joueurs de tennis en mangent souvent). Presque tous les fruits et les légumes jaunes ou oranges contiennent aussi du béta-carotène et de la vitamine C. Les oranges et les citrons, les abricots et les pêches, les carottes et le maïs, tous sont bons pour votre santé et, en plus, ils sont délicieux!

DOSSIER-LANGUE

The pronoun *en* (1)

En is a very useful word.
1 It can mean **of it/of them/some/any**:
*Si vous **en** mangez assez.* — If you eat enough **of it/them**.
*Tu **en** veux encore?* — Would you like **some** more?
In French it is always essential to include *en* in sentences, whereas in English the pronoun is often left out altogether:
*Quand vous **en** mangez.* — When you eat some **(of it)**.
*Je n'**en** mange jamais.* — I never eat any **(of it)**.

2 *En* often replaces an expression beginning with *du, de la, de l', des* or *de* + noun:
*Tu veux **du jambon**?* — Do want any ham?
*Oui, j'**en** prendrai une tranche.* — Yes, I'll have a slice.

3 *En* usually goes **before** the **verb**:
*J'**en** mange souvent.* — I often eat some.

If there are two verbs together, *en* usually comes before the **infinitive**:
Tu connais le couscous? *On va **en** manger ce soir.*

2 Trouvez les paires

Exemple: 1 *c*

1 Il y en a beaucoup.
2 Il n'y en a pas.
3 Il en reste beaucoup.
4 Il n'y en a plus.
5 Il y en a trois.
6 Je n'en ai pas besoin.

a I don't need any (of them).
b There aren't any left.
c There is a lot (of it)./There are lots (of them).
d There are three (of them).
e There isn't any (of it)/There aren't any (of them).
f There's a lot left.

3 Test-santé

Pour être en forme et en bonne santé, il faut bien manger, mais bien manger, qu'est-ce que ça veut dire exactement? Pour voir si vous mangez bien, faites notre Test-santé.
Travaillez à deux. Posez des questions et répondez à tour de rôle. Notez les réponses.

Exemple: – *Du lait et des produits laitiers, etc., tu en manges?*
– *Oui, j'en mange tous les jours. (notez 1A)*
  Et toi, est-ce que tu en manges?
– *Oui, j'en mange assez souvent. (notez 1B)*

Test-santé

On mange bien si on suit un régime équilibré avec, chaque jour, des produits de ces quatre groupes.

1 Du lait et des produits laitiers et des matières grasses.
   A J'en mange tous les jours.
   B J'en mange au moins quatre fois par semaine.
   C Je n'en mange pas souvent (ou pas du tout).

2 De la viande, du poisson, des œufs (ou des substituts).
   A J'en mange tous les jours.
   B J'en mange au moins trois fois par semaine.
   C Je n'en mange pas souvent (ou pas du tout).

3 Des légumes et des fruits. On devrait en manger quatre ou cinq portions par jour.
   A J'en mange quatre ou cinq portions tous les jours.
   B J'en mange beaucoup, mais pas quatre ou cinq portions par jour.
   C Je n'en mange pas souvent (ou pas du tout).

4 Du pain et des céréales, des pâtes et des fibres. Le pain est très important pour les vitamines et les minéraux.
   A J'en mange quatre ou cinq tranches tous les jours.
   B J'en mange beaucoup, mais pas quatre ou cinq tranches par jour.
   C Je n'en mange pas souvent (ou pas du tout).

5 En plus, il faut boire de l'eau. Chaque jour, on devrait en boire au moins un litre et demi. L'eau contient des minéraux essentiels pour la santé.
   A J'en bois un litre et demi tous les jours.
   B J'en bois beaucoup, mais pas un litre et demi par jour.
   C Je n'en bois pas souvent (ou pas du tout).

Voir la solution à la page 240. Comptez vos points!

Pour vous aider

Oui,	j'en mange j'en bois j'en prends	tous les jours. régulièrement. souvent. beaucoup.
		assez souvent. quelquefois. une fois par semaine.
Non,	je n'en mange pas. je n'en bois pas. je n'en prends pas.	

Lexique

La nourriture	Food
le beurre	butter
l'huile (d'olive) (f)	(olive) oil
le miel	honey
le riz	rice
le sucre	sugar
le yaourt	yoghurt

Voir aussi: **Les fruits** et **Les légumes** (**Vocabulaire par thèmes**, unité 6.)

DOSSIER-LANGUE

The pronoun *en* (2)

1 When the verb is in the perfect tense, *en* still goes first, before the auxiliary verb (*ai, a*, etc.)
– *Quand es-tu revenu de Paris?*
   When did you get back **from** Paris?
– *J'en suis revenu samedi dernier.*
   I got back (from there) last Saturday.

4 Ce matin

a *Copiez la grille à gauche, puis écoutez les interviews avec des jeunes pour en compléter la première partie.*
b *Indiquez ce que vous avez bu et mangé ce matin dans la deuxième partie.*
c *Travaillez à deux. Posez des questions et répondez à tour de rôle pour remplir la troisième partie de la grille.*

Exemple: – *Richard, as-tu bu du lait ce matin?*
– *Non, je n'en ai pas bu.*
  Et toi, as-tu bu du lait?
– *Oui, moi, j'en ai bu.*

Ce matin	a bu				a mangé				
Nom	du lait	du café au lait	du chocolat chaud	du jus de fruit	des céréales	du pain grillé	un œuf	des fruits	des croissants
Xavier Amélie Raphaëlle Benjamin	✔								
Moi									
Mon/Ma partenaire									

5 En France, on aime les fruits

En France, on mange beaucoup de fruits. Quel est ton fruit préféré?
a Posez cette question à des camarades de classe.
b Travaillez en groupes pour faire une liste des cinq fruits les plus populaires.
c Faites la même chose avec les légumes.

6 L'ABC des fruits et légumes

Inventez et illustrez un ABC des fruits et légumes.
Exemple: A *comme ananas*
          B *comme banane*

7 🎧 Oui ou non au végétarisme?

Un groupe de jeunes discute du végétarisme. Lisez les avis de Marie-Claire et Sébastien. Marie-Claire est végétarienne, Sébastien ne l'est pas. Devinez qui va dire chaque phrase. Ensuite, écoutez pour vérifier.
Exemple: 1 *C'est Marie-Claire qui va dire ça.*

1 Je suis végétarienne parce que j'adore les animaux.
2 Je ne suis pas contre le végétarisme – en principe!
3 Il faut manger des plats qui contiennent des minéraux et des vitamines.
4 On croit que les végétariens risquent moins le cancer que les carnivores.
5 L'idée de manger un animal me rend malade!
6 J'adore la viande et le poisson.
7 Le végétarisme ne peut pas être bon pour la santé.
8 Si on mange ni viande ni poisson, on ne reçoit pas les minéraux et les vitamines nécessaires.

Lexique

Le végétarisme	*Vegetarianism*
un carnivore	*meat-eater*
un casse-croûte	*snack*
les fruits (*m pl*)	*fruit*
les légumes (*m pl*)	*vegetables*
les minéraux	*minerals*
un(e) végétarien(ne)	*vegetarian (eats no meat or fish)*
un(e) végétaliste	*vegan (eats no fish, meat, eggs, dairy produce or anything that comes from an animal)*
les vitamines	*vitamins*

Voir aussi: **Les fruits** et **Les légumes** (**Vocabulaire par thèmes**, unité 6).

Un Atout pour votre Santé

Mangez des fruits et des légumes chaque jour

POIRE · MELON · AUBERGINE · CAROTTE
BROCOLI · POIVRON · TOMATE · ABRICOT
KIWI · FRAISE · PRUNE · POMME DE TERRE
POMME · BANANE · PÊCHE · PETIT POIS
HARICOT VERT · CHOU FLEUR · LAITUE · ORANGE

Les partenaires Français du programme
L'EUROPE CONTRE LE CANCER

DOSSIER PERSONNEL

Décrivez ce que vous avez bu et mangé hier.

Hier, pour le petit déjeuner, …
Pour le déjeuner, …
Pour le dîner, …
Comme … casse-croûtes, …
Hier, avez-vous mangé assez de fruits et de légumes?
Et avez-vous mangé assez de pain et de fibres?
Avez-vous bu assez d'eau ou de jus de fruit?
Avez-vous mangé trop de sucreries?
Et avez-vous mangé trop de casse-croûtes, de chips, etc.?
Avez-vous bu trop de boissons sucrées?
Avez-vous mangé équilibré?

Now you can …

● give and seek information about what people eat to keep healthy
● discuss vegetarianism

6.4 On achète des provisions

I 🎧 On fait les courses

Bruno, Stéphanie et Fabrice font les courses. Regardez les listes et écoutez leurs conversations. Ensuite, faites les activités.

a Bruno au marché

Il y a une chose qu'il oublie complètement – qu'est-ce que c'est? En plus, il change la quantité d'un des légumes – lequel?

> Au marché:
> carottes – 1 kg
> oignons – 2 kg
> haricots verts – 1kg
> 3 petits melons
> salade (2 laitues)
> ½ kilo de clémentines
> 12 œufs
> fromage blanc (1 pot)
> camembert (une boîte)

b Stéphanie à l'épicerie

Voici la liste des choses que Stéphanie doit acheter. Quelles sont les deux choses qu'elle n'achète pas finalement – et pourquoi?

> À l'épicerie:
> 1 paquet de nouilles
> sucre 2kg
> un demi-kilo de beurre
> farine 2 kg
> confiture d'oranges
> miel
> de l'eau minérale
> (non-gazeuse)

c Fabrice à la pâtisserie

Demain, c'est son anniversaire: il aura treize ans. Il va inviter trois camarades pour le goûter. Voici sa liste. Qu'est-ce qu'il achète et quelles sont les deux choses qu'il n'aime pas?

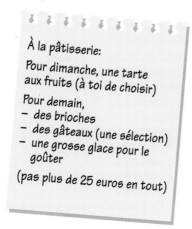

> À la pâtisserie:
> Pour dimanche, une tarte aux fruits (à toi de choisir)
> Pour demain,
> – des brioches
> – des gâteaux (une sélection)
> – une grosse glace pour le goûter
> (pas plus de 25 euros en tout)

Lexique

Pour acheter des provisions	Buying provisions
Le client	***The customer***
Je voudrais …	*I would like …*
Avez-vous …?	*Have you … ?*
… s'il vous plaît	*… please*
Est-ce que vous vendez …?	*Do you sell …?*
Quel est le prix de …?	*How much is …?*
C'est combien, le/la/les …?	
Mettez-moi (aussi) …	*Give me …(as well).*
Avez-vous quelque chose de moins cher?	*Have you anything cheaper?*
Qu'est-ce que vous avez comme confiture?	*What kind of jam have you?*
Donnez-moi un morceau comme ça.	*Give me a piece like that.*
C'est combien?	*How much is it?*
Ça fait combien?	*How much does it come to?*
Je vous dois combien?	*How much do I owe you?*
C'est tout.	*That's all.*
Merci bien/beaucoup.	*Thank you very much.*
Le marchand	***The shopkeeper***
Vous désirez?	*What would you like?*
Et avec ça?/Et avec ceci?	*Something else?*
Vous voulez autre chose?	*Would you like anything else?*
Vous en voulez combien?	*How much do you want (of it)?*
Vous en voulez cent grammes?	*Do you want 100 grammes (of it?)*
Il n'y en a pas/plus.	*There isn't any (more).*
Je regrette, mais il n'en reste plus.	*I'm sorry, but there isn't any left.*
Nous avons un grand choix de fruits.	*We have a big choice of fruit.*
C'est tout?/Ce sera tout?	*Is that all?*
C'est tout ce qu'il vous faut?	*Is that all you need?*
Payez à la caisse, s'il vous plaît.	*Pay at the cash desk, please.*

Voir aussi: **Les magasins (Vocabulaire par thèmes**, unité 6.)

2 À la charcuterie

Vous faites les courses à la charcuterie.
Travaillez à deux. Lizez la conversation, puis changez les mots en couleur pour inventer d'autres conversations.

À la charcuterie:

La charc: Bonjour! (M., Mme, Mlle) Vous désirez?

Le (La) client(e): Quel est le prix de la salade de tomates, s'il vous plaît?

– La salade de tomates? Un euro cinquante la portion.

– Donnez-moi deux portions de salade de tomates, s'il vous plaît.

– Alors deux portions de salade de tomates, ce sera tout?

– Qu'est-ce que vous avez comme pâté?

– Il y a un grand choix de pâté. Voilà.

– Je voudrais deux cent cinquante grammes de pâté maison.

– Voilà le pâté. C'est tout ce qu'il vous faut?

– Oui, c'est tout. C'est combien, s'il vous plaît?

– Voyons … ça vous fait cinq euros en tout.

– Au revoir, Madame, et merci.

– Au revoir, et merci.

la salade de tomates le pâté les tomates farcies la quiche le saucisson sec	un morceau (de) une portion (de) une/des tranche(s) (de) une/des rondelles (de) cent/deux cent cinquante grammes (de) un kilo (de) un demi-kilo (de)

un euro cinquante
cinq euros
sept euros vingt, etc.

3 Un pique-nique

Vous allez faire un pique-nique avec des amis français et vous avez fait une liste de provisions. Au village, vous entrez dans quatre magasins différents et vous achetez deux choses différentes dans chacun. Voici la liste. Décidez quels sont les quatre magasins et ce qu'on achète chaque fois. Inventez les conversations dans les quatre magasins. Une personne joue le rôle du client et l'autre est le marchand. Changez de rôle pour chaque magasin.

La liste
200 grammes de pâté de campagne
une grande bouteille de limonade
des tomates
4 portions de quiche lorraine
4 tartes aux pommes
un paquet de beurre
un demi-kilo de pêches
une baguette

Exemple: Chez le marchand de fruits et de légumes

Le client: Bonjour, Monsieur. Je voudrais des pêches, s'il vous plaît.

Le marchand: Vous en voulez combien? …

4 Au supermarché

a Trouvez le bon texte pour chaque image.

1 C'est ici qu'on quitte le magasin.
2 C'est ici qu'on trouve des plats déjà préparés.
3 C'est ici qu'on met les bouteilles vides.
4 C'est ici qu'on trouve des bouteilles bien remplies.
5 C'est ici qu'il faut payer.

b Répondez aux questions.

1 Est-ce qu'on peut entrer avec son chien?
2 Qu'est-ce qu'il faut présenter à la caisse?

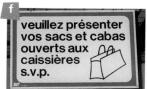

5 Au supermarché Villeneuve

Écoutez la publicité et écrivez vrai (V) ou faux (F).

1 C'est la semaine des légumes.
2 Un kilo de bananes coûte seulement 0,75 euros.
3 On peut acheter des pommes à un euro cinq le kilo.
4 Les yaourts sont en offre spéciale. Pour six pots de yaourt on paie seulement un euro cinquante. C'est à dire un euro cinquante, la demi-douzaine.
5 Pour deux euros soixante, on peut acheter deux sachets de huit pains au chocolat.
6 Au supermarché Villeneuve, il y a une bonne sélection de plats surgelés.
7 On vend les quiches avec une réduction de vingt pour cent.
8 Il y a des plats au poisson qui ont une réduction de trente pour cent.
9 Il y a une réduction de dix pour cent sur le poulet Marengo (un plat surgelé).
10 Les offres spéciales durent seulement deux semaines.

6 🎧 Chez le charcutier

Lisez et écoutez cette saynète qui se passe dans une charcuterie.
Ensuite, faites les activités.

Mlle D:	Bonjour, Monsieur.
Le charc:	Bonjour, Mademoiselle Dupont. Vous allez bien?
Mlle D:	Pas mal, Monsieur, pas mal.
Le charc:	Qu'y a-t-il pour votre service ce matin?
Mlle D:	Du pâté, d'abord, 250 grammes de pâté, ce pâté que …
Le charc:	Voyons, 250 grammes de pâté maison, c'est ça, non?
Mlle D:	Non, pas de pâté maison …
Le charc:	Lequel alors?
Mlle D:	Avez-vous ce pâté Bonnefoie que j'ai vu à la télé?
Le charc:	À la télé, à la télé! Vous n'allez pas me dire que vous croyez tout ce que vous voyez à la télé! Auguste, tu connais Mademoiselle Dupont, non? Tu peux deviner ce qu'elle m'a demandé comme pâté?
Auguste:	Lequel alors?
Le charc:	Le pâté Bonnefoie qu'elle a vu à la télé!
Auguste:	*(Il rit aux éclats.)* Mon Dieu, elle ne va pas nous dire qu'elle croit tout ce qu'elle voit à la télé? Du pâté Bonnefoie …
Mlle D:	Bon, bon, ça va! Donnez-moi du pâté maison alors.
Le charc:	Voilà, Mademoiselle. Du pâté maison. Et avec ça?
Mlle D:	De l'huile d'olive, s'il vous plaît. Une grosse bouteille.
Le charc:	Laquelle, Mademoiselle? Vous n'avez pas vu ça à la télé, je suppose? *(Il rit encore.)*
Mlle D:	Non. Mais j'ai une amie qui me recommande une marque d'huile d'olive qui s'appelle Lasieuse. Elle s'en sert tout le temps.
Le charc:	Elle est très riche, votre amie?
Mlle D:	Non, pas tellement, elle est …
Le charc:	Vous savez le prix de l'huile d'olive Lasieuse, Mademoiselle?
Mlle D:	Non, je …
Le charc:	Auguste, tu sais toi le prix de l'huile d'olive Lasieuse?
Auguste:	*(De nouveau, il rit aux éclats.)* L'huile Lasieuse? Elle a gagné à la Loterie nationale, Mademoiselle Dupont? L'huile Lasieuse, l'huile La …!

Mlle D:	Ça va, ça va! Ne recommencez pas. Donnez-moi n'importe quelle marque d'huile d'olive, mais qui ne coûte pas trop cher.
Le charc:	Voilà, Mademoiselle, de l'huile d'olive, une grosse bouteille. Et avec ça, qu'est-ce que je vous donne?
Mlle D:	De la charcuterie maintenant. Donnez-moi quatre ou cinq rondelles de deux ou trois saucissons différents.
Le charc:	Très bien, Mademoiselle. Lesquels?
Mlle D:	Eh bien, celui-là, peut-être et …
Le charc:	Alors celui-là, Mademoiselle, est très fort, très assaisonné … très, très fort. Eh bien, si vous aimez le saucisson fort, très fort …
Mlle D:	Non non, pas trop fort. Celui-ci, peut-être. Il est moins fort, celui-ci?
Le charc:	En effet, Mademoiselle, celui-ci est beaucoup, beaucoup moins fort. À vrai dire, il est plutôt fade. Ce saucisson n'a presque pas de goût.
Mlle D:	Pas celui-ci, alors. Dites-moi, lesquels me recommandez-vous finalement? Je voudrais deux ou trois saucissons différents.
Le charc:	Alors, prenez celui-ci et ces deux là-bas. Je vous coupe combien de rondelles de chacun?
Mlle D:	Mais ceux-là sont les plus chers!
Le charc:	Mais de la meilleure qualité, Mademoiselle, de la meilleure qualité! Auguste, viens-ici! Mademoiselle Dupont veut des saucissons de la meilleure qualité. Lesquels choisis-tu pour elle?
Auguste:	Mais celui-ci et ceux-là, Monsieur. Ils sont de la meilleure qualité.
Mlle D:	Oui oui, je comprends. Alors quatre rondelles de chacun. Et puis c'est tout!
Le charc:	Voilà, Mademoiselle. Et c'est vraiment tout? Vous ne voulez pas goûter à nos spécialités?
Mlle D:	Vos spécialités, mais lesquelles?
Le charc:	Eh bien, les tomates farcies aux herbes, la salade provençale, les pizzas à la mode de …
Mlle D:	Non non, merci. Je suis sûre que tout est délicieux, mais pour aujourd'hui, merci, j'en ai eu assez. Voilà votre argent, Monsieur. Et adieu!

a *Qu'est-ce que Mlle Dupont a acheté, finalement?*
  1 du pâté maison
  2 du pâté Bonnefoie
  3 de l'huile d'olive Lasieuse
  4 de l'huile d'olive ordinaire
  5 du saucisson fort
  6 du saucisson recommandé par le charcutier
  7 des spécialités du magasin
  8 des tomates farcies aux herbes
  9 de la salade provençale
  10 une pizza

b *Trouvez le contraire.*
  1 une petite bouteille
  2 pauvre
  3 trop cher
  4 pareils
  5 assaisonné
  6 d'une qualité inférieure

Now you can …
- buy food in different types of shops and explain and discuss what you want
- understand announcements and advertisements about food

6.5 Je viens de faire ci … je vais faire ça

1 Les jeunes au travail

Lisez l'article sur Richard et Aline. Ensuite, faites les activités.

Les emplois dans l'alimentation

Vous venez de quitter l'école ou vous allez choisir vos options.
Vous vous intéressez à la cuisine, la nourriture, etc.?
Vous allez peut-être chercher un travail dans l'alimentation. Voilà deux métiers possibles:

'C'est mon métier'

Richard Gilbert
français, 22 ans
Métier Cuisinier
En quoi consiste le travail?
Travailler dans un hôtel ou un restaurant, c'est très varié.
Formation
Il vient de faire un stage très intéressant à l'Université de Huddersfield, en Angleterre.
Pourquoi a-t-il choisi ce métier?
Il parle plusieurs langues: anglais et italien, et il vient de commencer à apprendre l'espagnol. Il s'intéresse à la cuisine internationale et il veut voyager autant que possible. Sa spécialité est les plats végétariens. En effet, l'an prochain, son ami et lui vont travailler à Walt Disney World, en Floride (ils viennent de recevoir la lettre de confirmation). Comme dit Richard: Si le voyage vous attire – commencez à cuisiner!
Inconvénients
Les heures de travail sont souvent affreuses. On vient de se coucher et, hop! il est l'heure de se réveiller!

Aline Duhamel,
française, 18 ans
Métier Diététicienne
En quoi consiste le travail?
Elle va travailler comme diététicienne dans un hôpital et s'occuper des régimes spéciaux pour les malades. Elle va aussi vérifier l'hygiène dans la cuisine et donner des conseils diététiques aux malades avec des suggestions de recettes pour les malades qui viennent de finir leur traitement et qui vont quitter l'hôpital.
Formation
Elle vient d'avoir son bac scientifique. Elle vient de trouver une place au lycée technique Saint-Louis à Bordeaux pour faire des études en diététique.
Pourquoi a-t-elle choisi ce métier?
Elle allait d'abord travailler dans un restaurant, mais elle a pensé que le métier de diététicienne serait plus scientifique et qu'il serait plus varié.
Inconvénients
Elle va peut-être avoir des problèmes dans la vie sociale – les gens semblent avoir peur des diététiciennes – surtout les gens qui essaient de suivre un régime pour maigrir!

Vrai (V) ou faux (F)?

a 1 Richard vient de faire des études en Grande-Bretagne.
   2 Il va bientôt travailler à Disneyland Paris, en France.
   3 Il va commencer à apprendre l'italien.
   4 Son camarade et lui s'intéressent aux voyages.
   5 Sa spécialité est les desserts.

b 1 Aline va travailler dans un hôpital.
   2 Elle vient de travailler dans un restaurant.
   3 Elle vient de finir son traitement à l'hôpital.
   4 Elle s'intéresse aux régimes et aux recettes.
   5 Elle a peur des gens qui essaient de maigrir.

DOSSIER-LANGUE

Venir de/aller + infinitive

Present tense
The articles about jobs in the food industry included statements about things that **have just happened**, and things that are **going to happen**, for example:
*Elle **vient d'**avoir son bac.*   *Il **vient de** faire un stage.*
*Ils **vont voyager**.*   *Elle **va travailler**.*
These are things you often need to say so check that you know the rule:
1 To say something 'has/have just' happened, use the verb ***venir de***.
2 To say something 'is/are going to' happen, use the verb ***aller***.
3 To say these things, use each of these verbs in the **present** tense.
4 The verb which follows is always in the **infinitive**.

2 Richard aime voyager

*Complétez ces phrases au sujet de Richard avec **vient de** ou **va**.*

1 Richard … rentrer d'Angleterre.
2 Il … voyager aux États-Unis.
3 Il … recevoir une lettre.
4 Il … commencer à apprendre une nouvelle langue.
5 Il … peut-être apprendre d'autres langues.
6 Il ne … pas rester en France.
7 Il … suivre des cours à l'étranger.
8 Son ami … passer un an à travailler pour Disney.

3 Les projets d'Aline

Répondez aux questions au sujet d'Aline.

1 Aline vient d'avoir son bac, n'est-ce pas?
2 Et qu'est-ce qu'elle va faire comme métier?
3 Est-ce qu'elle va travailler dans un restaurant?
4 Où est-ce qu'elle vient de trouver une place?
5 Et où est-ce qu'elle va travailler plus tard?
6 Qu'est-ce qu'elle va faire surtout?
7 Est-ce qu'elle va faire autre chose?
8 Tu crois qu'elle va aimer ce travail? Pourquoi?

4 🎧 Passé ou futur?

*Écoutez les conversations. Si on parle de ce qui vient d'arriver, écrivez **P** (passé). Si on parle de ce qui va arriver, écrivez **F** (futur).*
Exemple: 1 P

6 Des explications

*Un(e) ami(e) français(e) est chez vous. Expliquez-lui toutes ces choses en utilisant chaque fois la forme correcte de **venir de** ou d'**aller** + l'infinitif.*
Exemple: 1

> Tu vas aller au collège avec moi demain.

Tu expliques:
1 Il/Elle va aller au collège avec toi demain.
2 Une amie, Christine, est arrivée il y a quelques instants.
3 Les parents de ton (ta) correspondant(e) ont téléphoné il y a quelques instants.
4 Ce soir, vous allez tous les deux manger au restaurant avec des copains.
5 Le match de foot à la télé a commencé (il y a un instant).
6 Jean-Luc va chercher ton ami(e) devant la gare, ce soir à six heures.
7 On a annoncé que le train est en panne, donc vous allez prendre le bus.
8 On a téléphoné pour dire qu'il faut emporter des sandwichs demain.

Now you can ...
- exchange information and opinions about jobs in the food industry
- say what has just happened and what is going to happen

5 Complétez les phrases

*Complétez les phrases avec la forme correcte de **venir de** ou d'**aller**.*

1a
Maintenant, nous ... manger notre pique-nique.

1b
Quelqu'un ... manger le pique-nique.

2a
Je ... te faire un sandwich délicieux.

2b
Il ... manger son sandwich.

3a
Maintenant Cléopâtre ... manger son déjeuner.

3b
Cléopâtre ... manger son déjeuner.

4a
Comme dessert, nous ... essayer 'la bombe maison'.

4b
Ils ... essayer 'la bombe maison'!

5
Les enfants ... préparer le dîner.

6
Le bébé ... manger son déjeuner.

6.6 Au café

1 Le jeu des définitions

Voici des choses qu'on peut souvent manger dans un café en France.

a *Lisez les descriptions et essayez d'identifier les images. Attention, il n'y a que six descriptions!*

Exemple: 1 *i*

b *Écrivez vous-même des descriptions pour les quatre images qui restent.*

1 On le fait avec du pain et du jambon, mais pas toujours avec du beurre.
2 Elle est très froide et on l'achète à plusieurs parfums.
3 Il se fait d'habitude avec une tartine de pain rectangulaire. On y met une tranche de jambon et du fromage et on le fait cuire. Mmm, c'est délicieux!
4 Elle est ronde et cuite dans une poêle très chaude avec un peu de graisse ou de beurre. On peut la manger nature, ou avec du sucre ou de la confiture.
5 On l'achète à la pâtisserie et il y a du chocolat dedans.
6 Elle est rectangulaire ou carrée avec des trous dedans. On la mange avec de la crème Chantilly, de la confiture ou avec du sucre, tout simplement.

a   un croque-monsieur

b   une portion de frites

c   un hamburger

d   une crêpe

e   un hot-dog

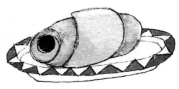
f   un pain au chocolat

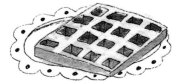
g   une gaufre

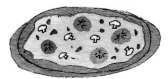
h   une pizza

i   un sandwich au jambon

j   une glace

2 🎧 Qu'est-ce qu'ils ont commandé?

Pendant les vacances, vous travaillez dans un café en France. Écoutez les clients et notez leurs commandes.

Exemple: 1 *Une glace à la vanille, une glace à la fraise et une bière.*

Lexique

Les casse-croûtes	**Snacks**
une crêpe	pancake
un croissant	croissant
des frites	chips
une gaufre	waffle
une glace (au chocolat/ à la vanille/à la fraise, etc.)	ice cream (chocolate-flavoured/vanilla/strawberry, etc.)
un hot-dog	hot-dog
une pizza	pizza
un sandwich (au fromage/ au jambon/au pâté/ au saucisson sec)	sandwich (with cheese/ ham/pâté/salami)

Les boissons	**Drinks**
une boisson alcoolisée	alcoholic drink
une boisson non-alcoolisée	non-alcoholic drink
une boisson gazeuse	fizzy drink
une bière	beer
un demi	$\frac{1}{2}$ litre (draught beer)
un café	(black) coffee
un (café-) crème	coffee with cream
un café au lait	coffee with milk
un décaféiné	decaffeinated coffee
un express	espresso coffee
un chocolat chaud	hot chocolate
un cidre	cider
un citron pressé	fresh lemon drink
un Coca	Coke
de l'eau minérale *(f)*	mineral water
une grenadine	pomegranate syrup
un jus de fruit	fruit juice
une limonade	lemonade
du lait	milk
une menthe à l'eau	mint-flavoured drink (with water)
un diabolo menthe	mint-flavoured drink (with lemonade)
un Orangina	fizzy orange drink
un panaché	shandy
un thé	tea
un thé au lait	tea with milk
du vin (blanc/rosé/rouge)	wine (white, rosé, red)

Les quantités	**Quantities**
une bouteille	bottle
une carafe	carafe
une demi-bouteille	half a bottle
un quart (de vin rouge)	quarter of a litre (of red wine)
un verre	glass

3 🎧 📝 On prend un verre

a Écoutez la conversation.

b Travaillez à deux. Lisez la conversation, puis changez les mots en couleur pour inventer d'autres conversations. Pour des idées, regardez les **Lexiques**.

Alex: Salut, Dominique! Tiens, il est presque midi. On va au café?

Dominique: Bonne idée – je vais te payer un verre.

(Ils entrent dans le café et on leur donne la carte.)

Le serveur: Bonjour, Monsieur, qu'est-ce que je vous sers?

D: Alors, qu'est-ce que tu prends?

A: Un jus de tomate, s'il te plaît.

S: Désolé, mais nous n'avons plus de tomate. Je peux vous donner orange ou ananas.

A: Bon!Je prendrai un jus d'ananas.

S: Un jus d'ananas. Et pour vous, Monsieur?

D: Pour moi, un grand chocolat chaud. Et qu'est-ce que vous avez comme sandwichs?

S: Jambon, fromage et pâté.

A: Pour moi, un hot-dog, s'il vous plaît.

(Le serveur leur sert les boissons, mais il y a une erreur: Alex a commandé un jus d'ananas, mais on lui sert un jus d'orange.)

A: Ah … moi, j'ai commandé un jus d'ananas, mais vous m'avez apporté un jus d'orange!

S: Ah bon, excusez-moi. Je vais vous chercher un jus d'ananas tout de suite.

A: Merci, Dominique. À ta santé!

D: À la tienne! …

D: Combien je vous dois?

S: Voici l'addition, Monsieur.

D: Voilà, Monsieur …

D: Au revoir, Alex. Téléphone-moi un de ces jours, non?

A: OK, ou je t'enverrai un e-mail. Au revoir, Dominique, et merci.

Lexique

Au café	**At the café**
Est-ce que vous servez des plats chauds?	Are you serving hot meals?
Qu'est-ce que vous avez comme sandwichs?	What sort of sandwiches do you have?
Est-ce que je peux avoir de la monnaie pour …?	Can I have some change for …?
Où sont les toilettes/WC, s'il vous plaît?	Where are the toilets, please?
L'addition, s'il vous plaît.	The bill, please.
Je vous dois combien?	How much do I owe you?

Pour inviter quelqu'un à boire quelque chose	**How to treat someone to a drink**
Je vais te (vous) payer un verre./Je t'offre un verre.	I'll buy you a drink.
À ta/votre santé!	Good health!/Cheers!
À la tienne/vôtre!	And to yours!
Qu'est-ce que tu prends/ vous prenez?	What will you have?
Je t'invite./Je vous invite.	I'm paying.

DOSSIER-LANGUE

Indirect and direct object pronouns:

me, te, nous, vous, lui and leur

In the café scene there are a lot of examples of pronouns in action:

- **lui = to or for him/her/it**
  This replaces masculine or feminine singular nouns, often in a phrase beginning with à or au:

Qu'est-ce que vous donnez à **Alex**?	What are you giving (to) Alex?
Je **lui** donne un jus d'orange.	I'm giving (to) **him** an orange juice.

- **leur = to or for them**
  This replaces masculine or feminine plural nouns, often in a phrase beginning with à or aux:

On **leur** donne la carte.	They're giving (to) **them** the menu.
Le serveur **leur** sert les boissons.	The waiter is serving (to) **them** the drinks.

Pronouns meaning **to** or **for** someone are called **indirect object pronouns**, even though the actual word **to** or **for** is often omitted in English.

- **me, te, nous, vous**
  These pronouns are used both as direct or indirect object pronouns:

me	me, to or for me	**te**	you, to or for you
nous	us, to or for us	**vous**	you, to or for you

Tu vas **me** téléphoner.	You will telephone me.
Je **t'**enverrai un e-mail.	I will send you an e-mail.
Qu'est-ce que je **vous** sers?	What can I get (for) you?

Where do they go?

With the present tense, pronouns go before the verb:

   Je **t'**invite   Je **lui** parle   Combien je **vous** dois?

With the perfect tense, pronouns go before the auxiliary verb:

   Vous **m'**avez apporté un jus d'orange!

When there are two verbs together, pronouns usually go before the second verb:

   Je vais **te** payer un verre.

Now you can …

● order drinks and snacks in a café; point out mistakes and deal with payment

6.7 Le fast-food: pour ou contre?

1 Le fast-food: pour ou contre?

Lisez l'article et choisissez le titre correct pour chaque paragraphe. Voici les titres:

A Il y a aussi des fast-foods français!

B Le fast-food est un mot français!

C Les hamburgers sont arrivés dans le pays de la gastronomie.

D Pourquoi les fast-foods sont-ils si populaires?

Le fast-food: pour ou contre?

Un reportage de Philippe Lefèvre

1 La France est traditionnellement le pays des gourmets, où tout le monde a son petit café ou son restaurant favori, mais maintenant, il y a aussi des fast-foods américains comme McDonald's qu'on trouve dans toutes les grandes villes.

2 Des Français, eux aussi, ont vite ouvert des chaînes de restauration rapide, mais où on mange plutôt la nourriture française: La Croissanterie et La Brioche Dorée, par exemple.
En plus, on trouve des chaînes françaises qui vendent surtout des sandwichs français, des paninis, des croissants et des pâtisseries dans beaucoup des villes du monde.

3 La France est aussi le pays qui s'inquiète beaucoup au sujet de la pureté de sa langue. Cependant, en 1984, le mot *fast-food* est même entré pour la première fois dans le Petit Larousse, le dictionnaire 'officiel' de la langue française.

4 'Pourquoi aimez-vous manger dans un fast-food?' Voilà la question que je viens de poser à plusieurs groupes de jeunes dans les restaurants rapides de mon quartier. Voici une sélection de leurs raisons.

Pour

✔ J'adore la nourriture – les croissants fourrés, les frites, les desserts – tout me plaît!

✔ Les prix sont raisonnables, on ne peut pas vraiment dire que c'est cher!

✔ Si on est dans une autre ville, un autre pays même, et on voit une enseigne d'un fast-food célèbre, on se sent moins dépaysé!

✔ On peut venir ici tout seul – les filles aussi, on ne se sent pas aussi isolé que dans un restaurant plein de familles.

✔ Pour les enfants, c'est parfait: ils aiment la nourriture, on leur offre des nouveautés, et pour fêter les anniversaires, c'est idéal!

Impressionnant, non? Les fast-foods ont beaucoup de 'fans'. Mais il y a, quand même, des gens qui sont contre. Voici une sélection de leurs avis.

Contre

✗ Il n'y a pas de variété: on mange toujours la même chose.

✗ Pour les jeunes, ça va, et pour les familles avec des enfants. Mais pour les autres personnes, un 'vrai' restaurant est bien meilleur!

✗ Dans les fast-foods, il y a toujours trop de monde et il y a trop de bruit!

✗ Manger à la hâte n'est pas idéal pour la digestion.

✗ Moi, j'aime la cuisine traditionnelle de la France. Si on ne mange que dans des fast-foods, on n'essaie pas les spécialités et les recettes célèbres de notre pays.

✗ Trop de hamburgers, ça veut dire trop de 'boutons'!

2 🎧 C'est qui?

Lisez les opinions, écoutez et notez qui parle.

Exemple: 1 C (David)

Pour

A Diane est végétarienne, mais elle adore les hamburgers 'veggies'.

B Camille aime l'ambiance dans les fast-foods.

C David mange les plats familiers et n'aime pas les surprises.

D Daniel est toujours occupé et préfère manger vite.

Contre

E **Léna** pense que le fast-food fait grossir.

F **Michel** préfère un grand choix de boissons, comme dans un café.

G **Charlotte** préfère être servie et elle préfère manger calmement.

H **Denis** adore les repas de fête qu'on prend dans un grand restaurant.

3 📱 À vous!

a À discuter

Préférez-vous manger dans un fast-food, dans un café ou dans un restaurant traditionnel? (Donnez vos raisons.)

b À écrire

Selon vous, quels sont les avantages et les inconvénients du fast-food? (Écrivez deux avantages et deux inconvénients.)

Now you can ...

● explain and discuss the advantages and disadvantages of eating in fast-food restaurants

6.8 Au restaurant

1 🎧 Dix conseils pour les étrangers!

Lisez les conseils, puis écoutez les interviews. Quels conseils sont les mêmes?

Lexique

Où manger	Where to eat
un bistro	small café/restaurant serving drinks/food
la carte	menu (card showing what is available)
un fast-food	fast food restaurant or café
manger à la carte	to choose items from the menu
le menu à prix fixe	set price menu (limited choice)
le plat du jour	today's special dish
une crêperie	pancake restaurant
un relais-routier	transport café
un restaurant	restaurant with waiter service
un self-service	self-service restaurant
la table d'hôte	set meal (little or no choice)

Dix conseils pour les étrangers!

1 *Choisissez un restaurant où la plupart des clients sont français.*
2 *Avant d'entrer, regardez la carte, affichée à l'entrée.*
3 *Regardez bien la carte. Si des choses sont 'en supplément', il faut payer un peu plus cher.*
4 *Si le mot 'couvert' avec un prix est sur la carte, il faut payer ce prix en supplément (c'est pour le couteau, la fourchette, la cuillère, le pain et la serviette).*
5 *Prendre le menu à prix fixe revient d'habitude moins cher que de manger à la carte (mais le choix de plats est plus limité).*
6 *Pour manger un sandwich ou un repas léger, choisissez un café ou un bistro.*
7 *Pour manger avec les enfants, choisissez plutôt un fast-food ou un self-service.*
8 *Pour un bon dîner entre amis ou pour célébrer une fête, choisissez un bon restaurant et goûtez aux spécialités.*
9 *Les dimanches et les jours de fête, réservez à l'avance.*
10 *Vérifiez les heures et les jours d'ouverture: les restaurants ne sont pas ouverts en permanence comme les cafés.*

A

La Verdure

gastronomie végétarienne
Goûtez nos plats préparés chaque jour!
Dégustez nos salades, nos mets chauds, notre buffet froid gastronomique!
Terrasse devant le restaurant
Parking derrière
Ouvert tous les jours sauf lundi

B

Au Croissant Chaud

- ses croissants chauds
- ses croissants aux amandes
- ses croissants jambon
- et ses petits pains au chocolat

2 🎧 Quatre restaurants

a *Pour chaque restaurant (A–D), écrivez vrai (V), faux (F) ou pas mentionné (PM).*

Restaurant	A	B	C	D
1 On peut manger sur la terrasse.	V			
2 Il y a des plats végétariens.	V			
3 Le restaurant est ouvert tous les jours.				
4 Le restaurant est fermé le dimanche.				
5 Il y a un parking.				
6 Il y a un menu spécial pour les enfants.				
7 On peut essayer des spécialités.				
8 Il y a un buffet froid.				

b *Maintenant, écoutez et choisissez un restaurant pour chaque groupe.*

Exemple: 1B (Au Croissant Chaud)

C

La Rose des Sables

Plats végétariens et terrasse
Spécialités marocaines: couscous, paellas (sur commande)
Fermé dimanche et lundi soir

D

La Gourmandise

Restaurant, Grill, Pizzeria
Menus enfants. Buffet froid
Salle climatisée et Terrasse d'été
Parking gratuit
Ouverts tous les jours de 9h15 à 22h30
Le dimanche, ouvert de 12h00 à 22h.00

3 🎧 Pour réserver une table

Vous avez décidé de manger dans un restaurant avec des amis.
Écoutez la conversation, puis choisissez un restaurant et téléphonez
pour réserver une table, en changeant les mots en couleur.
Exemple:

– Restaurant du Château, bonjour.
– Bonjour. Je voudrais réserver une table pour ce soir.
– Oui. C'est pour combien de personnes?
– Pour quatre personnes.
– Et à quelle heure?
– Huit heures, ça va?
– Oui, j'ai une table pour huit heures. C'est à quel nom?
– Rainier.
– Rainier. Comment ça s'écrit?
– R-A-I-N-I-E-R.
– En salle ou en terrasse?
– En salle, s'il vous plaît.
– Bon. Alors, j'ai réservé une table à huit heures, pour quatre
  personnes, et c'est au nom de Rainier.
– C'est ça.

Lexique

Le repas	**The meal**
Les hors-d'œuvre	**Appetisers**
une assiette de charcuterie *(f)*	selection of cold meats
un consommé	thin soup
les crudités *(f pl)*	raw vegetables
les escargots *(m pl)*	snails
l'œuf mayonnaise *(m)*	hard-boiled egg in mayonnaise
le pâté maison	home-made pâté
le potage	soup
la soupe	thick soup
Les poissons	**Fish**
les crevettes *(f pl)*	prawns
les fruits de mer *(m pl)*	seafood
les huîtres *(f pl)*	oysters
les moules marinière *(f pl)*	mussels cooked with white wine
le saumon	salmon
une sole meunière	sole cooked in butter
une truite	trout
Les viandes	**Meat**
un coq au vin	chicken in red wine
une côte d'agneau/de porc	lamb/pork chop
une côtelette	cutlet/chop
une entrecôte	rib steak
une escalope de veau	fillet of veal
un ragoût	stew
un steak (bleu/saignant/ à point/bien cuit)	steak (nearly raw/rare/ medium/well-done)
un steak tartare	raw chopped steak mixed with egg yolk and capers
Les desserts	**Desserts**
une crème caramel	caramel custard
une glace	ice cream
une mousse au chocolat	chocolate mousse
une pâtisserie	cake
une tarte aux pommes	apple tart
un yaourt	yoghurt

4 🎧 Vous avez choisi?

Regardez les trois menus au Restaurant du Château et écoutez des conversations au restaurant.
Vous travaillez comme serveur/serveuse dans ce restaurant pendant les vacances. Notez les
commandes pour chaque table.

Exemple: **1** *Le menu à 15 euros: salade mixte, …*

Restaurant du Château
Menu €15

Salade mixte *ou*
Tarte aux oignons *ou*
Assiette de charcuterie
***

Côtelette de porc, frites *ou*
Spaghetti bolognaise *ou*
Omelette:
 – jambon
 – fromage
 – champignons
***

Fromage ou Glaces

Restaurant du Château
Menu €20

Crudités *ou*
Crevettes à la mayonnaise *ou*
Melon
***

Plat du jour:
 – saumon *ou*
 – thon *ou*
Pizza au choix
***

Fromage
***

Glaces 2 boules

Restaurant du Château
Menu €24

Œufs mayonnaise *ou*
Salade de tomates *ou*
Salade niçoise
***

Poulet rôti *ou*
Escalope de veau *ou*
Ratatouille
***

Frites, épinards,
tomates provençales
***

Fromages
Salade de fruits *ou*
Dessert maison

Lexique

Au restaurant

La carte, s'il vous plaît.
Vous êtes prêts à commander?
On va prendre le menu à 15 euros.
Qu'est-ce que vous recommandez?
Le plat du jour, qu'est-ce que c'est?
Le cassoulet, qu'est-ce que c'est exactement?
Est-ce qu'il y a de la viande dedans?
Es-ce qu'il y a des noisettes dedans?
Es-ce qu'il y a beaucoup d'ail dedans?
Qu'est-ce que vous avez comme légumes/glaces?
Comme boisson, une carafe de vin rouge.
L'addition, s'il vous plaît.
C'était très bon.
On peut avoir encore du pain?/un autre verre?
Est-ce que je peux revoir la carte?

At the restaurant

Can I have the menu, please?
Are you ready to order?
We'll have the 15 euro menu.
What do you recommend?
What's the dish of the day?
What exactly is 'cassoulet'?
Is there any meat in it?
Are there any nuts in it?
Is there a lot of garlic in it?
What kind of vegetables/ice cream do you have?
To drink, a carafe of red wine.
The bill, please.
It was very good.
Can we have some more bread?/another glass?
Can I see the menu again?

La carte

le couvert
farci
garni
au gratin
maison
nature
les pommes (de terre) vapeur *(f pl)*
les pommes (de terre) sautées *(f pl)*
provençale
rôti
une salade verte/composée
la sauce vinaigrette

The menu

cover charge
stuffed
served with a vegetable or salad
with a cheese topping
home-made
plain
steamed potatoes
sauté potatoes
with tomatoes and garlic
roast
green/mixed salad
French dressing (for salad)

5 🎧 📷 Au Restaurant du Château

À la fin des vacances, vous dînez au Restaurant du Château avec trois amis étrangers qui parlent anglais mais pas français. Ce sont: Bruno (allemand), Fiona (anglaise) et Grant (américain). Vous venez de noter ce qu'ils veulent manger.

Bruno
– aime la charcuterie et les pâtes
– ne veut pas de dessert, mais aime le fromage avec une bière.

Fiona (végétarienne)
– aime les salades et les pizzas
– une glace comme dessert
– boisson: de l'eau minérale

Grant – il a faim!
– une salade pour commencer
– le poulet avec des frites
– fromage et dessert
– comme dessert, aime goûter aux spécialités!
– boisson: du cidre

a   *Écoutez le serveur et répondez.*
b   *Ensuite, travaillez à deux pour compléter la conversation.*

On dîne au restaurant

Vous:	*(Vous arrivez au Restaurant du Château.)*
Le serveur:	Bonjour, Messieurs-Dames.
Vous:	*(Vous voulez une table pour quatre personnes.)*
Le serveur:	Voilà, Monsieur. Voilà la carte. … Vous êtes prêts à commander?
Vous:	*(Commandez le repas pour les trois autres; les entrées et les plat principaux, d'abord. Par exemple:) Pour Monsieur, le menu à 15 euros: une assiette de charcuterie pour commencer, puis, comme plat principal …, etc.*
Le serveur:	Et pour vous-même?
Vous:	*Moi, je prends le menu à 20 euros. Pour commencer, moi, je prendrai … et ensuite …*
Le serveur:	Et comme boissons, qu'est-ce que vous voulez?
Vous:	*(Commandez des boissons pour tout le monde.)*
Le serveur:	Entendu. … Vous voulez un dessert?
Vous:	*(Vous voulez revoir la carte.)*
Le serveur:	Voilà la carte.
Vous:	*(Commandez un dessert pour tout le monde. Posez des questions d'abord sur le parfum des glaces et les spécialités, par exemple.)*
Le serveur:	Très bien. Vous voulez du café après?
Vous:	*(À vous de décider.) …*
Vous:	*(Demandez l'addition.)*
Le serveur:	Voilà l'addition.

Lexique

Des problèmes	**Problems**
Excusez-moi, mais …	*Excuse me, but …*
Je n'ai pas de couteau/cuillère/ fourchette/serviette.	*I haven't got a knife/spoon/ fork/serviette.*
Ce n'est pas ce que j'ai commandé!	*This is not what I ordered.*
La viande n'est pas assez cuite.	*The meat isn't cooked enough.*
Je crois qu'il y a une erreur dans l'addition.	*I think there's a mistake in the bill.*
Nous avons commandé une bouteille de vin, pas deux.	*We ordered one bottle of wine, not two.*

6 🎧 Il y a un problème

Écoutez les huit conversations au restaurant, et à chaque fois, notez le problème.

Exemple: 1 *(il n'y a) pas de fourchette*

7 📷 À vous!

*Voici des situations au restaurant. Travaillez à deux et inventez des conversations. (Pour vous aider, regardez le **Lexique**.)*

1 Vous avez commandé deux jus d'oranges, mais on vous a apporté un jus d'orange et un jus de pomme.
2 Vous n'avez pas de cuiller.
3 Vous avez commandé une omelette aux champignons, mais on vous a apporté une omelette au jambon.
4 Vous avez besoin d'eau et de pain.
5 Il y a une erreur dans l'addition: vous avez pris le menu à 12 euros, pas à 15 euros.
6 On vous a apporté du poulet avec des frites, mais on a oublié les petits pois.

Now you can …
- choose a suitable French restaurant and book a table
- discuss the menu and order a meal
- point out problems or mistakes
- deal with payment

6.9 Les pique-niques

1 Aimez-vous les pique-niques?

Lisez l'article et faites l'activité.

Nos lecteurs nous écrivent

> Moi, j'adore les pique-niques! On mange en plein air: normalement, on mange des crudités, des fruits, du pain frais, du jambon ou du fromage, tout est bon pour la santé. En plus, il y a souvent une bonne ambiance. Nous partons en groupe, à vélo ou à pied, donc c'est très bon pour rester en forme.
> **Adeline, Bordeaux**

> Moi, je déteste les pique-niques. On marche longtemps en portant un grand sac, puis quand on est prêt à manger, il fait très chaud ou il pleut. C'est sale par terre et il y a des petites bêtes partout. Les sandwichs sont trop secs et on mange trop de chips et de petits gâteaux. Franchement, les pique-niques, ça ne me dit rien!
> **Alain, Dieppe**

Écrivez vrai (V), faux (F) ou pas mentionné (PM).
Exemple: 1 V

1 Adeline aime beaucoup manger en plein air.
2 Elle mange surtout des choses qui sont bonnes pour la santé.
3 Adeline est végétarienne.
4 Elle fait un pique-nique avec ses copains presque tous les week-ends.
5 Alain n'aime pas tellement les pique-niques.
6 Il n'aime pas beaucoup les insectes.
7 Il trouve qu'on mange trop de chips et de petits gâteaux.
8 Il n'aime pas beaucoup les sandwichs au jambon, il préfère le saucisson sec.

2 L'incroyable pique-nique

Lisez l'article et complétez le résumé.

L'incroyable pique-nique

Le 14 juillet 2000, pour la fête nationale en France, on a organisé un incroyable pique-nique le long de la Méridienne* verte. Il y avait une immense nappe à carreaux rouges et blancs (coupée en 337 sections d'un kilomètre et demi). Tout le monde était invité. On devait simplement apporter un panier repas. À Treignat, au centre de la France, le boulanger a fait 2000 baguettes pour le pique-nique (un record dans sa carrière).

Malheureusement, il n'a pas fait beau ce jour-là et dans beaucoup de villages, on a dû s'abriter dans des salles des fêtes et des granges. Cependant, le pique-nique a eu lieu comme prévu. Mais les champs improvisés en parking se sont transformés en boue et des tracteurs munis de chaînes ont souvent été nécessaires pour sortir les véhicules.

* La Méridienne verte est une ligne marquée par des arbres, qui va de Dunkerque presqu'en Espagne (une distance de 1000 km).

On a organisé un incroyable …(1)… en France, le …(2)… juillet 2000. Il a fait …(3)… temps ce jour-là, mais malgré la pluie, le pique-nique a …(4)… On a invité …(5)… et, comme il pleuvait, beaucoup de personnes ont mangé leur repas dans des …(6)… ou dans des granges. Pour le pique-nique, il y avait une …(7)… spéciale, rouge et …(8)… À la fin de la journée, quelques …(9)… ont eu des problèmes à cause de la …(10)… et des tracteurs sont venus les aider à sortir des parkings.

Now you can ...
● understand some views about picnics

SOMMAIRE

Now you can ...

1 exchange information and opinions about meals and eating habits; discuss traditional or special meals
2 ask and answer questions at a family meal; express food and drink preferences; discuss typical meals and specialities
3 give and seek information about what people eat to keep healthy; discuss vegetarianism
4 buy food in different types of shops and explain and discuss what you want; understand announcements and adverts about food
5 exchange information and opinions about jobs in the food industry; say what has just happened and what is going to happen
6 order drinks and snacks in a café; point out mistakes and deal with payment
7 explain and discuss the advantages and disadvantages of eating in fast-food restaurants
8 choose a suitable French restaurant and book a table; discuss the menu and order a meal; point out problems or mistakes; deal with payment
9 understand some views about picnics

For your reference:

Grammar

the pronoun *en*	pages 114, 115
venir de/aller +infinitive (present tense)	page 120
indirect and direct object pronouns: *me, te, nous, vous, lui* and *leur*	page 123

Vocabulary and useful phrases

meals	page 111
food; accepting and refusing	pages 112, 115
vegetarianism	page 116
shopping for food	page 117
quantities	page 118
drinks, snacks and quantities	page 122
at a café	page 123
where to eat	page 125
a restaurant meal	page 126
at a restaurant	page 127
problems	page 128

See also **Vocabulaire par thèmes**, unité 6.

unité 7

Ça m'intéresse

7.1 Enquête-loisirs

I Les jeunes et les loisirs

Écoutez les jeunes et complétez les résumés.

Julie

Comme sports, elle fait du hockey, de la …(1)… et de la danse. Elle ne …(2)… pas beaucoup en semaine parce qu'elle a beaucoup de devoirs. Elle ne s'intéresse pas beaucoup au …(3)… mais elle aime aller au …(4)… Samedi dernier, elle a vu un film de …(5)…

Marc

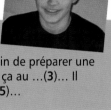

Il s'intéresse à l' …(1)…. Il est en train de préparer une …(2)… pour sa famille. Il a déjà fait ça au …(3)… Il déteste le …(4)… mais il aime la …(5)…

Élodie

Elle écoute souvent la musique à la …(1)… Après l'école, elle joue sur l'…(2)… et elle surfe sur le net. Elle regarde la télé aussi. Elle aime beaucoup les …(3)… Le week-end, elle sort avec ses …(4)… Dimanche prochain, elle va voir le dernier …(5)… d'Astérix.

Laurent

Le sport, c'est sa passion. Il joue au football, au …(1)… et au basket et il aime aussi le VTT et le …(2)… Le week-end, il regarde souvent des matchs de …(3)… Son équipe …(4)… est Bordeaux. Il joue dans les équipes de football et de …(5)… au collège.

Claire

Elle aime bien …(1)… Récemment, elle a lu un livre d'Alex Garland. Elle regarde la …(2)… quelquefois, quand il y a une émission intéressante, mais en général, elle préfère regarder des …(3)… Elle fait aussi la …(4)…, surtout des gâteaux. Le …(5)… soir, elle va à un club des jeunes.

Daniel

Pendant son temps libre, il aime écouter de la musique. Il joue de la …(1)… et du piano et il fait partie d'un groupe de …(2)… À part ça, il aime faire du …(3)… et prendre des photos. Il va aux …(4)… de temps en temps, par exemple le week-end prochain, il va voir une …(5)… de peinture.

Phrases utiles

Comme passe-temps, j'aime J'aime/Je n'aime pas J'adore/Je déteste	la lecture. le dessin. la natation. le roller.

La musique, L'informatique, La lecture, L'équitation, Le sport, La cuisine,	(ça) m'intéresse	un peu. beaucoup. énormément.
	ça me passionne. c'est ma passion.	
	ça ne m'intéresse pas (du tout).	

Je fais partie d'un groupe/d'une chorale/d'une équipe. Je vais à un club de jeunes/de théâtre/d'informatique, etc. Je trouve la lecture/les ordinateurs, etc. vraiment ennuyeux. Je n'aime pas du tout le football/le rugby/le hockey/la musique classique, etc.

Je sors	très peu de temps en temps assez souvent beaucoup	le soir. le samedi. le week-end.

J'aime aller	en discothèque. au club des jeunes. chez des ami(e)s.

Je (ne) sais (pas)	jouer du piano/de la guitare, etc. jouer au bridge/aux échecs/au volley, etc. nager.

Je voudrais apprendre à	jouer d'un instrument de musique. jouer aux échecs/nager, etc.

2 Mes loisirs

*Complétez les phrases. Pour vous aider, consultez les **Phrases utiles**.*

Exemple: 1 *Comme loisirs, j'aime écouter de la musique.*

1 Comme loisirs, j'aime …
2 Je m'intéresse beaucoup à/au …
3 Mon passe-temps préféré est …
4 Quelquefois, j'aime …
5 Je déteste …
6 Je trouve … vraiment ennuyeux.
7 …, ça ne m'intéresse pas du tout.
8 Je n'aime pas du tout …

4  Pourquoi utilisez-vous Internet?

Beaucoup de personnes utilisent Internet pendant leur temps libre, mais pour faire quoi exactement? Écoutez la discussion et notez les lettres qui correspondent pour chaque personne.

Exemple: 1 *b*, …

1 Claire
2 Laurent
3 Élodie
4 Marc
5 Daniel
6 Julie

a pour envoyer des e-mails
b pour faire des recherches pour l'école
c pour faire des jeux
d pour faire des achats
e pour participer aux forums
f pour consulter des sites sur la technologie
g pour s'informer sur de nouveaux films
h pour écouter de la musique
i pour communiquer avec des amis

3 À vous!

a *Travaillez à deux. Posez les questions et répondez à tour de rôle.*

– Quels sont tes passe-temps?
– Est-ce que tu fais partie d'une équipe/d'un orchestre/d'une chorale?
– Est-ce que tu vas à un club des jeunes/un club au collège?
– Qu'est-ce que tu n'aimes pas faire pendant tes loisirs?
– Est-ce que tu sors souvent? Où?
– Est-ce que tu sais jouer au bridge/aux échecs/du piano/de la guitare?
– Est-ce que tu sais nager/faire du ski/jouer au hockey?
– Est-ce que tu voudrais apprendre à faire quelque chose?

b *Écrivez un paragraphe sur vos passe-temps.*

5 Internet, c'est utile

Lisez les interviews et répondez aux questions.

1 – Claire, est-ce que tu utilises Internet?
 – Oui, je me sers d'Internet pour faire des recherches pour mes devoirs, pour l'école. Par exemple, je devais faire un travail sur les tremblements de terre, donc j'ai trouvé beaucoup d'informations sur ça et c'était très utile. Et puis, je l'utilise aussi pour envoyer des e-mails à mes amis.

2 – Et toi, Laurent. Tu aimes surfer sur Internet?
 – Oui, de temps en temps, surtout le samedi, quand je suis à la maison. Je cherche des informations sur les nouveaux jeux électroniques et quelquefois, je fais un jeu avec un copain sur Internet.

3 – Élodie, qu'est ce que tu fais sur Internet?
 – Moi, j'aime bien participer aux forums pour les jeunes. Je lis les messages, par exemple sur les séries à la télé ou sur les nouveaux films. C'est toujours intéressant.
 Et puis, l'autre jour, j'ai regardé un site sur les films qui vont sortir cette année. Ça, c'était vraiment bien.

4 – Et toi, Marc, qu'est-ce qui t'intéresse sur Internet? Qu'est-ce que tu regardes comme sites?
 – Je m'intéresse surtout aux sites qui s'occupent de la technologie et de l'informatique. Et puis, j'aime communiquer avec mes amis sur Internet. Quand il y a trois ou quatre personnes qui sont connectées en même temps, on peut avoir une conversation entre nous tous. C'est amusant, ça.

5 – Daniel, est-ce que toi, tu te sers d'Internet?
 – Ah oui, j'aime ça. Je m'intéresse surtout aux sites qui s'occupent de la musique et il y en a beaucoup. Et puis, l'autre jour, je me suis connecté pour écouter un concert de Madonna. C'était très bien.

6 – Et toi, Julie, tu utilises Internet?
 – Un peu, oui. Nous nous sommes connectés à la maison assez récemment et alors, nous avons décidé de faire des achats sur Internet. Alors moi, j'ai acheté un CD pour une copine et un livre pour moi. Ça a bien marché et les prix étaient un peu moins chers qu'en magasin.

1 Claire a fait des recherches sur quoi?
2 Quand est-ce que Laurent surfe sur le net?
3 Élodie aime regarder quels sites?
  a des sites sur la télé et le cinéma
  b des sites sur la musique
  c des sites sur les jeux
4 Qu'est-ce qu'elle a regardé l'autre jour?
5 Marc, qu'est-ce qu'il aime faire sur Internet?
6 Qu'est-ce que Daniel a fait récemment sur Internet?
7 Est-ce que Julie a Internet à la maison?
8 Qu'est-ce qu'elle a fait récemment?

Lexique

Surfer sur Internet	Surfing on the Internet
un bouton	button
cliquer	to click
des coups de cœur (m pl)	favourites
une connexion	connection
un forum	discussion group
un lien	link
en ligne	online
naviguer	to surf, browse
numérique	digital
une page web	web page
un (mot de) passe	password
une recherche	a search
un site Internet	website

6 À vous!

Choisissez a ou b et écrivez quelques phrases.
a *Vous utilisez Internet? Quand? Où? Pour quoi faire?*
b *Qu'est-ce que vous avez fait récemment avec vos amis?*
  (J'ai joué …/J'ai fait …/Je suis sorti(e) …)

Now you can …
- exchange information and preferences about leisure activities
- talk about using the Internet

▋ Une lettre

*Lisez la lettre et faites les activités **a** et **b**.*

Cher (Chère) Louis (e),

J'ai bien reçu ta lettre, la semaine dernière – merci beaucoup!

Ce qui me passionne, c'est la musique. Je joue du piano depuis huit ans et il y a deux ans, j'ai commencé à jouer du clavier électronique. J'aime bien la musique classique mais je préfère la musique moderne et le jazz. Je passe des heures à créer des chansons. C'est passionnant.

Et toi, tu aimes la musique? Quel genre de musique préfères-tu? Est-ce que tu joues d'un instrument de musique? Est-ce que tu as un chanteur ou un groupe favori? Moi, j'aime bien Céline Dion et David Halliday.

En juin, j'ai eu la chance de voir David Halliday sur scène. Il a chanté pendant le grand festival de musique en France qui s'appelle La Fête de la Musique. Est-ce que tu en as entendu parler? La Fête de la Musique (ou 'Faites de la Musique' comme ça s'écrit quelquefois) a lieu vers le 21–22 juin. Pendant ce week-end, il y a des concerts partout, dans de petites rues, dans les cafés, sur les places, etc. Il y a de la musique de toutes sortes, le classique, l'accordéon, la techno, les musiques du monde et le jazz.

Tout le monde peut y participer – des amateurs et des professionnels. À Paris, on installe des grandes scènes, par exemple à la Bastille, où on peut voir des vedettes comme David Halliday. Le but de la fête, c'est d'encourager tout le monde à devenir musicien. C'est vraiment bien et il y a une très bonne ambiance.

À bientôt,
Charlotte

a   *Répondez aux questions:*

1   Charlotte, elle apprend à jouer de quel(s) instrument(s)?
2   Qu'est-ce qu'elle aime comme musique?
3   Quels sont ses chanteurs préférés?
4   Elle parle de quel festival?
5   Quand est-ce que ça a lieu?

b   *Et vous? Trouvez quatre questions dans la lettre. Copiez les questions et écrivez vos réponses.*

Lexique

La musique	*Music*
la batterie	*drums*
une chanson	*song*
un/une chanteur/chanteuse	*singer*
une chorale	*choir*
un clavier (électronique)	*(electronic) keyboard*
un compact (disc); un CD	*compact disc*
une flûte (à bec)	*flute (recorder)*
un groupe	*group*
une guitare	*guitar*
un instrument de musique	*musical instrument*
une musique (classique/pop, etc.)	*(classical/pop) music*
un orchestre	*orchestra*
un piano	*piano*
le rock	*rock music*
sur scène	*on stage*
une trompette	*trumpet*
un tube	*hit*
un violon	*violin*

DOSSIER-LANGUE

Jouer à ou jouer de?

What is the difference between the way the verb *jouer* is used with games and with instruments?

Mon frère joue du tuba et il joue au rugby aussi.

When talking about playing games, use *jouer **à***:
Je joue au tennis pendant la journée, mais le soir, je joue aux échecs.
When talking about playing instruments, use *jouer **de***:
Ma sœur joue de la guitare et mon frère joue du saxophone – impossible de faire mes devoirs!

▋ Faites de la musique!

Complétez chaque phrase avec un instrument de musique différent.

1   Moi, je joue … depuis quatre ans.
2   Je ne joue pas d'un instrument mais mon ami(e) joue …
3   Quand j'étais plus jeune, je jouais …
4   Le week-end prochain, ma sœur jouera … dans l'orchestre du collège.
5   La semaine dernière, j'ai joué … dans un concert.
6   J'aimerais bien apprendre à jouer …

Point-info

La radio

- Les Français écoutent la radio en moyenne trois heures par jour.
- Normalement, les Français écoutent la radio plus souvent pendant la semaine que le week-end.
- Les jeunes préfèrent les radios musicales comme NRJ (énergie) et Fun Radio, tandis que les adultes préfèrent les grandes stations nationales, comme RTL, France-Inter et Europe 1.
- Il y a de la pub (publicité) sur toutes les stations.

3 🎧 Vous écoutez la radio?

a Lisez les textes et essayez de deviner les mots qui manquent.

b Ensuite, écoutez les interviews pour vérifier.
   Exemple: 1 1c

1 Élodie écoute la radio le …(1)… et le soir. Quand elle fait ses devoirs, elle écoute surtout de la …(2)… Elle trouve qu'à la radio, on entend des nouveaux …(3)… Elle aime aussi les émissions téléphoniques et les …(4)…

   a chanteurs **b** jeux **c** matin **d** musique

2 Laurent n'écoute pas la radio. Il préfère écouter des …(1)… ou …(2)… Il aime mieux …(3)… sa musique et il trouve qu'il y a trop de …(4)… à la radio.

   a CD **b** choisir **c** pub **d** regarder la télé

3 Julie écoute surtout des radios musicales comme …(1)… et Fun. Elle aime bien le contact entre …(2)… et les auditeurs. Elle trouve qu'il y a des animateurs qui sont …(3)… bons que d'autres et que certains animateurs parlent …(4)…

   a l'animateur **b** moins **c** NRJ **d** trop

4 À la radio, Marc aime écouter les nouvelles chansons et aussi des …(1)…, mais il trouve qu'il y a trop de pub. L'autre jour, il a calculé qu'il y avait une heure …(2)… minutes de musique, dix minutes d'…(3)… et …(4)… minutes de publicité!

   a dix **b** informations **c** quarante **d** reportages

5 Paul écoute la radio en …(1)… Comme émissions, il écoute surtout la musique, la …(2)… et les infos. Quand il conduit, c'est …(3)… d'avoir les …(4)… routières.

   a infos **b** météo **c** utile **d** voiture

6 Nicole écoute les …(1)… à la radio le matin et de la musique le …(2)… Elle ne s'intéresse pas aux …(3)…, mais elle écoute des …(4)… téléphoniques quelquefois.

   a débats **b** émissions **c** infos **d** soir

Lexique

On écoute la radio	*Listening to the radio*
un animateur (une animatrice)	*presenter*
un auditeur (une auditrice)	*listener*
à l'antenne	*on air*
un baladeur	*personal stereo*
diffuser	*to broadcast*
une émission	*programme*
un flash info	*newsflash*
une interview	*interview*
un jeu	*game*
la météo	*weather*
la publicité (la pub)	*adverts*
un reportage	*(news) report*
une station de radio	*radio station*

4 À vous!

Travaillez à deux. Posez des questions et répondez à tour de rôle.

La radio

- Tu écoutes souvent la radio? Quand?
  (*en voiture, le matin quand je me lève, quand je travaille, etc.*)
- Quel genre d'émissions aimes-tu écouter?
  (*de la musique, des infos, des jeux, des reportages*)
- Quelle station de radio écoutes-tu le plus souvent?
- Est-ce que tu aimes écouter de la musique à la radio?
  (*Oui, de temps en temps, j'aime surtout la musique pop/rock/moderne/classique, etc.*
  Non, pas tellement, je préfère écouter des CD.)

5 🎧 La publicité

Écoutez la publicité et notez le produit ou le service dont on parle.

Now you can ...

- exchange information and opinions about radio and music

7.3 Le sport, ça vous intéresse?

Point-info

Le sport
- Le sport occupe une place importante dans la vie des Français. Plus de deux personnes sur trois (de 14 à 65 ans) pratiquent un sport régulièrement.
- On aime surtout faire du sport pour se détendre en plein air.
- Les sports individuels sont plus populaires que les sports d'équipe.
- Beaucoup de Français aiment regarder le sport à la télévision, surtout les grands événements sportifs comme la Coupe du Monde, le Tour de France et le championnat de tennis à Roland Garros.

2 Vous faites du sport?

Complétez ces phrases avec la forme correcte du verbe **faire** + **du/de la/de l'**.
Attention, ça peut être au présent, au passé ou au futur.
Exemple: 1 *J'ai fait de l'escalade.*

1 J'… escalade une fois pendant un stage d'activités.
2 L'hiver dernier, j'… ski pour la première fois.
3 Mon ami … judo depuis deux ans.
4 J'ai toujours voulu … patinage.
5 Comme sports, je … athlétisme, … gymnastique et … natation.
6 L'année prochaine, nous … voile.
7 As-tu déjà … escalade?
8 L'été dernier, on … planche à voile.

3 Le sport, c'est ma passion

Lisez cet e-mail et indiquez les mots qui manquent.
Exemple: 1 *sportif*

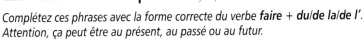

équipe tous gagné natation dimanches
fois sportif championnat préféré vu

```
Je suis très …(1)… Au collège, on fait de l'athlétisme,
de la …(2)… du rugby et du basket. En dehors de l'école,
je joue au football deux …(3)… par semaine. Je fais
partie d'une …(4)… et on s'entraîne …(5)… les samedis.
Samedi dernier, nous avons joué dans un match pour le
…(6)… régional. C'était un bon match – nous avons bien
joué et nous avons …(7)… 5 à 3.

Mon sport …(8)…, c'est le tennis. Je suis membre d'un
club de tennis et j'y joue tous les …(9)…

J'aime aussi regarder le sport à la télévision, surtout
le cyclisme. As-tu …(10)… le début du Tour de France
l'autre jour? Ça, c'est toujours intéressant à voir.
```

1 Du sport pour tous

Il y a beaucoup de sports différents. Trouvez un sport différent pour chaque catégorie.
*(Voir aussi **Les sports, Vocabulaire par thèmes**, unité 7.)*
Exemple: 1 *la gymnastique*

1 un sport individuel
2 un sport d'équipe
3 un sport nautique
4 un sport d'hiver
5 un sport de raquette
6 un sport que vous faites au collège
7 un sport que vous aimez
8 un sport que vous regardez quelquefois à la télé
9 un sport que vous aimeriez essayer

DOSSIER-LANGUE

The verb *faire* + *du/de la/de l'* is often used with sports. It is irregular in most tenses.
Présent:
Aujourd'hui, je fais du vélo.
Passé composé:
Hier, j'ai fait de la natation.
Futur:
Demain, je ferai de l'escalade.

4 À vous!

Travaillez à deux. Posez des questions et répondez à tour de rôle.
- Tu aimes faire du sport?
- Est-ce que tu fais du sport régulièrement?
- Qu'est-ce que tu fais comme sports au collège?
- Penses-tu qu'on fait assez de sport au collège?
- Quels sports fais-tu en été?
- Est-ce que tu regardes le sport à la télé?
- À ton avis, est-ce que le sport est important pour la santé?
- Quel est ton sport préféré?
- Est-ce qu'il y a un sport que tu aimerais essayer?
- Sais-tu faire du ski/nager/jouer au volley?

5 🎧 Une interview avec une championne

Écoutez l'interview et complétez le texte.
Exemple: 1 *heureuse*

Sophie Dupré, la nouvelle championne junior du tennis

– Félicitations, Sophie. Vous êtes devez être trés …(**1**)… d'avoir gagné le championnat cet après-midi.
– Oui, absolument. Je n'ai pas encore tellement réalisé ce qui m'arrive. J'étais déjà très contente d'arriver en …(**2**)…, mais d'avoir gagné le match, c'est vraiment …(**3**)…
– J'aimerais qu'on vous connaisse un peu mieux. Quel âge avez-vous? Où êtes-vous née?
– J'ai …(**4**)… ans et je suis née à …(**5**)…, mais récemment, j'ai déménagé à Paris pour m'entraîner à Roland Garros.
– Vous jouez régulièrement dans ce tournoi?
– Ça fait trois ans maintenant que je le fais. La …(**6**)… fois, je l'ai trouvé particulièrement difficile et franchement, je me demandais si j'allais continuer, mais heureusement, mon entraîneur m'a …(**7**)… encouragée. Alors l'année dernière, ça allait déjà mieux. J'ai gagné les premiers …(**8**)… assez facilement et je suis arrivée en demi-finale.
– Et cette année, encore mieux! Alors, maintenant, vous pouvez vous détendre. Qu'est-ce que vous faites pour vous détendre? Aimez-vous la musique, le cinéma?
– La musique, non – pas spécialement. Le …(**9**)…, oui, j'aime bien, et je lis aussi. J'aime un bon roman ou une bande dessinée.
– Bon, merci, Sophie – et bonne chance pour l'avenir.

DOSSIER-LANGUE

Adverbs

Adverbs are words (usually **add**ed to a **verb**) which tell you how, when or where something happened, or how often something is done.

Many adverbs in English end in **-ly**, e.g. happi**ly**, quiet**ly**. Similarly, many adverbs in French end in **-ment**, e.g. heureuse**ment**, douce**ment**.

To form an adverb in French you add *-ment* to the feminine form of the adjective:

masculine singular	feminine singular	adverb
lent	*lente + ment*	*lentement*

For more details, see **La Grammaire** page 244.

6 Trouvez les contraires

Exemple: 1 *b*

1	facilement	a	toujours
2	heureusement	b	difficilement
3	souvent	c	il y a longtemps
4	fort	d	doucement
5	récemment	e	malheureusement
6	jamais	f	pas encore
7	dehors	g	dedans
8	en haut	h	après
9	déjà	i	en bas
10	avant	j	rarement

7 C'est presque pareil

Exemple: 1 *c*

1	en général	a	parfois
2	rapidement	b	au début
3	quelquefois	c	d'habitude
4	finalement	d	enfin
5	d'abord	e	vite

8 C'est quel mot?

Complétez les phrases avec le mot français.
Exemple: 1 *facilement*

1 Il a gagné le match … (*easily*)
2 Elle a … joué (*well*)
3 Il a couru … (*quickly*)
4 Je leur ai demandé de parler plus … (*quietly*)
5 Le match a fini … (*late*)
6 Je joue au badminton, mais très … (*badly*)

9 Des questions

Répondez aux questions, en utilisant un de ces mots dans chaque réponse:

souvent beaucoup quelquefois en général jamais

1 Vous faites du sport au collège?
2 Est-ce que vous regardez le sport à la télé?
3 Allez-vous aux matchs quelquefois?
4 Jouez-vous au tennis?
5 Avez-vous déjà fait du roller?
6 Est-ce que des personnes dans votre famille font du sport?

Now you can …
● exchange information and opinions about sport and sporting events
● understand and use some common adverbs

7.4 Vous aimez la lecture?

I Les livres

Lisez la discussion sur les livres et faites les activités a, b et c.

a Beaucoup de bons livres sont traduits en plusieurs langues. Parmi ces extraits trouvez …

  Exemple: 1 *L'Alchimiste*

1 un livre écrit par un Brésilien
2 un livre anglais
3 un roman policier (un polar)
4 une écrivaine anglaise
5 un auteur irlandais
6 un personnage masculin
7 un personnage féminin

b C'est qui?

1 Elle demande des recommandations de livres parce qu'elle ne lit pas souvent.
2 Il vient de lire un livre d'une série célèbre à son petit frère.
3 Elle veut lire les deux derniers livres d'une trilogie parce qu'elle a bien aimé le premier livre.
4 Il a été un peu déçu par la fin d'un livre qu'il a lu récemment.
5 Elle lit des livres recommandés par ses sœurs.
6 Il recommande deux livres américains qui sont vraiment captivants.

c C'est l'avis de qui?

1 La lecture me permet de me détacher des problèmes de tous les jours.
2 C'est d'abord le titre qui m'attire vers un livre.
3 Je choisis souvent des livres écrits par un auteur que je connais.
4 La lecture élargit tes horizons.

Le forum: Les livres

Aimez-vous lire? Quels sont vos livres préférés?

Salut à tous. Moi, je n'aime vraiment pas lire; je ne sais pas pourquoi et ma mère qui est prof de français (génial … hmm hmm) me dit tout le temps que je ne lis pas assez. Mais comment est-ce qu'on trouve la passion de lire? Avez-vous des titres de livres intéressants? Comment est-ce que vous choisissez des livres?
Aurélie

Récemment, j'ai lu Les Royaumes du Nord de Phillip Pullman. Ce livre est vraiment super, plein d'aventures et de suspens. Quand on commence à le lire, on ne le lâche plus. Ce livre est le premier d'une trilogie et a gagné des prix littéraires en Grande-Bretagne. Je suis très impatiente de lire les deux autres tomes.
Élodie

Voici deux romans que j'ai adorés et que je te conseille: La Trilogie des Rats de James Herbert et La Ligne Verte de Stephen King. On est directement plongé dans ces livres et on ne peut plus s'en passer.
Sébastien

Moi, j'aime bien les romans d'Agatha Christie, surtout ceux avec Hercule Poirot, comme Mort sur le Nil. On est toujours pressé d'arriver à la fin du roman pour découvrir comment Hercule a résolu le crime. Alors moi, si j'ai aimé un livre, je cherche d'autres livres du même auteur.
Lucie

J'ai lu Le Seigneur des Anneaux de Tolkien et je l'ai beaucoup aimé. Mais j'ai trouvé la fin un peu décevante. C'est dommage qu'il n'y ait pas plus de détails sur cette île mystérieuse. Moi, j'aime lire parce que ça me permet de m'évader du monde de tous les jours (le bahut, le boulot, le stress … .).
Raj

J'ai lu Les Cendres d'Angela quand j'étais justement en Irlande pour me mettre dans l'ambiance et j'ai trouvé ça très émouvant, triste! Mais j'ai adoré le style de Frank McCourt. J'espère que tu aimeras les livres parce que c'est vrai qu'ils t'ouvrent une autre perspective sur le monde. Bonne chance!
Ibrahim

Tu sais, moi j'adore lire parce que mes grandes sœurs m'ont toujours poussé à le faire en me conseillant très tôt des livres qu'elles avaient aimés. Récemment, j'ai lu un bouquin qui s'appelle Le Journal de Bridget Jones. Ma sœur et moi, on s'est disputées pour savoir qui allait le lire la première. (C'est moi qui ai gagné parce que je lis plus vite qu'elle!)
Claire

Moi j'ai lu L'Alchimiste de Paulo Coehlo. C'est beau, plein de philosophie et en même temps l'histoire de l'aventure d'un berger espagnol, ou l'aventure de chacun de nous. Moi, je choisis un livre, d'abord par le titre, puis je lis le résumé.
Magali

Ton petit frère ou ta sœur est en train de lire Harry Potter? Alors, dépêche-toi de lui piquer ça! J'ai lu le premier livre de cette série à mon petit frère. C'était vraiment génial: plein d'émotion, de suspens et d'humour.
Roland

Point-info

La lecture
82% de Francais (de plus de 15 ans) lisent au moins un livre par an.

Lire en fête
Une grande fête nationale du livre a lieu chaque année au mois d'octobre. Son but est d'encourager tout le monde à lire. Il y a de nombreuses manifestations partout: dans les rues, sur les places publiques, dans les mairies, les cafés, et bien sûr, dans les librairies et les bibliothèques.

En train de lire
Comme beaucoup de voyageurs lisent dans les trains, la SNCF organise aussi des rencontres avec des auteurs et des illustrateurs dans plusieurs gares pendant le week-end de la fête.

2 🎧 Une interview

Écoutez l'interview et consultez le questionnaire. Notez les réponses de Luc.
Exemple: 1 *b*

Questionnaire: La lecture

1 Est-ce que vous lisez beaucoup?
- **a** oui, souvent
- **b** de temps en temps
- **c** non, très rarement

2 Empruntez-vous des livres à la bibliothèque?
- **a** oui, souvent
- **b** de temps en temps
- **c** non, presque jamais

3 Quel genre de livres vous intéresse le plus?
(notez la ou les catégories)
- **a** les livres d'aventures
- **b** les romans fantastiques
- **c** la science-fiction
- **d** les romans policiers (les polars)
- **e** les romans historiques
- **f** les histoires vraies
- **g** les romans d'amour
- **h** les livres comiques
- **i** les bandes dessinées
- **j** autres

4 Comment est-ce que vous choisissez un livre?
- **a** parce que quelqu'un l'a recommandé
- **b** parce que vous connaissez l'auteur
- **c** parce que vous aimez le titre
- **d** parce que vous aimez le résumé
- **e** parce que vous aimez le titre et le résumé

5 Êtes-vous en train de lire un livre en ce moment? Si oui, lequel?

6 Quel est le dernier livre que vous avez lu?

7 Quel est votre auteur préféré?

8 Quel est votre livre favori?

3 🗣 À vous!

a *Notez vos propres réponses aux questions du questionnaire.*

b *Travaillez à deux pour faire des interviews.*

c *Écrivez un paragraphe sur la lecture. Ça peut être l'extrait d'une lettre ou un message pour un forum sur la lecture.*

Exemple: J'adore la lecture. Je lis de tout – des romans, des bandes dessinées, des magazines. Au collège, je suis en train de lire *Sa Majesté, des Mouches* de William Golding, mais je ne l'aime pas beaucoup.

Le dernier livre que j'ai lu, c'était une bande dessinée, *Tintin au Tibet* – c'était génial. Mon livre favori est *Le Seigneur des Anneaux*. Je l'ai lu deux fois et je trouve que c'est très bien écrit.

Lexique

La lecture	Reading
un auteur	author
une BD (bande dessinée)	comic strip book
une bibliothèque	library
un conte	(short) story
un écrivain	writer
emprunter	to borrow
une histoire	story
lire	to read
un livre de poche	paperback
un personnage	character
une pièce (de théâtre)	play
prêter	to lend
un roman	novel
un titre	title

4 🎧 Des livres de tous les genres

a   Écoutez et complétez le texte.   b   Reconnaissez-vous les livres?

1   Ce livre, le premier tome d'une trilogie, raconte la …(1)… de Lyra qui est orpheline et qui vit à Oxford. Elle adore …(2)… des escapades avec Roger, l'aide-cuisinier. Mais un jour, son meilleur …(3)…, Roger, disparaît. Alors Lyra part à sa recherche et fait un …(4)… périlleux vers le Grand Nord. Ce voyage lui révèle ses extraordinaires pouvoirs et la conduit à la frontière d'un autre …(5)…

> ami   faire   monde   vie   voyage

2   Le héros s'appelle Frodo. Après avoir hérité un mystérieux anneau …(1)…, il participe à une croisade dangereuse pour sauver les …(2)… de la Terre du Milieu contre les forces du mal. C'est un livre passionnant, plein d'action et de …(3)…

> habitants   magique   suspense

3   C'est une bande dessinée. Dans cette aventure, le reporter part à la recherche de son ami Tchang, qui a disparu après un crash d'…(1)… Quand le reporter et son …(2)… arrivent à la montagne, ils partent sur les traces de l'abominable …(3)… des neiges.

> avion   chien   homme

4   C'est l'histoire d'un jeune berger qui faisait toujours le même …(1)…, celui de trouver un trésor près des Pyramides. Il traverse un …(2)… pour se rendre en Égypte et rencontre des gens mystérieux (gitane, roi, vendeur de cristal, alchimiste) qui l'aident à découvrir le …(3)… de la vie. Ce livre a été traduit en 34 langues!

> désert   rêve   sens

5   Presque tous les Français connaissent ce livre. Un …(1)… s'écrase dans le désert et le pilote rencontre un petit garçon …(2)… qui arrive de nulle part. Le garçon demande au pilote de lui dessiner un mouton. Le pilote, qui veut savoir d'où vient le garçon et connaître son histoire, engage la conversation. C'est un livre plutôt pour les …(3)…, poétique et beau.

> enfants   étrange   avion

6   C'est une pièce de théâtre que nous avons étudiée en classe. C'est l'histoire d'un …(1)… qui rencontre trois sorcières en rentrant chez lui après une bataille. Elles lui disent des choses étranges qu'il répète à sa …(2)… Elle est très ambitieuse et elle encourage son mari à tuer le roi d'…(3)…, qui va leur rendre visite. Le général tue le roi et prend le trône. Mais le roi a deux …(4)… qui s'échappent. Le général commet d'autres meurtres, mais sa femme, qui est devenue folle, se suicide. Finalement, le fils aîné du roi mène une …(5)… d'Angleterre et tue le général.

> armée   Écosse   femme   fils   général

5 C'est quoi, comme livre?

Répondez avec le genre et le nom de l'auteur.
Exemple: 1   *C'est une bande dessinée de Goscinny.*

1   Astérix et Obélix contre César
2   Le Seigneur des Anneaux
3   Emma
4   Harry Potter et la Chambre des Secrets
5   Le Marchand de Venise
6   Le Crime de l'Orient Express
7   Le Bon Gros Géant
8   Voyage au Centre de la Terre

> une pièce   un livre de science-fiction   un roman fantastique
> une bande dessinée   un livre pour enfants   un roman
> un roman d'amour   un roman policier

> Tolkien   Jules Verne   Jane Austen   Shakespeare   Goscinny
> Roald Dahl   Agatha Christie   J K Rowling

6 À vous!

Écrivez un paragraphe sur un livre que vous avez lu.

Pour vous aider

C'est un livre d'aventures/de science-fiction/fantastique/un roman historique, etc.
Il s'agit de … On raconte … C'est l'histoire de …
L'auteur parle de/décrit …
Le héros (L'héroïne) s'appelle …
L'action se déroule à/en …
À la fin/Finalement/Enfin/Après beaucoup d'aventures …
C'est un livre intéressant/passionnant/fascinant.
C'est une histoire émouvante/amusante.

Now you can …

● exchange information and opinions about reading
● describe the main features of a book

1 🎧 Jules Verne

a Devinez où vont ces mots dans le texte.
b Ensuite, écoutez pour vérifier.

> célèbres être Lune route
> science science-fiction Terre
> voiture voyages

c Vrai (V) ou faux (F)?

1 Jules Verne avait fait des études de médecine avant d'être écrivain.
2 Il avait pensé à la radio bien avant son invention.
3 Il avait décrit un ordinateur, chose inconnue à l'époque.
4 Il avait imaginé les voyages sous-marins.
5 Il avait décrit le voyage des hommes sur la Lune – plus de 100 ans avant le vrai voyage.

Jules Verne (1828-1905)

Le premier écrivain de science-fiction

Jules Verne était un écrivain français qui a écrit les premiers livres de …(1)… Avant d'être écrivain, il avait fait des études de droit pour …(2)… avocat. Mais il s'intéressait beaucoup à la …(3)… ., et avant d'écrire un livre, il avait beaucoup lu et beaucoup pensé aux aspects scientifiques.

Il avait imaginé la radio, la télévision et la …(4)…, choses inconnues à son époque. Bien avant l'invention des sous-marins, il avait décrit des …(5)… en vaisseaux sous la mer.

Et, plus d'un siècle avant le voyage d'Apollo 11, il avait raconté en détail le premier voyage des hommes en fusée sur la …(6)…

Un de ses livres les plus …(7)… est *Le Tour du Monde en 80 jours*. Ce livre a inspiré beaucoup de *tourmondistes*; parmi eux, un journaliste qui a pris la même …(8)… et les mêmes moyens de transport que Phileas Fogg avait pris dans le livre.

Mais il y a un voyage qui n'a pas encore été réalisé; personne, jusqu'à présent, n'a voyagé au centre de la …(9)…!

2 Trouvez les paires

1 Il est tombé en sortant du magasin …
2 Ils ont été trempés jusqu'aux os …
3 Elle n'a pas pu trouver son porte-monnaie …
4 Il est arrivé en retard au bureau …
5 Elle a dû entrer par la fenêtre …
6 Ils n'ont pas pu manger au restaurant …

a … parce qu'il n'avait pas entendu son réveil.
b … parce qu'il n'avait pas vu la marche.
c … parce qu'elle avait oublié sa clef.
d … parce qu'il était déjà fermé.
e … parce qu'ils avaient oublié leur parapluie.
f … parce qu'elle avait perdu ses lunettes.

DOSSIER-LANGUE

The pluperfect tense

When you want to describe something that happened in the past, you normally use the perfect tense, but if you want to describe something that **had happened** before then, or before a fixed point in time, that is, further back in the past, then you need to use the **pluperfect tense**. In English, it is translated as '**had done, had opened**', etc.

*Elle **était** déjà **partie** quand je suis arrivé.* — She had already left, when I arrived.
*Je lui **avais dit** que ce n'était pas un bon film, mais il est allé le voir quand même.* — I had told him that it wasn't a good film, but he went to see it anyway.

The pluperfect tense is formed in a similar way to the perfect tense, with two parts: an auxiliary verb and a past participle. The same rules about which verbs take *avoir* and which take *être* and about agreement of the past participle apply to both. But in the pluperfect tense, the auxiliary verb (*avoir* or *être*) is in the imperfect tense.

dire	arriver	
j'avais dit	j'étais arrivé(e)	
tu avais dit	tu étais arrivé(e)	nous étions arrivé(e)s
il/elle/on avait dit	il était arrivé	vous étiez arrivé(e)(s)
nous avions dit	elle était arrivée	ils étaient arrivés
vous aviez dit	on était arrivé(e)(s)	elles étaient arrivées
ils/elles avaient dit		

3 Pas de chance

Complétez les phrases avec le bon verbe au plus-que-parfait.

> commencer oublier prendre recevoir
> sortir tomber

1 J'ai téléphoné à Sophie, mais elle … déjà …
2 Je n'ai pas envoyé de cartes postales, parce que j' … d'acheter des timbres.
3 Je suis arrivé trop tard au cinéma et le film … déjà …
4 Je ne suis pas monté à la Tour Eiffel, parce que l'ascenseur … en panne.
5 Daniel n'a pas téléphoné parce qu'il n' … pas … ma lettre.
6 Je ne suis pas allé au concert, parce que je n' … pas … assez d'argent avec moi.

Now you can …

● understand and use the pluperfect tense

7.6 La presse en France

Point-info

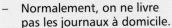

Les journaux

– Un foyer sur quatre achète un quotidien tous les jours. (En Grande-Bretagne, c'est un sur deux.)
– Normalement, on ne livre pas les journaux à domicile.
– Si on a un abonnement, le magazine est livré par la poste.
– La plupart des lecteurs réguliers de quotidiens achètent leur journal dans un kiosque.
– On lit plus régulièrement un quotidien régional qu'un journal national.
– *Le Monde*, *Le Figaro* et *L'Équipe* ont plus de lecteurs que tous les autres quotidiens nationaux. En tête de la liste, *L'Équipe*, un journal sportif, puis *Le Monde*, un journal du soir, assez sérieux, et *Le Figaro* qui est aussi célèbre et qui paraît le matin.

Les magazines

– On lit les magazines plus souvent que les journaux.
– Beaucoup de Français lisent un magazine régulièrement.
– Les magazines de télévision hebdomadaires (surtout *Télé 7 Jours*) sont plus populaires que tous les autres magazines, sauf *Femme Actuelle*.
– Les magazines féminins, comme *Prima* et les magazines sur la santé et sur l'informatique, sont aussi très populaires.
– Chaque magazine est lu plusieurs fois et par plusieurs personnes.

Lexique

La presse	The press
un abonnement	*a subscription*
un hebdo(madaire)	*weekly (paper, etc.)*
un journal	*newspaper*
un journal régional	*local paper*
un lecteur (une lectrice)	*reader*
un magazine	*magazine*
un mensuel	*monthly (magazine, etc.)*
un quotidien	*daily (paper)*
une revue	*magazine*

DOSSIER-LANGUE

The comparative

When comparing things in French, use *plus* + the adjective to say 'more …':

| ***plus** cher* | more expensive, dearer |
| ***plus** facile* | more easy, easier |

Remember to make the adjective agree with the noun it describes:

Cette photo est plus jolie que l'autre.
Les magazines sont, d'habitude, plus chers que les journaux.

You can also make comparisons by using *moins* (less), *aussi* (as) and *pas aussi* (not as/so):

*Il est **moins** cher de regarder les infos à la télé.*
It is **less** expensive to watch the news on TV.
*Ce magazine est **aussi** intéressant **que** l'autre.*
This magazine is **as** interesting **as** the other.
*Ce magazine n'est **pas aussi** intéressant **que** l'autre.*
This magazine is **not as** interesting **as** the other.

Plus, *moins* and *aussi* are also used to make comparisons using adverbs:

*On lit les magazines **plus souvent** que les journaux.*
People read magazines **more often** than newspapers.
*Ils ont **mieux** joué samedi que la semaine dernière.*
They played **better** on Saturday than last week.

1 Plus ou moins?

Complétez ces phrases avec: **plus**, **moins** *ou* **aussi**.

1 En France, … de familles achètent un quotidien qu'en Grande-Bretagne.
2 Les magazines de télévision sont … populaires que les autres revues.
3 *Le Monde* apparaît … fréquemment que *Le Figaro*, mais … tard.
4 Les Français lisent les journaux nationaux … régulièrement que les journaux régionaux.
5 *L'Équipe* est … populaire que tous les autres quotidiens nationaux.
6 Un hebdomadaire sort … souvent qu'un quotidien, mais … souvent qu'un mensuel.
7 En général, les jeunes trouvent que les journaux ne sont pas … intéressants que les magazines.

2 À vous!

Travaillez à deux. Posez des questions et répondez à tour de rôle.

– Est-ce que tu lis un journal de temps en temps?
– Est-ce que tu lis un magazine régulièrement?
– Quels articles trouves-tu les plus intéressants?
  (les informations/le sport/la mode/les articles sur le cinéma/la télé, etc.)

Now you can …

● find out about the French press
● discuss newspapers and magazines

7.7 Qu'est-ce qu'on fait?

1 Si on sortait?

Lisez la publicité. Ensuite, faites les activités a, b et c.

Théâtre

Roméo et Juliette
William Shakespeare
Jours pairs
8–10–14–16–22 avril
Beaucoup de bruit pour rien
William Shakespeare
Jours impairs
9–15–17–21–23 avril
Théâtre du Vésinet
Spectacles musicaux
La Belle et la Bête
en piste et sur glace
un grand spectacle pour toute la famille
Espace Chapiteau St-Denis Stade de France
Loc. 01 48 51 51 51

Ballet de l'Opéra

Casse-noisettes
Ballet en deux actes
Les Étoiles, les Premiers
Danseurs et le Corps de Ballet
Avec la participation des élèves
de l'École de danse
Opéra de Paris – Palais Garnier, place de l'Opéra

Loc. par téléphone de 12h à 18h
(14 jours avant)
Sur place tlj sf dim. de 11h à 18h30
le 14 juillet, matinée gratuite, entrée libre
dans la limite des places disponibles.

Musique

Festival de Musiques Africaines
Théâtre Gérard Philipe
Samedi 20h30
Tarika (Madagascar)
Cinq musiciens sur scène avec une énergie infernale!
Fenoamby (Réunion)
Un des groupes les plus populaires de la Réunion

Musées – Expos

Fête de l'Internet
6, 7 et 8 mars
Cité des Sciences et de l'Industrie
Horaires:
ven. sam. 10h à 18h
dim. de 10h à 19h
Rens. tél. 01 40 05 80 00

Photographies

Yann Arthus-Bertrand:
La Terre Vue du Ciel
Jardin du Luxembourg
Mo RER Luxembourg
Jusqu'au 30 juin.
Tlj de 10h à 19h
Entrée libre

Sports

Piscine
Aquaboulevard
Métro: Balard
Horaires d'été: 9h–23h
(fermetures caisses 21h)
Téléphone: 01.40.60.15.15
Taille bassin: 96 x 33 m (1,80 m)
Accès handicapés: Oui

Rugby
Tournoi des six nations
France–Écosse
4 fév. 15h
Stade de France
Rens./Rés. 0825 30 19 98

a Vous comprenez? Voici des abréviations et des mots raccourcis. Quels sont les mots complets?
Exemple: 1 *location*

1 loc.
2 tlj sf dim.
3 rens.
4 rés.
5 sam.
6 tél.
7 fév.

b Le dictionnaire, c'est utile: trouvez l'anglais.
Exemple: 1 *reservation, booking (in this context)*

1 location
2 entrée libre
3 horaires
4 jusqu'au
5 sur glace
6 sur place
7 jours impairs
8 jours pairs
9 jours fériés

c Des renseignements: consultez les annonces pour trouver les réponses.
Exemple: 1 *Il y a un festival de musiques africaines.*

1 J'aime bien la musique du monde. Qu'est-ce qu'on peut voir?
2 Je voudrais voir une pièce de Shakespeare. Qu'est-ce qu'il y a?
3 On m'a dit qu'il y a une très belle exposition de photos. Comment ça s'appelle?
4 L'exposition, c'est où?
5 Est-ce qu'il faut payer?
6 Moi, j'adore la danse. Qu'est-ce qu'on peut voir?
7 Nous voulons voir le match de rugby. Quel est le numéro de téléphone pour les réservations?
8 Mes amis s'intéressent surtout à l'informatique. Qu'est-ce qu'ils peuvent faire?
9 Je cherche un spectacle pour des enfants de neuf ans. Est-ce qu'il y a quelque chose?

2 🎧 C'est pour un renseignement

Écoutez les conversations au téléphone et notez les détails.

1 **Fête de l'internet**
prix d'entrée: …
réd: …
réservation possible: …
2 **Roméo et Juliette**
prix des places: …
réd: …
horaires: mardi–samedi …
dim. …

3 **Casse-noisettes**
sam. matinée: …
séance du soir: …
places à partir de: …
4 **Aquaboulevard**
dim. ouvert? …
entrée – adultes: …
enfants (–12 ans): …

3 Qu'est-ce qu'on fait?

Travaillez à deux. Lisez les conversations. Ensuite, inventez d'autres conversations.

1 – Alors, qu'est-ce qu'on va faire samedi?
  – Il y a un Festival de Musiques Africaines.
  – Ah non, moi, ça ne me dit pas grand-chose.
  – Qu'est-ce qu'il y a au théâtre?
  – Il y a deux pièces de Shakespeare. Ça t'intéresse?
  – Bof, pas tellement.
  – Moi non plus – il fait trop chaud! J'aimerais mieux faire quelque chose en plein air.
  – On pourrait peut-être aller à l'exposition des photos au jardin du Luxembourg.
  – Bonne idée, on dit que c'est excellent et c'est gratuit, en plus.
  – Où est-ce qu'on se voit?
  – Près du métro à quatre heures, ça va?
  – Oui, entendu! À samedi, alors!

2 – Tu veux faire du bowling ce soir?
  – Euh … je ne sais pas, moi.
  – Ou on pourrait aller à la piscine?
  – Oui, d'accord – à Aquaboulevard, peut-être?
  – Alors, rendez-vous à sept heures devant la piscine. Ça va?
  – Oui, mais disons sept heures et demie.
  – Oui, d'accord. Alors, à ce soir!

On décide quoi faire.
Qu'est-ce qu'on fait?
Tu es libre ce soir?
Qu'est-ce que tu veux faire?
T'as une idée, toi?
Moi, je voudrais …

On propose une activité

Il y a	un concert	ce soir.	On y va?
	une boum	samedi.	Tu veux y aller?
	un match	demain soir.	Tu viens?

Si on allait	en ville?
Qui veut aller	chez Jean-Pierre?
Toi, tu veux aller	au cinéma?

Est-ce que tu veux faire	un pique-nique?
	du bowling?
	un tour à vélo?

Tu préfères regarder	le match de rugby?
	le film à la télé?
	l'émission sur … ?

On pourrait (peut-être)	aller à la piscine.
	aller dans une discothèque.
	aller à l'exposition.
	au musée.

Des idées pour répondre
Bonne idée!
Oui, je veux (je voudrais) bien faire ça.
Oui, allons-y!
D'accord. Super! Excellent! ✔

Ça dépend
Ça m'est égal.
Si tu veux.
Hum! Je ne sais pas, moi.
Ça coûterait combien?
Je ne sais pas si j'ai assez d'argent. ?

Ça me dit pas grand-chose.
Non, j'aimerais mieux faire autre chose.
Non, merci, je ne peux pas.
Je n'ai pas tellement envie.
Je n'ai pas assez d'argent. ✗

On se donne rendez-vous
Quand
Si on se voyait à … heures, ce soir?
Où

Rendez-vous	devant l'église.
	au café.
	à la discothèque.
	chez	moi.
		toi.

Ça va?
Oui, d'accord. À ce soir.
Entendu. À sept heures, alors.
Oui, ça va. À bientôt. ✔

Oui, mais sept heures, c'est un peu tôt, disons sept heures et demie.
Tu ne peux pas venir me chercher chez moi?

Non, pas devant le cinéma,	si on se voyait	au café?
		au théâtre?
		dans le foyer?
		à la station de métro?

4 Que faire?

Écoutez Nicolas et Lucie. Ils discutent d'où ils peuvent aller. Lisez les possibilités et notez la lettre qui correspond à chaque fois.

1 le concert de rock
2 le spectacle musical
3 le film *La Ligne Verte*
4 la piscine
5 la patinoire

a ce n'est pas ouvert
b c'est seulement pour les adultes
c ils n'ont pas de billets
d on décide d'y aller
e il fait trop chaud
f c'est trop cher

5 🎧 📱 Excusez-moi!

a *Trouvez la bonne conversation pour chaque image.*
b *Écoutez les conversations pour vérifier.*
c *Lisez les conversations à deux.*

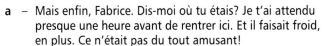

a – Mais enfin, Fabrice. Dis-moi où tu étais? Je t'ai attendu presque une heure avant de rentrer ici. Et il faisait froid, en plus. Ce n'était pas du tout amusant!
– Oui, oui, je sais, Odile. Calme-toi! Ce n'était pas de ma faute. Je suis parti de bonne heure, mais ma voiture est tombée en panne et j'ai dû attendre le mécanicien pendant une heure. J'ai essayé de te laisser un message mais ton répondeur ne marchait pas.

b – Ah vous voilà … enfin! Entrez vite!
– Salut, Lucien! Excusez-nous. Les autres sont déjà arrivés?
– Oui, mais ce n'est pas grave. Heureusement, on n'a pas encore tout mangé!
– Le père de Jean-Marc avait besoin de sa voiture, et nous avons dû prendre un taxi.
– Oui, oui. Ça va! Ne vous en faites pas!

c – C'est Saïd à l'appareil.
– Bonjour, Saïd.
– Excusez-moi, Madame. Voulez-vous dire à Michel que je suis désolé de ne pas être venu ce matin. J'ai dû aller à Tours avec l'équipe de basket.
– Ce n'est pas grave, Saïd. Je vais expliquer à Michel.

d – Excuse-moi, Pierrette. Je suis en retard.
– Ça ne fait rien.
– Je suis vraiment désolée. J'ai manqué l'autobus, tu sais, et j'ai dû venir à pied. Ça fait longtemps que tu attends?
– Non, pas vraiment. Vingt minutes environ. Ne t'en fais pas, ce n'est pas grave!

e – Te voilà enfin. Qu'est-ce qui s'est passé?
– Oh excuse-moi, Emmanuel. Je me suis trompée de chemin. J'avais peur, tu sais!
– Moi aussi, j'avais peur!
– Je suis désolée! Je ne l'ai pas fait exprès.
– Ça va! N'en parlons plus. Allons au café.

Lexique

On s'excuse	**Making excuses**
Pardonnez-moi!/Pardon!	*Forgive me!*
Excuse-moi./Excusez-moi.	*Sorry.*
Je te/vous prie de m'excuser.	*Please excuse me.*
Je suis (vraiment) désolé(e) (de ne pas être venu(e))	*I'm (really) sorry. (that I couldn't come)*
Je ne l'ai pas fait exprès.	*It wasn't intentional./I didn't do it on purpose.*
Ce n'était pas de ma faute.	*It wasn't my fault.*
Ça fait longtemps que tu attends?	*Have you been waiting long?*
J'ai dû (attendre/venir à pied).	*I had to (wait/to come on foot).*

Que dire pour répondre?	**How to reply**
Il n'y a pas de mal.	*No harm done.*
Je vous en prie.	*Never mind.*
Ça ne fait rien./Ce n'est rien.	*It doesn't matter.*
Ne t'en fais pas./Ne vous en faites pas.	*Don't worry.*
Ce n'est pas grave.	*It's not important.*
N'en parlons plus.	*Let's forget it.*
C'est vraiment embêtant.	*It's really annoying.*

Now you can ...

● understand information about events (times, prices, etc.)
● make arrangements to go out
● respond to and decline an invitation, giving reasons
● make excuses and apologise for arriving late or forgetting to do something

7.8 Si on allait au cinéma?

Point-info

Le cinéma

- Les Français aiment le cinéma – surtout les jeunes. Parmi les 15–19 ans, 90% vont au cinéma au moins une fois par an.
- Les Français apprécient beaucoup les films – mais c'est à la télé ou en vidéo qu'ils les regardent le plus souvent! On passe plus de temps à regarder les films à la maison que dans les salles du cinéma.
- Beaucoup de jeunes aiment les films d'horreur, les films de science-fiction avec des effets spéciaux, ou les films policiers (qu'on appelle 'les polars').
- Les films à suspense, les films de guerre, les dessins animés et les films d'espionnage, sont aussi très appréciés. Quand même, dans un sondage récent, on a découvert que pour les jeunes, comme pour les adultes, ce sont les comédies – les films qui font rire – et les films d'aventures qui sont les plus populaires.

Gérard Depardieu est un des acteurs les plus connus en France. Il a joué des rôles dans beaucoup de films, par exemple, le rôle du couturier français dans le film, *Les 102 Dalmatiens*.

Emmanuelle Béart est une des meilleures actrices françaises de nos jours et une des plus célèbres. Elle a joué dans le film *Mission Impossible* avec Tom Cruise.

DOSSIER-LANGUE

The superlative

When you say something is 'the best known', 'the greatest', 'the most popular', etc., you are using a superlative.

The superlative is formed like the comparative but with the addition of *le*, *la* or *les*:

le plus souvent   the most often
un des acteurs les plus connus
one of the best known actors

You use *le*, *la*, *les* and the correct form of the adjective, (masculine, feminine, singular or plural). If the adjective normally goes **before** the noun, the superlative also goes **before** the noun:

C'était son plus grand succès.   It was his **greatest** success.

If the adjective normally goes after the noun, then the superlative also goes after the noun:

Un des métiers du cinéma les plus difficiles est celui de cascadeur.
One of **the most difficult** jobs in the cinema is that of stunt artist.

The most common form of the superlative is *plus* (meaning 'most'), but you can also use *moins* (meaning 'least'):

les choses les moins importantes   the **least important** things

Some other common superlatives are:

le/la (les) meilleur(e)(s)   the best
le/la/(les) moins cher(s)/chère(s)   the least expensive, the cheapest
le plus cher   the most expensive, the dearest
le pire   the worst

The superlative can also be used with adverbs:

Il a couru le plus vite.   He ran the fastest.

> Puis-je réserver le plus tôt possible et payer le plus tard possible et pour le moins cher possible?

1 Le cinéma

Lisez l'article et répondez aux questions:

1 Où est-ce que les Français regardent les films le plus souvent, à la maison ou au cinéma?
2 Quel est l'autre nom pour un film policier?
3 Quels sont les deux genres de film que les Français aiment le plus?
4 Qui est Gérard Depardieu?
5 Emmanuelle Béart, qu'est-ce qu'elle fait dans la vie?

LE FILM AUX 7 CÉSARS

MEILLEUR film français   MEILLEURE musique
MEILLEUR réalisateur   MEILLEUR son
MEILLEUR scénario   MEILLEUR montage
MEILLEUR décor

PROVIDENCE
réalisation de Alain RESNAIS

2 À propos du cinéma

Complétez les phrases avec les mots corrects.
Exemple: 1 *le meilleur film*

1 Le … film que j'ai vu récemment était *Le Seigneur des Anneaux*. (best)
2 Un des métiers les … du cinéma est celui de cascadeur. (most interesting)
3 Les cascadeurs remplacent les acteurs dans des scènes les … (most dangerous)
4 Les films qui font partie de *La Guerre des Étoiles* sont parmi les films de science-fiction les … (most famous)
5 Le film *Titanic* a été un des films les … à faire. (most expensive)
6 Tu as vu le film le … de James Bond? (most recent)
7 Oui, c'était bien, mais à mon avis, ce n'était pas le … film. (best)
8 Léonardo di Caprio et Bruce Willis sont deux des acteurs les … parmi les jeunes. (most popular)
9 J'ai hurlé de rire quand j'ai vu *Chicken Run*. À mon avis, c'est un des films les … (most amusing)
10 Mon ami pense que Jodie Foster est la … actrice américaine. (best)

3 🎧 On décrit des films

Écoutez ce jeu. Chaque participant doit parler d'un film pendant au moins 30 secondes. Ensuite, choisissez les réponses correctes.

1 C'est un film …
   a français   b américain   c franco-allemand
2 C'est un film …
   a d'amour   b comique   c de science-fiction
3 C'est une histoire …
   a romantique   b imaginaire   c vraie
4 Les vedettes sont …
   a des créatures   b un Français et une Française célèbres
   c des personnages de bande dessinée
5 Le participant trouve que le film est …
   a effrayant   b très amusant   c pas très amusant

4 Des films de tous les genres

a *Trouvez la bonne définition de chaque film.*
   Exemple: 1 *C'est un film comique.*

b *Trouvez la bonne description de l'histoire.*
   Exemple: 1 *b*

1 Scary Movie
2 Gladiator
3 Le Sixième Sens
4 La Menace Fantôme
5 Le Roi Lion
6 Le Monde Ne Suffit Pas

Les définitions

C'est un film …   … comique.
                  … d'amour.
                  … d'aventures.
                  … d'épouvante.
                  … historique.
                  … d'horreur.
                  … de science-fiction.

un dessin animé
une comédie
un drame
une superproduction (*blockbuster*)

Les descriptions

a C'est un film avec Russell Crowe et Joaquim Phoenix. Ça se passe à Rome après la mort de l'empereur Marc Aurèle. Son fils Commode, jaloux du prestige du général Maximus, ordonne l'arrestation du général et son exécution. Maximus échappe à ses assassins mais ne peut pas empêcher le massacre de sa famille. Il devient gladiateur et se retrouve face au tyran au Colisée.

b Ce film est une parodie d'un film d'horreur qui s'appelle *Scream*. La plus belle fille du lycée est assassinée alors qu'elle s'installait pour regarder une vidéo. Ses copains de classe découvrent qu'il y a un tueur en série parmi eux. Petit à petit, ils comprennent que le tueur pourrait bien être l'homme qu'ils ont tué par accident l'année précédente à Halloween. C'est un peu effrayant mais c'est surtout très rigolo.

c Ce film raconte l'histoire d'un petit lion dont le père est le roi de tous les animaux. Il a beaucoup d'aventures et de problèmes, mais à la fin du film il devient, lui-même, le roi de la jungle. C'est un film comique, mais quelquefois très touchant.

d C'est le premier film d'une saga interplanétaire inventée par George Lucas. Dans ce film on voit les personnages qui deviendront les héros dans les films qui suivent. Il y a beaucoup d'effets spéciaux dans ce film.

e C'est un film avec Bruce Willis et Hayley Joel. Un psychologue pour enfants est agressé par un de ses anciens patients qui est maintenant adulte. Un an plus tard, le psychologue fait la connaissance d'un garçon de huit ans qui a un secret des plus terrifiants.

f C'est un film de James Bond. Ça se passe à Londres, en Turquie, en Azerbaïdjan, en Espagne, en Écosse et dans les Alpes. Bond affronte Renard, un terroriste qui a une balle dans la tête et qui est un peu fou. Il y a beaucoup d'effets spéciaux et de cascades spectaculaires.

5 Pour décrire un film

Choisissez un film que vous avez vu, au cinéma ou à la télé, et faites-en une petite description.

Pour vous aider

C'est quel genre de film?	Le film se déroule …	Cependant
C'est un film policier/de suspense, etc.	**Qui sont les vedettes?**	Enfin/Finalement …
C'est un drame psychologique.	X et Y jouent dans ce film.	**Votre opinion et vos réflexions**
C'est l'histoire de …	**L'histoire?**	C'est un bon film, émouvant, un peu effrayant, etc.
Où et quand?	Avec beaucoup de difficultés …	
Ça se passe …	Il a beaucoup d'aventures, mais …	

6 À vous!

Travaillez à deux. Posez les questions et répondez à tour de rôle.

– Aimes-tu aller au cinéma?
– Quel est le dernier film que tu as vu?
– Quels genres de film aimes-tu?
– As-tu une vedette de cinéma préférée?
– Quel est le meilleur film que tu as vu?
– Est-ce qu'il y a un film que tu voudrais voir? Pourquoi?

7 Une lettre à écrire

Voici l'extrait d'une lettre d'un(e) ami(e) français(e). Répondez à ses questions et parlez un peu d'un film que vous avez vu récemment.

Aimes-tu le cinéma? Est-ce que tu y vas souvent? Moi, j'y vais presque tous les samedis et je regarde beaucoup de films à la télé.

Quel genre de films aimes-tu le mieux? Moi, j'adore les films d'horreur et j'aime aussi les films comiques.

Le meilleur film que j'ai vu récemment était Le Sixième Sens. C'est un film de suspense. Tu l'as vu? C'est vraiment bien.

Et toi, quel film as-tu vu récemment? Quelles sont tes vedettes favorites?

Est-ce qu'il y a un film que tu voudrais voir? Moi, je voudrais voir Scream, mais ici il est interdit aux moins de 16 ans …

Phrases utiles

Que passe-t-on, Qu'est-ce qu'il y a	comme film	ce soir? cette semaine? au cinéma en ville?

C'est un film français/britannique/américain?	
C'est	doublé? v.o./en version original v.f./en version française? sous-titré?

C'est quand?

La	dernière prochaine	séance commence à quelle heure?
Le film	finit à quelle heure? dure combien de temps?	

Pour acheter un billet

C'est combien	les places, les billets,	s'il vous plaît?
Est-ce qu'il y a une réduction pour étudiants?		
Une place, Deux billets,	s'il vous plaît.	

On discute des films	Talking about films
T'as vu … ?	*Have you seen …?*
Oui, je l'ai vu.	*Yes, I've seen it.*
Non, je ne l'ai pas vu.	*No, I haven't seen it.*
Je voudrais le voir.	*I would like to see it.*
Je n'ai pas envie de le voir.	*I don't want to see it.*
On dit que c'est bien comme film.	*People say it's a good film*
Je n'aime pas les films d'amour/violents/d'aventures.	*I don't like romantic/violent/adventure films.*
Comment l'as-tu trouvé?	*What did you think of it?*
Je l'ai trouvé nul.	*I thought it was rubbish*
Moi, je ne l'ai pas aimé.	*I didn't like it*
C'était bien?	*Was it good?*
C'était …	*It was …*
excellent/super/amusant	*excellent/great/amusing*
marrant (*fam.*)	*funny*
pas mal	*not bad*
rasant (*fam.*)	*boring*
minable (*fam.*)	*pathetic*
Il y avait beaucoup d'effets spéciaux.	*There were lots of special effects.*

8 Au cinéma

*Travaillez à deux. Lisez les conversations. Ensuite, inventez d'autres conversations en changeant les mots en rouge. Pour vous aider, consultez les **Phrases utiles**.*

1 – Que passe-t-on, comme film, ce soir?
– Il y a Billy Elliot.
– C'est quoi, comme film?
– C'est un film britannique. C'est l'histoire d'un garçon qui veut devenir danseur.
– C'est doublé?
– Non, c'est en version originale.
– C'est sous-titré?
– Oui, c'est sous-titré en français.

2 – La prochaine séance commence à quelle heure?
– Ça commence à 18 heures.
– Le film finit à quelle heure?
– À 20 heures.
– C'est combien, les places?
– 5 euros.
– Est-ce qu'il y a une réduction pour étudiants?
– Oui, pour les étudiants, c'est 4 euros.
– Alors, deux places, s'il vous plaît.
– Voilà.
– Merci.

Now you can …

● exchange information and opinions about the cinema and films
● narrate the main features of a film
● make enquiries and buy tickets at the cinema

7.9 Qu'est-ce que vous avez fait?

1 Un bon week-end ou un désastre?

Bethanie a passé un bon week-end, mais pour Dominique, c'était un désastre. Décidez si c'est Béthanie (**B**) ou Dominique (**D**) qui parle.
Exemple: 1 D

1 Samedi, je voulais aller en ville, mais j'ai dû rester à la maison avec ma petite sœur.
2 Samedi soir, je suis allé(e) à un concert de rock. Il y avait beaucoup de monde et l'ambiance était fantastique. C'était excellent.
3 Samedi soir, je devais aller au cinéma avec ma copine, Lucie, mais elle était malade. Alors j'ai regardé un film à la télévision, mais c'était vraiment nul.
4 Dimanche, j'ai joué à un tournoi de tennis. J'ai bien joué et j'ai fini en troisième place.
5 Ensuite, on est tous allés au café. On a bavardé, on a ri, on s'est bien amusés.
6 Dimanche, je suis allé(e) au match de rugby, mais c'était décevant. On n'a pas bien joué et le résultat était match nul.
7 Dimanche soir, j'ai révisé pour un contrôle de maths le lendemain – c'était vraiment ennuyeux.
8 Puis, le soir, j'ai regardé un film à la télévision. C'était un film de science-fiction que j'ai trouvé passionnant.

Quand?
la semaine dernière
récemment
hier
samedi dernier
il n'y a pas longtemps (*not long ago*)

Avec qui?
avec mes amis/copains/ma
famille/mon frère/la famille
de mon ami, etc.

Qu'est-ce que vous avez fait?
J'ai assisté à (un concert, etc.)
Nous sommes allé(e)(s) à …

une pièce de théâtre	en ville
un match de football	au théâtre municipal
un festival de musique	au stade
un film	à l'Odéon
une exposition	en plein air, etc.
un concert	
un grand spectacle	

2 Une lettre

Lisez la lettre. Ensuite, écrivez votre réponse. Vous avez assisté à un événement récemment. Décrivez ce que vous avez fait et vos impressions. Ça peut être vrai ou imaginaire.

La Rochelle, le 17 juillet

Cher Alex,
Je te remercie de ta lettre et du dépliant sur les concerts et les spectacles de l'été.
Je suis en vacances ici, à la Rochelle. Hier soir, avec mon cousin, je suis allé aux 'Francopholies', un festival de musique française. Nous avons assisté à un concert de Claude M'Barali – c'est un chanteur qui fait du rap. C'était excellent. Il y avait beaucoup de monde et une ambiance fantastique. C'était vraiment super!
Connais-tu ce chanteur?
As-tu assisté à un de ces grands concerts dans un stade?
À bientôt,
Dominique

C'était quoi?

Un match de football
C'était Manchester United contre Huddersfield Town.
Town a battu United 5 à 1.
X a marqué 3 buts.
Le résultat était match nul.

Une pièce/Un spectacle
C'était une comédie/une tragédie/un drame psychologique/un spectacle musical
C'est l'histoire de …
Il s'agit de …
Le héros (L'héroïne) s'appelle …
Ça se passe …
À la fin/Finalement …

Un concert
C'était un concert de musique classique/pop/rock/de jazz, etc.
Le groupe principal était …
La vedette/Le star était …
Il y avait (Il n'y avait pas) beaucoup de monde.
Il y avait une bonne ambiance.
Comme souvenir, j'ai acheté le programme/un T-shirt/un CD.

Vos impressions
C'était vraiment bien/super/génial/cool/excellent.
À mon avis, c'était décevant/nul/ennuyeux/pas mal/intéressant.
J'étais un peu déçu(e).
Je l'ai trouvé nul.
Moi, je ne l'ai pas aimé.

3 🎧 Le week-end dernier

Écoutez et complétez les phrases.

Laurent et Julie
1 Laurent a joué un match de …
2 Son équipe n'a pas …
3 Dimanche, il est allé au match de …
4 Julie est allée au …
5 Elle a vu une …
6 À son avis, c'était …

a	assez bien
b	excellent
c	football
d	gagné
e	comédie
f	théâtre
g	cinéma
h	basket
i	pièce de Shakespeare

Daniel et Élodie
1 Daniel a participé à la Fête de la …
2 Il a peint la Seine et les …
3 On a vendu des peintures pour gagner de l'argent pour une cause …
4 Élodie est allée voir un …
5 Elle l'a trouvé très …
6 À son avis, l'acteur qui jouait le rôle principal jouait …

a	bateaux
b	émouvant
c	film
d	humanitaire
e	peinture
f	très bien
g	musique
h	amusant
i	match

William Shakespeare
Macbeth
À 20h 30 les 5, 6, 7, 8 septembre

Prix des places de €10 à €25
Tarif dernière minute moins de 27ans: €9

SAM. 26 MAI
20H30
SPORTING D'ESTE
AVEC
MOQUETTE SHOW
57, Route de Bayonn
Tél. 05 59 62

LE MATCH DU MAINTIEN
République
OPTIQUE du GOLF   Saint-Maclou LESCAR   PEUGEOT PALOISE AUTOMOBILE   GROUPAMA

Now you can …
● give an account of an event or performance in the past

SOMMAIRE

Now you can …
1 exchange information and preferences about leisure activities and talk about using the Internet
2 exchange information and opinions about radio and music
3 exchange information and opinions about sport and sporting events; understand and use some common adverbs
4 exchange information and opinions about reading and describe the main features of a book
5 understand and use the pluperfect tense
6 find out about the French press and discuss newspapers and magazines
7 understand information about events (times, prices, etc.); make arrangements to go out; respond to and decline an invitation, giving reasons; make excuses and apologise for arriving late or forgetting to do something
8 exchange information and opinions about the cinema and films; narrate the main features of a film; make enquiries and buy tickets at the cinema
9 give an account of an event or performance in the past

For your reference:

unité 8

Nouveaux horizons

8.1 À propos des vacances

Point-info

La France, pays de vacances

- La France, avec sa variété de paysages et sa richesse culturelle, est le pays le plus visité du monde devant les États-Unis et l'Espagne.
- Plus de 50 millions de touristes étrangers visitent la France chaque année. Les plus nombreux sont les Allemands, puis les Britanniques, les Italiens, les Belges, les Suisses, et les Néerlandais.
- Beaucoup de Français préfèrent passer leurs vacances en France plutôt que d'aller à l'étranger.
- La France est un des pays qui a le plus grand nombre de jours fériés (11–12). Souvent, les magasins sont fermés et il y a beaucoup de circulation sur les routes ces jours-là.

1 🎧 Pourquoi partir en vacances?

Soleil, repos, découverte – quel est pour vous le principal but des vacances? Voilà la question qu'on a posée aux Français dans la rue. Écoutez les conversations et notez les conditions mentionnées par chaque personne.

Exemple: 1 *a*

a avoir du beau temps
b se reposer
c passer du temps avec la famille/des amis
d se dépayser
e se faire bronzer
f rencontrer de nouvelles personnes
g lire
h faire du sport
i bien manger, bien boire
j visiter des monuments, des musées, des expositions
k autre chose

2 👤 À vous!

Travaillez à deux. Faites une liste des choses qui sont importantes ou pas importantes pour vous.
Exemples:

> Pour moi, c'est important d'être au bord de la mer ou d'un lac parce que j'adore nager et faire de la planche à voile.

> J'aime aller dans un endroit où on organise des activités pour des jeunes.

> Et moi, je n'aime pas beaucoup les pays chauds – c'est trop fatigant.

> Les musées et les monuments, tout ça ne m'intéresse pas beaucoup.

Lexique

Des vacances	Holidays
à l'étranger	abroad
aménagé	equipped
animé	lively
se faire bronzer	to get a suntan
un chantier	workcamp
un circuit	tour
une croisière	cruise
se baigner	to bathe, swim
se dépayser	to get away from it all
inclus	included
l'hébergement (m)	lodgings, accommodation
le logement	accommodation
la mer	sea
nager	to swim
le paysage	countryside
la plage	beach
une randonnée	walk in countryside, ramble
le sable	sand
un séjour	stay
un stage	course

3 🎧 On parle des vacances

Écoutez et lisez la discussion. Ensuite, faites les activités.

1 – Djamel, qu'est-ce que tu fais généralement pendant les vacances?

– Je passe mes vacances au Maroc avec mes parents. Nous allons chez mes grands-parents. Ils habitent à Marrakech. C'est bien parce que c'est au bord de la mer. J'adore y aller parce que j'aime nager. Il fait beau et il y a de belles plages. Mais on va toujours au même endroit. Ce serait bien de changer un peu et de voir quelque chose de différent.

2 – Et toi, Élodie, est-ce que tu vas à l'étranger aussi?

– Non, normalement, nous restons en France. Mes parents louent un appartement dans les Alpes. J'aime bien être à la montagne et on peut faire beaucoup d'activités, comme des randonnées à VTT, du canoë-kayak et de l'escalade.

– Ça doit être bien.

– Oui, pour les activités sportives, c'est très bien, mais il n'y a pas beaucoup de choses à faire le soir. Il n'y a pas de discothèque, ni de cinéma.

3 – Et toi, Jonathan, tu préfères passer les vacances à l'étranger ou rester ici, en France?

– Moi, je préfère aller à l'étranger. Normalement, nous allons en Italie ou en Grèce.

– Ça doit être intéressant, non?

– Oui et non. J'aime bien ces pays et il fait toujours beau, mais mes parents aiment visiter beaucoup de monuments et de musées et ça ne m'intéresse pas. Moi, j'aimerais mieux rester sur la plage.

– Tu aimes aussi faire autre chose?

– Oui, j'aime faire des photos.

4 – Stéphanie, tu pars en vacances avec tes parents?

– Oui, normalement, mais cette année, on ne part pas en famille. Alors, moi, je vais faire un camp d'adolescents avec une amie. Nous allons en Bretagne.

– Ça sera amusant, non?

– Oui, j'espère bien que oui. On va faire beaucoup d'activités – de la voile, de la planche à voile, de l'équitation, etc. Ça devrait être bien, mais le beau temps n'est pas garanti. Il pleut assez souvent en Bretagne et faire du camping sous la pluie, ce n'est pas très agréable!

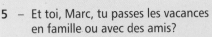

5 – Et toi, Marc, tu passes les vacances en famille ou avec des amis?

– Normalement, je passe mes vacances avec ma famille, mais l'année dernière, je suis parti avec un copain dans les Pyrénées. C'était un voyage organisé et on a logé dans des auberges de jeunesse.

– Ça s'est bien passé?

– Oui, en général, c'était bien, mais les repas n'étaient pas toujours bons.

– Alors, qu'est-ce que tu préfères – les vacances en famille ou avec des amis?

– J'aime bien mes parents et on a passé de bonnes vacances ensemble. Mais c'était amusant de partir avec un copain et d'être un peu plus indépendant.

---

a *Trouvez la phrase qui exprime le mieux l'opinion de chaque personne. (Vous n'aurez pas besoin de toutes les phrases.)*
Exemple: 1 *e*

a On peut faire beaucoup de sport, mais le soir, c'est un peu trop calme.

b Je n'aime pas les mêmes activités que mes parents.

c Ça sera probablement bien, mais j'espère qu'il ne fera pas trop mauvais.

d J'aime partir aves mes amis parce qu'on est plus indépendant et on s'amuse bien.

e J'aimerais faire quelque chose de différent.

f Je ne suis jamais allé(e) à l'étranger, mais je voudrais bien visiter la Grèce.

b *Pour chaque personne, notez ce qu'il y a de positif et de négatif.*

Exemple:	*positif* ☺	*négatif* ☹
1	*il fait beau au bord de la mer*	*toujours le même endroit*

4 🖼 À vous!

a *Travaillez à deux. Posez des questions et répondez à tour de rôle.*

– Où aimes-tu passer les vacances?

– Qu'est-ce que tu fais généralement pendant les vacances?

– Quel genre de vacances préfères-tu? (*J'aime bien les vacances au bord de la mer/à la campagne/à la montagne*, etc.)

– Qu'est-ce que tu aimes faire comme activités? (*J'aime faire du VTT/jouer au tennis/aller à la pêche*, etc.)

– Tu préfères passer les vacances en famille ou avec des amis? Pourquoi?

– Est-ce que tu es déjà allé(e) à l'étranger? Où ça?

– Tu préfères passer les vacances à l'étranger ou ici?

b *Écrivez un paragraphe sur les vacances et vos préférences.*

Now you can ...

● exchange information and opinions about different types of holiday
● state your own preferences: location, activities, holidays with parents or with friends, etc.

8.2 Projets de vacances

1 🎧 Vous partez en vacances?

On demande aux gens s'ils partiront en vacances cette année. Écoutez et notez si c'est 'oui' (✔) ou 'non' (✗).
Si oui, indiquez laquelle de ces destinations on va visiter.
Exemple: 1 ✔ b

a

Expédition au Sénégal

Un circuit de 17 jours dans un pays musulman de l'Afrique Noire.

En utilisant la formule 4 x 4 et bivouac, ce circuit offre la possibilité de découvrir la vraie brousse de Sénégal. Le groupe de 5 à 14 personnes sera accompagné par un guide sénégalais parlant les différents dialectes des régions traversées. Pour la réserve du Niokolo Koba (singes, buffles, antilopes, hippopotames . . .), un guide spécialisé sera pris sur place.

Transport par avion: Paris – Dakar

Transport en 4 x 4 durant tout le circuit

Hébergement en bivouac ou tentes
+ deux nuits d'hôtel

b

MAROC – LES VILLES IMPÉRIALES

Le Maroc, pays de contrastes. Nous sommes en Afrique, en terre d'Islam et on y parle français – ce qui crée un univers à la fois familier et dépaysant.

Suivez la route des villes impériales du sud au nord: Marrakech, Casablanca, Rabat, Meknès, Fès – vous découvrirez tous les aspects fascinants du Maroc.

Un circuit de huit jours en car avec demi-pension et logement en hôtels simples trois étoiles.

3 Voilà pourquoi

Trouvez les paires.

1 Nous partons en Guadeloupe . . .
2 Cet été, nous allons au Sénégal . . .
3 Moi, je vais à la Réunion . . .
4 Je pars au Maroc . . .

a parce que je voudrais découvrir un pays très différent et visiter des villes historiques.
b parce que j'aime la randonnée à la montagne et j'aimerais voir des paysages exceptionnels.
c parce que mon fils et moi, nous avons toujours voulu voir des animaux sauvages en liberté.
d parce que mon mari adore les bons hôtels, ma fille se passionne pour la plongée sous-marine, mon fils ne pense qu'à manger et moi, j'ai toujours voulu voir les Antilles.

2 Idées vacances

Lisez les détails des vacances pour trouver . . .
1 une langue; une ville en Afrique; une nationalité
2 deux pays francophones; deux îles
3 trois animaux; trois mots pour décrire le paysage
4 quatre sports

c

La Guadeloupe *– le bien être aux Antilles*

15 jours
Hôtel La Belle Créole
Situation: À deux minutes de la plage, à 9 km de l'aéroport.

Un hôtel trois étoiles avec piscine, discothèque et boutique. Toutes les chambres sont climatisées et disposent d'une salle de bains, du téléphone, de la télévision et d'un minibar.

Vous aurez la possibilité de pratiquer de nombreux sports gratuitement: piscine, tennis, volley-ball, ping-pong, pétanque, une heure par jour de planche à voile, putting, initiation à la plongée sous-marine (en piscine).

Possibilité de faire une croisière aux autres îles.

d

La Réunion – circuit aventure

Une semaine

Organisée en collaboration avec la 'Maison de la Montagne de la Réunion', une randonnée qui s'adresse à de bons marcheurs en bonne forme physique; formule idéale pour bien connaître l'île de la Réunion et ses paysages fantastiques (forêts, montagnes, cirques, et volcans). Hors des routes et sentiers battus, vous découvrirez les sites les plus impressionnants.
Hébergement en gîtes.

4 Et pour moi

a *Choisissez le voyage qui vous intéresse le plus et notez ces détails en français.*
a la destination
b la durée
c l'hébergement
d une activité
Exemple: a *la Réunion* **b** *une semaine* **c** *un gîte*, etc.

b *Expliquez pourquoi vous avez choisi ce voyage.*

The future tense

Regular verbs form the future tense from the infinitive:

loger	je logerai
partir	on partira
prendre	nous prendrons

The future endings are the same for all verbs:
-ai, -as, -a, -ons, -ez, -ent.

Some common irregular verbs are:

aller	j'**irai**	I'll go
avoir	j'**aurai**	I'll have
être	je **serai**	I'll be
faire	je **ferai**	I'll do
pouvoir	je **pourrai**	I'll be able to

5 Des vacances de neige

Choisissez le bon verbe et écrivez-le au futur pour compléter le message.

Exemple: 1 *tu partiras*

aller avoir être faire partir pouvoir faire prendre

Est-ce que tu …**(1)**… en vacances en février? Moi, je …**(2)**… du ski avec le club des jeunes. Nous …**(3)**… dans les Alpes pendant une semaine. Nous …**(4)**… le car de Paris à Avoriaz. J'espère qu'il y …**(5)**… beaucoup de neige, mais qu'il ne …**(6)**… pas trop froid. Nous …**(7)**… près de la frontière suisse, alors nous …**(8)**… faire du ski en Suisse aussi.

6 Un voyage à conséquences

Écrivez sur une feuille:

1 la destination
2 les personnes (la famille, des amis)
3 le mois
4 la durée
5 le logement (à l'hôtel, en bateau)
6 le transport
7 un sport ou une activité

Maintenant, inventez des conversations.

Exemple:

– Où iras-tu en vacances cette année?
– En Guadeloupe.
– Avec qui?
– Avec ma famille.
– Quand partirez-vous?
– En avril.
– Pour combien de temps?
– Trois semaines.
– Et où logerez-vous?
– À l'hôtel.
– Vous prendrez l'avion?
– Non, on prendra le bateau.
– Qu'est-ce que vous ferez pendant les vacances?
– Nous ferons de la voile.

la Guadeloupe

la famille

avril

trois semaines

l'hôtel

le bateau

la voile

7 Des vacances de rêve

Écoutez ces personnes qui parlent de leurs vacances de rêve. Trouvez les mots qui manquent.

1 Magali

bateau   croisière   mois   pays   piscine

– Magali, pourrais-tu nous décrire tes vacances de rêve?
– Mes vacances de rêve, ce serait une …**(1)**… autour du monde. Ce serait à bord d'un grand …**(2)**… avec une superbe vue sur l'océan. Et il y aurait tous les conforts – une belle …**(3)**…, de bons restaurants, etc. Et on ferait des escales dans les principaux …**(4)**…, comme la Chine, le Japon, l'Amérique.
– Et tu partirais combien de temps en croisière?
– Trois …**(5)**… Oui, ça serait parfait.

2 André

bars   Espagne   mer   natation   plage   soir   soleil

Alors, pour moi, les vacances idéales seraient des vacances au …**(1)**…, là où il fait chaud, avec la …**(2)**…, la …**(3)**…, des vagues. Comme ça, le jour, je pourrais faire de la planche à voile ou de la …**(4)**…; et le soir, je pourrais sortir dans les …**(5)**… et dans les discothèques. Ça pourrait être en …**(6)**… ou au Portugal. Le matin, je dormirais tard; l'après-midi, j'irais à la plage et le …**(7)**… , je sortirais avec mes amis.

3 Dominique

avion   croisière   Égypte   île   mois   part
plage   quatre   grande

Dominique voudrait visiter plusieurs pays, particulièrement l'…**(1)**…, l'Australie, et il voudrait terminer ses vacances sur une …**(2)**… des Antilles. Il aimerait partir de trois à …**(3)**… mois. Pour commencer, il prendrait l'…**(4)**… jusqu'au Caire et il irait voir les Pyramides. Puis il ferait une …**(5)**… sur le Nil pour visiter les temples anciens et prendre des photos. Il passerait un …**(6)**… en Australie. Puis il irait en Guadeloupe pour se reposer sur la …**(7)**… . Malheureusement, il y a une …**(8)**… différence entre ces vacances de rêve et les vacances qu'il va passer cet été parce que cet été, il ne …**(9)**… pas!

Des vacances de neige à rêver

Je voudrais . . .

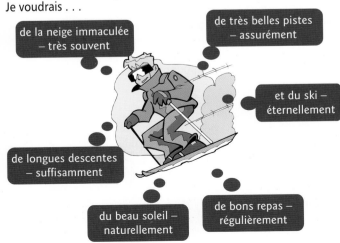

de la neige immaculée – très souvent

de très belles pistes – assurément

et du ski – éternellement

de longues descentes – suffisamment

du beau soleil – naturellement

de bons repas – régulièrement

8 Des expressions utiles

Trouvez les paires.

1 Je pourrais.
2 Ça serait parfait.
3 J'irais.
4 Il y aurait.
5 Je ferais un gâteau si j'avais le temps.
6 Ce serait bien si on pouvait faire ça.
7 Où voudrais-tu aller?
8 Tu aimerais faire beaucoup de changements?

a *There would be.*
b *I would make a cake if I had the time.*
c *Would you like to make a lot of changes?*
d *It would be good if we could do that.*
e *That would be perfect.*
f *Where would you like to go?*
g *I could.*
h *I would go.*

9 Un week-end idéal

Complétez le texte avec les verbes au conditionnel. Les verbes irréguliers sont en gras.

a Un week-end à l'étranger
Je (**1** passer) le week-end à Bruxelles avec des copains. On (**2** prendre) l'Eurostar et on (**3** voyager) en première classe, bien sûr. Nous (**4** loger) dans un très bon hôtel au centre-ville. Pendant le week-end, on (**5** visiter) une chocolaterie où on fabrique des chocolats belges et bien sûr, on en (**6** manger). Nous (**7** aller) dans de bons restaurants et nous (**8** goûter) aux plats typiques du pays. On (**9 faire**) du shopping et j'(**10** acheter) des cadeaux pour ma famille, mes amis et moi.

b Un week-end chez moi
Mon week-end idéal (**1 être**) un long week-end, bien sûr. Ça (**2 commencer**) le vendredi après-midi. Le soir, je (**3 sortir**) avec mes amis. Nous (**4 aller**) à la pizzeria. Samedi, il (**5 faire**) un temps splendide. Je (**6 faire**) de la voile sur le lac. Je (**7** manger) mon repas favori. Puis, le soir, j'(**8 aller**) au cinéma avec des amis. Ensuite, je (**9 vouloir**) aller en discothèque. Dimanche, je (**10 faire**) la grasse matinée. L'après-midi, j'(**11 aller**) au stade pour voir un match de football. Et bien sûr, ce (**12 être**) un très bon match et mon équipe favorite (**13** gagner). Après, je (**14** prendre) un taxi pour rentrer chez moi.

Now you can ...
- discuss future holiday plans
- describe an ideal holiday or weekend, using the conditional tense
- understand information about French-speaking countries

DOSSIER-LANGUE

The conditional tense

When you want to say what you **would** do or what **might** or **could** happen, use the conditional tense. You have already been using this tense in the following expressions:

je voudrais	I would like	*on pourrait*	one/we could
j'aimerais	I would like	*ce serait*	it would be

The conditional tense is quite easy to form: it's a mixture of the future tense (which forms the stem) and the imperfect tense (which gives the endings).

future tense		conditional tense	
j'aimerai	I will like	*j'aimerais*	I should like
tu aimeras	you will like	*tu aimerais*	you would like
il/elle/ on aimera	he/she/ one will like	*il/elle/ on aimerait*	he/she/ one would like
nous aimerons	we will like	*nous aimerions*	we would like
vous aimerez	you will like	*vous aimeriez*	you would like
ils/elles aimeront	they will like	*ils/elles aimeraient*	they would like

10 À vous!

Écrivez trois choses que vous voudriez faire pendant un week-end idéal.

Voici des idées:
- voyager avec mon équipe favorite quand elle a un match en Europe, aller dans le car spécial pour les 'fans', avoir de très bonnes places pour le match
- commencer à apprendre à piloter un avion ou un hélicoptère et survoler ma propre maison.
- passer la journée dans un sous-marin/un studio de la télé/avec un pilote de course, etc.

11 Mes vacances idéales

Si vous aviez beaucoup d'argent, où voudriez-vous aller et pourquoi?
Exemple: *Je voudrais aller au Québec pour découvrir la nature, les forêts, les lacs et parce que je n'aime pas les grandes villes.*

Pour vous aider

Destination	Pourquoi
L'Égypte	pour voir les Pyramides, pour faire une croisière sur le Nil, pour visiter les monuments historiques
New York (aux États-Unis)	pour voir la Statue de la Liberté, pour faire des achats, pour visiter les musées
Le Kenya	pour faire un safari, pour voir des animaux sauvages, pour faire des photos

8.3 Des renseignements touristiques

1 🎧 À l'office de tourisme

Écoutez les touristes à l'office de tourisme. Notez la lettre pour le dépliant qui correspond.

Exemple: 1 *c*

a musées et monuments historiques

b Hôtels, Chambres d'hôte, Gîtes

c À voir en ville

d CYCL'O MAR LOCATION
LOCATION DE BICYCLETTES

e Visites de la région

f Aquarive

g spectacle tous les samedis à partir de 21h00

h

2 C'est à vous

Posez une question pour chaque image.

Exemple: a *Est-ce que vous avez une liste des musées?*

Lexique

À l'office de tourisme	At the tourist office
une brochure sur la région	a brochure about the region
un dépliant sur la ville	a leaflet about the town
un horaire des bus/trains	a bus/train timetable
une liste …	a list of …
des excursions en car *(f pl)*	coach excursions
des hôtels	hotels
des monuments principaux	main sights
des musées	museums
des restaurants	restaurants
des terrains de camping	campsites
un plan de la ville	a town plan
des renseignements *(m pl)*	information
un syndicat d'initiative	tourist office

3 Des questions et des réponses

Trouvez les paires.

Exemple: 1 *g*

1 Est-ce qu'on peut faire des excursions en car?
2 Pouvez-vous me donner une petite documentation sur la ville, s'il vous plaît?
3 Qu'est-ce qu'on peut faire ici, le soir?
4 Est-ce que vous faites des visites guidées de la ville?
5 Qu'est-ce qu'il y a ici pour les enfants?
6 Quand est-ce que le château est ouvert?
7 Est-ce qu'on peut y aller en bus?
8 Est-ce qu'on peut louer des vélos quelque part?
9 Pouvez-vous nous recommander un restaurant?

a Non, mais on peut vous louer une visite audio-guidée du centre-ville si ça vous intéresse.
b On ne peut pas faire de recommandations mais voilà une liste des restaurants en ville.
c Oui, prenez l'autobus numéro 5 en face de la gare.
d Il y a deux cinémas en ville et le vendredi et le samedi, il y a un spectacle 'son et lumière' au château.
e Oui, vous pouvez louer des bicyclettes à la gare SNCF.
f Il y a deux piscines et un parc d'attractions.
g Oui, voilà une liste des excursions avec tous les détails.
h Il est ouvert tous les jours, sauf le lundi de 10 heures à 18 heures.
i Voilà un plan de la ville avec des détails des principales curiosités.

4 Une lettre à l'office de tourisme

Vous organisez des vacances en France cette année et vous avez besoin de la documentation touristique. Écrivez une de ces lettres.

1 Vous allez à Saint-Malo. (Office de Tourisme, Port des Yachts, 35400 Saint-Malo)
Vous voulez:

Vous voulez savoir en plus … excursions en car? activités sportives?

2 Vous allez à Montpellier. (Office de tourisme, Allée du Tourisme, Triangle-Comédie, 34000 Montpellier)
Vous voulez: des renseignements touristiques

Vous voulez savoir en plus … fêtes en août? vélos?

Pour vous aider

(L'adresse)
(la date)

Monsieur/Madame,

Je voudrais passer des vacances dans le Val de Loire cet été. Voulez-vous être assez aimable pour m'envoyer les renseignements suivants:

– une liste des hôtels et des restaurants
– une liste des principaux musées
– des brochures sur la région

Je voudrais savoir en plus …
– si on organise des excursions en car.
– si on peut faire des activités sportives dans la ville
– si on peut louer des vélos
– s'il y a des fêtes régionales au mois d'août.

Je vous prie d'agréer, Monsieur/Madame, l'expression de mes sentiments distingués,

(S. Hughes)

5 🎧 Des idées loisirs

Écoutez les annonces et notez les détails pour chaque visite.
a quand?   b départ? (heure et lieu)   c 2 autres détails

1 Au parc Astérix
2 Au Mont Saint-Michel
3 Au Futuroscope
4 À Versailles

6 Vacances en Bretagne

a *Trouvez le bon texte pour chaque image.*

Suivez l'itinéraire tonique

1 des bottes
2 des chaussures de golf
3 des tennis
4 des sandales
5 des chaussures de cyclisme
6 des chaussures solides
7 des chaussures de voile
8 des bottes

a La Bretagne, c'est le rendez-vous des randonneurs.
b Pour aller plus loin, mettez vos bottes et partez à cheval.
c Si vous êtes fana de la petite reine, venez découvrir son royaume dans la région du cyclotourisme.
d Mettez vos bottes pour faire de la voile ou aller à la pêche. Il y a la pêche en mer mais aussi en rivière.
e On trouve des courts de tennis partout en Bretagne.
f N'oubliez pas vos chaussures à 18 trous: il y a des golfs magnifiques.
g Vous voulez marcher sur les planches? Participez au spectacle en faisant de la planche à voile.
h Ici, il y a des vacances pour toutes les pointures. Enfants et adultes, venez découvrir nos plages de sable fin.

b *Complétez le texte avec les mots suivants:*

cartes   chemins   pas   la documentation touristique
bronzer   faire   sports   canaux   vacances

Passez vos …(1)… dans une région où tous les …(2)… mènent aux …(3)… que vous aimez pratiquer – que vous désirez vous …(4)… sur le sable fin, …(5)… de la voile, naviguer sur les …(6)… ou flâner en roulotte. Faites le premier …(7)…, contactez-nous. Nous avons des …(8)… et de …(9)… pour vous aider à préparer vos vacances.

c *Faites une liste de tous les sports indiqués dans la publicité.*

Now you can …
● give and seek information about a region, town or area, including lists of hotels, restaurants
● understand information about visits and tourist facilities

8.4 À l'hôtel

1 Hôtels au choix

On trouve des hôtels de toutes sortes et à tous les prix. Pour trouver un hôtel qui vous convient, vous pouvez consulter des sites Internet, les listes d'hôtels de l'office de tourisme ou les guides de voyage. Avec plus de 2000 hôtels à Paris et en Île de France, vous avez vraiment le choix.

Voici les détails de quatre hôtels dans la région parisienne. Lisez les détails et faites l'activité.

HOTEL DE L'ARCADE PARIS ★★★

Historique Chambres Salles de réunion Services Visiter Paris Accès Tarifs Réservation

Pour les amoureux d'une élégance discrète et d'un service personnalisé, un Hôtel de Charme en plein cœur de Paris, à quelques minutes de La Madeleine, de l'Opéra et de la Place de la Concorde.

Découvrez également notre Hôtel Bedford Paris !

9, rue de l'Arcade, Paris 8e, France - Tél. : (+33) 1 53 30 60 00 - Fax : (+33) 1 40 07 03 07 e - m a i l

a Hôtel Sofitel ★★★★
RER Roissy – Aéroport Charles-de-Gaulle
352 chambres toutes avec salle de bains, douche et WC, téléphone, télévision, minibar dans la chambre, air conditionné, piscine, bar, restaurant, ascenseur, parking, garage, salle de réunion, animaux admis, aménagements pour handicapés.
Principales cartes de crédit acceptées
Tarif: €150–200
Petit déjeuner: €16

b Hôtel des Arènes ★★★
5e arrondissement
M Place Monge
49 chambres toutes avec douche ou salle de bains, téléphone, télévision, minibar dans la chambre, parking, bar, ascenseur, aménagements pour handicapés.
Principales cartes de crédit acceptées
Tarif: €65–100
Petit déjeuner: €10

c Hotel Ibis ★★
RER Pont de Rungis – Aéroport d'Orly
299 chambres toutes avec salle de bains, douche et WC, téléphone, télévision, bar, ascenseur, parking, garage, salle de réunion, animaux admis, aménagements pour handicapés.
Restaurant: pension, demi-pension
Principales cartes de crédit acceptées
Tarif: €65
Petit déjeuner: €6

d Grand Hôtel Jeanne d'Arc ★★
4e arrondissement
M St Paul
36 chambres toutes avec douche ou salle de bains, téléphone, télévision, ascenseur, animaux acceptés.
Tarif: €45–65
Petit déjeuner: €5

Choisissez un hôtel qui convient à ces clients.

1 Mme Maurice voyage de Montréal à Paris. Elle va arriver à l'aéroport Charles-de-Gaulle tard dans la journée, donc elle veut un hôtel tout près.

2 Kévin Dubois n'aime pas dépenser trop d'argent. Il cherche un hôtel à prix modeste au centre de Paris. Il veut emmener son chien avec lui.

3 Suzanne et Paul Johnson vont à Paris pour le week-end. Ils veulent être au centre de Paris dans un hôtel qui a un bar ou un restaurant.

4 Juan Gonzalez et ses collègues voyagent à Paris pour une réunion franco-espagnole. Il cherche un hôtel près de l'aéroport d'Orly. L'hôtel doit avoir au moins 40 chambres, une salle de réunion et des aménagements pour handicapés.

5 Sigrid Schaudi cherche un hôtel avec au moins 100 chambres pour une délégation allemande. L'hôtel doit avoir des aménagements pour handicapés, une salle de réunion et, si possible, une piscine ou une salle de remise en forme.

Lexique

À l'hôtel	At an hotel
animaux acceptés	animals accepted
un ascenseur	lift
un bar	bar
cartes de crédit acceptées	credit cards accepted
une chambre avec cabinet de toilette	room with washing facilities
une chambre avec douche	room with a shower
une chambre avec salle de bains	room with a bath
DP la demi-pension	half-board
aménagements pour handicapés	facilities for physically handicapped
un garage	garage
un golf	golf course
un jardin	garden
un minibar	minibar
un parking	car park
PENSION la pension complète	full board
le petit déjeuner	breakfast
une piscine	swimming pool
un restaurant	restaurant
le téléphone direct	direct-line telephone
le tennis	tennis court
des salles de réunion	conference rooms
une vue sur mer	sea view

2 🎧 On téléphone à l'hôtel

Écoutez les quatre messages et notez les détails.

a Nombre de chambres: …
b Nombre de nuits: …
c Nombre de personnes: …
d Date d'arrivée: …
e Autres détails: …
f Nom: …
g Numéro de téléphone: …

3 🎧 Pour trouver l'hôtel

Écoutez et complétez les directions.

1 Pour trouver l'hôtel, il faut prendre la sortie numéro … Au rond-point, il faut tourner à … L'hôtel se trouve à …, en face du … Le parking se trouve … l'hôtel.
2 Il faut suivre les directions jusqu'au … Puis au carrefour, il faut tourner à … On continue tout droit et l'hôtel est à …, en face d'une …
3 Du centre-ville, il faut prendre la direction du … Aux feux, on continue tout droit et c'est la … rue à gauche. L'hôtel est au … de la rue.

4 📱 On fait des réservations

Lisez la conversation, puis changez les mots en couleur pour inventer d'autres conversations.

– Je voudrais réserver une chambre pour une personne pour le 5 avril.
– Oui, c'est pour combien de nuits?
– Deux nuits.
– Oui, nous avons une chambre avec douche.
– C'est à quel prix?
– C'est à €55, taxes et service compris.
– Avez-vous quelque chose de moins cher?
– Oui, nous avons une autre chambre avec cabinet de toilette à €45.
– Bon, je prendrai celle-là. Merci.
– C'est à quel nom?
– Dublanc.
– Pouvez-vous me confirmer la réservation par lettre ou par fax, s'il vous plaît?
– Oui, bien sûr.

une chambre pour une/deux personne(s)
une chambre avec un grand lit/avec deux lits
une autre chambre avec cabinet de toilette à …
une chambre plus petite à …
une autre chambre au troisième étage, etc.

avec salle de bains
avec douche
avec cabinet de toilette

le 15 avril
le 8 mars
le 28 juin, etc.

une/deux nuit(s)
une semaine, etc.

à €64/ €52/ €46, etc.

5 Une lettre à l'hôtel

Écrivez une lettre à l'hôtel pour une de ces personnes.

1 James Norris – il a déjà réservé par téléphone
Dates: 30/1 – 3/2

2 Helen Black – elle veut faire une réservation par lettre/fax
Dates: 29/4 – 3/5

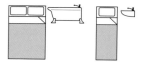

3 Alex Smith – il veut savoir les prix
Dates: 27/6 – 5/7

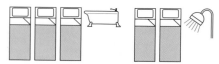

4 Pour vous-même. Chambres et dates au choix!

Exemple:

```
Monsieur/Madame,

Suite à notre conversation au téléphone,
je voudrais confirmer ma réservation de …
Je voudrais réserver …
Pourriez-vous m'indiquer le prix pour
deux chambres pour cinq nuits du 29
juillet au 2 août:
- une chambre à un grand lit pour deux
  personnes avec salle de bains et WC
- une chambre à deux lits avec douche et
  WC

Je vous prie d'agréer, Monsieur/Madame,
l'expression de mes sentiments
distingués.

M Parry
```

Lexique

À l'hôtel	At the hotel
à partir de	*from*
s'adresser à	*to refer to, to report to*
annuler	*to cancel*
les arrhes *(f pl)*	*deposit*
un balcon	*balcony*
un bidet	*bidet*
un cabinet de toilette	*washing facilities*
casser	*to break*
une chambre	*room*
le chauffage central	*central heating*
un cintre	*coat hanger*
une clé/clef	*key*
complet	*full*
une couverture	*blanket*

6 🎧 À la réception d'un hôtel

a Des questions
Écoutez les sept conversations. Il y a du monde à la réception. Quelle image va avec chaque question?
  Exemple: 1 f

b Des problèmes
*Cette fois, on se plaint de quelque chose. Trouvez d'abord l'image qui correspond à chaque conversation, puis décidez si la personne est calme (**C**) ou fâchée (**F**).*
  Exemple: 1 m (C)

---

c
*Maintenant, trouvez l'image qui va avec chaque phrase. Ensuite, écrivez les phrases en deux listes: **des questions**, **des problèmes**.*
  Exemple: 1 a

1 Est-ce qu'il y a un ascenseur?
2 La douche ne marche pas.
3 Mais nous avons réservé une chambre à deux lits et salle de bains.
4 C'est à quelle heure, le dîner, s'il vous plaît?
5 Est-ce qu'il y a un parking à l'hôtel, Madame?
6 Il n'y a pas de serviettes dans notre chambre.
7 Il y a une erreur – nous sommes restés deux nuits, pas trois.
8 Il n'y a pas de savon dans la chambre.
9 La télévision dans la chambre ne marche pas.
10 Il y avait beaucoup de bruit hier et on ne pouvait pas dormir.
11 Le chauffage ne marche pas.
12 L'hôtel ferme à quelle heure, la nuit?
13 Vous acceptez les cartes de crédit?
14 Est-ce que nous pouvons mettre ce paquet dans le coffre?

7 Hôtel du château

Informations générales

1 La réception est ouverte de 7h00 à 23h00.
2 Le petit déjeuner est servi dans le restaurant de 7h00 à 9h30.
   On offre également ce service en chambre à titre gratuit pendant ces heures: téléphonez au 36.
3 L'hôtel n'est responsable que des objets de valeur déposé au coffre de l'hôtel.
4 Le dîner est servi de 19h00 à 21h00 dans le restaurant.
5 La porte d'entrée est fermée à clé à partir de minuit. Si vous allez rentrer plus tard, la deuxième clé sert pour ouvrir la porte principale.
6 Le jour du départ, la chambre doit être libérée à midi.

*Écrivez vrai (**V**) ou faux (**F**).*

1 Si on prend le petit déjeuner dans sa chambre, il faut payer un supplément.
2 On vous conseille de mettre vos objets de valeur dans le coffre.
3 On ne sert pas de repas après neuf heures du soir.
4 Si on rentre après minuit, il faut ouvrir la porte d'entrée soi-même.
5 Le jour du départ, on peut rester dans sa chambre jusqu'à quatorze heures.

Now you can ...
● seek information about hotel accommodation
● make and understand complaints and problems about hotel accommodation

---

Lexique

À l'hôtel	At the hotel
une douche	shower
l'eau chaude *(f)*	hot water
l'eau froide *(f)*	cold water
une erreur	mistake
un escalier	staircase
un étage	storey
un lavabo	washbasin
un lit	bed
marcher	to work (of a machine)
la note	bill
la nuit	night
un oreiller	pillow
un passeport	passport
un reçu	receipt
le rez-de-chaussée	ground floor
le robinet	tap
le savon	soap
une serviette	towel
le tarif	price
les toilettes *(f pl)*	toilets
les WC *(m pl)*	WC

8.5 Et maintenant … la météo

1 🎧 La météo

Avoir du beau temps – c'est ça qui compte pour beaucoup de vacanciers. On consulte souvent la météo à la télévision et dans le journal pour savoir le temps prévu. Les prévisions météorologiques sont souvent représentées par des symboles comme ça.

a soleil/ensoleillé	**b** pluie	**c** ❄ neige
d éclaircie	**e** couvert	**f** brouillard
g nuageux	**h** averses	**i** ↗ vent
j orage		

geler = *to freeze*

Écoutez la météo et notez les lettres qui correspondent.
Exemple: 1 f

1 ce matin
2 cet après-midi
3 demain matin
4 demain après-midi
5 après-demain
6 le week-end

Point-info

La météo sur Internet
Sur le site météo France (www.meteo.fr), on peut consulter des prévisions jusqu'à trois jours sur une sélection de villes du monde entier.
On peut également se renseigner sur le climat de sa destination de vacances.

2 Pour décrire le temps

le passé		le présent	le futur
il faisait beau	il a fait beau	il fait beau	il fera beau
il y avait du soleil	il y a eu du soleil	il y a du soleil	il y aura du soleil
il faisait chaud	il a fait chaud	il fait chaud	il fera chaud
le temps était nuageux	le temps a été nuageux	le temps est nuageux	le temps sera nuageux
il pleuvait	il a plu	il pleut	il pleuvra
le ciel était couvert	le ciel a été couvert	le ciel est couvert	le ciel sera couvert
il neigeait	il a neigé	il neige	il neigera
il y avait du brouillard	il y a eu du brouillard	il y a du brouillard	il y aura du brouillard
il y avait du vent	il y a eu du vent	il y a du vent	il y aura du vent
il faisait froid	il a fait froid	il fait froid	il fera froid

3 🎧 On parle du temps

Écoutez les personnes qui parlent du temps. D'abord, notez le temps qu'on décrit.
Exemple: 1 froid

*Ensuite, écoutez encore et décidez si l'on parle du présent (**Pr**), du passé (**P**) ou du futur (**F**).*
Exemple: 1 Pr

4 On consulte la météo

Travaillez à deux. Une personne regarde cette page, l'autre regarde la page 240.
Vous travaillez au service météo. Répondez aux questions de votre partenaire.

HIER

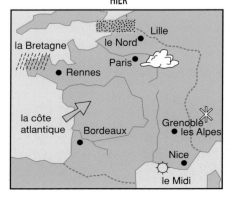

AUJOURD'HUI

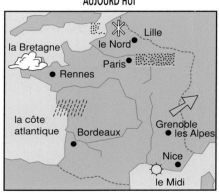

DEMAIN

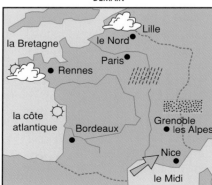

5 Alerte au cyclone

Lisez l'article et faites les activités.

Alerte au cyclone

On leur donne des noms de filles ou de garçons, comme Hugo ou Colina. Pourtant, ils développent une énergie phénoménale et provoquent d'effroyables dégâts.

À la Réunion, quand un cyclone risque de se former, on donne 'l'alerte 1' trente-six heures avant. Si la menace se précise, on donne 'l'alerte 2', environ 24 heures avant l'arrivée de la tempête. Douze heures plus tard, quand on est certain que le cyclone va passer sur l'île, on sonne 'l'alerte 3'.

Les bateaux rentrent aussitôt au port et s'attachent très solidement aux pontons. Les gens qui vivent dans des maisons peu solides, trop vieilles, ou dans des zones inondables, se réfugient dans des centres d'accueil.

Ceux qui peuvent rester chez eux doivent fermer leurs volets, faire des réserves d'eau, rentrer les meubles de jardin, etc.

Tout le monde doit se munir de bougies et d'une radio à piles pour pouvoir se tenir informé de la situation. Les gens ne sont autorisés à sortir de chez eux que lorsque tout danger est écarté.

Alors, si vous vous trouvez sur une île tropicale et que la météo annonce un cyclone, ne vous penchez pas à la fenêtre pour profiter du spectacle. Tous aux abris!

a Écrivez vrai (V) ou faux (F).

1 Il y a des cyclones sur l'île de la Réunion.
2 Pendant un cyclone, il y a des vents très violents.
3 Après un cyclone, il y a souvent beaucoup de dommages.
4 S'il y a un risque de cyclone, on donne l'alerte trois jours avant.
5 Quand on est certain que le cyclone va passer sur l'île, on sonne 'l'alerte 3'.
6 À ce moment-là, les bateaux doivent partir en mer.
7 Les gens doivent rester à la maison, mais ils peuvent ouvrir les fenêtres pour regarder la tempête.
8 On n'a pas le droit de sortir pendant le cyclone.

b Trouvez les paires. Pourquoi …

1 certains gens doivent-ils se réfugier aux centres d'accueil?
2 est-ce qu'on doit faire des réserves d'eau?
3 est-ce qu'on doit fermer les volets?
4 est-ce qu'on doit se procurer des bougies et des radios à piles?
5 est-ce qu'on n'est pas autorisé à sortir pendant la tempête?

a Parce que l'électricité risque d'être coupée.
b Pour protéger la maison.
c Parce que c'est trop dangereux.
d Parce que leurs maisons ne résisteront peut-être pas au cyclone.
e Parce que l'alimentation en eau peut être interrompue.

6 Quel temps fera-t-il?

Autrefois, on faisait référence aux dictons pour prévoir le temps. Aujourd'hui, des ordinateurs très puissants de la météo 'calculent' le temps qu'il va faire. Lisez cet extrait des prévisions météorologiques et faites l'activité.

MÉTÉO

Demain

Bassin parisien – Le temps sera dans l'ensemble ensoleillé, bien que brumeux. Le vent sera faible à modéré de nord-est et les températures resteront voisines des normales saisonnières, de l'ordre de 24 degrés.

Nord – Brumeux et nuageux le matin. Belles éclaircies l'après-midi.

Nord-Est – Assez beau en Champagne, très nuageux sur l'est de la région. Averses sur les Vosges.

Bourgogne, Franche-Comté – Temps variable, généralement bien nuageux.

Alpes, Corse – nuageux à couvert. Averses prenant localement un caractère orageux.

Sud-Ouest, Poitou-Charente – Brumeux le matin. Belles éclaircies dès la mi-journée.

Bretagne-Nord, Normandie – Brumeux, assez ensoleillé. Plus nuageux près des côtes.

Centre, Massif Central – Brumeux et nuageux le matin. Assez bien ensoleillé dès la fin de matinée.

Expliquez à ces touristes le temps qu'on prévoit pour demain.

Exemple: **1** *Il y aura du soleil, mais il y aura peut-être un peu de vent.*

1 Martine Legros (à Paris)
2 James White à La Rochelle (en Charente-Maritime)
3 Hilde Schmidt dans les Vosges (dans le nord-est de la France)
4 Johan Skopje à Saint-Malo (en Bretagne)
5 Angela Stephens au Puy (dans le Massif Central)
6 Frédéric Dugrand à Dijon (en Bourgogne)

> **Now you can …**
> - describe weather conditions
> - understand information about the weather and give simple predictions

8.6 On s'amuse bien ici

I Une lettre pour rassurer les parents

Lisez la lettre et regardez les images pour voir la réalité. Ensuite, faites l'activité.

HIER

HIER SOIR

AUJOURD'HUI

Chers parents,
Nous sommes bien arrivées ici. L'hôtel est confortable. Il fait un temps splendide. Tout va bien. Hier, nous avons passé la journée sur la plage – mais rassurez-vous, j'ai mis beaucoup de protection solaire. Hier soir, comme nous étions un peu fatiguées après le voyage, nous sommes restées à l'hôtel pour nous reposer. Ce matin, Cécile et moi, nous nous sommes levées de bonne heure pour jouer au tennis. Cet après-midi, on va manger en plein air – très bon pour la santé, non? Demain, on fera une excursion à la montagne. Et mercredi prochain, pour faire quelque chose de culturel, nous irons à un concert de musique.

Vous voyez que vous avez eu raison de me laisser partir sans vous.

À bientôt,
Sophie

La lettre de Sophie donne une bonne impression mais une impression qui n'est pas tout à fait juste! Complétez ces phrases pour décrire la situation plus précisément.
Exemple: 1 *g*

1 L'hôtel est …
2 Le temps est …
3 Hier, nous avons pris …
4 Hier soir, nous sommes allées …
5 Ce matin, nous avons …
6 Cet après-midi, on a mangé …
7 Mercredi prochain, nous irons …

a trop de soleil
b eu l'intention de jouer au tennis
c à un festival de rock
d des glaces délicieuses
e un peu variable
f à la discothèque de l'hôtel
g très simple

DOSSIER-LANGUE

Talking about the future, the present and the past

 (futur)

 (présent)

 (passé)

Le mois prochain, je visiterai le Maroc.

Maintenant, je visite le Maroc. Il fait chaud.

J'ai visité le Maroc. C'était fantastique et j'ai acheté beaucoup de beaux souvenirs.

In this picture strip one verb is in the future, two are in the present and the others are in the past. Look for other examples of verbs in different tenses in Sophie's letter.

The future
Look for two different ways Sophie uses to talk about the future.

The present
Find two examples of verbs in the present tense.

The past
Find two different ways to say what happened (the perfect tense) Find one example of description in the past (using the imperfect tense).

Time clues
Find one expression which refers to the past and one which refers to the future.

2 🎧 De quand parle-t-on?

Écoutez les conversations.

a À chaque fois, notez si on parle du futur (**F**), du présent (**Pr**) ou du passé (**P**).
   Exemple: 1 *F*

b Ensuite, notez lesquelles de ces expressions on entend.
   Exemple: *a, ...*

c Écrivez les expressions en trois listes pour désigner le futur, le présent et le passé. (Les expressions 'ce soir' et 'aujourd'hui' peuvent désigner les temps variables.)

a demain
b en ce moment
c hier
d dans cinq jours
e samedi dernier
f ce soir
g à présent
h hier soir
i l'année dernière
j après-demain
k la semaine prochaine
l aujourd'hui
m avant-hier
n l'année prochaine
o la semaine dernière
p d'ici trois mois
q le mois prochain

4 Un e-mail

Complétez le message avec la forme correcte du verbe.
pc = passé composé **pr** = présent **f** = futur **i** = imparfait
Exemple: 1 *nous sommes arrivés*

```
Nous (1) arriver (pc) ici vendredi dernier. Nous
(2) louer (pr) une caravane dans un grand camping.
C'(3) être (pr) tout près de la mer. Il (4) faire
(pr) très beau. Hier, il (5) faire (i) trop chaud
pour aller à la plage alors nous (6) rester (pc)
au camping. Ma sœur (7) perdre (pc) une lentille
de contact pendant qu'elle (8) nager (i) dans la
piscine. Samedi dernier, papa (9) jouer (pc) à un
tournoi de tennis, mais il n'(10) ne pas être (pc)
content parce qu'il a été battu par un garçon de
dix ans!
Demain, on (11) faire (f) une excursion à la
montagne et mercredi prochain, nous (12) aller (f)
à Nice pour la journée. J'(13) espérer (pr) que
toi aussi, tu (14) passer (pr) de bonnes vacances.
```

5 À écrire

Écrivez un message à un(e) ami(e) français(e). Vous passez des vacances vraies ou imaginaires à l'étranger. Racontez ces vacances (où? avec qui? pour combien de temps? ce que vous faites, s'il y a des problèmes). Utilisez des verbes au passé, au présent et au futur.

3 Un problème à l'aéroport

Lisez le texte et complétez le résumé.
Exemple: 1 *Noël*

Nous avons eu un grave problème pendant les vacances de Noël. Ça s'est passé en Italie, à l'aéroport. On avait annoncé un retard de cinq heures sur notre vol pour Paris. C'était la nuit.

On s'est allongé sur des sièges et on a essayé de dormir un peu. Moi, j'avais mis mon sac avec mon passeport, mon billet d'avion, mon argent, etc. sous ma veste et j'ai mis ma tête dessus.

Mon mari n'avait pas fait très attention. Il a gardé ses affaires près de lui, mais il a dû s'endormir et quand il s'est réveillé, sa sacoche, qui contenait son passeport, son billet d'avion, les clés de l'appartement, etc., n'étaient plus là. Quand on s'en est aperçu, c'était la panique.

Heureusement, une représentante de la ligne aérienne nous a aidés à obtenir un passeport temporaire et un autre billet d'avion pour rentrer en France. Maintenant, nous faisons toujours très attention à l'aéroport et nous gardons une copie de notre passeport dans la valise au cas où il est volé.

Cet été nous irons encore à Rome, alors j'espère que nous n'aurons pas de problèmes cette fois.

---

billet cinq clés dormir été Noël
obtenir passeport copie temps

Ça s'est passé en Italie, à ...(1)... Un homme et une femme ont dû attendre ...(2)... heures avant de prendre l'avion à Paris. Pendant ce ...(3)..., ils se sont allongés sur des sièges pour ...(4)... un peu. Quelqu'un a pris la sacoche de l'homme qui contenait son ...(5)..., son ...(6)... d'avion, ses ...(7)..., etc. Heureusement, il a pu ...(8)... un passeport temporaire et un autre billet d'avion pour rentrer en France. Maintenant, il garde une ...(9)... de son passeport dans sa valise. Cet ...(10)..., ils retourneront en Italie.

6 🎭 À vous!

Travaillez à deux. Posez des questions et répondez à tour de rôle.

– Qu'est-ce que tu as fait pendant les dernières vacances?
– Est-ce que tu as déjà perdu quelque chose pendant les vacances?
– Qu'est-ce que les touristes visitent dans la région où tu habites?
– Qu'est-ce que tu feras pendant les prochaines vacances?
– Est-ce qu'il y a un pays que tu voudrais visiter un jour?

Now you can ...

● use different tenses and expressions of time to refer to the past, the present and the future

8.7 On fait du camping

1 🎧 Aimez-vous faire du camping?

En France, on trouve un grand nombre de terrains de camping et beaucoup de vacanciers aiment passer leurs vacances sous la tente. Mais le camping ne plaît pas à tout le monde. Écoutez cinq personnes qui parlent du camping. Lisez les phrases et trouvez un résumé qui correspond à chaque personne. (Il y a cinq personnes et sept résumés.)

a Le camping, ça ne m'intéresse pas – il y a trop de petites bêtes.
b Le camping me plaît bien. On est libre, on est près de la nature et on se fait de nouveaux copains.
c On est mieux à l'hôtel – c'est plus confortable et on dort beaucoup mieux.
d Le camping, c'est une bonne formule pour des vacances économiques.
e L'inconvénient du camping, c'est qu'il faut apporter beaucoup de choses avec soi – une tente, des sacs de couchage, un camping gaz, etc.
f Faire du camping quand on risque d'avoir du mauvais temps – non, merci.
g Ce que j'aime le plus, c'est faire du camping à la ferme. C'est plus tranquille et on peut voir les animaux de la ferme.

2 🗣 À vous!

Travaillez à deux. Posez des questions et répondez à tour de rôle.
As-tu déjà fait du camping?

Si oui, parle un peu de ça (où, quand, avec qui, etc.). Ça t'a plu?
Si non, aimerais-tu faire du camping? Pourquoi (pas)?

3 Pour choisir un terrain de camping

Les terrains de camping sont classés de une à quatre étoiles selon l'équipement et les services offerts. Lisez les détails à droite et décidez quel camping conviendra le mieux à chaque groupe de touristes.
Exemple: 1 *a*

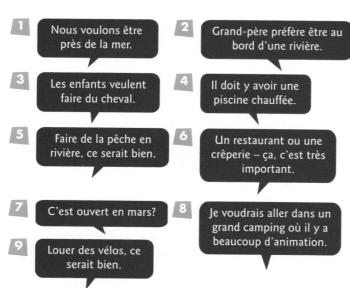

1 Nous voulons être près de la mer.
2 Grand-père préfère être au bord d'une rivière.
3 Les enfants veulent faire du cheval.
4 Il doit y avoir une piscine chauffée.
5 Faire de la pêche en rivière, ce serait bien.
6 Un restaurant ou une crêperie – ça, c'est très important.
7 C'est ouvert en mars?
8 Je voudrais aller dans un grand camping où il y a beaucoup d'animation.
9 Louer des vélos, ce serait bien.

4 Le camping 'Les Rochers'

Choisissez le bon mot pour compléter la description du camping 'Les Rochers'.

> acheter bicyclettes fermé l'équitation la lessive moins
> nager ouvert plus près

Exemple: 1 *près*

Le camping est situé …(1)… de la plage, à 4 km du village. C'est un grand camping avec …(2)… de cinq cents emplacements. Le camping est …(3)… à Pâques. On peut y louer des …(4)… et on peut …(5)… mais on ne peut pas faire de …(6)… On peut …(7)… des plats cuisinés et des provisions. Il y a aussi une laverie automatique où on peut faire …(8)…

a
LES ROCHERS

dans les rochers de **Ploumanach**
camp de tourisme
☆☆☆☆

540 emplacements
15 ha de landes boisées près de la mer
Camping et équipement de haute qualité
- 2 piscines chauffées, restaurant, crêperie, bar, plats à emporter, supérettes, tabac journaux, tennis, mini-golf, location de vélos, salle de jeux, laverie automatique, emplacements pour camping-car, discothèque, animation, aire de jeux.
- Location de mobil-homes
  – À Ploumanach, à 4 km de la commune et 500 m de la plage
- Ouverture 1/2 – 15/11.

b
VOS VACANCES en Bretagne, à 35 km de la mer, dans 10 ha de verdure et de calme, au centre d'une région touristique.
CAMPING CARAVANING
'LES PEUPLIERS' ☆☆☆
Location de caravanes et de mobil-homes. Accès aux handicapés. Ombragé, bord de rivière, sanitaires tout confort, machines à laver, alimentation, bar, animaux acceptés, piscine, tennis, plats cuisinés, jeux pour enfants, salle de jeux.
À proximité: équitation, pêche, rivière à truites et canal de navigation. Ouvert début avril à fin octobre.

Lexique

Le camping		Camping
⬚	un magasin d'alimentation	general food shop
⬚	un bar	bar
⬚	au bord de la mer	on the coast
⬚	au bord d'une rivière ou d'un lac	by a river or lake
⬚	le bloc sanitaire	the washing facilities
Accueil	le bureau d'accueil	reception office
⬚	le branchement électrique	electricity connection
⬚	une prise de courant	power point
⬚	une caravane	caravan
⬚	l'eau potable (f)	drinking water
⬚	l'eau non potable (f)	non-drinking water
EMPL.	un emplacement	pitch
⬚	l'équitation (f)	horseriding
⬚	le mini-golf	miniature golf
⬚	les jeux d'enfants	children's play area
⬚	une laverie	launderette
⬚	location de vélos (f)	bikes for hire
⬚	ombragé	shaded
Ouv.	ouvert	open
⬚	la pêche	fishing
P	permanent	open all the year round
⬚	des plats à emporter (m pl)	takeaway meals
✗	des plats cuisinés (m pl)	ready-cooked meals
⬚	les poubelles (f pl)	dustbins
⬚	un site tranquille	quiet site
gaz	un camping-gaz	calor gas stove

5 Une lettre de réservation

Aux mois de juillet et d'août, il est conseillé de réserver un emplacement à l'avance, si possible. Écrivez une lettre de réservation pour une de ces personnes ou pour vous-même.

1 Thomas Mitchell
Dates: 29/07 – 05/08

2 Sarah Brown
Dates: 28/07 – 30/07

3 Dominic Woods
Dates: 28/08 – 02/09

Exemple:

(L'adresse)
(La date)

Camping Les Pins,
56340 Carnac,
France

Monsieur/Madame,
Je voudrais passer **une semaine** au camping Les Pins cet été.

Pouvez-vous me réserver **un emplacement** pour u**ne tente et une voiture** pour **deux adultes et un enfant** pour les nuits du **29 juillet au 5 août**?

Pouvez-vous m'indiquer le tarif? Nous arriverons **le 29 juillet**, en fin d'après-midi – vers 17 heures.

Je vous prie d'agréer, Monsieur/Madame, l'expression de mes sentiments distingués.

Thomas Mitchell

6 🎧 On arrive au camping

a *Écoutez les conversations et notez les détails. Le dernier groupe ne reste pas au camping. Pourquoi?*
b *Lisez la conversation à deux. Ensuite, changez les détails en bleu.*

– On peut vous aider?
– Oui, avez-vous de la place, s'il vous plaît?
– C'est pour une caravane ou une tente?
– Une caravane.
– Et c'est pour combien de nuits?
– Trois nuits.
– Oui, il y a de la place. C'est pour combien de personnes?
– 2 adultes et 2 enfants.
– Est-ce qu'il y a une piscine au camping?
– Oui, c'est près du bois.

Lexique

Du matériel utile	Useful equipment
des allumettes (f pl)	matches
une lampe de poche	torch
un matelas pneumatique	air bed, lilo
un ouvre-boîtes	tin opener
des piles (f pl)	batteries
un sac de couchage	sleeping bag
un sac à dos	rucksack, backpack
une tente	tent

Now you can ...

● discuss the advantages and disadvantages of camping
● book a site and give and seek information about facilities available

8.8 Vacances jeunes

1 Les auberges de jeunesse

Beaucoup de jeunes aiment faire du camping ou aller dans les auberges de jeunesse. Mais les auberges de jeunesse, c'est quoi exactement? Lisez les questions et trouvez les bonne réponses.

Exemple: 1 *c*

1 Une auberge de jeunesse, qu'est-ce que c'est?
2 Qui peut aller dans une auberge de jeunesse?
3 Où est-ce qu'on trouve des auberges de jeunesse?
4 Est-ce qu'on peut y prendre des repas?
5 Est-ce qu'il faut apporter un sac de couchage?
6 Est-ce qu'on peut avoir une chambre individuelle?
7 Est-ce qu'on trouve des renseignements sur Internet?

a On sert toujours le petit déjeuner et quelquefois, on sert le dîner et le déjeuner.
b Le linge n'est pas fourni, alors il faut apporter des draps ou un draps-sac, ou on peut louer des draps sur place. Un sac de couchage n'est pas nécessaire.
c C'est un centre de logement à prix modéré.
d Oui, on peut consulter le site de la FUAJ (la fédération française) ou Hostelling International pour trouver toutes les informations et faire des réservations.
e Normalement, il y a des chambres ou des dortoirs de deux à six lits. Il y a très peu de chambres individuelles.
f C'est ouvert à toutes les personnes qui ont la carte d'adhérent.
g On les trouve dans plus de 60 pays du monde.

2 🎧 À l'auberge de jeunesse

Des personnes arrivent à une auberge de jeunesse. Écoutez leurs conversations. Ensuite, répondez aux questions.

1 a C'est pour combien de personnes?
  b Ça coûte combien pour louer des draps?
  c Est-ce qu'on peut prendre les repas à l'auberge?
2 a Les dortoirs sont à quel étage?
  b Où est-ce qu'on peut mettre les vélos?
  c L'auberge ferme à quelle heure, le soir?
3 a C'est pour combien de personnes?
  b C'est pour combien de nuits?
  c Le petit déjeuner est à quelle heure?
4 a Est-ce qu'on a réservé?
  b Est-ce qu'il y a de la place?
  c Où se trouve le téléphone?

3 📖 Au bureau d'accueil

Lisez la conversation à deux. Ensuite, changez les détails en bleu.

– Bonjour. Avez-vous de la place, s'il vous plaît?
– C'est pour combien de personnes?
– Deux – un garçon et une fille.
– Et c'est pour combien de nuits?
– Trois nuits.
– Oui, il y a de la place. Vous voulez louer des draps?
– Non. Est-ce qu'on peut prendre des repas?
– Oui, le dîner est à 19h30 et le petit déjeuner entre 7h30 et 8h30.
– Bon, merci. Et l'auberge ferme à quelle heure, le soir?
– On ferme à minuit. Si vous allez rentrer plus tard, il faut demander une clef au bureau.

4 🎧 On loue des vélos

Aurélie est en vacances avec ses amis. Ils veulent louer des vélos pour visiter la région. Écoutez les conversations et complétez les phrases.

1 On ne peut pas … des vélos à l'auberge de jeunesse.
2 Il y a un magasin de cyclisme dans la rue du …
3 Aurélie veut louer … vélos: … pour femme et … pour homme.
4 Ça coûte … euros par jour.
5 On doit aussi payer une caution (*deposit*) de … euros.
6 Le prix comprend l' …
7 On va louer des vélos à partir de …
8 On va les louer pour … jours.
9 On peut payer par …

Lexique

À l'auberge de jeunesse	At the youth hostel
une auberge de jeunesse	*youth hostel*
un bureau d'accueil	*office, reception*
une carte d'adhérent	*membership card*
un draps-sac	*sheet sleeping bag*
un drap	*sheet*
un dortoir	*dormitory*
location (f) de …	*… for hire*
louer	*to hire*
la salle de jeux	*games room*
un séjour	*stay*

5 Sur les traces de Tintin

Vous connaissez sans doute le héros de bande dessinée Tintin et son chien Milou. Alors lisez cet article et faites les activités.

SUR LES TRACES DE TINTIN

Deux étudiants parisiens ont décidé de suivre l'itinéraire de Tintin dans ses 23 albums. Ils sont partis de la Tour Eiffel en direction de l'Écosse, où se trouve le château de 'l'Île Noire'.

Ensuite, ils se sont rendus à Chicago, où Tintin avait rencontré Al Capone, le célèbre gangster américain. Après avoir visité une réserve indienne dans l'Iowa, les deux étudiants sont allés à Cap Canaveral, en Floride. Là, ils ont visité une navette spatiale.

Ensuite, ils ont suivi Tintin à la recherche du trésor de Rackham le Rouge sur l'île de Saint-Domingue. Puis ils ont débarqué pour l'Afrique.

Après être arrivés au Kenya, ils se sont trouvés (comme Tintin) dans une salle de classe avec 90 élèves. Heureusement, cette fois, aucun léopard n'est venu déranger le cours comme dans l'aventure de Tintin. Ils sont ensuite remontés par l'Éthiopie, la Jordanie, l'Égypte et Maroc, avant de s'envoler pour le Pérou.

En tout, ils ont parcouru 71 pays en 3 ans. Mais il y a un endroit où ils n'ont pas pu suivre Tintin. Ils n'ont pas pu marcher sur la lune!

a *Écrivez vrai (V) ou faux (F).*
b *Corrigez les phrases qui sont fausses.*

1 Après être partis de Paris, les deux étudiants sont allés en Écosse.
2 Après avoir acheté le château de l'Île Noire, ils sont allés aux États-Unis.
3 Après être allés à Chicago, ils ont visité une réserve indienne.
4 Après être arrivés à Cap Canaveral, ils ont pris une navette spatiale pour aller sur la lune.
5 Après avoir quitté la Floride, ils sont allés à l'île de Saint-Domingue.
6 Après avoir trouvé le trésor de Rackham le Rouge, ils ont pris l'avion en Afrique.
7 Après être arrivés en Afrique, ils ont visité le Kenya, l'Éthiopie, la Jordanie, l'Égypte et le Maroc.
8 Après avoir quitté l'Afrique, ils sont rentrés en France.

DOSSIER-LANGUE

Après avoir/être + past participle

In activity 5, there are several examples of this structure:
Après avoir trouvé le trésor, ils ont pris l'avion en Afrique.
After finding the treasure, they took the plane to Africa.
Après être arrivés en Afrique, ils ont visité le Kenya
After they arrived in Africa, they visited Kenya.

This form is called the past infinitive. It can only be used when the subject is the same for both verbs (**they** arrived, **they** visited). It is similar to the perfect tense: the same auxiliary verbs (*avoir* or *être*) are used, the past participle is formed in the same way; the same rules about agreement of the past participle apply (add e if it's feminine, add s if it's plural).

6 Vacances en Provence

Des deux phrases, pouvez-vous en faire une?
Exemple: 1 *Après avoir quitté Paris, nous avons pris l'autoroute du sud.*

1 Nous avons quitté Paris. Nous avons pris l'autoroute du sud.
2 Nous sommes arrivés à Nîmes. Nous avons trouvé un terrain de camping.
3 J'ai installé la tente. Je suis allé à la piscine.
4 Nous avons acheté des provisions. Nous avons fait la cuisine.
5 Nous avons loué des vélos. Nous avons fait le tour de la région.
6 Mon frère a joué au volley. Mon frère a perdu ses lunettes de soleil.
7 Ils ont mangé. Ils sont allés au cinéma.
8 J'ai joué au tennis. J'ai fait un pique-nique.
9 Nous sommes restés quinze jours en Provence. Nous sommes rentrés à Paris.

Now you can ...

● give and seek information about youth hostels and how to hire things such as bicycles (cost, conditions, location, etc.)
● understand and use the perfect infinitive (*après avoir fait*, etc.)

8.9 Souvenirs de vacances

1 🎧 Des vacances récentes

Écoutez Magali et Nicolas qui parlent de leurs vacances.

a 1 Magali a passé ses vacances
   a à l'étranger b en Bretagne c en Écosse
2 Le voyage
   a a commencé à 5 heures b a eu un retard de 5 heures
   c a duré 5 heures
3 L'hôtel était situé
   a loin de la mer b au centre-ville c pas loin de la mer
4 À l'hôtel, on pouvait
   a jouer au golf b nager c faire de la poterie
5 Le soir, l'hôtel était
   a animé b tranquille c calme
6 Au restaurant,
   a il n'y avait personne b il y avait beaucoup de
   personnes c les repas n'étaient pas bons
7 Pendant les vacances, elle
   a s'est bien amusée b s'est ennuyée c s'est perdue

b 1 Nicolas a passé ses vacances avec un ami
   a en Dordogne b en Bretagne c en Espagne
2 Un jour, ils ont décidé de faire
   a du cyclisme b de la voile c du cheval
3 Quand ils sont sortis d'un magasin,
   a les deux vélos avaient disparu
   b un vélo n'était plus là c ils ont trouvé un vélo
4 Ils sont allés
   a à l'office de tourisme
   b au magasin de cyclisme c à la police
5 On a retrouvé un vélo après
   a 3 mois b 3 jours c 3 semaines
6 Le vélo
   a était un peu endommagé b était en bon état
   c était complètement abîmé
7 Il a passé de bonnes vacances parce qu'
   a on a remplacé son vélo b il a nagé tous les jours
   c il a fait beau

2 Forum: Les vacances, les voyages

Le forum: Les vacances, les voyages

Quels sont vos meilleurs souvenirs de vacances? Avez-vous des conseils pour les autres voyageurs? Envoyez vos idées au forum.

Cet été, je suis allée en Thaïlande. Les gens sont d'une gentillesse! Les paysages aussi sont magnifiques! Par contre, en ce qui concerne les animaux, ils n'ont pas été bien servis, ils ont des serpents (au secours!) des scorpions … La religion (le bouddhisme) est une chose très importante en Thaïlande. Les moines sont nombreux et très respectés. La partie du voyage que j'ai aimée le plus, c'était les îles! L'eau était transparente, elle devait être au moins à 30°C. J'ai fait de la plongée sous-marine pour la première fois de ma vie. C'était génial.
Lise

J'ai passé une semaine à Singapour: c'est une ville très moderne et très propre! Il ne faut surtout rien jeter par terre sous peine d'amende! Il y a un mélange de cultures: chinoise, japonaise, indienne, malaisienne. Chaque quartier de la ville correspond à chaque communauté. Et faire du shopping là-bas, c'est merveilleux mais cher.
Ibrahim

Mes vacances étaient formidables. J'ai travaillé en colonie dans un village dans les Alpes et c'était super. Je faisais la cuisine, mais je n'avais pas l'impression de travailler. Grâce à ce travail, j'ai pu me faire plein d'amis et un peu d'argent pour mon permis.
Stéphanie

J'ai eu la chance de passer six mois à Montréal. J'ai fait des études à l'université. Il y avait 40% d'étrangers; je me suis fait beaucoup d'amis de pays différents.

De Paris à Montréal, le choc culturel n'a pas été trop brusque. C'est une ville cosmopolite et les Canadiens francophones sont très chaleureux. Pour moi, le seul gros problème était le froid. À Montréal, six mois par an, la température oscille entre −20°C et 6°C. J'ai trouvé ça très fatigant. La première chose que j'ai faite en rentrant en France, c'était de partir dans le Midi.
Paul

C'est qui?

1 Qui n'aime pas beaucoup le froid?
2 Qui a trouvé les gens très sympa mais n'a pas apprécié les animaux?
3 Qui a visité une ville avec beaucoup de bâtiments modernes en Asie?
4 Qui a gagné de l'argent pendant les vacances?
5 Qui a fait un séjour dans un pays de l'Amérique du Nord?
6 Qui a trouvé que les choses dans les magasins de la ville étaient chères?
7 Qui est allé à la montagne?
8 Qui a beaucoup nagé pendant les vacances?

3 🎧 C'était comment, les vacances?

Écoutez la conversation. Lesquelles de ces expressions est-ce qu'on entend?

1 L'hôtel était assez loin du centre-ville.
2 On mangeait bien à l'hôtel.
3 Tout était très cher.
4 Les plages n'étaient pas très propres.
5 Il y avait trop de monde.
6 La ville était très animée le soir.
7 On avait besoin d'une voiture pour visiter la région.
8 À part la plage, il n'y avait pas grand-chose à faire.
9 La mer était bonne.

5 Vos vacances – succès ou désastre?

Travaillez à deux. Posez des questions et répondez à tour de rôle. Faites deux conversations. La première fois, vous avez passé des vacances fantastiques; la deuxième fois, c'était un désastre!

1 Vous avez eu du beau temps?
2 Est-ce que les plages étaient belles?
3 Et la mer, elle était bonne?
4 L'hôtel, c'était bien?
5 Est-ce qu'il y avait beaucoup de choses à faire?
6 Et le soir? Est-ce qu'il y avait des discothèques et des bars?

7 À écrire

Écrivez une petite description de vacances récentes. Ça peut être vrai ou imaginaire.

Où? Avec qui? Pour combien de temps? Où vous avez logé? Le temps? Les activités? Des excursions? Vos impressions?

4 Trouvez les contraires

Relisez les phrases dans activité 3. Ensuite, trouvez une phrase dans cette liste qui veut dire le contraire.
Exemple: 1 g

a Il y avait beaucoup de choses à faire – du tennis, du golf, etc.
b Il n'y avait pas beaucoup de touristes.
c On organisait beaucoup d'excursions en car pour visiter la région.
d La mer était froide.
e On ne mangeait pas bien.
f Les prix étaient raisonnables.
g L'hôtel était bien situé en pleine ville.
h Les plages étaient magnifiques.
i Il n'y avait pas beaucoup de vie nocturne.

6 À vous!

Travaillez à deux. Posez les questions et répondez à tour de rôle.

- Où es-tu allé(e) en vacances l'année dernière?
- Quand? Avec qui es-tu parti(e)?
- Comment as-tu voyagé?
- Où as-tu logé?
- Quel temps faisait-il?
- Tu y es resté(e) longtemps?
- Qu'est-ce que tu as fait/vu?
- Qu'est-ce que tu as acheté comme cadeaux/souvenirs? Pour qui?
- Tu t'es bien amusé(e)? Pourquoi/Pourquoi pas?
- Raconte une chose qui était bien et une chose qui était moins bien.

Now you can ...
- describe and express opinions about a holiday in the past

SOMMAIRE

Now you can ...
1 exchange information and opinions about different types of holiday; state your own preferences: location, activities, holidays with parents or with friends
2 discuss future holiday plans, etc.; describe an ideal holiday or weekend, using the conditional tense; understand information about French-speaking countries
3 give and seek information about a region, town or area, including lists of hotels, restaurants; understand information about visits and tourist facilities
4 seek information about hotel accommodation; make and understand complaints and problems about hotel accommodation
5 describe weather conditions; understand information about the weather and give simple predictions
6 use different tenses and expressions of time to refer to the past, the present and the future
7 discuss the advantages and disadvantages of camping; book a site and give and seek information about facilities available
8 give and seek information about youth hostels and how to hire things such as bicycles (cost, conditions, location, etc.)
9 describe and express opinions about a holiday in the past

For your reference:
Grammar

the future tense	page 153
the conditional tense	page 154
using future, present and past tenses	page 162
using *après avoir* + past infinitive	page 167

Vocabulary and useful phrases

holidays in general	page 151
at the tourist office	page 155
hotel accommodation and facilities	pages 157, 158, 159
weather expressions	page 160
expressions of time	page 163
staying at a campsite	page 165
useful equipment	page 165
staying at a youth hostel	page 166

See also **Vocabulaire par thèmes**, unité 8.

unité 9

À votre santé

9.1   Votre santé en vacances

1   La santé l'été

Lisez l'article et faites les activités.

1 Le soleil est là. On l'a attendu toute l'année. Cependant, trop de soleil égale danger, car le soleil abîme dangereusement la peau. Ceux qui sont blonds ou roux peuvent brûler facilement. Voici quelques précautions à prendre:
- mettez une crème solaire qui donne une très bonne protection, portez un chapeau et des lunettes de soleil;
- évitez le soleil entre 11 heures et 15 heures;
- ne vous endormez pas sur la plage en plein soleil;
- buvez de l'eau régulièrement.

2 L'été est vraiment le moment de pratiquer son sport préféré. Mais attention: bouger, oui; s'épuiser, non. Surtout pas en pleine chaleur. On joue beaucoup mieux en fin d'après-midi qu'entre midi et deux heures.

3 Et n'oubliez pas de boire – avant, pendant et après l'effort. En transpirant, on perd de l'eau et des sels minéraux: il faut donc les récupérer. Pendant un effort prolongé, boire un verre d'eau, même si on n'a pas soif, permet d'éviter crampes et courbatures.

4 Aïe, une piqûre! Si c'est une abeille, retirez le dard avec soin. Puis désinfectez la blessure avec un produit antiseptique. Appliquez un glaçon pour calmer la douleur. S'il y a beaucoup d'insectes, mettez une crème anti-moustique et couvrez-vous bien le soir.

5 Vous aimez passer vos vacances dans l'eau? La mer, le lac, la piscine, la rivière. Nager, plonger, s'amuser – ça fait du bien, mais n'oubliez pas ces petits conseils pour éviter des problèmes:
- attendez une heure après un repas avant de vous baigner;
- ne vous baignez pas après avoir bu de l'alcool;
- faites attention aux indications de sécurité (drapeaux, panneaux, etc.).

(Santé d'été: Okapi/Croix Rouge Française)

---

a   *Choisissez un titre pour chaque paragraphe.*

A C'est le moment de bouger

B L'eau est bonne?

C Attention aux insectes!

D Boire, boire et boire

E Attention, le soleil est fort!

b   *Complétez les conseils.*

Quand on reste au soleil, . . .

1   il faut mettre …
2   il faut porter …
3   il faut boire …
4   il ne faut pas …
5   Il faut éviter le soleil entre 11 heures et …

c   *Répondez aux questions en français.*

Exemple: 1 *en fin d'après-midi*

1   En été, quand est-ce qu'il vaut mieux faire du sport?
2   Pourquoi est-il important de boire, quand on fait du sport?
3   Pour désinfecter une piqûre d'insecte, qu'est-ce qu'il faut mettre?
4   Qu'est-ce qu'on peut faire pour se protéger s'il y a beaucoup d'insectes?
5   Après un repas, il faut attendre combien de temps avant de nager?
6   Quand est-ce qu'il ne faut pas se baigner?

2 🎧 Les problèmes de l'été

Écoutez l'émission et faites les activités.

a *Trouvez cinq symptômes dans la liste qui sont associés à un coup de chaleur. Ensuite, écoutez pour vérifier.*
  Exemple: b, …

a On a faim.
b On a le visage très rouge.
c On a froid.
d On a mal à la tête.
e On a envie de vomir.

f On a des boutons.
g On se sent fatigué.
h On a soif.
i On a mal aux pieds.

DOSSIER-LANGUE

Expressions with *avoir*

In most of these expressions, the English meaning is not 'to have':

avoir chaud	to be hot
avoir froid	to be cold
avoir faim	to be hungry
avoir soif	to be thirsty
avoir raison	to be right
avoir tort	to be wrong
avoir mal	to be in pain, to have an ache
avoir besoin de	to need to
avoir le droit de	to be allowed to, to have the right to
avoir de la chance	to be lucky
avoir de la fièvre	to have a temperature
avoir envie de	to want to
avoir honte (de)	to be ashamed (of)
avoir lieu	to take place
avoir peur (de)	to be afraid (of)

L'exposition sur la santé a lieu dans la bibliothèque.
The exhibition about health is taking place in the library.
Oui, mais moi, je n'ai pas envie d'y aller.
Yes, but I'm not keen on going to it.

3 En vacances

a *Complétez les phrases avec le verbe indiqué.*
  Exemple: 1 *on a le droit*

1 Est-ce qu'on … de faire du camping ici? (*allowed*)
2 Ils ont joué un match de tennis au soleil et maintenant, ils … (*hot*)
3 Tu … de porter un chapeau; le soleil est très fort. (*right*)
4 Elles … de se baigner tout de suite après avoir mangé. (*wrong*)
5 Il ne se sent pas bien et il … (*temperature*)

b *Complétez les phrases avec la forme correcte du bon verbe.*

avoir besoin   avoir de la chance   avoir faim   avoir peu   avoir soif.

1 Aïe! J' … des guêpes.
2 Je n'ai rien bu ce matin et maintenant, j' …
3 Elle n'a pas mangé à midi et maintenant, elle …
4 Nous … d'un médecin, alors il faut téléphoner tout de suite.
5 Vous … ; heureusement, il y a un médecin à l'hôtel.

b *Choisissez a ou b.*
  Exemple: 1 *a*

1 On peut acheter une crème anti-insecte à la
  a pharmacie   b parfumerie
2 Il y a plus de moustiques
  a pendant la journée   b le soir et la nuit
3 Le parfum
  a attire les moustiques   b décourage les moustiques
4 Il vaut mieux mettre
  a un T-shirt à manches courtes et un short
  b un T-shirt à manches longues et un pantalon
5 Il est conseillé de mettre
  a des couleurs claires, comme le blanc
  b des couleurs foncées, comme le noir
6 Il faut utiliser de l'eau ou un antiseptique pour nettoyer
  a les piqûres   b les vêtements

4 Une trousse de premiers secours

*Écrivez une liste (avec l'anglais) de tout ce qui est dans la trousse de premiers secours. Pour vous aider, consultez le **Lexique**, page 172.*
Exemple: 1 *le sparadrap – sticking plaster*

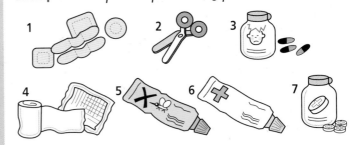

5 📱 Je me sens un peu malade

Travaillez à deux. Inventez des conversations en changeant les mots en couleur.
Exemple:

– Ça va?
– Non, je ne me sens pas bien.
– Qu'est-ce qui ne va pas?
– Je me suis fait piquer par un moustique/une guêpe/une abeille.
– On va mettre un antiseptique.

Pour vous aider:

J'ai mal à la tête et j'ai envie de vomir.
J'ai chaud et je crois que j'ai de la fièvre.
J'ai soif et je me sens très fatigué(e).

On va appeler le médecin.
On va chez le pharmacien.
Allongez-vous sur le lit.
Je vais vous chercher un verre d'eau.

Now you can …

● exchange information about common holiday ailments and treatment

9.2 À la pharmacie

▌ Les pharmacies en France

Complétez les phrases avec les mots dans la case.

Exemple: 1 *b*

Les pharmacies en France – dix choses à savoir!

1 On ne peut pas acheter de …, comme de l'aspirine, dans un supermarché en France. Il faut aller dans une pharmacie.

2 Les pharmacies sont signalées par une croix …

3 Souvent, les gens consultent le pharmacien plutôt que d'aller voir le médecin, parce qu'il faut … la consultation du médecin.

4 On peut consulter le pharmacien pour de petits problèmes, comme par exemple …

5 Si le pharmacien estime que le problème est assez grave, il vous conseillera de consulter …

6 Le pharmacien peut vendre des médicaments sans ordonnance, comme par exemple …

7 Pour certains médicaments, il faut avoir … signée par un docteur.

8 À part les médicaments, on peut acheter quelques produits de toilette, par exemple …

9 En général, les pharmacies sont ouvertes les jours de semaine …

10 Il y a toujours … de garde. Pour tout renseignement, contactez l'office de tourisme, le commissariat ou la presse locale.

Pour vous aider

a un médecin
b médicaments
c verte
d du savon, du shampooing, du dentifrice, du déodorant
e une piqûre d'insecte, un rhume, une toux, un mal de gorge
f de 9h à 12h et de 14 h à 19h
g une pharmacie
h des pastilles, des sirops, des pommades
i une ordonnance
j payer

Lexique

À la pharmacie	At the chemist's
l'aspirine (f)	aspirin
des ciseaux (m pl)	scissors
les comprimés (m pl) (contre la douleur)	(painkilling) tablets
la constipation	constipation
la diarrhée	diarrhoea
le dentifrice	toothpaste
du déodorant	deodorant
la douleur	pain
être enrhumé	to have a cold
la grippe	flu
un médicament	medication
des mouchoirs (en papier) (m pl)	(paper) hankies
une ordonnance	prescription
un pansement	dressing, bandage
du papier hygiénique	toilet paper
des pastilles (f pl) pour la gorge	throat sweets
une pharmacie	chemist's (shop)
un(e) pharmacien(ne)	chemist
une pilule	pill
une piqûre	insect bite, injection
une pommade	cream, ointment
un (produit) antiseptique	antiseptic (product)
un produit anti-moustique	anti-insect product
un rhume	cold
le savon	soap
des serviettes hygiéniques (f pl)	sanitary towels
le shampooing	shampoo
le sirop (contre la toux)	cough linctus
du sparadrap	sticking plaster
une toux	cough

2 🎧 Chez le pharmacien

Écoutez les conversations. Il y a beaucoup de clients chez le pharmacien. Qu'est-ce qu'ils achètent? Notez la bonne image pour chaque conversation.
Exemple: 1 *c*

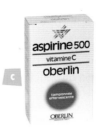

3 Des expressions utiles

Quelles sont les phrases que les clients de l'activité 2 ont dites?
Exemple: 1, ...

1 Je suis très enrhumé(e).

2 Pouvez-vous me conseiller quelque chose?

3 Vous pouvez prendre de l'aspirine.

4 Je voudrais des pastilles pour la gorge, s'il vous plaît.

5 Avez-vous quelque chose contre la diarrhée?

6 Nous avons ce médicament-là, qui est très bon.

7 Je voudrais quelque chose pour la toux.

8 Ce sirop est très bon.

9 Je me suis coupé le doigt. Pouvez-vous me mettre un pansement?

10 Faites voir votre main. Comment avez-vous fait ça?

11 Vous vouliez autre chose?

12 J'ai une ordonnance. La voilà.

13 Vous voulez revenir dans un quart d'heure?

14 Mon fils s'est fait piquer par une guêpe. Est-ce que vous pouvez le soigner?

15 Ce n'est pas grave, Madame. Je vais lui mettre un peu de crème.

16 Si ça ne va pas mieux dans deux jours, il faut consulter un médecin.

4 📋 Inventez des conversations

Travaillez à deux. Une personne est le/la client(e), l'autre est le/la pharmacien(ne). Faites deux conversations, puis changez de rôle. Pour vous aider, consultez les expressions utiles de l'activité 3.
Exemple:
– *Je suis très enrhumé(e) et j'ai mal à la gorge. Pouvez-vous me conseiller quelque chose?*
– *Ce sirop est très bon et vous pouvez prendre de l'aspirine, etc.*

5 Vous êtes l'interprète

Votre famille ne va pas bien. Expliquez leurs problèmes au pharmacien.
Exemple: 1 *Mon frère s'est fait piquer par ...*

6 Jeu de définitions

Quelle est la bonne réponse? (Les réponses sont dans le Lexique, page 172.)

1 C'est la personne qui prépare les ordonnances. Les gens qui ne se sentent pas bien viennent souvent la consulter.
2 C'est quelque chose qu'on prend quelquefois quand on a mal à la gorge.
3 C'est quelque chose que le médecin donne quelquefois aux malades et qu'on doit porter chez le pharmacien. On en a besoin pour certains médicaments.
4 C'est une crème qu'on peut mettre sur la peau s'il y a un risque d'infection.
5 C'est une crème qui protège la peau du soleil.

7 Un jeu sur la santé

Complétez les questions, puis écrivez les réponses.
Exemple: 1 f une guêpe ou une abeille

1 Comment s'appelle l'insecte noir et jaune …
2 C'est quelque chose qu'on …
3 C'est une crème …
4 Comment s'appelle la personne …
5 C'est un médicament …
6 Comment s'appelle le petit outil …

a qui protège contre les piqûres d'insectes.
b qu'on utilise pour couper?
c qui travaille souvent à l'hôpital et qui soigne les malades?
d qu'on prend quelquefois si on a mal à la tête.
e met pour se protéger les yeux du soleil.
f qui pique et qu'on voit souvent en été.

8 En une phrase

Écrivez les deux phrases en une seule phrase.
Exemple: 1 C'est le docteur Laval. Il m'a soigné quand j'étais malade.
   C'est le docteur Laval qui m'a soigné quand j'étais malade.

a *Un petit problème*

1 C'est le docteur Laval. Il m'a soigné quand j'étais malade.
2 C'est le poisson. Il m'a rendu malade.
3 On va d'abord à la pharmacie. Elle se trouve près de l'hôtel.
4 Prenez ce médicament. Il est très efficace contre l'indigestion.

b *Une piqûre d'insecte*

1 C'est votre fils? Il a été piqué par une guêpe.
2 Va chercher la trousse de premiers secours. Elle se trouve dans le coffre de la voiture.
3 Il y a une crème. Elle est très bonne pour les piqûres d'insectes.

Now you can …
● consult a chemist about minor ailments and treatment
● use *qui* and *que* to link two sentences

DOSSIER-LANGUE

Qui and *que*

Both *qui* and *que* can link two sentences together. Both can relate to people and things.
Qui means 'who', 'that' or 'which', when referring to people, things or places:
   *Mon père, **qui** ne se sent pas bien, consulte le pharmacien.*
   My father, who is not feeling well, consults the chemist.
   *Je vous recommande ces comprimés **qui** sont très efficaces.*
   I recommend these tablets which are very effective.
In the above sentences, *qui* has replaced a noun (*mon père, ces comprimés*) which would otherwise stand as the **subject** of the verb which follows *qui*.

Qui is also used with prepositions when referring to people:
   *Ce sont des gens **avec qui** je travaille.*
   These are the people I work with.
Qui is never shortened before a vowel.

Que can mean 'whom', 'that' or 'which'.
It is sometimes left out in English, but not in French:
   *Voilà la pharmacienne **que** nous sommes allés voir ce matin.*
   There's the chemist (that) we went to see this morning.
Here, *que* has replaced *la pharmacienne*, which is the **object** of the verb which follows *que*. (*Nous* is the subject.)
Que is shortened to *qu'* before a vowel:
   *C'est le médecin **qu'**on a vu à l'hôpital.*
   It's the doctor (that) we saw at the hospital.

9 Un accident d'équitation

*Nicolas écrit une lettre avec des dessins à son cousin. Complétez les phrases avec **qui** ou **que (qu')**.*

1 Voilà ma sœur Nadine, … a eu un accident d'équitation.

2 Et voici le cheval … 'elle montait. Il s'appelle Désastre!

3 Ça, c'est sa copine, Corinne, … a téléphoné au médecin.

4 Et voici le médecin … est venu.

5 On a transporté Nadine à l'hôpital … se trouve près de l'université.

6 Moi, je lui ai apporté ce livre, … j'ai trouvé amusant.

9.3   Le corps humain

Le corps humain

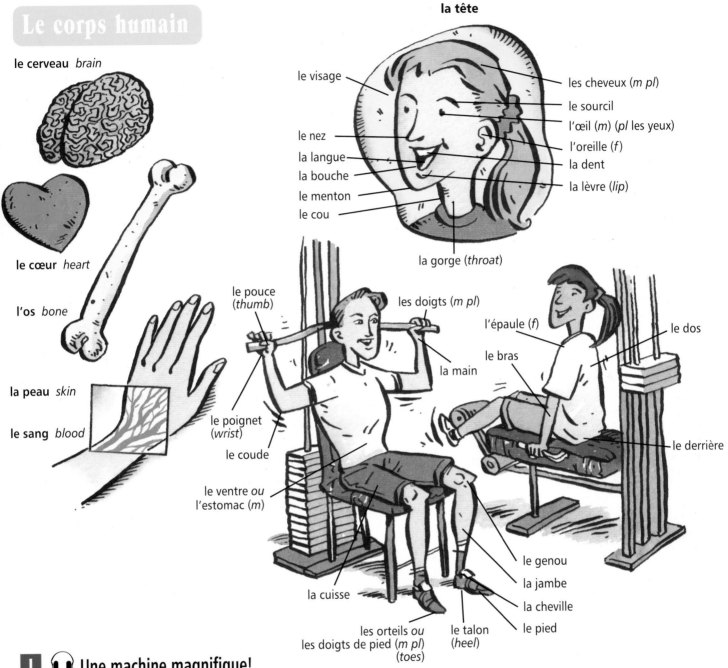

le cerveau *brain*

le cœur *heart*

l'os *bone*

la peau *skin*

le sang *blood*

la tête

le visage

le nez

la langue

la bouche

le menton

le cou

les cheveux (*m pl*)

le sourcil

l'œil (*m*) (*pl* les yeux)

l'oreille (*f*)

la dent

la lèvre (*lip*)

la gorge (*throat*)

le pouce (*thumb*)

les doigts (*m pl*)

la main

le poignet (*wrist*)

le coude

le ventre *ou* l'estomac (*m*)

l'épaule (*f*)

le bras

le dos

le derrière

la cuisse

les orteils *ou* les doigts de pied (*m pl*) (*toes*)

le talon (*heel*)

le pied

le genou

la jambe

la cheville

I 🎧 Une machine magnifique!

Que savez-vous du corps humain? Faites ce jeu pour savoir. Ensuite, écoutez la solution.

1 Il y a combien d'os en moyenne dans le corps humain?
   a 112   **b** 206   **c** 324
2 Un(e) adulte a combien de dents, normalement (y compris les dents de sagesse)?
   a 16   **b** 24   **c** 32
3 On a combien de litres de sang?
   a entre 4 et 5 litres   **b** entre 6 et 7 litres   **c** plus de 8 litres
4 Plus de la moitié du corps humain se compose de muscles. Il y a environ combien de muscles en tout?
   a 660   **b** 770   **c** 880

5 Quelle est la température du corps humain, normalement?
   a 32°C   **b** 37°C   **c** 100°C
6 On respire combien de fois par minute, en moyenne?
   a entre 5 et 10 fois   **b** entre 13 et 17 fois
   c plus de 100 fois
7 Quelle est la partie la plus dure du corps?
   a les os   **b** la tête   **c** les dents

Solution: page 240

2 🎧 Sur l'ordinateur

Écoutez le texte et trouvez les mots qui manquent.
On utilise certains mots plusieurs fois.
Exemple: 1 *épaules*

3 Qu'est-ce qu'on dit?

Voici des expressions courantes. Pouvez-vous
les compléter? Ensuite, cherchez dans le
dictionnaire pour trouver le sens.
Exemple: 1 *Mon œil – my foot!*

1 Mon

2 C'est casse-

3 trempé jusqu'aux

4 Ça coûte les   de la

5 Souvent, les jobs se trouvent grâce
au bouche à

6 à vue de

7 se lever du mauvais

8 On s'est cassé la pour trouver une solution.

9 Voyager en car, ça me donne mal au

10 Entre midi et deux, le soleil coupe les

11 J'ai l'estomac dans les

12 Quels sont vos coups de ?

Vous vous servez d'un ordinateur? Voici quelques conseils pour protéger votre santé.

Si vous vous asseyez devant un ordinateur pendant de longues périodes, ça peut vous donner mal aux …(**1**)… et mal au …(**2**)… Et le travail sur clavier peut contribuer à certains problèmes de …(**3**)…, de …(**4**)… et de …(**5**)… Il est important aussi de se reposer les …(**6**)… de temps en temps.

Les …(7)…
–   Si possible, fixez un écran anti-reflets au moniteur.
–   Toutes les dix minutes, éloignez vos …(**8**)… de l'écran et regardez quelque chose d'autre.
–   Toutes les heures, prenez une pause de dix minutes pour vous reposer les …(**9**)…

Le corps
–   Si possible, asseyez-vous sur une chaise réglable, qui soutient le …(**10**)…
–   Mettez les deux …(**11**)… à plat sur le plancher. Les …(**12**)… et les …(**13**)… doivent faire un angle de 90 degrés.
–   Le clavier doit être au même niveau que les …(**14**)…
–   Quand vous tapez, gardez les …(**15**)… plats et détendus.
–   De temps en temps, haussez les …(**16**)… et secouez les …(**17**)…

4 🎧 J'ai mal partout!

a   *Écoutez les conversations. Ces gens ne vont pas bien. Décidez qui parle à chaque fois.*
Exemple: 1 *f*

b   *Maintenant, décrivez leur problème à quelqu'un d'autre.*
Exemple: a *Elle a mal au dos.*

DOSSIER-LANGUE

Reflexive verbs with parts of the body

Je me suis cassé la jambe.

Je me suis coupé le doigt.

Aïe!

Tu t'es fait mal?

Elle s'est fait mal au bras.

Oui, je me suis fait mal au bras.

When a reflexive verb is used in the perfect tense with a part of the body, the past participle does not agree with the subject. Here are some more examples:

Maman **s'est brûlé** la main. Mum has burnt her hand.
Ma copine **s'est cassé** la jambe. My friend has broken her leg.

The verb *se faire mal* (to hurt oneself) acts in a similar way to these reflexive verbs.

Look at the examples on the left. Even though the perfect tense is formed with *être*, there is no agreement with the subject. Here are some more examples:

Ils se sont fait mal à l'épaule. They've hurt their shoulders.
Elles se sont fait mal aux pieds. They've hurt their feet.

Notice how you say what you've hurt. Compare these two sentences:

J'ai mal au dos. I've got a bad back.
Je me suis fait mal au dos. I've hurt my back.

5 Ça me fait mal

Décrivez ce qui s'est passé.
Exemple: 1 Il s'est fait mal au pied.

1 Sanjay 2 Lucie 3 Olivier 4 Magali
5 Luc 6 Alain et Claire 7 Daniel et Roland 8 Élodie

Now you can ...
- describe parts of the body
- give and seek information about pain or injury

177

9.4 En faisant du sport

1 🎧 Ça s'est passé comment?

Ces personnes ont toutes eu un problème. Mais comment ça s'est-il passé? Essayez de deviner la cause du problème. Ensuite, écoutez les conversations pour vérifier.

Exemple: 1 *d*

1 Paul   2 Nicole   3 M. Perrec   4 Mme Denis

5 Marc   6 Sylvie   7 Jean

a en coupant du pain
b en buvant une canette de coca
c en faisant du jardinage
d en jouant au rugby
e en s'approchant d'une maison
f en faisant la cuisine
g en descendant l'escalier

2 Un bon conseil

Donnez un bon conseil pour chaque problème.
Exemple: 1 *En buvant de l'eau.*

> **1** Comment peut-on réduire le risque de crampes après l'exercice?
> **2** Comment peut-on trouver le pharmacien de garde?
> **3** Comment peut-on éviter des piqûres de moustique?
> **4** Comment peut-on éviter un coup de soleil?
> **5** Comment peut-on aider quelqu'un en cas d'accident?
> **6** Comment peut-on obtenir des médicaments?

> consulter le journal régional   téléphoner au secours
> aller à la pharmacie   mettre une crème anti-moustique
> rester à l'ombre   boire de l'eau

Now you can ...

● use the present participle to describe two things that happened at the same time

---

DOSSIER-LANGUE

En + present participle

1 Look back at the pictures and captions and find out how to say the following:
   a going downstairs
   b playing rugby
   c cooking
2 Look at the verbs used. Which three letters do they end in, in English and in French?
3 Can you work out how to say the following:
   a I hurt my foot when playing tennis.
   b She broke her leg skiing.
   c He fell while crossing the road.

Vous souffrez   Calmez-vous en
du stress?   faisant du sport.

> **Solution**
> 1 a *en descendant* l'escalier
>   b *en jouant* au rugby
>   c *en faisant* la cuisine
> 2 -ing, -ant
> 3 a *Je me suis fait mal au pied en jouant au tennis.*
>   b *Elle s'est cassé la jambe en faisant du ski.*
>   c *Il est tombé en traversant la route.*

How to form the present participle

This structure is called the present participle. It is easy to form. Take the *nous* form of the present tense:
   nous faisons   nous jouons   nous mangeons
Delete the *nous* and the *-ons* ending:
   fais   jou   mange
Then add *-ant*:
   faisant   jouant   mangeant
Note: Verbs like *manger*, *changer*, etc. take an extra 'e' before the letters 'o' and 'a' to make the 'g' sound soft.
Three important exceptions are:
   *être   **étant***
   *avoir   **ayant***
   *savoir   **sachant***

Ayant très peur, il a ouvert la porte.
Feeling very frightened, he opened the door.

Using the present participle

It translates the English expressions 'while -ing' and 'by -ing'. It is also used to explain how something happened or how it can be done.
Have another look at *Ça me fait mal* (activity 5, page 177). You could describe how the injuries occurred by using *en* + the present participle:
1 *Il s'est cassé le pied en jouant au rugby.*
Now re-do the activity in this way.

9.5 Accident!

1 🎧 Allô, les secours

Un accident, ça peut arriver n'importe où et à n'importe qui. Si on est témoin d'un accident grave, une des premières choses à faire est de téléphoner au secours: soit en composant le 15, pour le SAMU, soit le 18 pour les pompiers. Pas besoin de carte ni de pièce; ces deux numéros sont gratuits.
Écoutez, puis choisissez le bon résumé de chaque situation.

1 a Un homme s'est brûlé la jambe en faisant un barbecue.
  b Un homme a brûlé du jambon en faisant un barbecue.
  c Un homme s'est coupé la main en faisant un barbecue.

2 a Un cycliste a fait une mauvaise chute et a très mal à la jambe.
  b Un cycliste est tombé de son vélo et s'est coupé la main. Il saigne beaucoup.
  c Une dame a arrêté un cycliste en appuyant sur le vélo.

3 a Un skieur est devenu tout rouge en descendant la piste.
  b Un skieur a fait une mauvaise chute et a perdu connaissance.
  c Un skieur a fait une mauvaise chute et s'est fait mal à la jambe. Il ne peut pas la bouger.

4 a Une fille s'est fait mordre par un serpent.
  b Une fille s'est fait mordre par un chien en se promenant dans la campagne.
  c Une fille a eu un accident dans une cabine téléphonique près de Die.

3 Pour téléphoner

Voici des instructions qu'on trouve souvent dans une cabine téléphonique. Mettez les instructions dans l'ordre correct.

a attendre la tonalité
b composer votre numéro
c décrocher
d parler
e raccrocher
f introduire la carte

Pour vous aider

une chute	a fall
une entorse	sprain, strain (of ankle or knee)
l'hémorragie (f)	bleeding
la paume	palm of the hand
perdre connaissance	to lose consciousness, to faint
une plaie	wound
saigner	to bleed
le SAMU (Service d'Aide Médicale d'Urgence)	emergency medical service
se faire mordre	to be bitten
se récupérer	to recover
soit … soit …	either … or
souffrir du choc	to suffer from shock

2 🎧 Que faut-il faire?

Rappelez-vous de ce qu'il faut faire? Complétez ces conseils. Ensuite, écoutez encore pour vérifier.

appuyer arrêter bouger la brûlure dix le dos
la jambe la main venin

1 Il faut refroidir … avec de l'eau pendant au moins … minutes.
2 Il faut essayer d' … l'hémorragie en appuyant fortement sur la plaie avec la paume de …
3 Il faut rester avec la victime et lui dire de ne pas …
4 Il faut allonger la victime sur … et lui demander de ne pas bouger pour ne pas diffuser trop de … dans le corps.

4 Qui faut-il contacter?

Décidez quel numéro il faut faire.
Exemple: 1 D

1 Une petite fille est tombée d'un arbre. On soupçonne une jambe cassée.
2 Une voiture a pris feu.
3 Un petit garçon a bu une bouteille de désinfectant.
4 Il y a eu une collision entre un cycliste et une voiture. Le cycliste est blessé.
5 Un bateau est en difficulté.

URGENCES

A	Centre anti-poisons	02 99.59.22.22
B	Commissariat de police	02 99.40.85.80
C	Pompiers	18
D	SAMU	15
E	Secours en mer	02 99.56.87.00

5 📢 Il y a eu un accident

a Travaillez à deux. Lisez la conversation, puis changez les mots en couleur pour inventer d'autres conversations.

– Quand est-ce que l'accident s'est produit?
– Vendredi dernier à 15h20.
– Où est-ce que l'accident a eu lieu?
– À Lyon.
– Quel temps faisait-il?
– Il faisait beau.
– Qu'est-ce qui s'est passé?
– Un garçon de 16 ans faisait de l'équitation avec des amis. Soudain, il est tombé et il s'est fait mal à la jambe.

Quand?
hier à 8h30
avant-hier à 20h10
samedi dernier à 14h, etc.

Qui?
une fille de 15 ans
un Canadien
une Anglaise, etc.

Où?
Grenoble
Saint-Malo
Boulogne, etc.

Activité
une randonnée
du VTT
de la planche à voile, etc.

Temps
il pleuvait
il faisait mauvais
il neigeait, etc.

Problème?
arm
foot
back, etc.

b Maintenant, écrivez le résumé d'un accident.
   Exemple: *Hier à 8h10, il y a eu un accident à Lyon. Il pleuvait. Une fille de 15 ans faisait une randonnée avec des amis. Soudain, elle est tombée et elle s'est fait mal à la jambe.*

7 Attention!

a Complétez les phrases.
b Trouvez le bon texte pour chaque image.

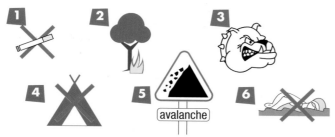

a Chien   avalanche
b Défense de   feu
c Danger – risque d'   fumer
d Baignade   interdit
e Attention au   méchant
f Camping   interdite

6 🎧 Vous êtes journaliste

a Écoutez les détails et complétez le résumé de l'accident pour le journal.

Accident de montagne
Un accident s'est produit hier …(1)… à Val d'Isère. Un skieur a décidé de faire du ski hors piste malgré le …(2)… temps. Il …(3)… et les conditions étaient difficiles. Comme il n'est pas revenu au chalet en fin d'après-midi, on a …(4)… le service de sécurité. Les guides ont …(5)… des traces de ski et ils ont trouvé le skieur par terre. Il s'était cassé …(6)…

b Lisez le résumé, puis écoutez les détails. Il y a sept différences. Notez les mots que vous avez entendus.
   Exemple: 1 *à 14h30*

Accident en mer
Hier, à 4h30, un accident s'est produit à La Réunion. Une jeune fille de 18 ans faisait de la voile en mer. Il faisait beau. La jeune fille est tombée à l'eau et n'a pas pu regagner son bateau. Le service de sécurité est venu à son aide. La jeune fille souffrait du choc et elle n'a pas récupéré plus tard.

8 Une lettre de l'hôpital

Choisissez le bon mot pour compléter la lettre.

cartes   cassé   écoute   ennuyeux   épaule   hôpital
rentrer   trois   viennent

Salut!
Comment ça va? Comme tu vois, je t'écris de l'…(1)… Malheureusement, j'ai eu un accident de ski pendant les vacances. Je me suis …(2)… la jambe et je me suis fait mal à l'…(3)…
   Je suis ici depuis …(4)… jours. Pendant la journée, j'…(5)… la radio, je regarde la télé et je lis un peu. Ma famille et mes amis …(6)… me voir tous les jours et j'ai reçu beaucoup de …(7)… Quand même, c'est …(8)… à l'hôpital.

J'espère que je peux bientôt …(9)… à la maison.

Amitiés
Stéphanie

Now you can …

- give basic details and location of an accident to others, including the emergency services
- understand how to use a public telephone
- understand warning signs

9.6   Chez le dentiste … et chez le médecin

1   Pour se faire soigner en France

Complétez les renseignements pour les touristes étrangers. Ensuite, choisissez les trois conseils que vous considérez les plus importants et écrivez-les dans votre cahier ou sur une affiche.

1   Il faut … pour consulter un médecin ou un dentiste en France.

2   Si … ou le dentiste est conventionné, la Sécurité Sociale remboursera environ 75% des frais.

3   Pour se faire rembourser, il faut … une feuille de soins.

4   Pour avoir la même protection que les Français, en cas de maladie, il faut obtenir un formulaire spécial (E111) … de partir.

5   Mais payer 25% des frais médicaux peut être une somme énorme. Donc on vous conseille de prendre aussi …

6   Si vous avez besoin de médicaments, le médecin vous donnera … Entre 35 et 65% du prix des médicaments est remboursable.

7   Si vous souffrez d' … à long terme ou si vous avez des allergies spécifiques, sachez comment expliquer cela en français.

8   Si vous devez prendre … régulièrement, allez voir un médecin dans votre pays avant de partir.

a une assurance de voyage   b avant   c compléter
d une maladie   e le médecin   f des médicaments
g une ordonnance   h payer

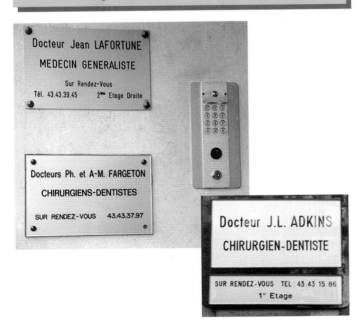

2   🎧 C'est quand, votre rendez-vous?

Écoutez les conversations. Des personnes prennent un rendez-vous chez le dentiste ou chez le docteur. À chaque fois, notez le jour et l'heure du rendez-vous.

Lexique

Chez le dentiste	At the dentist's
une brosse à dents	toothbrush
brosser	to brush
la carie	tooth decay
une dent	tooth
un(e) dentiste	dentist
le dentifrice	toothpaste
la gencive	gum
une piqûre	injection
un plombage	filling
le traitement	treatment

Des expressions utiles	Useful expressions
Je voudrais prendre un rendez-vous avec le dentiste/docteur.	I'd like to make an appointment with the dentist/doctor.
J'ai mal aux dents.	I've got toothache.
C'est quelle dent qui vous fait mal?	Which tooth hurts?
Je vais la plomber (replomber).	I'll do (replace) a filling.
Je vais la traiter.	I'll treat it.

3   🎧 📝 Mal aux dents

a *Écoutez la conversation et lisez le texte. Il y a trois différences. Notez les mots que vous avez entendus. Selon l'enregistrement, Monsieur Moreau a mal aux dents depuis … Il croit qu'il a … Il doit payer …*

–   Bonjour, Monsieur Moreau. Alors, qu'est-ce qui ne va pas?
–   Bonjour, Madame. J'ai mal aux dents.
–   Depuis combien de temps?
–   Depuis quatre jours.
–   Et c'est quelle dent qui vous fait mal?
–   Celle-ci. Je crois que je me suis cassé la dent.
–   Laissez-moi voir. Oui, en effet. Je vais la traiter tout de suite.
–   Vous voulez une piqûre?
–   Oui, s'il vous plaît.
    ***
–   Voilà, c'est fait.
–   Merci, Madame. Je vous dois combien?
–   Ce sera 80 euros. Vous payerez à la réception.
–   Merci, Madame. Au revoir.

b *Travaillez à deux. Relisez la conversation chez le dentiste.*

4 🎧 **Dans le cabinet du médecin**

Écoutez les conversations et faites les activités.

a *C'est vrai ou faux?*
  1 La femme a mal au genou.
  2 Elle a vomi trois fois hier.
  3 Le médecin lui a donné une ordonnance.
  4 Il lui a dit de revenir dans une semaine si ça n'allait pas mieux.

b *Corrigez les erreurs.*
  1 L'homme a mal au ventre.
  2 Il a fait du patinage récemment.
  3 Le docteur lui a conseillé de faire un autre sport, comme par exemple, l'équitation.
  4 Il lui a donné un certificat médical.

c *Répondez aux questions.*
  1 Où est-ce que la femme s'est fait mal?
  2 Qu'est-ce que c'est probablement? (*un bras cassé/une entorse/la grippe*)
  3 Qu'est-ce qu'elle doit faire?

d *Complétez le résumé.*
  1 Un garçon anglais a eu un accident en faisant …
  2 Il s'est fait mal …
  3 On lui a fait faire une …
  4 Il a …
  5 On va lui mettre … dans le plâtre.

Lexique

Chez le médecin	At the doctor's
avoir de la fièvre	to have a temperature
le cabinet du médecin	doctor's consulting room
le docteur	doctor
douleureux	painful
enflé	swollen
une entorse	sprain
examiner	to examine
grave	serious
la grippe	flu
les heures de consultation (*f pl*)	surgery hours
l'hôpital (*m*)	hospital
une infirmière	nurse
le/la malade	patient
une maladie	disease
le médecin	doctor
le plâtre	plaster
la radio (les rayons X, *m pl*)	X-ray
se reposer	to rest
sévère	serious
vomir	to be sick

5 **Des expressions utiles**

Écrivez ces expressions en deux listes: **le médecin**; **le/la malade**.

Qu'est-ce qui ne va pas?	What's wrong?
Je ne me sens pas bien (du tout).	I don't feel (at all) well.
Je me sens un peu malade.	I feel rather ill.
J'ai mal au/à la/à l'/aux …	My … . hurt(s), ache(s).
Je me suis fait mal au/à la/ à l'/aux …	I've hurt my …
Ça vous fait mal là?	Does it hurt there?
Je me suis cassé la jambe.	I've broken my leg.
Je vais vous donner une ordonnance.	I'll give you a prescription.
Est-ce qu'il faut revenir vous voir?	Do I need to come back and see you?
Vous êtes malade depuis quand?	How long have you been ill?
Je n'ai pas pu dormir hier soir.	I couldn't sleep last night.
C'est grave?	Is it serious?
Avez-vous des allergies?	Are you allergic to anything?
Je suis allergique à …	I'm allergic to …
Quand allez-vous rentrer chez vous?	When will you be returning to your country?

6 🗣 **Qu'est-ce qui ne va pas?**

Lisez la conversation à deux. Ensuite, inventez d'autres conversations.

– Bonjour, Docteur.
– Bonjour. Alors, qu'est-ce qui ne va pas?
– J'ai mal au genou, Docteur.
– Oui.
– Et j'ai très mal dormi.
– Laissez-moi voir. Ça vous fait mal là?
– Aïe … oui, ça fait mal.
– Hmm.
– C'est grave?
– Non, je ne crois pas. Il faut vous reposer. Vous restez combien de temps en France?
– Jusqu'à lundi prochain.
– Si ça ne va pas mieux dans trois jours, revenez me voir.
– Merci, Docteur.

au genou	à la jambe
au bras	à la cheville
au cou	à la tête
au dos	etc.
à l'épaule	

J'ai très mal dormi.
Je ne me sens pas bien.
J'ai vomi pendant la nuit.
Je suis toujours fatigué(e).
J'ai de la fièvre.
J'aimal à …, etc.

Aïe … oui, ça fait mal.
Oui, un peu.
Non.

Il faut vous reposer.
Je vais vous donner une ordonnance.
Il faut rester au lit deux jours.
Il ne faut pas marcher.

lundi
mardi
mercredi, etc.

7 🎧 Le sida

Le sida est une maladie qui est présent dans le monde entier et qui, pour l'instant, ne se guérit pas. Pour bien connaître cette maladie, on a préparé de la documentation pour répondre à toutes les questions. Lisez le texte et trouvez la question qui va avec chaque réponse. Ensuite, écoutez pour vérifier.

a Est-ce que le sida existe dans tous les pays?

b Qu'est-ce que le sida?

c Comment est-ce qu'on attrape le sida?

d Que veut dire être 'séropositif'?

e Où est-ce que je peux m'informer?

f Est-ce qu'il y a un risque à travailler à côté d'une personne séropositive?

g Comment savoir si l'on est séropositif?

Infos santé – le sida

Une réponse à toutes vos questions

1 Le sida est la forme la plus grave d'une maladie due à un virus: le VIH (HIV en anglais). Ce virus détruit les défenses naturelles qui protègent le corps de beaucoup de maladies, comme la grippe, la pneumonie, le cancer.

2 Quand une personne possède le virus dans ses cellules, on dit qu'elle est séropositive. Une personne séropositive n'est pas malade du sida, mais elle peut avoir le sida dans les années qui suivent. Et une personne séropositive peut transmettre la maladie.

3 Il y a quatre modes de transmettre le sida:
 – les rapports sexuels avec une personne infectée;
 – l'utilisation des seringues et aiguilles contaminées;
 – une femme séropositive peut transmettre la maladie à son bébé;
 – les transfusions sanguines avant 1985.
 Aujourd'hui, les dons de sang sont contrôlés systématiquement. Les risques de contamination sont devenus exceptionnels pour le receveur et nuls pour la personne qui donne son sang.

4 On peut, en toute sécurité, travailler à côté d'une personne infectée, travailler avec elle, la toucher, lui serrer la main, se baigner dans la même piscine, etc.

5 Le sida est présent dans le monde entier et se développe rapidement.

6 Si on a l'impression d'avoir pris un risque, on peut faire un test de dépistage pour savoir si l'on est séropositif.

7 Des personnes qui ont peur d'avoir pris un risque, qui hésitent à faire un test ou qui s'inquiètent auprès de quelqu'un d'autre, peuvent chercher des renseignements et du soutien en appelant SIDA INFO SERVICE. Il y a aussi plusieurs sites sur Internet.

CHAQUE ANNÉE EN FRANCE, 5000 HOMMES ET FEMMES SONT CONTAMINÉS. ON PEUT TOUS FAIRE QUELQUE CHOSE CONTRE LE SIDA.

Pour vous aider

une aiguille	*needle*
des cellules (*f pl*)	*cells*
enceinte	*pregnant*
la grippe	*flu*
du soutien	*support*
un test de dépistage	*screening test*
une transfusion sanguine	*blood transfusion*

Now you can …

- make an appointment at the doctor's or dentist's and describe symptoms
- understand information about Aids

1 Heureux, mais stressés

Lisez l'article. Ensuite, lisez les phrases et écrivez vrai (V) ou faux (F).

1 Dans l'ensemble, les jeunes vont bien.
2 Beaucoup sont stressés par l'école.
3 Les garçons sont plus sujets à la dépression.

4 Les filles ont plus souvent des problèmes d'appétit.
5 Les garçons ont plus souvent des problèmes de sommeil.
6 La plupart des jeunes se sentent bien dans leur famille.

Heureux, mais stressés

Selon une enquête en France auprès des jeunes de 11 à 19 ans, la plupart des jeunes vont bien, mais ils disent souvent qu'ils sont mal dans leur peau: un jeune sur deux est fatigué, stressé par l'école.

Les filles vont moins bien que les garçons

Sur de nombreux points, les filles sont différentes des garçons dans leurs comportements. Elles ont plus souvent des troubles du sommeil, de l'appétit, et, en plus, elles cumulent les risques pour leur santé en fumant plus. Elles sont aussi plus sujettes à l'angoisse et à la dépression.

La famille continue de jouer un rôle important

La famille conserve beaucoup d'importance pour les jeunes. Même s'il peut y avoir des conflits, 70% affirment avoir une vie familiale agréable.

2 🎧 Ça va ou ça va pas?

Il y a des jours où tout va bien, on se sent plein d'énergie et d'optimisme. Et il y a d'autres jours où rien ne va, on se sent mal dans sa peau et on n'a pas le moral. Écoutez les jeunes. Est-ce que ça va (✔) ou ça ne va pas (✗)? Pourquoi?

Exemple: 1 ✗ a *Il a eu de mauvaises notes.*

Pour vous aider

On n'a pas le moral: Il/Elle …
a a eu de mauvaises notes.
b s'est disputé(e) avec ses parents.
c a des ennuis d'argent.
d ne sait pas, mais il/elle s'ennuie.
e vient d'apprendre qu'un(e) ami(e) est gravement malade.
f se sent seule, parce qu'elle ne connait pas beaucoup de jeunes.
g est stressé(e) par l'école.
h ne sait pas quoi faire de sa vie.
i est toujours fatigué(e) et ne dort pas bien.
j a des boutons et se sent moche.

On a le moral: Il/Elle …
a a gagné un match.
b vient de passer des vacances super.
c a reçu une lettre d'un(e) ami(e).
d a gagné un concours.
On l'a invité(e) …
e à sortir mercredi.
f à une fête samedi.

3 Des expressions utiles

Écrivez ces expressions en deux listes: **ça va; ça ne va pas.**

Je suis en pleine forme.	I feel really well.
Je ne suis pas bien dans ma peau.	I don't feel right.
Je me sens mal dans ma peau.	I feel out of sorts, uncomfortable, down.
Il/Elle est de (très) bonne humeur.	He/She's in a (really) good mood.
Ça va?	OK?
Comme ci, comme ça.	Not bad.
Ça ne va pas du tout.	Things are really bad.
Je n'ai pas la forme.	I'm not at my best.
Je ne me sens pas bien.	I don't feel well.
Ça va très bien.	I'm fine.
Il/Elle n'a pas le moral.	He/She's fed up.
Il/Elle est triste.	He/She's upset.
Il/Elle est de (très) mauvaise humeur.	He/She is in a (really) bad mood.
Je veux me changer les idées.	I want to take my mind off things.
J'en ai marre. (fam)	I'm fed up.
(fam = du français familier)	

4 Ça va?

a *Vous n'avez pas le moral aujourd'hui. Rien ne va. Faites une liste de dix phrases pour expliquer pourquoi.*
  Exemple: *Je me suis disputé(e) avec mon meilleur ami/ma meilleure amie.*

b *Vous êtes en pleine forme. Faites une liste de dix phrases pour expliquer pourquoi.*
  Exemple: *J'ai reçu une lettre d'un(e) ami(e).*

7 Être adolescent …

1
Je me sens moche et je me trouve grosse. Chaque fois que je pense m'acheter des fringues, rien ne me va. Ma tenue favorite – un jean et un gros pull. Parfois, ça me démoralise totalement. Que faire?
Zoë

2
J'ai 16 ans et je me sens tellement confus. Je me pose souvent la question: À quoi je sers? Qu'est-ce que je vais faire de ma vie? Est-ce que je vais réussir ma vie? Ça me préoccupe peut-être trop, mais je ne sais pas comment m'en sortir.
Alexandre

3
J'ai des boutons, mais je m'en fiche. Je me trouve grosse, tant pis. Lorsque je suis avec mes copains et mes copines, j'oublie mon physique et je ris, je danse, je m'amuse. Je croque la vie à pleines dents et c'est ça l'essentiel.
Magali

a *Lisez les lettres et choisissez un titre pour chaque lettre. Voici des idées:*

a La vie est belle.
b Je n'ai pas le moral.
c Je m'inquiète.
d Je suis en pleine forme.
e Ma vie, ça sert à quoi?
f Je me trouve moche et ça me déprime.
g J'aime la vie.

b *Trouvez d'autres expressions dans les lettres pour ces mots.*

1 des vêtements
2 ça me déprime
3 complètement
4 si
5 ça m'est égal
6 quand
7 c'est ça qui est important

5 🗣 À discuter

Qu'est-ce que vous faites quand vous n'avez pas le moral et que vous voulez vous changer les idées?

Je téléphone à un(e) ami(e). J'écoute de la musique.

Je fais du sport.

Je lis un bon livre.

Pour réduire le stress, on peut …
  – prendre le temps de se détendre
  – faire du sport
  – manger bien et équilibré
  – rire pour guérir!

6 🎧 Le stress

Écoutez l'interview et répondez aux questions en anglais.

1 Are people more stressed today?
2 What are some of the causes of stress today?
3 What are the positive effects of stress?
4 What are the symptoms of stress?
5 Suggest two healthy ways of controlling stress.

8 Des réponses

a *Choisissez les bons mots pour compléter chaque réponse.*
b *Décidez quelles réponses vont avec les lettres de l'activité 7. Quelle lettre n'a pas de réponse?*

1 Beaucoup d'adolescents se …(**1**)… angoissés par ces questions. Il faut …(**2**)… les choses petit à petit. À la question: 'Comment réussir ma vie', vous ne …(**3**)… pas de réponse en cinq minutes. Vivez, …(**4**)… vos amis, faites des projets d'études, de vacances. Et tout va se …(**5**)… en place.

mettre   prendre   retrouvez   sentent   trouverez

2 Vous vous …(**1**)… un peu dodu et du coup, vous êtes mal dans votre …(**2**)… À votre âge, le poids varie souvent …(**3**)… votre corps est en train de se transformer. Au fait, pourquoi accordons-nous tant d'…(**4**)… à nos formes? Peut-être à cause des mannequins 'fil de fer' qui nous …(**5**)… à tous l'impression d'être énormes!

donnent   importance   parce que   peau   trouvez

Now you can …
● exchange information and opinions about personal feelings and problems

9.8 Le tabac, l'alcool et la drogue

1 🎧 On parle du tabac

Autrefois, on fumait beaucoup en France. Mais aujourd'hui, on fume moins. Et on a passé des lois pour protéger les non-fumeurs; par exemple, il est interdit de fumer dans les lieux publics, comme les gares et le métro. Écoutez des personnes qui parlent du tabac.

a Répondez.

1 Combien de personnes fument?
2 Combien de personnes fumaient autrefois, mais ne fument plus maintenant?
3 Combien de personnes n'ont jamais fumé?

b Lisez ces phrases.

1 Dans quel ordre est-ce qu'on les entend?
   (Écrivez la lettre de chaque phrase.)
2 Trouvez deux raisons qu'on donne pour fumer.
3 Trouvez trois raisons qu'on donne pour ne pas fumer.

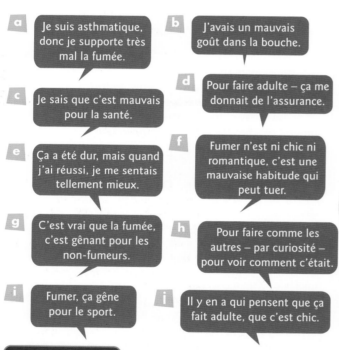

a Je suis asthmatique, donc je supporte très mal la fumée.

b J'avais un mauvais goût dans la bouche.

c Je sais que c'est mauvais pour la santé.

d Pour faire adulte – ça me donnait de l'assurance.

e Ça a été dur, mais quand j'ai réussi, je me sentais tellement mieux.

f Fumer n'est ni chic ni romantique, c'est une mauvaise habitude qui peut tuer.

g C'est vrai que la fumée, c'est gênant pour les non-fumeurs.

h Pour faire comme les autres – par curiosité – pour voir comment c'était.

i Fumer, ça gêne pour le sport.

j Il y en a qui pensent que ça fait adulte, que c'est chic.

Pour vous aider

fumer	*to smoke*
gênant	*irritating*
le goudron	*tar*
un incendie	*fire*
le tabagisme passif	*passive smoking*
tuer	*to kill*
zone fumeur	*smoking area*
zone non-fumeur	*non-smoking area*

3 🗣 À discuter

Travaillez à deux ou en groupes. Parlez du tabac. Est-ce qu'on fume chez vous? Quelle est la meilleure raison pour ne pas fumer? Est-ce que les non-fumeurs devraient être plus tolérants?

2 Le tabac en questions

Faites correspondre les questions et les réponses.

1 Tout le monde dit que fumer est mauvais pour la santé, mais pourquoi exactement?

2 Il est interdit de fumer dans les lieux publics en France, pourquoi?

3 On ne voit pas fumer les joueurs de tennis ni les athlètes. C'est curieux, non?

4 On sait que fumer, c'est mauvais pour la santé. Pourtant on fume, pourquoi?

5 J'ai remarqué que les fumeurs ont souvent les dents et les doigts jaunes. Ça vient de quoi?

6 Pourquoi est-il si difficile de cesser de fumer?

a Fumer, ça gêne pour le sport. Les fumeurs ont du mal à respirer et deviennent vite essoufflés.

b Chacun a sa raison – on veut faire comme les autres, on commence par curiosité puis on en prend l'habitude, on pense que c'est calmant dans des situations difficiles.

c On a adopté des lois anti-tabac pour protéger les non-fumeurs. En plus, il peut y avoir un risque d'incendie.

d Une cigarette contient de nombreuses substances, parmi elles du goudron, qui a un teint jaune.

e La nicotine dans une cigarette est une drogue qui provoque une dépendance. Arrêter de fumer n'est pas facile. Souvent, les fumeurs doivent faire plusieurs essais. Il n'existe pas de recette miracle. Voici quelques astuces qui peuvent aider: attendre des circonstances favorables, en parler à des amis, changer son mode de vie (faire un nouveau sport), etc.

f Le tabac est responsable de nombreuses maladies, par exemple le cancer des poumons et les maladies respiratoires.

4 🎧 L'alcool

Répondez aux questions. Ensuite, écoutez pour vérifier.

1 Si on prend un verre au café, lequel est plus fort?
   a un verre de bière **b** un verre de whisky
   c un verre de vin?
2 Le vin, est-il moins alcoolisé si on ajoute de l'eau?
3 Est-ce qu'il vaut mieux boire du vin avec un repas que boire sans manger?
4 Est-ce que l'alcool stimule ou diminue l'activité mentale?
5 Est-ce vrai que si on boit régulièrement, on tient mieux l'alcool?
6 Est-ce qu'on peut éliminer l'alcool plus vite en prenant un café noir, une douche froide ou de l'air frais?

Solution: page 240

5 Les drogues, on s'informe

Lisez l'article sur la drogue et choisissez un titre pour chaque paragraphe.

a Le risque du sida
b Au début une 'potion magique', après un cauchemar
c Contre la drogue, on n'est jamais trop informé
d On peut s'en sortir
e Pourquoi se drogue-t-on?
f L'adolescence – une période difficile

Drogue: éviter le piège

1 Héroïne, cannabis, ecstasy … la drogue se trouve au coin de la rue. Quartiers riches ou banlieues pauvres, grande ville ou campagne, pas de différence notable. Pourquoi se drogue-t-on? Quels en sont les effets? Quels en sont les risques? Peut-on aider quelqu'un qui se drogue? Autant de raisons pour en parler et pour s'informer sur tous les aspects de la drogue.

2 Si les vendeurs de drogue rôdent souvent autour des lycées et des collèges, ce n'est pas par hasard. L'adolescence est une période délicate: on se pose des questions sur la vie, on a envie d'être autonome, de choisir sa voie et souvent, on a le sentiment indéfinissable d'être 'mal dans sa peau'.

3 Ceux qui se droguent prennent toujours un risque. La plupart du temps, il s'agit d'une cigarette de cannabis. Pourquoi? On fume pour le plaisir ou par curiosité. D'autres se droguent parce qu'ils éprouvent un sentiment de vide, de solitude, d'angoisse. Ils prennent de la drogue pour se sentir mieux.

4 Au départ, c'est peut-être 'bon'. Mais après vient le 'mauvais', l'accoutumance et la dépendance. On ne peut plus s'en passer, on en a de plus en plus besoin, on est 'accro'. À l'arrêt de la consommation de ces produits, les personnes dépendantes sont physiquement et psychologiquement malades: c'est le 'manque' qui leur donne envie de reprendre leur intoxication pour ne plus souffrir. La drogue devient obsédante: on passe la plupart de sa journée à sa recherche, à trouver de l'argent pour l'acheter, à éviter le manque.

5 Parmi les toxicomanes qui s'injectent, il y a aussi le risque du sida. Fréquemment, la même seringue circule de l'un à l'autre. Dans l'aiguille, il reste toujours un peu de sang. Un des participants qui est séropositif peut ainsi contaminer tout le groupe.

6 Pour sortir de la dépendance, il existe des centres d'accueil et de soins anonymes et gratuits qui sont ouverts aux toxicomanes. On peut y parler aux spécialistes. Ils peuvent proposer une forme d'aide qui est adaptée aux problèmes et à la personnalité de chaque individu.

(Science et Vie Junior)

Pour vous aider

l'accoutumance	*tolerance, where increasing amounts of the drug are needed*
accro	*hooked*
le manque	*withdrawal symptons, where the body reacts to the drug being stopped*
les soins	*help*
la surdose	*overdose*
un(e) toxicomane	*drug addict*

6 🎧 Il n'y a pas de drogués heureux

Écoutez les témoignages et complétez les résumés avec les mots dans la case.

a Une toxicomane

J'ai commencé à fumer quand j'avais …(**1**)… ans.
Je m'ennuyais dans …(**2**)…
Je …(**3**)… être capable de m'arrêter quand je le voulais, mais je n'ai pas …(**4**)…
Je fume à longeur de …(**5**)… et je …(**6**)… de la coke. J'ai envie de ne plus rien …(**7**)… d'autre.
Quand je n'ai plus de produit, je suis complètement …(**8**)…
Je ne …(**9**)… pas qu'il serait si …(**10**)… de s'en passer.

> croyais déprimée difficile faire
> la journée la vie pensais prends
> pu quatorze

b Un ancien toxicomane

Il était toxicomane pendant …(**1**)… ans.
Il …(**2**)… accro de l'héroïne.
Il était …(**3**)…
Il ne pensait qu'à se procurer sa …(**4**)… Il était malade dans son …(**5**)… , dans sa …(**6**)…
Il ne …(**7**)… rien d'autre. Il croyait qu'il avait tout …(**8**)…
Après un coma pour surdose, on l'a admis au …(**9**)… de désintoxication. Là, il a …(**10**)… un psychiatre qui l'a beaucoup aidé.
Ça a été …(**11**)… et …(**12**)… mais maintenant, il en est sorti.

> centre corps dix dur était faisait
> long perdu poudre rencontré
> seul tête

© Comité Français d'Éducation pour la Santé

Now you can …

● exchange information and opinions about issues regarding smoking, drugs, alcohol and addiction.

9.9 Forme et santé

1 🎧 Pour avoir la forme

Pour être en pleine forme et bien dans sa peau, qu'est-ce qu'il faut faire? Voilà la question qu'on a posée aux gens dans la rue.

a *Écoutez les réponses et prenez des notes (ou copiez la grille et cochez les bonnes cases).*

Exemple: 1 *a, c*

Réponses possibles:	1	2	3	4	5	6
a manger équilibré, manger régulièrement						
b bien dormir						
c faire de l'exercice, faire du sport régulièrement						
d savoir se détendre, se relaxer, éviter le stress						
e ne pas fumer						
f essayer d'être optimiste, voir l'aspect positif des choses						

b *Faites un petit résumé des réponses.*

Exemple: *Pour beaucoup de personnes, il faut … pour être en forme, mais il y a d'autres choses qui sont importantes aussi, comme par exemple …*
À mon avis, il est très important de …

2 C'est bon pour la santé?

Lisez les phrases et notez oui (✔) ou non (✘).
Exemple: 1 ✔

		Oui	Non
1	J'essaie de manger beaucoup de fruits et de légumes.	☐	☐
2	J'adore les sucreries, surtout des gâteaux et du chocolat, et aussi des boissons sucrées, comme le Coca.	☐	☐
3	Mon oncle boit un litre de vin par jour.	☐	☐
4	Je bois beaucoup d'eau, surtout quand je fais du sport.	☐	☐
5	Ma tante boit beaucoup de café – plus de six tasses par jour.	☐	☐
6	Je mange toujours un bon petit déjeuner et j'essaie de prendre des repas réguliers.	☐	☐
7	Mon frère fume, mais pas très souvent.	☐	☐
8	Il n'y a personne qui fume dans ma famille.	☐	☐
9	Ma sœur ne fait jamais de sport et elle va partout en voiture.	☐	☐
10	Je fais du sport deux ou trois fois par semaine.	☐	☐
11	J'essaie d'avoir au moins huit heures de sommeil par nuit.	☐	☐
12	Quand j'ai beaucoup de travail, je me couche très tard, souvent après minuit.	☐	☐
13	Quand il y a du soleil, je mets une crème solaire et je porte des lunettes de soleil.	☐	☐
14	Même quand j'ai beaucoup de travail, je prends le temps de me détendre avant de me coucher.	☐	☐

3 🗣 À vous!

Travaillez à deux. Posez au moins une question de chaque section et répondez à tour de rôle.

Votre régime
Est-ce que vous mangez un bon petit déjeuner?
Si vous grignotez, qu'est-ce que vous mangez comme snack?
Qu'est-ce que vous mangez comme fruits et légumes?
Manger des bonbons et du chocolat, c'est bon pour les dents?
À votre avis, est-ce que vous mangez bien et équilibré?

L'exercice
Faites-vous du sport ou de l'exercice chaque semaine?
Combien de fois?
Quels sports pratiquez-vous?

Fumer
Que pensez-vous du tabac?

Bien dormir
À quelle heure est-ce que vous vous couchez normalement?
Est-ce que vous vous endormez facilement ou avec difficulté?
Vous dormez combien d'heures par nuit environ?

Si ça ne va pas
Si vous tombez malade en France, qu'est-ce qu'il faut faire?
Quand vous n'avez pas le moral, qu'est-ce que vous faites pour vous changer des idées?
Vous sentez-vous stressé(e) quelquefois? Quand?
Qu'est-ce que vous faites pour vous calmer?

Une attitude positive
Avez-vous tendance à réfléchir longtemps à vos problèmes?
Êtes-vous plutôt optimiste ou pessimiste?
Qu'est-ce que vous faites pour vous détendre?

La forme
Être en forme, c'est important pour vous?
Qu'est-ce qu'il faut faire pour être en forme?

4 Êtes-vous en forme?

Écrivez quelques phrases pour répondre. Parlez de votre régime, de vos loisirs, des sports que vous faites, etc.

Now you can …
- discuss and compare healthy and unhealthy lifestyles

9.10 Notre monde

I 🎧 Médecins Sans Frontières

L'organisation humanitaire, Médecins Sans Frontières, a été fondée par un groupe de médecins et de journalistes en 1971. Quelquefois, après un tremblement de terre, une famine, ou dans une situation de guerre, on entend parler de cette organisation à la télé et à la radio. Qui sont-ils? Où vont-ils? Qu'est-ce qu'ils font? Écoutez et lisez le texte.

L'organisation

Médecins Sans Frontières apporte de l'aide médicale aux victimes de guerre, d'épidémies, de famines ou de catastrophes naturelles, comme des tremblements de terre, la sécheresse, une inondation, etc.

Qui sont les médecins sans frontières?

Ce sont surtout des volontaires qui s'engagent pour une période minimum de six mois.

Est-ce que ce sont uniquement des médecins qui travaillent pour l'organisation?

Non. La plupart sont des médecins et des infirmiers, mais on recrute aussi des professionnels non-médicaux, par exemple, des administrateurs. En plus de leur qualifications professionnelles, les volontaires doivent parler une langue étrangère, comme l'anglais, l'espagnol ou le portuguais. En effet, environ 140 volontaires britanniques partent en mission chaque année.

Et où vont les MSF?

Actuellement, il y a près de 2000 volontaires dans plus de 80 pays du monde – des pays comme l'Afghanistan, la Côte d'Ivoire, le Malawi, la République Démocratique du Congo.

Et en quoi consiste votre travail?

Le travail est très varié selon les missions. Dans une situation de guerre, on installe des dispensaires et on soigne les blessés. Il y a aussi des programmes de vaccination et de nutrition. Au Niger par exemple, il y a eu une campagne de vaccination massive contre la méningite et la rougeole. On a vacciné 600 000 enfants de moins de 5 ans contre la méningite. Puis il y a le travail sur l'environnement, surtout en ce qui concerne l'eau. Les camps de réfugiés et les hôpitaux ont besoin de grandes quantités d'eau potable.

Et vous vous occupez de l'aide médicale à long terme aussi?

Oui, en Afrique on a réhabilité des hôpitaux et on forme des infirmiers, du personnel local.

Now you can ...

● understand information about world organisations and charities like *Médecins Sans Frontières*

SOMMAIRE

Now you can ...

1 understand and discuss information about common holiday ailments and treatment
2 consult a chemist about minor ailments and treatment; use *qui* and *que* to link two sentences
3 describe parts of the body; give and seek information about pain or injury
4 use the present participle to describe two things that happened at the same time
5 give basic details and location of an accident to others, including the emergency services; understand how to use a public telephone; understand warning signs
6 make an appointment at the doctor's or dentist's and describe symptoms; understand information about Aids
7 exchange information and opinions about personal feelings and problems
8 exchange information and opinions about issues regarding smoking, drugs, alcohol and addiction
9 discuss and compare healthy and unhealthy lifestyles
10 understand information about world organisations and charities like *Médecins Sans Frontières*

For your reference:

Grammar

Vocabulary and useful phrases

See also **Vocabulaire par thèmes**, unité 9.

unité 10

Projets d'avenir

10.1 Comment voyez-vous l'avenir?

1 L'avenir, comment sera-t-il?

L'avenir, comment sera-t-il?

C'est la question qu'on a posée à nos lecteurs. Voici une sélection de leurs prédictions.

1 Vos amis passent la soirée chez vous et on décide de regarder un film. Vous pourrez choisir un bon titre sur Internet et regarder le film tout de suite, sur l'écran plat au mur de votre salon. N'ayez pas peur – après le départ de vos amis, votre robot aspirateur fera tout de suite son tour du salon et tout sera vite en ordre.
S G, Bordeaux

2 Tout le monde aura son téléphone portable connecté à Internet, mais pas seulement pour téléphoner ou pour envoyer des messages. On pourra le consulter pour des renseignements sur les transports, les détails des pharmacies ouvertes et des médecins de garde. On trouvera sans problème les programmes des cinémas les plus proches, et on vous réservera des places pour le film de votre choix.
L J, Paris

3 Les caméras de surveillance, les écouteurs qu'on pourra brancher sur notre téléphone, même les micro-puces qu'on implantera sous la peau des malfaiteurs – tout ça sera peut-être bon pour la sécurité – mais il y a de quoi s'inquiéter. Notre liberté sera menacée et on n'aura pas de secrets.
D M S, Lille

4 On parle de tous les avantages de la technologie; des réfrigérateurs qui se rendront compte de ce qui manque et enverront des commandes au supermarché, des voitures intelligentes qui choisiront votre route et les aide-cuisine qui trouveront une recette pour votre repas de fête. Mais moi, je suis contre tout ça. Je veux prendre les décisions qui régleront ma vie moi-même – pas vous?
T R S, Bordeaux

5 L'ordinateur sera roi. Il dominera toute notre vie! Dans nos maisons, la technologie réglera le chauffage et l'éclairage. Si vous n'êtes pas chez vous, vous pourrez donner des instructions à votre cuisinière, à votre télévision et au petit robot qui vivra dans votre cuisine. À votre arrivée à la maison, la porte s'ouvrira pour vous et on vous donnera des messages, votre repas sera déjà en train de cuire.
O H, Québec

Lisez l'article et prenez des notes en anglais.

1 Name two ways in which technology will affect the following:
   a leisure activities
   b tasks connected with cooking
   c life at home (not cooking)
2 What will you be able to do with a mobile phone, besides making phone calls and sending messages?
3 How will technological devices help fight crime? (*2 ways*)

2 🎧 À mon avis

Écoutez la conversation sur les prédictions et notez à chaque fois quelle prédiction on considère la plus possible et la moins probable.

DOSSIER-LANGUE

The future tense

1 The future endings (*-ai, -as, -a, -ons, -ez, -ont*) are the same for all verbs.
2 The endings are added to the infinitive of regular verbs.
3 Regular *-re* verbs drop the final 'e' before adding the ending.
   Il vendra ses livres de maths après les examens.
4 Some verbs have irregular future stems:
   être > ser- > je serai = I shall be
On this page, find the future stem of:
   aller avoir faire pouvoir venir voir
(Check your answers in **La Grammaire** page 252.)

3 Des prédictions

Dans l'article, trouvez deux prédictions qui vous semblent bonnes (B) et deux qui sont plutôt inquiétantes (I).
Exemple: *La technologie réglera le chauffage. (B)*
On pourra écouter nos conversations au téléphone. (I)

4 Les examens en France

Lisez le texte, puis copiez et complétez les phrases.

Point-info

En France, le seul examen scolaire qui compte vraiment est le baccalauréat, qu'on appelle le bac. On le passe au lycée, en terminale.

Adeline vous parle …

«Cette année, je suis en première scientifique, donc j'ai plus de maths, de physique, de chimie et de biologie que les autres premières. Comme langues vivantes, je fais anglais et allemand, mais ma matière favorite est la biologie.

«À la fin de l'année, je vais passer le bac de français. Il se divise en deux épreuves: l'oral et l'écrit.

«En septembre, je vais entrer en terminale pour préparer mon bac S (scientifique).»

1 En France, la dernière année au lycée s'appelle …
2 L'examen scolaire le plus important est …
3 L'examen qu'on passe en première s'appelle le …
4 Comme langues vivantes, Adeline apprend … et …
5 Sa matière favorite est …

5 Que ferez-vous?

Complétez les conversations avec le verbe au futur.
Exemple: **1** *ferez*

a – Que (**1** faire)-vous après les examens?
– Mon correspondant (**2** venir) en France quand il (**3** pouvoir) payer son billet.
– Quand il (**4** arriver), nous (**5** faire) du camping.
b – Quand est-ce que vous (**6** avoir) les résultats de vos examens?
– Le dix-neuf août.
– Qu'est-ce que tu (**7** faire) quand tu (**8** savoir) tes résultats?
– Je (**9** partir) en vacances et quand je (**10** revenir), je (**11** travailler) dans un magasin.
c – Que (**12** faire)-tu quand tu (**13** quitter) l'école?
– Quand je (**14** quitter) l'école, je voudrais voyager pendant neuf mois avant d'aller à l'université.

6 🎧 Une interview avec Pierre

Écoutez et complétez l'interview.

1 – Pierre, as-tu l'intention de continuer tes études après l'école?
– Oui, oui. J' … faire des études à l'Université de Paris.
2 – Qu'est-ce que tu aimerais faire plus tard?
– Si j'ai de bonnes notes à l'université, je … peut-être prof d'histoire-géo.
3 – Et, sinon, qu'est-ce que tu … faire?
– Sinon, je … travailler comme photographe ou comme journaliste.
4 – As-tu … voyager?
– Oui, bien sûr, je … voyager, surtout aux États-Unis.

Lexique

Les examens	Exams
le baccalauréat (le bac)	main French school-leaving exam, taken at 17/18 years old
un apprentissage	apprenticeship
passer/avoir un examen	to **take** an exam
être reçu à un examen/ réussir à un examen	to **pass** an exam
échouer à un examen	to **pass**(succeed in) an exam
rater un examen (*fam*)	to **fail** an exam
une épreuve	test, exam paper
un examen blanc	mock exam
une bonne/mauvaise note	a good/bad mark
s'orienter vers (les sciences)	to specialise in (science)

DOSSIER-LANGUE

Expressing intention

Other ways of saying what you plan to do:
1 If you feel **almost definite** about something, you can use
  a *aller* + the infinitive:
    Je vais habiter chez mes parents.
  b the future tense:
    Mon ami habitera dans un foyer d'étudiants.
2 If you are **less sure** about something, you can use
  a *avoir l'intention de* + infinitive:
    J'ai l'intention de passer un an à voyager.
  b *penser* + infinitive:
    Ma sœur pense travailler à l'étranger.
3 If you hope to do something, use *espérer* + infinitive:
    J'espère avoir de bonnes notes.
4 If what you plan to do **depends on something else happening**, use *si* + present tense + future tense:
    Si je suis reçu, j'irai à l'université.
    If I pass the exam I shall go to university.
5 NB You must use the future tense after *quand* to refer to something that will happen in the future, unlike in English:
    Je quitterai l'école quand j'aurai dix-huit ans
    I shall leave school when **I am** eighteen.

7 📷 À vous!

Quels sont vos projets d'avenir? Travaillez à deux. Posez les questions des activités 5 et 6 et répondez pour vous-même.

Now you can …
● discuss the future
● talk about exams and discuss your own plans for the future

Les examens approchent

Les examens, je les déteste!

Ça va sans dire, normalement, on n'aime pas les examens; en tout cas, ils ne sont pas là pour nous amuser! Il y a quand même des choses qu'on peut faire pour rendre cette période de révision un peu plus facile. Quelle est la meilleure méthode de se préparer aux examens? À partir de quand faut-il commencer à réviser et comment devrait-on s'y prendre?

On a posé ces questions à des adultes et à des jeunes. Voici une sélection de leurs conseils – les 'professionnels' d'abord!

Le plus important, c'est de bien dormir. Je vous conseille de vous coucher tôt le soir et de vous lever de bonne heure le matin. En plus, essayez de prendre un bon petit déjeuner le matin, surtout le matin des examens.

Jean-Pierre Guérin – médecin

Préparez-vous bien en avance. Faites un plan que vous pouvez afficher sur le mur de la chambre où vous travaillez et cochez chaque jour les choses que vous avez apprises – ça va vous encourager! Mais ne continuez pas à réviser jusqu'au dernier moment! La veille de l'examen, arrêtez de travailler et essayez de vous relaxer un peu.

François Gauger – psychiatre

N'essayez pas de vous concentrer pendant de très longues périodes. Il vaut mieux réviser pendant une demi-heure, quarante minutes au plus. Puis il faut prendre dix minutes de repos: écoutez de la musique, buvez un jus d'orange avant de retourner à votre travail.

Suzanne Mélun – professeur et conseillère d'orientation

Et maintenant, des 'astuces' proposées par des jeunes

Moi, je n'aime pas réviser tout seul. Je préfère travailler avec un copain ou une copine – surtout avec une amie plus sérieuse que moi. Comme ça, elle va peut-être m'apprendre à mieux organiser mon travail et on pourra discuter ou se poser des questions. Puis, plus tard, pour se détendre un peu, on ira boire un verre au café du coin!

Philippe

*Il faut bien préparer son bureau avant de se mettre à travailler.
Choisis tes meilleurs crayons, bien taillés, trouve des gommes amusantes, des stylos qui sont en état de marche. N'hésite pas à t'acheter quelques nouveaux trucs – ça va t'encourager à travailler!
Mets un jus de fruit ou une bouteille d'eau minérale tout près de toi, puis des fruits ou des noisettes et des raisins secs. Ça y est – tu es prêt! Maintenant, au travail!*

Céline

Le plus grand ennemi de la révision, c'est le téléphone. Alors, quand je suis en train de réviser, je demande à ma mère de répondre au téléphone pour moi. Elle dit à mes amis que je vais les appeler plus tard. Comme ça, je réussis à travailler sans interruption. Puis, plus tard, je m'amuse à téléphoner à tous mes copains – qui, eux aussi, sont en train de réviser!

Éric

*Ce n'est pas marrant de réviser, donc j'ai décidé d'inventer des méthodes variées pour m'amuser. Quelquefois, j'enregistre des résumés sur une cassette pour les écouter plus tard. Ou bien, je note des choses sur des cartes postales et j'ajoute de petits dessins amusants pour m'empêcher d'oublier les détails importants.
Si tu aimes utiliser Internet, cherche des sites qui peuvent t'aider avec tes révisions. Mais, si on a un ordinateur, le plus efficace, c'est de taper des résumés puis de changer la fonte et la grandeur des lettres pour faire ressortir les choses importantes. Mais, attention! N'oublie pas de tout sauvegarder avant d'éteindre l'ordinateur!*

Mélanie

1 Les examens approchent

Lisez l'article à la page 192. Chacune de ces phrases représente l'opinion d'au moins une des personnes de l'article. Pouvez-vous les identifier?

Exemple: 1 J-P G (Jean-Pierre Guérin)

1 Il est important de bien dormir et de bien manger pendant la période des examens.
2 Il ne faut pas s'arrêter de travailler pour répondre au téléphone.
3 C'est une bonne idée d'inviter quelqu'un à réviser avec toi – comme ça, on peut s'aider à résoudre les problèmes.
4 Ne continuez pas à travailler trop longtemps sans repos – il vaut mieux prendre régulièrement des pauses pour se détendre.
5 Pour rendre ton travail plus intéressant, il faut inventer des méthodes amusantes pour changer un peu tes idées.
6 Avant de te mettre à réviser, range bien tes affaires et prépare des boissons et des snacks, etc.
7 N'hésitez pas à vous offrir des stylos neufs ou des gommes 'fantaisie' – ça va vous égayer un peu, quand même!
8 Essayez de commencer à réviser bien en avance et évitez de travailler la veille ou le jour même de l'examen.
9 Si on a un ordinateur, on devrait en profiter pour faire des révisions.
10 Faites un plan; avant de commencer vos révisions ça vous aidera à voir votre progression.

2 Des 'astuces' pour les révisions

Travaillez à deux. Faites une liste d'idées pour réviser.

Pour vous aider

À mon avis, on devrait	se mettre à réviser deux mois à l'avance.
Il faut essayer de	prendre le temps de se reposer.
On ne devrait pas	réviser la veille de l'examen.
Il est préférable de	travailler à la bibliothèque.
Il ne faut pas	passer trop de temps sur ce que l'on sait faire déjà.
Il vaut mieux	consacrer de larges tranches de temps à une même matière.

DOSSIER-LANGUE

Two verbs together

In French it is common to find two verbs in sequence in a sentence: a main verb followed by an infinitive. Sometimes the infinitive follows directly, sometimes you must use *à* or *de* before the infinitive. You will find a lot of these verbs in use in the revision hints. Make up your own lists for reference, like this:

1 Find the French for the verbs listed below.
2 List them under three headings, adding an example each time if you want to:

   a Verbs followed directly by an infinitive
   pouvoir   to be able to
   savoir   to know (how to)

   b Verbs followed by *à* + an infinitive
   se mettre à   to begin to

   c Verbs followed by *de* + an infinitive
   conseiller (à quelqu'un) de   to advise (someone) to
   (See also page 197.)

to be able to	to avoid (doing sthg)
to know how to	to invite (s.o.) to
to prevent (s.o.) from	to teach (s.o.) to
to advise (s.o. – *à qqn*) to	to enjoy oneself (doing sthg)
to try to	to decide to
to hesitate to	to forget to
to encourage (s.o.) to	to succeed (in doing sthg)
to be going to	to ask (s.o. – *à qqu'un*) to
to stop	to continue to
to begin to (2 verbs)	to help (s.o.) to

List the infinitive form except for these two expressions:
   it is better to
   it is necessary to (you must)

---

3 Les examens et moi

a *Écoutez d'abord les deux présentations de Laura et de Daniel pour vous donner des idées.*
b *Complétez le résumé sur vous-même.*

Les examens et moi

1 Je prépare le GCSE en … matières: anglais, …
2 Pour réviser, je …
3 Tout de suite après les examens, je vais …
   (travailler … partir en vacances en …, etc.)
4 L'année prochaine, j'espère … (continuer mes études)
5 Quand je quitterai l'école, j'aimerais …
6 Plus tard, j'ai l'intention de …

*Gardez votre résumé dans votre **Dossier personnel**.*

Now you can …

● give and seek information about preferences for exam preparation and revision

10.3   Un stage en entreprise

1 Un stage en entreprise

Lisez le texte et faites l'activité.

Avant d'entrer dans le 'vrai' monde du travail, beaucoup de jeunes personnes, en France comme en Grande-Bretagne, font un stage en entreprise. Souvent, les jeunes Français ont un placement pendant leur année en première, donc à l'âge de 16 ou 17 ans, pour une période de deux semaines en moyenne.

Il y a aussi des écoles en Grande-Bretagne, qui, chaque année, organisent des stages en entreprise en France pour quelques-uns de leurs élèves qui s'expriment bien en français et qui savent se débrouiller. La plupart des stagiaires ont déjà fait un échange scolaire en France.

Comme cela se passe souvent dans le cadre d'un échange scolaire, ces jeunes 'stagiaires' sont logés chez une famille française et ils passent une partie de leur temps avec leurs correspondants. Leur stage en entreprise dure quatre ou cinq jours.

À la fin de leur stage, ils ont fait beaucoup de progrès en français et la plupart sont très contents de leur séjour. Il y a souvent des choses qui les étonnent ou qui les amusent, mais ils en gardent toujours un excellent souvenir.

Écrivez vrai (V) ou faux (F). Corrigez les phrases qui sont fausses.

1 Les jeunes élèves français font un stage en entreprise qui dure, d'habitude, une quinzaine.
2 Quelquefois, des élèves anglais ont l'occasion de faire leur stage en France.
3 Normalement, ils font ce stage pendant leur première visite en France.
4 Les stagiaires sont généralement logés dans une auberge de jeunesse.
5 Pour les Anglais en France, les stages durent deux semaines d'habitude.
6 Les stagiaires ne passent pas de temps avec leurs correspondants parce qu'ils travaillent pendant tout leur séjour.
7 Pour faire les stages à l'étranger, on choisit plutôt les élèves qui s'expriment bien en français.
8 La plupart de ces jeunes personnes trouvent leur stage utile, agréable et quelquefois amusant.

Lexique

Un stage en entreprise	Work experience
un(e) conseiller(-ère) d'orientation	careers adviser
(faire du) classement	(to do) filing
un emploi	job, employment
la formation	training
un horaire	timetable, schedule
quels sont/étaient vos horaires?	what hours do/did you work?
livrer	to deliver
le patron	the boss
un placement	placement
un téléphone portable	mobile phone
une usine	factory

2 On fait son stage en France

Chaque année, des élèves de quelques écoles anglaises, par exemple, Cullompton Community College, dans le Devonshire, et Reading School, font leur stage en entreprise en France. Lisez les témoignages et faites l'activité.

a Lisa

J'ai choisi de faire mon stage dans un supermarché à Ploudalmézeau et j'y ai travaillé le mardi, le mercredi, le jeudi et le lundi de notre séjour, de 9h 45 jusqu'à 11h45 et de 14h30 jusqu'à 16h30. Le Rallye Super ressemblait beaucoup à un supermarché anglais, sauf que les rayons 'fromages' 'et 'vins' étaient plus grands. J'ai travaillé dans plusieurs rayons, mais celui que j'ai préféré était le rayon de la boulangerie-pâtisserie où vous me voyez sur la photo.

Je me suis débrouillée, à l'aide de mon dictionnaire de poche. Mon stage était très bien et j'en garde un excellent souvenir.

c Iain

Pendant mon stage dans un collège, je suis resté chez une famille française qui habite dans un village près de Compiègne, et tout le monde était très accueillant.

Le premier jour de mon stage, je suis allé à l'école primaire où j'ai aidé l'institutrice avec les enfants de trois à 4 ans. Mon rôle était de parler et de jouer avec les enfants.

Pour le reste du stage, je suis allé au collège en face de l'école primaire. J'ai participé aux cours d'anglais où j'ai parlé avec de petits groupes d'étudiants et je les ai aidés à traduire les histoires anglaises.

Mon séjour a duré huit jours; cinq jours de stage et trois jours de temps libre, pendant lesquels nous avons fait des excursions à Compiègne et à Paris.

À mon avis, le séjour a été un grand succès. J'ai eu l'occasion d'améliorer mon français et j'ai trouvé que les sujets que nous avons étudiés en classe étaient très utiles. Faire son stage en France est une occasion à ne pas manquer.

C'est qui?
Complétez les phrases avec les initiales d'une ou deux personnes.

1 … a travaillé seulement quatre heures par jour.
2 … a utilisé un ordinateur pendant son stage.
3 … a travaillé dans deux endroits (bâtiments) différents.
4 … sait taper à la machine.
5 … a pu visiter la région pendant son séjour.
6 … dit qu'elle s'inquiétait un peu au début.
7 … et … ont vendu des choses aux clients
8 … a trouvé que ses cours au collège l'ont bien préparé pour son séjour en France.
9 … a appris à couper et à conserver la viande.
10 … sont allés à Paris pendant leur séjour.
11 La description que j'ai trouvée la plus intéressante était celle de …
12 Si je pouvais choisir, je ferais le travail de …

b Katie

Je voulais travailler dans un bureau, mais finalement, on m'a trouvé un placement dans un office de tourisme. Pour commencer, j'étais un peu inquiète, mais tout le monde était très gentil avec moi et on m'a tout expliqué très patiemment. Pendant mon stage, j'ai tapé des lettres et j'ai dessiné des affiches publicitaires en travaillant sur l'ordinateur.

Une chose qui m'a surprise, c'est que les claviers français sur les ordinateurs et les machines à écrire ne sont pas les mêmes que chez nous. Quand même, je m'y suis habituée assez facilement et j'ai beaucoup aimé la semaine que j'ai passée à l'office de tourisme.

d Henry

Pour mon stage en entreprise, j'ai eu la chance de travailler avec deux bouchers français qui s'appelaient Jean-Claude et Éric.

Jean-Claude m'a montré toutes sortes de viande et comment on la conservait. En plus, j'ai appris comment faire des saucisses et comment couper la viande.

Un jour, j'ai aidé Éric à faire la tournée en camion. On est allés dans beaucoup de villages et de petites villes pour vendre de la viande. C'était très intéressant parce que j'ai pu parler avec beaucoup de clients. J'emballais la viande dans des poches en plastique. Comme ça, je travaillais et j'observais en même temps.

Le plus intéressant, c'était la visite au marché. Le mercredi, je me suis réveillé à 2 heures du matin. Nous sommes partis, Éric et moi, à 2 heures 30 et nous sommes arrivés à 3 heures 30 à Paris en camion. Au marché à Rungis, j'ai observé Éric qui achetait de la viande pour le magasin.

Après avoir acheté la viande, nous l'avons mise dans le camion. Éric a conduit jusqu'au Marché de Crépy-en-Valois où Éric et Jean-Claude ont déchargé la viande. Après, Jean-Claude m'a ramené à la maison et j'ai dormi jusqu'à midi.

J'ai parlé le plus possible en français pendant mon séjour et j'ai fait beaucoup de progrès. J'ai trouvé ce que je faisais très intéressant.

3 🎧 Mon stage en entreprise

Écoutez les élèves français qui parlent de leur stage en entreprise.
Notez la réponse de chaque personne aux questions.

1 Qu'est-ce que tu as fait comme stage (en entreprise)?
(*J'ai travaillé … dans un bureau/un garage/un magasin/une crèche/un supermarché/un restaurant/un hôpital/à la ferme.*)

2 Quels étaient tes horaires?
(*J'ai travaillé de … à (quels jours?), de … à … /Tous les jours sauf …*)

3 Qu'est-ce que tu as fait exactement?
(*J'ai rempli les rayons/servi les clients.*
J'ai travaillé sur l'ordinateur, avec les animaux/les enfants, à la réception …, etc.
J'ai vendu …/J'ai préparé …/J'ai utilisé …/J'ai fait du classement/J'ai répondu au téléphone/J'ai tout fait
J'ai aidé … à (+ inf) j'ai appris à … (+ inf))

4 Comment as-tu trouvé ce travail?
(*C'était intéressant/assez varié/ennuyeux/bien/difficile/ fatigant/passionnant.*)

5 Est-ce que tu voudrais faire cette sorte de travail plus tard?
(*Oui, je voudrais faire ça./Non, je ne voudrais pas faire ça./Je ne sais pas.*)

4 📋 À vous!

Si vous avez déjà fait votre stage en entreprise …

a *Travaillez à deux. Posez les questions de l'activité 3 et répondez à tour de rôle.*

b *Écrivez une lettre à votre correspondant(e).*
Exemple: *Cher (chère),*
Tu m'as demandé de te raconter mon stage en entreprise, eh bien, voilà. J'ai travaillé …

Si vous n'avez pas encore fait votre stage en entreprise …

a *Travaillez à deux. Posez les questions et répondez à tour de rôle.*

1 Qu'est-ce que tu voudrais faire comme stage (en entreprise)?
(*Je voudrais + infinitif.*)

2 Pourquoi? (*Parce que j'aime les enfants/les animaux/ l'informatique. Je voudrais travailler dehors/avec des clients/dans un hôpital/dans un magasin, etc.*)

3 Est-ce que tu aimerais faire ton stage à l'étranger (en France)?

b *Notez vos préférences (regardez les questions de l'activité 3).*
Exemple: *Je voudrais/j'aimerais faire mon stage (dans une école) et … , parce que …*

> **Now you can …**
> • exchange information and opinions about work experience

10.4 Que voulez-vous faire comme métier?

1 🎧 Douze raisons pour choisir un métier

On discute des raisons pour choisir un métier. Écoutez et notez dans l'ordre le numéro de la raison donnée.
Exemple: 2, …

1 C'est bien payé.
2 C'est intéressant comme travail.
3 Ça permet de voyager à l'étranger.
4 C'est un métier prestigieux.
5 On aura beaucoup de vacances.
6 Ça donne du contact avec le public.
7 Ça permet d'aider les gens.
8 On pourra aider à protéger l'environnement.
9 Ça vous aidera à acquérir de nouvelles compétences.
10 Ça offre beaucoup de débouchés.
11 On pourra prendre ses propres décisions.
12 On travaille en équipe et on rencontre beaucoup de gens.

2 Il y a beaucoup de métiers!

Choisissez dix de ces catégories de métier et trouvez un exemple de chacun.

Un métier …
1 médical ou paramédical
2 qui demande du contact avec le public
3 dans la mode
4 dans le commerce
5 dans l'agriculture ou l'horticulture
6 dans les finances
7 artistique
8 qui permet de voyager
9 qui permet de travailler avec les enfants
10 qu'on peut exercer en plein air
11 dans l'alimentation
12 dans le tourisme
13 qui permet de travailler avec les animaux
14 dans l'enseignement
15 dans le bâtiment
16 dans l'informatique
17 dans les médias
18 sportif
19 dans le secteur des transports
20 où on travaille dans un bureau

3 🎧 Je voudrais faire ça

Écoutez les jeunes Français qui parlent du métier qu'ils aimeraient faire. À chaque fois, notez le métier et, si possible, les raisons données.
Exemple:

Nom	Métier	Raison
Élisabeth	maquilleuse	aimerait travailler dans le théâtre
Antoine Klara, etc.		

Lexique

Les métiers	Jobs
un(e) caissier(-ière)	cashier
une chauffeur(-euse) (de taxi)	(taxi) driver
un(e) coiffeur(-euse)	hairdresser
(être) au chômage	(to be) unemployed
un(e) cuisinier(-ière)	cook
un(e) dessinateur(-trice)	designer
un(e) employé(e) (de banque/de bureau)	employee (bank/office)
un(e) facteur(-trice)	postman/woman
un(e) fermier(-ière)	farmer
un gendarme	policeman (branch of the army)
une hôtesse de l'air	air hostess
un(e) infirmier(-ière)	nurse
un(e) informaticien(ne)	computer scientist
un ingénieur	engineer
un maçon	builder
un(e) maquilleur(-euse)	make-up artist
un(e) mécanicien(ne)	mechanic, train driver
un médecin	doctor
un(e) ouvrier(-ière)	manual worker
un(e) pharmacien(ne)	chemist
un prêtre	priest
un(e) représentant(e)	(sales) representative
un routier	lorry driver
un sapeur-pompier	firefighter
un(e) secrétaire	secretary
un(e) serveur(-euse)	waiter/waitress
un(e) technicien(-ienne)	technician
un(e) vendeur(-euse)	salesperson
un(e) vétérinaire	vet

4 👤 À vous!

Posez ces questions et répondez à tour de rôle.
– Tu vas continuer tes études?
– Est-ce que tu veux aller à l'université? (Pour faire quoi?)
  (Oui, si possible./Je ne suis pas sûr(e)./Non, absolument pas.)
– Qu'est-ce que tu espères faire comme métier?
  (Je ne sais pas vraiment./Je n'ai aucune idée./Je voudrais être ingénieur/institutrice/médecin, etc.)

(Remember: no *un(e)* or *le/la*, etc. before a job.)

– Pourquoi?/Quelles sont tes raisons?
  (Parce que je voudrais travailler dans l'informatique/en plein air, etc./…je suis fort(e) en mathématiques, etc.)

(Pour vous aider, regardez encore les douze raisons de l'activité 1.)

– Est-ce que tu voudrais travailler avec les enfants/avec les animaux?
– Est-ce que tu voudrais avoir des responsabilités/travailler en équipe?

5 Le chômage – peut-on l'éviter?

Qu'est-ce qu'il faut faire pour trouver un emploi?
a   *Lisez les lettres et prenez des notes.*

Le chômage posera toujours des problèmes. Nous avons demandé à des spécialistes et à nos lecteurs de vous donner des conseils pour éviter le chômage à l'avenir. Voici une sélection de leurs idées:

1
Pensez en avance à votre CV. Quand je discute des stages en entreprise ou des jobs de vacances avec mes élèves, je leur conseille toujours de chercher quelque chose qui a un rapport à leur futur métier.
   M. T. Beauchamp (Prof. de Lycée, Paris)

2
Découvrez bien en avance exactement ce qu'on vous demande d'obtenir comme diplômes, comme formation ou comme qualifications pour les métiers qui vous intéressent.
   Mme. S. Thibault
   Conseillère d'orientation.

3
En choisissant les cours à suivre, je conseille aux jeunes de ne pas choisir les choses trop à la mode. Consultez les centres d'information et de documentation, surfez sur le net – il y a un choix énorme de métiers
   J.P F. Employé du CIDJ (Centre d'Information et de Documentation de la Jeunesse, Paris)

4
Mon père m'a souvent conseillé comme ça: 'Il faut toujours avoir plusieurs cordes à ton arc!' On ne va pas faire qu'un seul métier tout le long de sa vie. Donc, tout en m'orientant vers les sciences, je ne laisse pas tomber la musique, ni mes cours en informatique.
   Sébastien L. Montpellier

5
Si on vous propose de faire un 'test-orientation', profitez-en! Pour bien s'orienter vers du travail, il faut bien se connaître.
   Monique R. CIO
   (Centre d'Information et d'Orientation.)

6
Demande à tes amis qui ont déjà trouvé du travail de te donner leurs impressions ou même de t'introduire dans la même entreprise. C'est souvent le 'piston' qui compte!
   Nathalie S, Lille

(le piston = *string-pulling, knowing the right people*)

b   *Trouvez le bon titre pour chaque lettre.*

A   Se connaître, c'est important!
B   Ne suivez pas la foule!
C   Demandez aux amis!
D   Renseignez-vous en avance!
E   Pensez à votre CV!
F   Il ne faut pas trop se spécialiser!

6 🎧 J'ai suivi vos conseils

Ces jeunes ont lu l'article et ont suivi les conseils du magazine. Écoutez et pour chaque personne, décidez quelle lettre l'a surtout impressionnée.
Exemple: *Rémi – lettre 1*

DOSSIER-LANGUE

Asking and advising, etc.

conseiller	*to advise*	permettre	*to allow*
demander	*to ask*	promettre	*to promise*
dire	*to tell*	proposer	*to suggest*

Some of the verbs used in these letters follow this pattern:
verb + *à* + person + *de* + infinitive (for a full list of similar verbs, see **La Grammaire**):
   *Nous avons **demandé** à nos lecteurs **de** vous donner des conseils.*
   We have asked our readers to give you some advice.
   *Je **conseille aux** jeunes de ne pas choisir ...*
   I advise young people not to choose ...
(*à* + person can be replaced by an indirect pronoun – *me, te, lui, nous, vous, leur*):
   *Je **leur conseille** de chercher ...*
   I advise them to look for ...
See how many examples of these verbs you can find on this page.

Now you can ...

● discuss different types of further education and careers
● exchange opinions about unemployment
● discuss tips for finding a job

10.5 **Qu'est-ce que c'est comme travail?**

I **Petites annonces: Offres d'emploi**

Lisez la publicité. Ensuite, faites les activités.

 A

'Profession Sport:
un combat en faveur de l'emploi.

Vous êtes passionné par les métiers du sport et de l'animation et possédez un Brevet d'État d'Éducation Sportive ou êtes en cours de formation?

Vous recherchez un emploi permanent ou à temps partiel avec une formation complémentaire dans le secteur de l'encadrement sportif ou des loisirs?

**CONTACTEZ L'ASSOCIATION
'PROFESSION SPORT'
DE VOTRE DÉPARTEMENT**

B

Vous aimez le théâtre, la peinture ou la musique?

Vous parlez anglais ou français et, si possible, une autre langue européenne? Alors, c'est peut-être vous qu'on recherche!

On a besoin d'animateurs/animatrices pour notre Centre Culturel Européen à Lille.
Il faut avoir 18 ans, aimer travailler avec les enfants (de 6 à 14 ans), être disponible dès le 28 juin jusqu'à la fin août
Salaire selon votre âge
(Pour toute candidature, un test de langues et un entretien sont obligatoires)

C

On cherche Informaticiens et jeunes ingénieurs

- Offres d'emploi pour tous les métiers de l'informatique: télécoms, nouvelles technologies
- Possibilité de formation en alternance

Ne manquez pas notre salon de recrutement jeudi, 12 septembre de 16h 30 à 22h30 au Stade Eiffel 75007 Paris

 D

Vous êtes matinal et dynamique?

Nous vous offrons un travail à temps partiel.

Venez renforcer nos équipes de portage de journaux sur Paris–Ouest–Boulogne–Versailles

Voiture indispensable

La rémunération est basée sur le SMIC.

Le goût du travail en équipe, ainsi que le sens du contact, seront des éléments déterminants.

 E

Les nouveaux restaurants européens pour le fast-food avec 250 restaurants en France

Si vous travaillez pour Snack, vous allez partager notre succès, et cultiver votre potentiel

On cherche des managers de restaurant

Il faut … être responsable, vouloir apprendre, aimer travailler avec le public. Presque tous nos directeurs/directrices sont d'anciens managers! Vous serez payé sur une base légèrement supérieure au SMIC. Si vous avez au moins 19 ans, et que vous avez le bac +2/3 en hôtellerie-restauration, adressez vite votre candidature (avec CV) à:
*Snack, Service Recrutement
Avenue Georges Pompidou, Paris 15ème*

2 **C'est quelle annonce?**

Lisez les phrases, et à chaque fois, notez l'annonce (ou les annonces) qui correspond(ent).
Exemple: 1 *D*

1 Il faut distribuer quelque chose.
2 Il faut avoir le bac.
3 Il faut posséder un véhicule.
4 Il faut se lever de bonne heure.
5 Il faut être disponible avant début juillet.
6 Il faut parler au moins une langue étrangère.
7 Il faut être actif et travailler avec les autres.
8 Il faut aimer le sport.
9 Il faut s'intéresser aux enfants.
10 Il faut avoir au moins 18 ans.

3 À vous de choisir

Ces jeunes parlent du travail qu'ils voudraient faire. Lisez les témoignages et trouvez l'annonce correcte à la page 198.
Exemple: 1 *B*

1 **Hélène**
Je voudrais travailler pendant l'été seulement, et je ne suis pas sportive. Heureusement que je parle français et italien.

2 **Charles**
Quand j'aurai terminé mes études (et si je réussis à avoir mon diplôme), je voudrais du travail permanent et pas à mi-temps. J'aimerais trouver un métier sportif, ça va sans dire!

3 **Charlotte**
Comme j'ai obtenu mes qualifications, je cherche une bonne situation. J'avoue que je n'avais pas pensé à la restauration rapide, mais on a l'air d'apprécier les employés et il y a de bonnes possibilités de promotion.

4 **Jean-Michel**
Je suis Canadien francophone et étudiant à l'université de Paris. Je cherche du travail à temps partiel, le matin de préférence. Comme j'ai ma propre voiture, cet emploi me semble exactement ce que je cherche.

5 **Kémi**
Je voudrais du travail à temps partiel, qui me permettra de continuer mes études. Du travail comme animateur serait idéal, et surtout quelque chose de sportif.

6 **Micheline**
Je veux commencer à travailler tout de suite, mais quand j'aurai gagné un peu d'argent, je voudrais faire encore une année d'études – dans l'informatique, naturellement.

4 🎧 C'est comme ça, le travail

*Écoutez Kémi, Charlotte, Jean-Michel et Hélène. Écrivez ce qu'on fait comme travail (**A**) et les réflexions (**B**).*

A Le travail
a organise des activités sportives dans un club de vacances
b distribue les journaux aux kiosques à Paris
c travaille dans un restaurant fast-food
d s'occupe des enfants qui font des activités musicales.

B Les réflexions	
C'est/Ce n'est pas (assez/très)	intéressant/varié/facile/ bien payé/satisfaisant/ amusant/mal payé/difficile/ fatigant/ennuyeux/dur/...

Lexique

Le monde du travail	The world of work
le boulot (*fam*)	work (slang)
un(e) chomeur(-euse)	unemployed person
un débouché	career opportunity, opening
disponible	available
un(e) employé(e)	employee
faire dans la vie	to do for a living
gagner sa vie	to earn your living
la formation/les études en alternance (*f pl*)	sandwich course
des heures supplémentaires (*f pl*)	overtime
les horaires variables (*m pl*)	flexi-time
le licenciement	redundancy
la population active	working population
le salaire	salary
une situation	job, position
le SMIC (le salaire minimum)	minimum wage
le télétravail	teleworking (working from home for an employer)
le travail à mi-temps	half-time work
à temps partiel	part-time work
à temps complet	full-time work
travailler ...	to work ...
... à son compte	... self-employed
... dans une usine	... in a factory
... en plein air	... outdoors

5 🎧 Mon ami fait ça

Ces deux personnes décrivent le travail d'un(e) ami(e).

1 Marc parle de son ami, Christophe.
2 Élise décrit le travail de sa correspondante, Viviane.

a *Écoutez et pour chaque personne, notez les détails suivants, en anglais.*

1 Where does each person work?
2 What do they actually do?
3 What training or special quality is needed for this work?
4 Mention something each person doesn't like about the job.
5 Mention something they do like.

b *Choisissez une de ces personnes et écrivez trois ou quatre phrases au sujet de son travail, en français.*
   Exemple: *Christophe travaille dans une pharmacie, etc.*

Now you can ...
● understand job advertisements
● discuss different aspects of a job

10.6 Au bureau

1 Claire au bureau

Pendant les vacances ou pour votre stage en entreprise, vous allez peut-être travailler dans un bureau. Lisez le témoignage de Claire et répondez aux questions.

J'ai quinze ans et j'ai fait mon stage en France au bureau de poste. Pendant mon stage, j'ai trié les lettres selon leur destination, j'ai fait du classement et j'ai envoyé des fax. En plus, j'ai travaillé au guichet à vendre les timbres et à peser les lettres. J'ai utilisé l'ordinateur et aussi deux machines différentes: l'une pour imprimer le cachet de la poste sur les lettres et l'autre pour trier les lettres qui n'avaient pas de code postal.

Je crois que je me suis fait comprendre en français et je me suis débrouillée assez bien au bureau.

le cachet de la poste = *postmark*

1 Où a-t-elle fait son stage?
2 Est-ce qu'elle sait travailler sur l'ordinateur?
3 Combien de machines a-t-elle utilisées en plus?
4 Qu'est-ce qu'elle a vendu?
5 Est-ce qu'elle s'est bien débrouillée en français?

Lexique

Au bureau	In the office
une cartouche	cartridge
le classement	filing
les coordonnées (f pl)	address and phone number
un dossier	file/project
imprimer	to print
un ordinateur	computer
une photocopie	photocopy
une plaque d'identité	ID tag
un répondeur automatique	answering machine
taper à la (machine)	to type
un télécopieur	fax machine
une télécopie, un fax	fax
télécopier, envoyer un fax	to send something by fax
le traitement de texte	word processing
trier	to sort

2 🎧 Il y a beaucoup à faire

Ce matin, on a demandé à Claire de faire beaucoup de choses. Écoutez et notez le bon numéro.
Exemple: 1 *5*

1 téléphoner à la mairie
2 prendre un rendez-vous pour quelqu'un
3 imprimer des documents
4 envoyer un fax
5 faire des photocopies
6 faire du classement
7 peser un paquet
8 faire marcher l'imprimante
9 changer une cartouche dans l'imprimante
10 préparer des documents pour un visiteur

DOSSIER-LANGUE

The conditional tense (1)

Look at the speech bubbles in activity 2. When making requests for Claire to do things, the speakers both used the conditional tense, mainly because it sounds more polite. You have already been using this tense for some time:

   je voudrais   I would like

To form the conditional tense:
future stem + imperfect ending = conditional

j'aimer + -ais	> *j'aimerais*	I would like
nous ir + -ions	> *nous irions*	we would go
pourr + -iez-vous?	> *pourriez-vous*	could you?

3 Qu'est-ce qu'il faut dire?

Vous faites votre stage en entreprise en France. Vous voudriez faire ces choses – qu'est-ce qu'il faut dire? Écrivez des phrases.

Exemple: *J'aimerais prendre le déjeuner à la cantine, s'il vous plaît.*

1 prendre le déjeuner à la cantine
2 utiliser l'ordinateur
3 photocopier des documents
4 partir un peu tôt pour aller chez le médecin
5 emprunter des livres ou des brochures
6 mettre un jean pour travailler
7 finir mon travail à la maison
8 envoyer un e-mail

Pour vous aider

Est-ce que je pourrais …?
Je voudrais … s'il vous plaît.
J'aimerais … s'il vous plaît.

5 🎧 Le télétravail

*Lisez l'article. Ensuite, écoutez les trois personnes et notez les opinions exprimées. Faites deux listes: **les avantages** et **les inconvénients** du télétravail. Ajoutez d'autres idées vous-même!*

Avec un ordinateur et un téléphone, on peut installer son bureau à la maison. Grâce à l'informatique, il y a maintenant une augmentation du télétravail, le système qui consiste à travailler à la maison, tout en restant en contact avec son employeur.

Le télétravail: le pour et le contre

1 Impossible de 'tourner le dos' au travail!
2 On peut varier ses heures de travail.
3 On peut être à la maison quand les enfants rentrent.
4 On a un plus grand choix de domicile.
5 Le contact social du bureau vous manque et on se sent isolé(e).
6 Pas de transport: comme ça, on économise en temps et en argent!
7 On économise l'espace au bureau.
8 Si on est chez soi, les autres pensent qu'on est toujours disponible.

4 🎧 Le téléphone sonne

Au bureau de la Société Eurovente, le téléphone sonne. Écoutez et complétez les messages.

1 **Un message pour M. Dupont.**
Mme Pascal a téléphoné. Elle voulait *prendre un rendez-vous.*
Le rendez-vous pour demain (sera) à … (*time*).
Son numéro de téléphone est le …

2 **Un message pour M. Renault.**
M. Durand a téléphoné.
Il ne peut pas …
Il voudrait …
Son numéro de téléphone est le …

3 **Un message pour M. Lemaître.**
M. Fardeau a téléphoné.
Pourriez-vous …?
Son numéro de téléphone est le …

4 **Un message pour Jean-Pierre**
Charles a téléphoné.
Il sera …
Je lui ai donné un rendez-vous pour …

Lexique

Au téléphone	On the phone
C'est … à l'appareil.	It's … speaking.
Est-ce que je peux/pourrais parler à …?	May I speak to …?
C'est moi.	Speaking.
C'est de la part de qui?	Who's speaking?
Ne quittez pas.	Hold the line.
Je suis désolé(e).	I'm very sorry.
Il/Elle n'est pas là (pour le moment).	(S)he isn't here (at the moment).
Il/Elle est occupé(e).	(S)he is busy.
Il/Elle est en réunion.	(S)he's in a meeting.
Pourriez-vous rappeler plus tard?	Could you ring back?
Je rappellerai plus tard.	I'll ring back later.
Pouvez-vous lui demander de me rappeler?	Can you ask him/her to ring me back?
Je peux lui donner un message?	Can I give him a message?
Est-ce que je peux laisser un message?	Can I leave a message?
Ça ne répond pas.	There's no reply.
C'est occupé.	It's engaged.
Voulez-vous patienter?	Will you hang on?
Je vais lui envoyer un texto.	I'll send him a text message.

Now you can …

- understand and use the language you need in the workplace
- take messages
- use the conditional tense

10.7 Pour gagner de l'argent

1 L'argent de poche

Voici des extraits d'un forum sur l'argent de poche. Lisez les témoignages puis faites l'activité.

L'argent de poche

Je travaille le vendredi soir et le samedi au supermarché, Heureusement, sans ça je ne pourrais pas sortir, alors quel désastre! Puis, le dimanche, avec mes copains, on va au stade, à la piscine ou à la patinoire – ça revient très cher, le sport!
Jean-François

Avec mon argent de poche, j'achète surtout des fringues – un T-shirt, des chaussettes, ça dépend. Et si je vois un beau collier ou bien des boucles d'oreille, je ne peux pas résister. Donc, à la fin du week-end, il ne me reste rien du tout!
Lucie

Je reçois un peu d'argent de poche chaque samedi mais je n'en dépense pas beaucoup. C'est parce que je fais des économies pour m'offrir une moto plus tard.
Daniel

La musique, c'est ma passion. Donc, si on me donne de l'argent comme cadeau, j'achète tout de suite le dernier CD. À part ça, je reçois une petite somme régulière en argent de poche et je fais des économies pour m'acheter les albums de mes chanteurs favoris.
David

J'ai deux petites sœurs qui ne reçoivent pas encore d'argent de poche. Tous les vendredis, mon père me donne mon argent – c'est toujours la même somme. Alors, le samedi matin, au marché, je leur achète souvent de petits cadeaux, puis, avec ce qui reste, je m'achète un magazine, ou quelquefois un CD.
Sandrine

Qui …
1 semble être généreuse?
2 économise de l'argent?
3 voudrait acheter une moto?
4 aime acheter des vêtements et des bijoux?
5 reçoit une somme fixe chaque semaine?
6 aime beaucoup sortir avec ses amis?
7 dépense tout son argent?
8 adore la musique et aime acheter des CD?
9 dépense beaucoup d'argent sur le sport?

2 Sondage: des petits emplois

Beaucoup de jeunes complémentent l'argent donné par les parents avec de l'argent gagné en faisant un petit emploi. Voici les questions qu'on a posées à Denis et à Camille. Écoutez l'interview et complétez leurs réponses.

Les questions
1 Quel âge avez-vous?
2 Avez-vous un job ou voudriez-vous en avoir un?
Si oui, c'est quoi comme travail?
(distribuer les brochures publicitaires/faire du baby-sitting/travailler dans un fast-food/travailler dans un supermarché/un magasin/un hôtel)
3 Quels jours travaillez-vous et quels sont vos horaires de travail?
4 En quoi consiste le travail?
5 Lequel de ces mots décrit le mieux votre job?
(intéressant/satisfaisant/varié/ennuyeux/amusant/fatigant/ dur)

3 À vous!

a *Travaillez à deux pour faire les interviews, mais répondez pour vous-même.*

b *Maintenant, écrivez vos réponses aux questions de l'activité 2.*

Les réponses de Denis

Nom	Lefèvre, Denis
Âge	J'ai …(**1**)… ans
Job	Je travaille …(**2**)… mais j'aimerais un job …(**3**)…
Horaires	Je travaille le …(**4**)… et …(**5**)… (*quand*) de …(**6**)… à …(**7**)… (*heures*)
Détails	Je dois ramasser …(**8**)… et essuyer …(**9**)… Quelquefois, je travaille …(**10**)…
Opinion	C'est un travail …(**11**)…

Les réponses de Camille

Nom	Mercier, Camille
Âge	J'ai …(**1**)… ans
Job	Je …(**2**)…
Horaires	Je travaille le …(**3**)… (*quand*). Les heures sont …(**4**)…
Détails	Je …(**5**)…
Opinion	C'est un travail …(**6**)…

Now you can …
● discuss pocket money and weekend jobs

10.8 Un job pour l'été

I Qu'est-ce qu'il y a comme travail?

Regardez la publicité et répondez aux questions.

Voici des jobs possibles:

a **Les supermarchés ont besoin de vous!**

Beaucoup de grands supermarchés veulent recruter des jeunes (17 ans minimum), filles et garçons, pour le réassortiment des rayons. On peut travailler très tôt le matin ou en nocturne. Entre 24 et 30 heures de travail par semaine, vous serez payé sur une base légèrement supérieure au SMIC. Envoyez votre CV au magasin choisi.

b **Tout le monde veut être animateur**

Renseignez-vous chez les CIDJ si vous avez au moins 17 ans et si vous voulez pratiquer ce job populaire, ou pour des détails sur un stage de formation, contactez le CEMEA (Centre d'Entraînement aux Méthodes d'Éducation Active) 76, boulevard de la Villette 75019 Paris. Vous serez nourri, logé, et payé.

c **Le fast-food, ça vous intéresse?**

Burger-frites, la chaîne de *fast-food*, demande étudiants et lycéens de 18 ans au minimum (filles ou garçons) pour préparation et vente de ses célèbres hamburgers-frites américains. Uniforme gratuit; vous serez nourri par **Burger-frites**; vendredi, samedi et dimanche soirs, 20 heures par semaine – salaire selon votre âge. Prenez contact avec le manager du **Burger-frites** le plus près de chez vous.

d ——— **Travaux saisonniers** ———

Pour la cueillette des fruits, la récolte du maïs ou du tabac, les vendanges – on a toujours besoin d'ouvriers. C'est du travail dur, mais la rémunération est basée sur le SMIC. La saison des vendanges commence vers le 15 septembre dans le sud de la France, mais pas avant le début octobre dans les autres régions.

*Pour des renseignements sur le travail en France pour les étudiants étrangers, écrivez au **CIDJ, 101, quai Branly, à Paris.***

Ce qu'il faut savoir

1 Quel est l'âge minimum pour travailler:
  a au supermarché?
  b dans le fast-food?
  c comme animateur avec les enfants?
  d la nuit?

2 Combien d'heures par semaine faut-il travailler:
  a au supermarché?
  b dans le fast-food?

3 Dans quels jobs serez-vous:
  a logé?
  b nourri?
  c habillé?

4 Quel est le meilleur job pour:
  a quelqu'un qui adore les enfants?
  b quelqu'un qui voudrait travailler dehors?
  c quelqu'un qui aime manger des hamburgers?
  d quelqu'un qui aime se lever de très bonne heure?
  e quelqu'un qui voudrait travailler au bord de la mer?

Point-info

- Obtenir un job en France est possible à 16 ans, mais plus facile si on a 18 ans ou plus.
- Pour trouver un job pour l'été, il faut commencer à chercher au printemps.
- Si vous avez moins de 18 ans, vous ne pourrez pas travailler la nuit (et peut-être pas le dimanche).
- Si vous voulez vendre des choses sur la plage (à la criée), il faut obtenir un permis à la préfecture de police ou à la mairie.

2 C'est quel job?

Travaillez à deux. Chaque personne choisit un des jobs. Posez des questions et répondez à tour de rôle pour le deviner. On doit répondre uniquement par 'oui', 'non' ou 'je ne sais pas'. (Essayez d'être la première personne à découvrir le choix de l'autre!)

Pour vous aider

Vous serez nourri(e) et logé(e)?		
C'est un travail avec les enfants/en plein air?		
C'est pour filles et garçons (ou on ne sait pas)?		
Est-ce qu'il faut	avoir 18 ans? suivre une formation? se lever de bonne heure, etc.?	

3 🎧 Des petits emplois

Pour avoir des renseignements sur d'autres jobs, écoutez ces jeunes qui parlent des jobs qu'ils ont eus:

1 Sébastien **2** Anton **3** Karine **4** Jean-François **5** Alexandra

a *Write notes in English about each speaker saying:*
1 what they did.
2 whether they liked the job or not and why.

b *Choose one of the jobs described and write, in French, about whether you would like to do it or not. Give reasons.*

4 Ce job m'intéresse

Vous avez choisi un job que vous aimeriez faire. Il faut faire vite!
a Préparez un curriculum vitae (CV).

Voici celui d'un étudiant, Joseph Lockwood. Écrivez votre propre curriculum vitae suivant le modèle.

Curriculum vitae

Nom:	Lockwood
Prénom:	Joseph George
Nationalité:	britannique
Adresse:	7 Almondbury Rd
	Birchencliffe
	Huddersfield
Date de naissance:	le 17 juin 1984
Situation de famille:	célibataire
Enseignement secondaire:	New Green College
	Huddersfield
Diplômes:	GCSE en 9 matières
Connaissances des langues:	7 années de français (A*)
	3 années d'italien (B)
Visites à l'étranger:	2 semaines en Normandie
	(du camping)
	2 semaines à Montréal
	(échange)
	10 jours à Rome
	(voyage scolaire)
Sports pratiqués:	natation, voile, ski,
	badminton
Loisirs:	l'informatique, la musique,
	le cinéma
Emploi:	le samedi, je travaille dans
	un supermarché

Pour vous aider

J'ai choisi le travail de … (*nom de la personne ou du job*).
J'aimerais faire ce job parce que (qu') …
ou
Je ne pourrais pas/Je ne voudrais pas faire ce job parce que …

Il faut	avoir 18 ans. parler une langue étrangère. travailler dehors (et j'ai le rhume des foins). se lever de bonne heure.
J'adore J'aime beaucoup	les enfants. les animaux. la campagne. la grande ville. travailler dehors. voyager. cuisiner. être sur la plage.

b *Maintenant, il faut envoyer une lettre. Lisez soigneusement la lettre de Joseph. Ensuite, choisissez le job qui vous intéresse et écrivez une lettre en suivant ce modèle.*

7 Almondbury Rd
Birchencliffe
Huddersfield, le mardi 6 mai

CEMEA
76 boulevard de la Villette
75019 Paris

Monsieur,

J'ai vu votre petite annonce sur le travail d'animateur qui m'intéresse beaucoup. Je cherche du travail en France cet été pour perfectionner mon français, et je voudrais poser ma candidature.

J'ai presque 18 ans et j'espère aller à l'université en automne pour étudier le français et l'allemand. J'aime beaucoup les enfants et plus tard, je voudrais devenir professeur de langues vivantes. Comme loisirs, j'adore la natation et je fais de la voile en été. En hiver, je fais du ski et je joue au badminton.

L'année dernière, pendant les vacances, j'ai travaillé dans un supermarché à Huddersfield et cette année, j'ai fait un stage de deux semaines dans un collège où j'ai aidé les étudiants qui apprenaient l'informatique.

Je serai libre à partir du 10 juillet jusqu'au 15 septembre. Pourriez-vous m'envoyer les documents nécessaires et les renseignements sur le stage de formation?

Veuillez agréer, Monsieur, l'expression de mes sentiments distingués,

Joseph Lockwood
Joseph Lockwood

5 🎧 Une interview!

Nathalie, une lycéenne française, s'intéresse, comme Joseph, au travail d'animatrice et aujourd'hui elle a une interview pour le job. On lui pose les questions suivantes. Écoutez l'interview et essayez de noter ses réponses. Est-ce qu'elle a obtenu le job?

1 Pourquoi voudriez-vous faire ce travail?
2 Avez-vous déjà travaillé pendant les vacances?
3 Est-ce que vous avez un petit job le soir ou le week-end? (Que faites-vous? Ça vous plaît?)
4 Quelles langues vivantes avez-vous étudiées à l'école?
5 Quels pays étrangers avez-vous visités?
6 Que faites-vous pendant votre temps libre?
7 Faites-vous du sport?
8 Avez-vous fait un stage en entreprise? (Parlez-moi un peu de ce stage.)
9 Quelle est votre date de naissance?
10 Date de commencement du stage de formation.

6 🎭 À vous!

Travaillez à deux. Choisissez un job chacun(e) et posez des questions à tour de rôle. À vous de décider si votre partenaire va obtenir le travail!

7 Le piston: c'est quand même utile!

Jean-Pierre a obtenu un job de vacances un peu extraordinaire. Après les vacances il l'a décrit dans un article pour le magazine de son collège. Voici son article:

Le piston, en principe, je ne suis pas tellement 'pour', mais il est tellement difficile de trouver du boulot! En tout cas, d'habitude, ce sont mes amis qui trouvent leur boulot par piston, mais cette fois-ci, j'ai eu de la chance.

L'oncle d'un de mes amis travaille dans un zoo privé et il m'a trouvé un job vraiment amusant avec les animaux. Heureusement, j'ai dix-huit ans, j'ai déjà mon permis et j'aime beaucoup conduire! Voici mon travail: je devais tout le temps circuler dans le zoo sur une sorte de petite voiture pour vérifier si tous les animaux allaient bien ou s'il y avait des problèmes. Je téléphonais régulièrement au bureau central en disant, 'L'éléphant a l'air heureux.' ou 'Les lions n'ont plus rien à manger.'

Normalement, il n'y avait rien de spécial à signaler, mais un jour Nikki, un des singes, a volé un chapeau affreux appartenant à une des visiteuses. C'est mon singe favori et plus tard, je lui ai donné deux bananes – son fruit préféré!

Jean-Pierre T, Thoiry-les-Yvelines

Vrai ou faux?
1 Jean-Pierre a trouvé son job dans un article qu'il a vu dans un magazine.
2 Un oncle de Jean-Pierre l'a aidé à trouver du travail.
3 Jean-Pierre a son permis de conduire.
4 Jean-Pierre devait téléphoner au bureau pour chercher des renseignements sur les animaux.
5 Un des singes, qui s'appelle Nikki, aime les bananes.
6 Un jour, un singe a mangé le chapeau d'un monsieur qui visitait le zoo.

8 À écrire

Écrivez un petit article sur un job de vacances que vous avez fait – ça pourrait être vrai ou imaginaire.

Now you can ...
- find out information about holiday work
- prepare a CV
- write a letter applying for a job

10.9 Faites de beaux rêves

1 🎧 Si c'était possible …

Voici des questions qu'on a posées à des jeunes Français.

1 Si tu pouvais faire n'importe quel métier, lequel choisirais-tu?
2 Si tu pouvais vivre n'importe où dans le monde, où aimerais-tu vivre?
3 Si tu pouvais faire la connaissance de n'importe quelle personne célèbre, avec qui voudrais-tu parler?

Écoutez pour trouver les réponses de Pierre, Vivienne, Michel, Camille et Ludovic.

Exemple: 1 *Pierre a, Vivienne …*

1 Si je pouvais faire n'importe quel métier, …
 a je serais réalisateur de film parce que j'aime bien le cinéma.
 b je serais pilote de Canadair.
 c je voudrais devenir médecin.
 d je serais astronaute.
 e j'aimerais être couturière.

2 Si je pouvais vivre n'importe où dans le monde, …
 a Michel: je vivrais …
 b Ludovic: j'irais peut-être …
 c Pierre: j'habiterais …
 d Camille: je vivrais …
 e Vivienne: je choisirais …

3 S'ils pouvaient faire la connaissance de n'importe quelle personne célèbre, …
 a Vivienne choisirait …
 b Ludovic aimerait rencontrer …
 c Pierre voudrait rencontrer…
 d Michel ferait la connaissance de …
 e Camille serait contente de voir …

Astérix
Auguste Rodin
Charles de Gaulle
André Agassi

Les Rolling Stones   Agatha Christie   Francis Cabrel   Emmanuelle Béart

2 Que feriez-vous?

Si vous gagniez une grosse somme d'argent, que feriez-vous?

Pierre

Si je gagnais une grosse somme d'argent j'achèterais une belle voiture, une belle maison. J'aurais plein de chiens, d'instruments de musique, etc.

Vivienne

Si je gagnais une grosse somme d'argent, j'en donnerais une grande partie à une organisation humanitaire comme *Médecins Sans Frontières*.

Et toi, que ferais-tu?
1 Est-ce que tu changerais ta manière de vivre?
2 Est-ce que tu voudrais dépenser l'argent ou le mettre à la banque?
3 Aimerais-tu apprendre de nouveaux sports ou de nouvelles activités?
4 Qu'est-ce que tu voudrais acheter?

3 Inventez des phrases

Exemple: **1** *Si je gagnais des millions à la loterie, je n'irais plus au collège.*

a 1 Si …, je n'irais plus au collège.
 2 Si …, je continuerais ma vie comme avant.
 3 Si …, j'accepterais/je refuserais sans hésiter.
 4 Si …, je serais ravi(e)/très triste.
b 5 S'il y avait une incendie dans mon école, …
 6 Si je pouvais apprendre n'importe quelle langue, je …
 7 Si mes parents allaient vivre aux États-Unis, …
 8 Si mon petit ami/ma petite amie commençait à sortir avec mon meilleur copain/ma meilleure copine, je …

4 Un métier de rêve

Si vous pouviez choisir n'importe quel métier, ce serait quoi? Lisez les idées de ces jeunes, Yves et Manon. Ensuite, faites les activités.

Mon métier de rêve

Yves Burlot *(un projet sérieux)*
Le métier:
Si je pouvais exercer n'importe quel métier, je travaillerais pour les 'Restos du cœur'.

Ce que j'aimerais faire:
– Je pourrais préparer de la publicité.
– J'aimerais aider à organiser les repas et parler aux gens qui viennent manger aux 'restos'.
– Je voudrais faire des voyages publicitaires.

Les avantages:
J'aurais la satisfaction de faire un travail utile.
J'aurais des responsabilités.

Les inconvénients:
Je ne gagnerais pas beaucoup.
Ça serait un travail assez difficile.

Pourquoi, à mon avis, je suis bien adaptée à ce métier?
Je m'intéresse aux problèmes des autres et aussi, j'aime cuisiner!

Mon métier de rêve

Manon Adigo *(un projet amusant)*
Le métier:
Faire de la publicité pour le tourisme au Togo (Afrique occidentale – mon pays natal).

Ce que j'aimerais faire:
– Je voudrais être habillée par les meilleurs couturiers et je poserais pour des photos dans les meilleurs hôtels.
– J'aimerais manger dans les meilleurs restaurants pour faire de la bonne publicité.

Les avantages:
Je ne travaillerais pas plus de trois jours par semaine, et surtout pas le week-end!
J'aurais des réductions pour mes vacances et celles de mes amis.

Les inconvénients:
Je n'en vois pas!

Pourquoi, à mon avis, je suis bien adaptée à ce métier?
Je parle français et je connais très bien le Togo. Franchement, on me dit que je suis très belle!

5 À vous!

a *Choisissez une des présentations de l'activité 4 et écrivez quatre phrases au sujet de ce qu'il/elle ferait.*

1 **Yves:** Il travaillerait pour les 'Restos du cœur'. …
2 **Manon:** Elle ferait de la publicité pour le Togo. …

b *Préparez une présentation de votre métier de rêve. Ça pourrait être sérieux ou amusant.*

Now you can …
● use the conditional tense to discuss what you would do

SOMMAIRE

Now you can …
1 discuss the future; talk about exams and discuss your own plans for the future
2 give and seek information about preferences for exam preparation and revision
3 exchange information and opinions about work experience
4 discuss different types of further education and careers; exchange opinions about unemployment and discuss tips for finding a job
5 understand job advertisements and discuss different aspects of a job
6 understand and use the language you need in the workplace; take messages and use the conditional tense
7 discuss pocket money and weekend jobs
8 find out information about holiday work; prepare a CV and write a letter applying for a job
9 use the conditional tense to discuss what you would do

For your reference:
Grammar

See also **Vocabulaire par thèmes**, unité 10.

1 Mon rêve

Choisissez cinq de ces phrases et complétez-les pour décrire votre rêve.
Mon rêve est …
1 d'aller … (par exemple aux États-Unis, en Australie, sur la lune etc.)
2 de voyager en/à … (hélicoptère/sous-marin etc.)
3 de faire la connaissance de …
4 de visiter … (Disneyland/Cape Kennedy en Floride/ le Futuroscope)
5 d'apprendre à … (piloter un avion, faire du ski/ de l'escalade/de l'alpinisme)
6 de gagner … (un million à la loterie etc.)
7 de posséder … (une voiture de sport, un cheval de course, une petite maison à la campagne etc.)
8 de travailler comme …

2 Les animaux – questions et réponses

a **Les questions**
Trouvez les paires (anglais–français).
Exemple: 1 *g*

1 *Have you got a pet?*
2 *What kind of pet have you?*
3 *How many pets have you?*
4 *Do you like cats?*
5 *Do you like cats better than dogs?*
6 *What is your cat like?*
7 *What is he called?*
8 *Have you had him long?*

a Comment s'appelle-t-il?
b Tu as combien d'animaux domestiques?
c Aimes-tu les chats?
d Tu l'as depuis longtemps?
e Est-ce que tu préfères les chats ou les chiens?
f Il est comment, ton chat?
g As-tu un animal à la maison?
h Qu'est-ce que tu as comme animal?

b **Les réponses**
Trouvez les réponses aux questions a–h.
Exemple: a *D*

A Oui, j'ai un chat.
  (Non, je n'ai pas d'animaux.)
B J'ai un chat et des poissons.
  (Je n'ai pas d'animaux.)
C Je l'ai depuis trois ans.
D Il s'appelle Tigre.
E Il est mignon et il est souvent très drôle.
F Oui, je les aime beaucoup.
  (Non, je ne les aime pas beaucoup.)
G J'en ai quatre – trois poissons et un chat.
H J'aime les deux.

3 Chasse à l'intrus

Trouvez le mot qui ne va pas avec les autres.
Exemple: 1 *une chaussette*

1 une casquette, un chapeau melon, une chaussette, un bonnet
2 un anorak, une robe, un blouson, une veste
3 des tennis, des bottes, des gants, des chaussures
4 un imperméable, un maillot de bain, un manteau, un pardessus
5 une cravate, un gilet, une moustache, un pantalon
6 un T-shirt, une robe d'été, une chemise, un gros pull
7 fleuri, coton, rayé, uni

4 Quatre personnes

Complétez ces descriptions.
Exemple: 1 *grande; …*

1 Marie est assez g…… et m…… *(slim)* et elle a les cheveux l……, raides et bl……
2 Jean-Marc n'est pas très …… *(tall)*. Il a les cheveux n…… et fr…… *(curly)*.
3 Mme Chanel a environ 50 ans. Elle n'est pas très g…… *(tall)*, mais elle est m…… . Elle a les cheveux châtains et …… *(straight)*. Elle porte des l……
4 M. Hubert n'est pas très g…… et il n'est pas très m…… . Il est de taille m…… . Il n'a pas de moustache, mais il a une b…… . Il a les cheveux g…… *(grey)*. Il p…… des lunettes.

1 Marie   **2** Jean-Marc   **3** Mme Chanel   **4** M. Hubert

1 Xavier parle de son jour favori

Écrivez les verbes correctement.
Exemple 1 est

Mon jour préféré (**1** être) le mercredi. Le mercredi, on ne (**2** aller) pas au collège, mais en revanche, les autres membres de ma famille (**3** travailler).

Comme ça, je (**4** rester) tout seul à la maison et j'en profite! Souvent, j'(**5** écouter) la radio. C'est bien, parce qu'il n'y a personne pour me dire que c'est trop fort! C'est idéal! Je (**6** être) libre. Je fais ce que je (**7** vouloir). Si j'(**8** avoir) faim, je cuisine un peu. Ça fait un an que j'(**9** apprendre) à faire la cuisine et j'adore ça! Quelquefois, je téléphone à mes copains et quelquefois, je (**10** dormir).

3 Mes amis

Répondez aux questions.

1 Quel est le nom de ton (ta) meilleur(e) ami(e)?
2 Quel âge a-t-il/elle?
3 Il/Elle est grand(e) ou petit(e)?
4 Qu'est-ce qu'il/elle aime faire?
5 Qu'est-ce que vous aimez faire ensemble?
6 Est-ce que tu as un(e) correspondant(e) dans un pays étranger?
   Il/Elle est de quelle nationalité?

2 Faites des descriptions

a **Moi-même**

C'est moi, ça?!

Décrivez vous physiquement …

a J'ai les yeux … et les cheveux … (*colour*), … (*length*) et … (*curly?*)
b Je suis / Je ne suis pas … (*very/quite tall*)

… et votre caractère.

c Je suis (*assez/très*) … (*a few good things!*)
d Mais (*quelquefois*) je suis … (*there must be **something** bad!*)

b **D'autres personnes**
Choisissez deux de ces personnes.
Décrivez chaque personne physiquement (dites une ou deux choses seulement) et écrivez une ou deux choses sur leur caractère.

Exemple: *Ma sœur est assez jolie. Elle a les cheveux bleus. Elle est très gentille, mais elle est un peu paresseuse.*

1 mon père   4 mon frère
2 ma mère   5 mon (ma) meilleur(e) ami(e)
3 ma sœur   6 mes copains

4 Des messages

Vous êtes en vacances, mais comme vous sortez tout le temps, on a laissé des messages pour vous.
Lisez les messages et écrivez des réponses.

1

Est-ce que tu es libre demain? Nous allons à la piscine à 11h. Jennifer

(Vous acceptez avec plaisir.)

2

C'est la fête de Dominique demain. Rendez-vous au café à 20h. Mireille

(Vous ne pouvez pas accepter – vous allez à la patinoire avec des copains.)

3

J'ai été heureux de faire ta connaissance hier. Est-ce qu'on pourrait se revoir? Tu fais quelque chose samedi après-midi? Thomas

(C'est impossible samedi, mais dimanche, vous serez libre.)

4

Il y a un concert folklorique en ville vendredi soir. Tu es libre? On y va? Luc

(Vous voudriez accepter. Demandez-lui de téléphoner avec l'heure, le prix etc.)

1 Il y a des avantages

Selon les témoignages à la page 6, le stage a beaucoup d'avantages. Peux-tu en trouver sept dans les phrases suivantes?

1 On rencontre beaucoup de jeunes d'autres pays.
2 Ça vous donne de nouvelles idées.
3 On fait beaucoup de sport.
4 C'est un monde limité.
5 On discute des idées pour combattre le racisme.
6 On est souvent seul.
7 On s'amuse bien.
8 On organise des visites au Parlement européen.
9 On se fait souvent de nouveaux amis.
10 On discute beaucoup ensemble.

2 🎧 Deux jeunes Québécoises

Écoutez et écrivez vrai (V) ou faux (F).

a Tuyen Vo

1 Elle est née au Vietnam.
2 Elle a appris l'anglais en Australie.
3 Maintenant, elle habite à Québec, au Canada.
4 Elle a treize ans.
5 Elle parle français avec sa famille à la maison.
6 Beaucoup de touristes visitent le Québec et il y a un grand choix d'activités à faire.

b Émilie Saulmier-Talbot

7 Elle a dix-neuf ans.
8 Elle est née à Québec.
9 Elle parle trois langues – anglais, français et espagnol.
10 Elle a passé une année en France.

3 Les animaux et vous

Moi, j'adore les animaux et plus tard, je voudrais devenir vétérinaire.
J'ai un petit chien noir et blanc, qui s'appelle Whisky, et deux oiseaux, Minnie et Mickey. Minnie est mignonne comme tout, mais pas très jolie, tandis que Mickey a des couleurs fantastiques – bleu, jaune et vert.
J'aimerais bien avoir plus d'oiseaux, mais malheureusement, ils font trop de bruit le soir, quand ma mère est en train de regarder la télé.
Linda, 13 ans

Tous mes amis ont des animaux, des cochons d'Inde, des souris, un chat ou un chien, mais moi, je n'en ai pas - je ne me plains pas - c'est mon choix.
À mon avis, les animaux à la maison, ça va, mais il y a tant d'inconvénients. Si on sort, surtout si on part en vacances, il faut trouver un endroit pour ses animaux. On est triste de les abandonner, mais pas question de les emmener.
En plus, il faut les nourrir deux ou trois fois par jour et il y en a qui sentent mauvais. S'ils sont malades, il faut les emmener chez le vétérinaire et ça coûte cher.
Alors, quels sont les avantages? Moi je n'en vois pas.
Roxane, 16 ans

J'aime presque tous les animaux, mais comme animal domestique, je choisirais toujours un chat. J'ai un peu peur des chiens, parce que le chien de ma cousine m'a mordue, et les petits animaux comme les hamsters sont mignons, mais ils ne sont pas vraiment 'votre ami' comme les chats.
Ma chatte Calinette est très intelligente. On a de vraies conversations, elle et moi! Et elle est très facile, très propre. Quand on part en vacances, pas de problème – elle nous accompagne dans notre caravane.
Martine, 14 ans

C'est qui? Lisez ces e-mails et écrivez le bon nom (ou l'initiale).
Exemple: 1 Linda (L)

1 Elle a deux oiseaux.
2 Elle a été blessée par un animal.
3 Elle parle à son animal favori.
4 Elle n'a pas d'animaux à la maison et elle n'en veut pas.
5 Son animal part en vacances avec la famille.
6 Elle trouve que ça coûte cher d'avoir un animal, surtout s'il tombe malade.
7 Sa mère n'aime pas les animaux qui sont bruyants.
8 Elle n'aime pas les animaux qui ont une odeur désagréable.
9 Quand on a des animaux, ce n'est pas facile de partir en vacances.
10 Elle voudrait trouver un métier où on travaille avec les animaux.

4 C'est quoi en français?

Regardez **Chère Alice** *(page 15).*
Trouvez les expressions françaises.
Exemple: 1 *les parents s'inquiètent trop*

1 *parents worry too much*
2 *they are right*
3 *I only see my mother occasionally*
4 *You are lucky!*
5 *heaps of dangers*
6 *to tell the truth*
7 *on my behalf/about me*
8 *they haven't got the time to bother with me*
9 *my mother wants to know everything*
10 *I've got too much of it*

5 Toi et tes amis

Répondez aux questions.

1 Ton (ta) meilleur(e) ami(e), comment est-il/elle?
2 Depuis quand le/la connais-tu? *(Answer in the present.)*
3 Est-ce que tu ressembles à ton ami(e)?
4 Est-ce que tu préfères sortir avec tes copains / avec ta famille / seul(e)?
5 Où vas-tu, normalement, avec ton meilleur(e) ami(e)?
6 Si tu avais le choix, où voudrais-tu aller avec tes copains? (Je voudrais aller/visiter/voir …)
7 Tes amis et toi, qu'est-ce que vous faites normalement pendant les vacances?
8 Qu'est-ce que ton ami(e) voudrait faire à l'avenir?

1 Lyon, une ville importante

Complétez les phrases. Pour vous aider, regardez la page 28.
Exemple: 1 Lyon est une *grande* ville *importante*.

1 Lyon est une g… ville i…
2 On peut y voir des r… romaines.
3 Au centre-ville, il y a des … piétonnes.
4 À Lyon, on trouve des mu…, des th… et des ci…
5 Si vous aimez le sport, il y a un grand com… sp…, une pat… et une p…
6 Pour circuler en ville, on peut prendre le m…
7 Pour le shopping, il y a un grand ce… co…
8 On peut emprunter des livres à la bib… municipale.
9 Et si on a faim, il y a beaucoup de bons petits r…

2 Des directions

Demandez des directions.
Exemple: 1 *Pour aller à la patinoire, s'il vous plaît?*

1   5
2   6
3   7
4   8

3 Au parc d'attractions

Trouvez la bonne réponse à chaque question.
Exemple: 1 *d*

1 Quel parc as-tu visité?
2 Ça se trouve où exactement?
3 Tu y es allé(e) avec qui?
4 Comment avez-vous voyagé au parc?
5 À midi, qu'est-ce que tu as mangé?
6 Qu'est-ce que tu as pensé du parc?
7 Est-ce que tu as acheté un souvenir?

a C'est près de Londres.
b Nous avons voyagé en voiture.
c C'était très amusant.
d J'ai visité Thorpe Park.
e Non, je n'ai rien acheté.
f Avec des amis.
g J'ai mangé une pizza et une glace.

4 Une carte postale de Disneyland

Complétez la carte avec le participe passé de ces verbes.

| visiter   manger   acheter   passer   regarder |
| faire   prendre |

Chère Maman,

Hier, nous avons …(1)… la journée à Disneyland.
C'était génial. Le matin, nous avons …(2)… un voyage
en espace avec Star Tours et nous avons …(3)… le
labyrinthe d'Alice.
Après, nous avons …(4)… le train fou à Big
Thunder Mountain.
À midi, nous avons …(5)… du poulet et des frites.
L'après-midi, nous avons …(6)… la parade Disney.
Comme souvenir, j'ai …(7)… des oreilles de Mickey.
Bises,
Sophie et Guillaume

5 Voyage de retour

Sophie et Guillaume sont rentrés à Lyon. Complétez les phrases.
Exemple: 1 *Nous sommes partis*

1 Nous sommes (partis/partie/parties) de l'appartement à 10h00.
2 Nous sommes (allé/allés/allée) à la gare en voiture.
3 Nous sommes (arrivée/arrivé/arrivés) à la gare à 10h25.
4 Nous sommes (montés/montée/montées) dans le train.
5 Le train est (partis/parti/partie).
6 Mais près de Lyon, le train est (tombé/tombée/tombés) en panne.
7 Nous sommes (restée/restés/restées) sur place pendant une heure.
8 Enfin, le train est (reparti/repartie/repartis).
9 Il est (arrivé/arrivée/arrivées) à Lyon avec une heure de retard.
10 Et nous sommes (descendu/descendue/descendus).

6 Chasse à l'intrus

Trouvez le mot qui ne va pas avec les autres.
Exemple: 1 *une vache*

1 une cuisine, une chambre, une vache, une salle à manger
2 un appartement, un canapé, une maison, une ferme
3 la rivière, le lac, la campagne, la mer
4 un jardin, une terrasse, un placard, une pelouse
5 un frigo, un four, une cuisinière, une armoire
6 un fauteuil, un coin, un carrefour, un rond-point
7 une cuillère, un couteau, un rideau, une fourchette
8 une poêle, une chaise, une assiette, une tasse

1 Les départements de France

Complétez les détails avec ces mots.

code postal	département	fleuve	mer	montagnes

La France est divisée en 95 départements. Chaque …(1)… a un nom. Souvent, c'est le nom d'un …(2)… (comme Loire, Rhône) ou des …(3)… (Hautes-Pyrénées, Vosges). Des noms comme Seine-Maritime et Loire-Atlantique indiquent que le département est en bordure de …(4)… . Chaque département a un numéro aussi. On voit ce numéro sur les voitures et ça fait partie du …(5)…

2 Carte d'identité d'une ville

Complétez les détails avec ces mots.

Alpes	habiter	montagne	stations	froid
le sud-est	piscines	touristique		

Exemple: 1 *le sud-est*

ville:	Grenoble
habitants:	150 000
situation:	dans …(1)…, près des …(2)…
caractère:	ville …(3)… et administrative
principales distractions:	vieille ville, téléphérique de la Bastille, …(4)…, cinémas, théâtres, musées etc.
dans la région:	…(5)… de ski, promenades en …(6)…
pour les jeunes:	cinémas, complexe sportif, cafés etc.
pour les touristes:	téléphérique, musées, théâtre
opinion personnelle:	J'aime bien …(7)… ici, mais il fait …(8)… en hiver.

3 🎧 On parle du week-end dernier

Écoutez et trouvez les paires.
Exemple: 1 *f*

Céline
1 Le samedi matin,
2 L'après-midi,
3 Le soir,
4 À quatre heures du matin,
5 Le lendemain,
Juliette
6 Le samedi après-midi,
7 Dimanche après-midi,

a elle a dansé dans une discothèque.
b elle n'a rien fait.
c elle est allée voir une amie.
d elle est allée en ville avec ses amis.
e elle est allée au cinéma avec sa sœur.
f elle a fait ses devoirs.
g elle est rentrée à la maison, très fatiguée.

4 Le cambriolage

Voici l'appartement de M. et Mme Lebrun quand ils l'ont quitté vendredi matin.

Hélas, pendant leur absence, ils ont été cambriolés. Voilà l'état de leur appartement quand ils sont rentrés le soir.
Faites une liste de toutes les choses qui ont disparu.

5 👤 À vous!

Travaillez à deux. Posez des questions et répondez à tour de rôle.
- Tu habites dans une maison ou un appartement?
- C'est comment, ta maison ou ton appartement?
- Qu'est-ce qu'il y a dans ta chambre?
- C'est comment, la ville, le village ou la région où tu habites?
- Tu aimes y habiter?
- Dans quelle région se trouve ta ville ou ton village?
- Qu'est-ce que tu as fait la dernière fois que tu es sorti(e) dans la région?
- Où voudrais-tu habiter, si tu pouvais choisir? (Je voudrais habiter …)

1 C'est impossible!

Lisez les deux phrases et décidez si c'est logique (✔) ou impossible (✘).
Exemple: 1 ✘

1 Je vais à Paris tous les ans. Je n'ai jamais visité la France.
2 Le chien ne mange presque rien. Il devient très maigre.
3 Je n'ai vu personne en ville. Je viens de voir ton frère en ville.
4 Mon grand-père a quatre-vingt-douze ans. Il n'est plus jeune.
5 Je n'ai rien à me mettre. Je vais mettre ma nouvelle robe.
6 Il ne me téléphone jamais. Il m'a téléphoné hier soir.
7 Elle ne fait jamais rien. Elle est très paresseuse.
8 Ils ne sont plus à la maison. Ils sont dans la cuisine.

2 🎧 La vie d'un vétérinaire

Écoutez l'interview, puis répondez aux questions.

1 Le vétérinaire commence son travail à quelle heure?
2 Dans son cabinet, il reçoit quels animaux?
3 Ensuite, après 10 heures, qu'est-ce qu'il fait?
4 Où est-ce qu'il passe la plupart de sa journée? (Dans …)
5 Est-ce qu'il a plus de travail en hiver ou en été?
6 Il y a dix ans, il a été attaqué par quel animal?
7 D'après lui, c'est un métier passionnant ou pas facile?

3 Quatre gestes pour l'environnement

Complétez le texte avec les mots dans la case.
Exemple: 1 *déchets*

recyclé	route	spectacle	toit	voitures	déchets
espèce	gens	interdites	protéger		

Une montagne de …(**1**)… (papiers, canettes, bouteilles), un air pollué par les …(**2**)…, une nature abîmée par les …(**3**)… – voilà ce qui reste parfois après un festival ou un grand …(**4**)… en plein air.
Mais à l'occasion des Jeux Olympiques à Sydney, on a décidé de faire quatre gestes pour …(**5**)… l'environnement.

- **Protéger les grenouilles.** Près du stade olympique vivent des grenouilles vertes – une …(**6**)… menacée. Des petits tunnels ont été creusés pour leur éviter de traverser la …(**7**)….

- **Économiser l'eau.** L'eau de pluie est récupérée sur le …(**8**)… du stade pour arroser le gazon.

- **Lutter contre la pollution.** Les voitures ont été …(**9**)… sur le site. Des navettes gratuites ont circulé pour transporter tous les spectateurs.

- **Choisir des matériaux 'bios'.** Les tickets d'entrée sont en papier …(**10**)… . La vaisselle des buffets est bio-dégradable. Certains fauteuils sont même fabriqués en carton.

4 L'environnement – une responsabilité de tous

Les individus, les industries, les municipalités – tous peuvent contribuer à la protection de l'environnement. Trouvez quelque chose que chaque groupe peut faire.
Exemple: **Les industries peuvent réduire l'emballage des produits.**

Voici des idées:

On peut …
- réduire l'emballage des produits
- créer des centres de recyclage
- utiliser des ustensiles et de la vaisselle réutilisables dans les cantines
- créer des pistes cyclables pour encourager les gens à circuler à vélo
- planter des arbres dans les rues
- améliorer les transports en commun pour encourager les gens à laisser la voiture à la maison

On ne doit pas …
- jeter des papiers par terre
- cueillir des fleurs sauvages
- gaspiller l'eau
- polluer l'eau

5 👥 À vous!

Travaillez à deux. Posez des questions et répondez à tour de rôle.

- Quels sont les problèmes de pollution dans ta région?
- À ton avis, quels sont les plus grands problèmes de l'environnement aujourd'hui?
- Est-ce que tu as fait quelque chose au collège pour aider à protéger l'environnement?
- À ton avis, est-ce que l'environnement est un problème pour le gouvernement ou pour tout le monde?

1 Les transports

Trouvez les paires.
Exemple: 1 *d*

1 Pour aller en ville, j'aime bien prendre le bus …
2 Pour aller en vacances, j'aime prendre l'avion …
3 Pour un long voyage, je préfère prendre le train …
4 Quand il y a des pistes cyclables, je prends mon vélo …
5 À Paris je prends souvent le métro …
6 Pour aller en Angleterre, nous aimons prendre le bateau …

a parce que nous aimons la mer.
b parce que c'est agréable et c'est bon pour la forme.
c parce que je peux marcher dans le couloir et aller au buffet pour acheter une boisson.
d parce que je n'ai pas de voiture et c'est pratique quand il n'y a pas de métro.
e parce que c'est rapide pour aller à l'étranger.
f parce que c'est rapide, surtout quand il y a beaucoup de circulation en ville.

2 Des voyages

*Complétez les phrases avec **faisait, y avait, était**.*
Exemple: 1 *il faisait mauvais; …*

1 Juillet dernier, j'ai pris l'avion de Paris à Rome. Le jour du départ, il … mauvais et il … du brouillard, donc le vol est parti avec cinq heures de retard. C'… pénible.
2 Samedi dernier, nous avons pris le bateau de Saint-Malo à Portsmouth. Il … beau et il … du soleil. Il … un groupe de jeunes musiciens à bord. C'… amusant.
3 Le 15 août, nous somme rentrés à Paris en voiture. C'… affreux. Il … chaud et il … des embouteillages sur l'autoroute.
4 La semaine dernière, on a fait une promenade à la montagne. C'… super. Il … beau, mais un peu froid et il … de la neige sur les montagnes.

5 C'est où?

Trouvez la bonne réponse. **Exemple:** 1 *e*

1 On y va pour prendre le car.
2 Mon frère y va pour regarder les matchs.
3 Nous y allons pour voir des films.
4 J'y vais pour faire de la natation.
5 On y va pour acheter du pain.
6 On y trouve des livres, des CDs, etc. à emprunter.
7 On y va pour prendre le train.
8 On y arrive quand on voyage en avion.

a l'aéroport
b la piscine
c la gare
d le stade
e la gare routière
f le cinéma
g la boulangerie
h la bibliothèque

3 Ma famille: avant et aujourd'hui

Lisez les phrases. Faites deux listes: avant; aujourd'hui. Écrivez les numéros et les lettres des phrases qui correspondent sous chaque liste.
Exemple: avant: 1a; aujourd'hui: 1b

1 a Je n'avais qu'un frère.
  b J'ai un frère et une petite sœur.
2 a Mon chat est gros et il est moins gentil.
  b Nous avions un petit chat – il avait trois mois.
3 a Mon frère habite à Paris.
  b Il habitait à la maison.
4 a Ma mère est devenue végétarienne et elle ne mange plus de viande.
  b Elle n'était pas végétarienne et elle mangeait de la viande.
5 a Mon père travaillait au bureau à Paris et il voyageait souvent pour son travail.
  b Mon père travaille à la maison deux jours par semaine et il voyage moins souvent.

4 Les transports à Paris

Complétez le dépliant avec ces mots.

bus   carnet   cher   métro   prennent   rapide
transports   valables   voiture

Si vous visitez Paris, laissez votre …(1)… au garage.
Les …(2)… en commun sont excellents.
Il y a le …(3)…, le RER, le …(4)… et même un tramway.
Chaque jour, beaucoup de personnes …(5)… le métro.
C'est …(6)… et ce n'est pas …(7)… . On peut acheter un …(8)… de dix tickets.
Ces tickets sont aussi …(9)… pour les bus.

6 Une carte postale

Complétez les phrases avec ces mots.

avait   étais   était   faisait   logé   magnifique
sympa   vélo

Bonjour de Paris. La semaine dernière, j'…(1)… en vacances à Belle-Île. On a fait le tour de l'île à …(2)… . Le premier jour, c'…(3)… un peu fatigant, mais heureusement, il n'y …(4)… pas beaucoup de voitures. La plupart du temps, il …(5)… beau, mais un peu chaud. Le paysage était …(6)… . On a …(7)… dans les auberges de jeunesse. C'était …(8)…

1 🎧 Problèmes de transport

Écoutez les cinq annonces. Pour chaque annonce, dites qui est affecté (a–e) et ce qu'il faut faire (f–j).
Exemple: 1 *d g*

Les personnes qui sont affectées

a Mlle Dupont allait prendre l'avion de Paris à New York.
b Michel Blanc va à Bordeaux en train.
c Sophie Larue allait prendre le métro à Paris.
d La famille Brown allait rentrer en Angleterre en bateau.
e Les Duclos voulaient prendre l'autoroute A6.

Ce qu'il faut faire

f Il faut attendre au moins 50 minutes.
g Il faut téléphoner à la gare maritime.
h Il faut trouver une autre route.
i Il faut aller à Paris un autre jour.
j Il faut aller au bureau d'informations.

3 Dans la rue

*Répondez par **oui** ou **non**.*

1
Piste cyclable
Interdite aux vélomoteurs et cyclomoteurs

On peut circuler ici à vélo?

2
VOIE PIÉTONNE
Strictement interdit aux deux roues

On peut circuler ici à moto?

3

Sortie de garage
Défense de stationner

On peut garer sa voiture ici?

4
P

Distributeur de tickets
Payant de 8h à 12h et de 14h à 19h

On peut stationner ici? Il est onze heures – est-ce qu'il faut payer?

5

P
INTERDIT DE 7H À 19H LE SAMEDI ET AUTRES JOURS DE MARCHÉ

C'est samedi, six heures du matin – est-ce qu'on peut stationner ici?

2 Un voyage en Angleterre

Mettez les verbes à l'imparfait.
Exemple: 1 *Il faisait*

L'année dernière, nous avons pris le ferry de Saint-Malo à Portsmouth. Il (**1** faire) beau, mais la traversée (**2** être) longue. Puis il y (**3** avoir) du monde sur le bateau. Au début, on ne (**4** trouver) même pas de place pour s'asseoir. Et à Portsmouth, oh là là! On ne (**5** connaître) pas la route, bien sûr. Mon mari (**6** conduire) et moi, je (**7** regarder) la carte, mais c'(**8** être) vraiment compliqué. Je n'y (**9** comprendre) rien. On a trouvé l'autoroute, mais peu après, on s'est rendu compte qu'on (**10** rouler) dans le faux sens.

4 Tu as bonne mémoire?

Vous avez lu l'activité 9 à la page 55? Des amis de Claire et Paul veulent savoir comment était leur voyage au retour. Répondez aux questions.

1 Quand est-ce qu'ils sont partis?
2 Est-ce qu'il y avait des problèmes au début?
3 Est-ce qu'il y avait des embouteillages?
4 Quel temps faisait-il?
5 Et qu'est-ce qui s'est passé?
6 C'était grave?
7 Est-ce qu'on a pu réparer la voiture?
8 Est-ce qu'ils ont dû rester sur place?
9 Est-ce qu'ils sont arrivés à temps pour le ferry?

5 🎧 À l'office de tourisme

Trouvez les bonnes réponses, puis écoutez les conversations pour vérifier.

1 Comment peut-on aller à l'aéroport Charles de Gaulle?
2 Comment peut-on aller au Parc Astérix?
3 Qu'est-ce qu'on peut voir au Palais de la Découverte?
4 Qu'est-ce qu'on peut voir au Musée d'Orsay?
5 Où peut-on trouver des souvenirs de Paris?
6 Où peut-on acheter des livres en anglais?

a On peut y voir des expositions sur la science et la technologie.
b On peut y aller en RER.
c Allez à la librairie Shakespeare et Company. On y trouve un grand choix de livres en anglais.
d On peut y voir des tableaux et des sculptures.
e On peut y aller en RER et en bus. Prenez le RER à Roissy, puis prenez la navette jusqu'au parc.
f Allez dans un grand magasin comme les Galeries Lafayette. On y trouve de tout.

1 L'ascension de l'Everest

Christine Janin, la première Française au sommet de l'Everest, raconte les derniers moments de son ascension.

Je suis partie de 7 000 mètres d'altitude, à trois heures du matin. J'étais avec Pascal, un photographe de montagne. À une telle altitude, l'oxygène manque. J'avais envie d'aller plus vite, mais je ne pouvais pas. Vers huit heures, j'ai eu la chance de rencontrer des grimpeurs américains qui avaient des bouteilles d'oxygène en trop. Ils m'en ont donné une.

Je ne pensais plus à rien. Le sommet d'Everest est caché par une arête. Je ne pouvais donc pas le voir et je me disais: Où est-il, ce sommet? Est-il encore loin?

Puis je savais que c'était gagné. Nous sommes arrivés au sommet à 17 heures. Il faisait froid – moins 40 degrés. Je n'avais rien mangé et je ne pouvais rien boire parce que ma gourde était gelée. J'étais fatiguée. Je n'ai pas sauté en l'air comme je le faisais dix fois dans mes rêves. Pascal et moi, nous nous sommes fait une bise et, vite, nous sommes descendus.

Écrivez les mots qui manquent dans ce résumé.
Exemple: 1 *trois heures du matin*

Le dernier jour de l'ascension, Christine Janin est partie à …(**1**)… . Un photographe de montagne …(**2**)… avec elle. Ils manquaient d'…(**3**)…, mais ils ont eu de la chance de rencontrer des grimpeurs …(**4**)… . Ils ont donné une …(**5**)… d'oxygène à Christine. Christine ne …(**6**)… plus à rien. Elle ne …(**7**)… pas voir le sommet, mais enfin à 17 heures, ils y sont …(**8**)… . Il …(**9**)… froid. Elle …(**10**)… fatiguée. Ils n'y sont pas restés longtemps. Après une bise, ils ont commencé la descente.

© Bayard Presse, Okapi. Auteur: Marc Beynier

2 Ce n'était pas de ma faute

Complétez l'explication de l'automobiliste. Mettez six verbes à l'imparfait et trois verbes au passé composé.
Exemple: 1 *je descendais*

Eh bien, Monsieur l'agent, je (**1** descendre) la rue principale. Je ne (**2** rouler) pas vite. J'(**3** aller) en ville pour faire des courses. Il y (**4** avoir) une camionnette devant moi. Ça me gênait. Je (**5** vouloir) la dépasser. Alors je (**6** signaler) et je (**7** changer) de file, quand soudain, je (**8** entrer) en collision avec l'autre voiture. Ce n'(**9** être) vraiment pas de ma faute.

3 Le journal

Pour chaque extrait (1–6), trouvez le bon titre (a–f).
Exemple: 1 *b*

1 On signale des embouteillages sur toutes les routes principales vendredi, samedi et dimanche.

2 En raison du mauvais temps, les vols au départ de Roissy-Charles de Gaulle seront perturbés ce matin. On envisage un délai de trois heures minimum.

3 Un dossier publié ce matin constate que le nombre d'accidents qui résultent de la consommation d'alcool a légèrement augmenté cette année.

4 Les employés de la SNCF sont en grève pendant 24 heures, donc les trains ne circuleront pas aujourd'hui.

5 Accident de la route hier près de Saint-Paul. Un automobiliste a heurté un arbre. L'automobiliste et deux passagers ont été transportés à l'hôpital.

6 Ouverture ce matin d'une nouvelle ligne de tramway au centre-ville. On espère encourager les gens à laisser leur voiture au garage et à utiliser les transports en commun.

a **Difficultés à l'aéroport**

b **Week-end difficile sur les routes**

c **Nouveau moyen de transport**

d **Accident de voiture: trois blessés**

e **Gares fermées**

f **L'alcool provoque plus d'accidents**

1 En stage

Olivier fera un stage d'informatique en avril. Complétez la conversation avec des verbes au futur.
Exemple: 1 Tu prendras

- Tu (**1** prendre) le train, Olivier?
- Non, je (**2** partir) en car. C'est moins cher.
- Et tu (**3** passer) combien de temps en stage?
- Je (**4** rester) une semaine en stage, puis je (**5** passer) le week-end chez mes grands-parents qui habitent dans la région.
- Alors quand est-ce que tu (**6** rentrer) à Paris?
- Je (**7** rentrer) le 2 mai.

2 L'anniversaire de mon père

*Complétez le texte avec des verbes au futur. Attention aux verbes irréguliers (**en gras**). Pour vous aider, regardez **Dossier-langue** à la page 71.*
Exemple: 1 mon père aura

Vendredi, mon père (**1** avoir) cinquante ans. Alors demain, ma mère et moi, nous (**2** aller) aux magasins pour choisir des cadeaux pour lui. Ensuite, nous (**3** aller) au supermarché pour acheter des provisions. Nous (**4** faire) un gâteau le soir, quand mon père (**5** être) au gymnase. Vendredi après-midi, nous (**6** décorer) la maison. Et quand mon père (**7** rentrer) du travail, il (**8** voir) beaucoup de cartes et de cadeaux et la fête (**9** commencer)!

3 Si ça se passe

Trouvez les paires.

1 Si on arrive à l'heure,
2 Si nous avons le temps,
3 Si j'ai assez d'argent,
4 Si vous prenez le train de dix heures,
5 S'il fait beau demain,
6 S'il n'y a pas de bus,

vous arriverez à midi.
on fera un pique-nique sur la plage.
on ira en ville ce soir.
je prendrai un taxi.
nous irons à la piscine.
je t'achèterai un cadeau.

4 🎧 Arrivée en France

Écoutez le texte, puis mettez les phrases dans l'ordre.
Exemple: c, …

a Il donne des cadeaux à la famille.
b Il dit bonjour aux sœurs de Clément.
c David arrive à la maison.
d Il s'installe et il met ses vêtements dans l'armoire.
e Il accepte et choisit un jus d'orange.
f Il va voir sa chambre avec Clément.
g On lui offre quelque chose à boire.
h Il redescend au salon.

5 Des questions utiles

Trouvez deux possibilités pour compléter chaque question.
Exemple: 1 c + …

1 Est-ce que je peux avoir …
2 À quelle heure est-ce que …
3 Pouvez-vous …
4 Qu'est-ce que …

a répéter la question?
b c'est en français?
c une serviette?
d ça veut dire en anglais?
e je dois rentrer?
f tu te lèves, normalement?
g parler plus lentement?
h un verre d'eau?

6 Huit choses qui seront appréciées

Complétez la liste des choses à faire (ou à ne pas faire) si on loge chez une famille.

| affaires | autres | intéresser | plats |
| aide | frigo | lit | rangerai |

1 Je ferai mon …
2 Je … ma chambre.
3 Je ne laisserai pas mes … partout.
4 Je goûterai les différents …
5 J'essayerai de faire comme les …
6 Je ne me servirai pas dans le … sans demander.
7 J'offrirai mon …
8 J'essayerai de m'… à tous et à tout.

7 Chasse à l'intrus

Trouvez le mot qui ne va pas avec les autres.
Exemple: 1 blanc

1 gros, blanc, petit, grand
2 un pantalon, une valise, une jupe, une chemise
3 le savon, le dentifrice, le jardin, le shampooing
4 jouer, ranger, nettoyer, travailler
5 des gants, des chaussures, des lunettes, des chaussettes
6 un lit, une armoire, un placard, une serviette
7 nul, ennuyeux, bête, vert
8 noir, demain, hier, aujourd'hui

1 Des conversations

Complétez les phrases avec des mots dans la case.

moi	toi	lui	elle	nous	vous	eux	elles

1 – Qui veut aller en ville avec …?
   – …, je veux bien.
   – Alors, dépêche-… . Je pars tout de suite.
2 – Tu as l'adresse de Nicolas sur …?
   – Ah zut! J'ai dû la laisser chez …
3 – C'est à … ce journal, monsieur?
   – Oui, c'est à …
4 – C'est à Magali, ce sac?
   – Oui, c'est à …
5 – Et …, qu'est-ce que vous voulez faire ce soir?
   – …, nous voulons rester à la maison.
   – Et les garçons?
   – …, ils veulent aller au stade.
6 – Salut, Karima. Entre donc. Tout le monde est là, sauf … et Djamel. Djamel n'est pas avec …?
   – Non, je ne sais pas où il est. Je ne sors plus avec …

2 On aide à la maison

a *Complétez les phrases avec la forme correcte du verbe au **présent**.*

– Est-ce que tu (**1** aider) à la maison quelquefois?
– Oui, moi, j'(**2** aider) souvent à la maison, mon frère aussi.
– Qu'est-ce que vous (**3** faire) exactement?
– Moi, je (**4** remplir) le lave-vaisselle et mon frère le (**5** vider). Le soir, nous (**6** mettre) la table et nous (**7** débarasser) après le repas.
– Ma mère ne me (**8** demander) pas d'aider à la maison parce que j'(**9** avoir) beaucoup de travail scolaire. Cependant, pendant les vacances, j'(**10** aider) un peu. Je (**11** passer) l'aspirateur et je (**12** ranger) ma chambre.
– Est-ce que tu (**13** préparer) les repas de temps en temps?
– Oui, j'(**14** aider) mes parents à préparer le déjeuner du dimanche quelquefois. J'(**15** aimer) faire la cuisine, mais je (**16** détester) nettoyer la cuisine après.

b *Complétez les phrases avec la forme correcte du verbe au **passé composé**.*

– Qu'est-ce que tu (**1** faire) récemment pour aider à la maison?
– Samedi dernier, j'(**2** travailler) dans le jardin. Ma sœur (**3** laver) la voiture.
– Et moi, le week-end dernier, j'(**4** réparer) l'ordinateur pour ma mère. Mon frère (**5** passer) l'aspirateur et nous (**6** faire) la vaisselle tous les deux, samedi soir.
– Moi, je n'(**…**) pas (**7** aider) beaucoup parce que j'(**8** devoir) réviser pour mes examens.

3 C'est comment?

Regardez les objets et choisissez la bonne description.

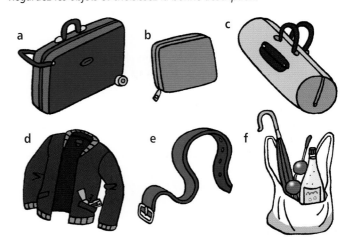

1 Il est assez grand et long. Il est noir et gris. Il y a des baskets et une serviette dedans.
2 Elle est noire. Il y a des clés dans une poche.
3 Il est en plastique et il y a des lunettes de soleil, un parapluie et une bouteille d'eau minérale dedans.
4 Elle est verte et assez grande. Il y a beaucoup de choses dedans: des vêtements, des cadeaux etc.
5 Il est petit et il est carré. Il est en cuir rouge et il y a de l'argent dedans.
6 Elle est bleue, longue et étroite et elle est en cuir.

4 On regarde des photos

Choisissez les mots corrects pour compléter la conversation.

– Voilà une photo de (**1** mon, ma, mes) famille et moi. Regarde, (**2** mon, ma, mes) sœur porte (**3** son, sa, ses) nouveau jean.
– Oui, et Julien porte (**4** son, sa, ses) nouvelles baskets, non?
– Et toi, tu as apporté (**5** ton, ta, tes) photos aussi?
– Oui, voilà (**6** mon, ma, mes) correspondant avec (**7** son, sa, ses) parents. Et ça, c'est (**8** leur, leurs) chien, Moustache, avec (**9** son, sa, ses) ballon.
– C'est dans le jardin de (**10** ton, ta, tes) correspondant?
– Oui, (**11** leur, leurs) jardin était grand. Tiens, voilà (**12** leur, leurs) maison.
– Tu as pris ces photos avec (**13** ton, ta, tes) nouvel appareil-photo?
– Oui, (**14** mon, ma, mes) nouvel appareil marche très bien.

1 Quand?

The future tense must be used after *quand* if the verb refers to what will happen in the future. This is different from English.

Complétez les phrases.
Exemple: 1 *Quand ma sœur aura 18 ans, …*

1 Quand ma sœur (avoir) 18 ans, elle (apprendre) à conduire.
2 Quand je (finir) les examens, je (penser) aux vacances.
3 Quand mes parents (rentrer) du travail, nous (aller) chez mes grands-parents.
4 Quand je t'(écrire), je t'(envoyer) des photos.
5 Quand nous (être) en vacances, nous (venir) vous voir.
6 Quand je (arriver) chez moi, je t'(envoyer) un e-mail.

2 C'est utile, le dictionnaire

Slang words are often found in a dictionary, but are usually indicated by p (*populaire*), f or fam (*le français familier*) or a (*argot*).

Trouvez l'équivalent en bon français. Pour vous aider, cherchez dans un dictionnaire.

Le français familier	Le bon français
1 un flic	a les chaussures
2 les godasses	b le travail
3 le boulot	c une voiture
4 une bagnole	d la nourriture
5 bosser	e ennuyeux
6 la bouffe	f travailler
7 les fringues	g un agent de police
8 casse-pieds	h les vêtements

3 La télé

Est-ce que tu aimes regarder la télé? Moi, je regarde la télé tous les soirs, quand je rentre du collège. Ça me détend. J'aime surtout les documentaires et les émissions sur la cuisine. On peut apprendre beaucoup de choses!
Mais je trouve qu'il y a trop de publicité à la télé – c'est surtout énervant quand on coupe un bon film pour passer de la pub. Et je trouve aussi qu'il y a trop de violence, par exemple dans les séries policières, et je n'aime pas ça. Et toi, est-ce que tu trouves qu'il y a trop de violence à la télé?
Alex

a Read the e-mail and answer the questions in English.

1 When does Alex watch TV?
2 Mention two things she says in favour of TV.
3 Mention two things she dislikes.

b Répondez aux deux questions d'Alex en français.

4 Mon séjour en France

Cette année, Céline et Katy ont fait un échange. Lisez d'abord les impressions de Katy sur sa visite en France. Puis regardez la case et choisissez un titre pour chaque paragraphe.

On mange bien	On chante en anglais	À table
La maison	Des émissions pareilles	La famille

Mon séjour en France

Cet été, j'ai passé de très bonnes vacances chez Céline, ma correspondante française.

Voici quelques différences que j'ai remarquées entre la vie chez elle en France et la vie chez moi.

1 Les heures des repas sont différentes, surtout le soir: on dîne beaucoup plus tard en France et on passe bien plus de temps à table que chez nous.

2 On mange bien en France. J'ai surtout aimé les escalopes panées et les glaces. La plupart des repas sont faits 'maison', on n'a pas mangé de plats cuisinés, et on ne se sert pas trop du four à micro-ondes. Le pain est tout frais – on va le chercher tous les matins à la boulangerie.

3 Les planchers sont souvent en bois ciré avec quelques petits tapis, par ci, par là. Au lieu de rideaux, il y a souvent des volets. C'est pratique: la maison est chaude en hiver et en été, il fait plus frais.

4 En famille, on s'embrasse sur les deux joues (on fait la bise) pour se dire bonjour et on se serre la main plus fréquemment que chez nous. Si des membres de la famille n'habitent pas trop loin, on se rend souvent visite, surtout pour déjeuner le dimanche.

5 Céline regarde les mêmes émissions que moi à la télé, comme *Buffy contre les vampires* et *Dawson*. C'était curieux de les voir en français.

6 Et une autre chose qui m'a vraiment surprise: la plupart des chanteurs de musique pop chantent en anglais!

5 🎧 Mon séjour en Angleterre

Maintenant, écoutez Céline, qui parle de son séjour en Angleterre. Écrivez des notes pour résumer ses impressions.

1 L'heure des repas
2 Ce qu'elle a aimé manger
3 Le petit déjeuner: le samedi
Le petit déjeuner: les autres jours
4 Le pain
5 Le fromage et les desserts
6 Les voitures et la circulation

Une semaine typique unité 5

1 Une journée typique

Copiez et complétez les détails.

- Je me réveille à …
- Je me lève tout de suite. / Je me lève à …
- Pour le petit déjeuner, je prends …
- Je quitte la maison à …
- Je vais au collège en train/bus/car/voiture / à pied/vélo
- J'arrive à … heures
- Le matin, j'ai cours jusqu'à …
- Puis c'est la pause-déjeuner. Je mange à la cantine / des sandwichs.
- Normalement, je mange …

- L'après-midi, les cours finissent à …
- Je prends … pour rentrer chez moi. Je rentre chez moi à pied/vélo.
- En arrivant à la maison, je …
- On mange vers …
- Le soir, je fais mes devoirs / regarde la télé / téléphone à mes ami(e)s / surfe sur Internet / joue sur l'ordinateur / écoute de la musique / lis etc.
- Je me couche à …

2 Voilà pourquoi

a *Voici des réponses à la question: 'Qu'est-ce que tu aimes comme matières? Pourquoi?' Trouvez les paires.*
Exemple: 1 b

1 Ma matière préférée est l'informatique …
2 J'aime toutes les sciences, surtout la chimie, …
3 La matière que je préfère est l'anglais …
4 Ma matière favorite est l'EPS …
5 J'aime bien l'histoire …

a parce que j'adore lire et le prof est sympa et explique tout très bien.
b parce que c'est intéressant et utile et je voudrais être programmeur plus tard.
c parce que les cours sont toujours amusants et je voudrais faire pharmacienne comme métier.
d parce que je trouve ça passionnant et j'ai toujours de bonnes notes en histoire.
e parce que je m'intéresse à tous les sports, surtout le hockey et la gymnastique.

b *Voici des réponses à la question: 'Qu'est-ce que tu n'aimes pas comme matières? Pourquoi?' Trouvez les paires.*

1 Je déteste le dessin …
2 Je n'aime pas beaucoup la géographie …
3 Ce que je n'aime pas, c'est l'allemand, …
4 La matière que j'aime le moins est la technologie …
5 Je n'aime pas les maths …

a parce que je ne suis pas fort(e) en langues et je trouve ça difficile.
b parce que les matières pratiques ne m'intéressent pas.
c parce que je trouve ça difficile, mais je sais que c'est une matière importante.
d parce que je ne suis pas fort(e) en géographie et, à mon avis, c'est ennuyeux.
e parce que je suis nul(le) en dessin et je trouve ça inutile.

c *Maintenant, répondez aux questions pour vous.*

3 Samedi dernier

Complétez les phrases. Ça peut être vrai ou imaginaire.

Samedi dernier, je me suis levé(e) à …
Le matin, je suis allé(e) … (en ville / à la piscine / au collège / aux magasins / au parc etc.)
À midi, j'ai mangé … (du poisson et des frites / une pizza / des sandwichs / des fruits etc.)
L'après-midi, je suis sorti(e) avec mes ami(e)s. Nous sommes allé(e)s … (au cinéma / au café / chez un(e) ami(e) etc.)
Le soir, j'ai … (téléphoné à mes ami(e)s / joué sur l'ordinateur / regardé la télé / lu un magazine / travaillé etc.)
Je me suis couché(e) à …

4 Dans un grand magasin

4e	quatrième étage jouets, sports, musique
3e	troisième étage vêtements, chaussures
2e	deuxième étage librairie-papeterie, photo
1er	premier étage bijouterie, parfumerie
RC	rez-de-chaussée cadeaux, souvenirs
SS	sous-sol alimentation

Où est-ce qu'il faut aller? Écrivez l'étage qui correspond.
Exemple: 1 SS

1 Je voudrais acheter une boîte de chocolats.
2 Où est-ce qu'on trouve les livres?
3 Je cherche un sweat-shirt.
4 Je voudrais acheter une peluche pour ma sœur.
5 Est-ce qu'on vend des souvenirs ici?
6 Pour les stylos et les classeurs, c'est quel étage?
7 Je cherche du parfum pour ma mère.
8 Mon ami veut acheter des baskets.
9 Je voudrais regarder les boucles d'oreille.
10 Je cherche un jeu de boules.

1 On parle du collège

On parle de tous ces apects de la vie au collège, mais qui parle de quoi?
Écrivez les initiales de la bonne personne.

Exemple: 1 *G*

1 la cantine
2 l'emploi du temps
3 les professeurs
4 les devoirs
5 les matières
6 les locaux (premises)

Amandine

Il y a trois laboratoires de science et une nouvelle bibliothèque qui est très bien équipée. Il y a aussi une salle informatique avec des ordinateurs connectés à Internet.

Mathieu

Je suis assez fort en anglais et je l'apprends depuis quatre ans. Je suis allé en Angleterre deux fois – voilà pourquoi c'est une de mes matières préférées. Par contre, je suis nul en physique et j'ai souvent de mauvaise notes.

La plupart sont sympa. Ils expliquent bien et les cours sont clairs et intéressants, mais il y en a aussi qui sont sévères et qui n'ont pas l'air de s'intéresser beaucoup aux élèves.

Lucie

À mon avis, on nous en donne trop. Normalement, j'ai trois matières chaque soir et je dois travailler au moins une heure et demie.

Je n'aime pas beaucoup les repas et il faut faire la queue, alors je préfère apporter des sandwichs.

Kévin

Guillaume

On commence avec biologie, puis c'est histoire. Après la récréation, on a deux heures de technologie. Puis c'est la pause-déjeuner et ensuite, on a EPS.

Thomas

2 Les sacs réutilisables

Lisez cette publicité et complétez le résumé.

Il y a des endroits où nous n'aimons pas voir notre nom.

17 milliards de sacs de sortie de caisse sont distribués chaque année en France, soit **85 000 tonnes** de plastique, l'équivalent en poids de 1000 Airbus.
10 milliards finissent dans la nature où ils mettent plusieurs siècles à disparaître.
On a constaté la présence sur les côtes françaises de **120 millions** de sacs en plastique. **Il fallait faire quelque chose.**

E.Leclerc a décidé
d'agir.

Nos collaborateurs vont **se mobiliser contre le gaspillage**. Ils proposent aux clients d'adopter de nouvelles habitudes de transport de leur achats.
Ils offrent aux clients des sacs **réutilisables** au lieu des sacs de caisse jetables. Pour un prix modeste, ils fournissent un sac plus solide, plus élégant, sans publicité et on le **remplace gratuitement** chaque fois qu'il est hors d'usage.
E.Leclerc prend en charge la collecte, le compactage et **recyclera** les sacs ainsi récupérés dans la fabrication de sacs poubelle.

Un résumé
Choisissez les mot corrects pour compléter le résumé.

réutilisables	chaque	ce gaspillage
	sont distribués	publicité
gratuitement	poubelles	finissent

Une quantité énorme de sacs en plastique …(1)… dans les supermarchés en France …(2)… année. Beaucoup de ces sacs …(3)… dans la nature, où le plastique ne se dégrade pas facilement. Les supermarchés E.Leclerc ont décidé de faire quelque chose contre …(4)… . Dans leurs magasins, on remplace des sacs jetables par des sacs …(5)… . Pour un prix modeste, on vend un sac plus solide sans …(6)… aux clients. Quand le sac sera hors d'usage, il sera remplacé …(7)… . Les vieux sacs seront récupérés et recyclés dans la fabrication des sacs …(8)…

DOSSIER-LANGUE

Reflexive verbs in the infinitive

When the infinitive of a reflexive verb is used with another verb, the reflexive pronoun changes to agree with the subject of the verb:

Tu peux te dépêcher? Can you hurry up?
Je peux me baigner dans le lac? Can I have a swim in the lake?

Complétez les phrases avec la forme correcte du pronom réfléchi.

1 Le matin, tu peux … laver dans ta chambre, si tu veux.
2 On est en retard, est-ce que tu peux … dépêcher?
3 Faire du vélo, c'est fatigant, n'est-ce pas? Tu veux … reposer un peu?
4 On peut … arrêter au prochain café, si tu veux.
5 On va à la plage aujourd'hui. Tu vas … baigner?
6 Il est déjà dix heures, on va … mettre en route.
7 Est-ce que tu veux … changer avant d'aller au cinéma?
8 Nous allons … arrêter ici pour prendre des photos.

1 🎧 L'année prochaine ou l'année dernière?

Qu'est-ce qui a changé et qu'est-ce qui va changer?
Écrivez 1–8 et écoutez les extraits des conversations. Décidez si on parle du futur (F) ou du passé (P). Faites surtout attention aux verbes.
Exemple: *1 P*

2 📱 À vous!

Travaillez à deux. Posez des questions et répondez à tour de rôle. Puis écrivez vos réponses.

L'année prochaine
Que feras-tu l'année prochaine?
Est-ce que tu changeras d'école?
Quand est-ce que tu penses quitter l'école?
Est-ce que tu espères travailler / continuer tes études / aller à l'université / voyager / …?

4 Cosette, c'est moi

Read the text and answer the questions in English.

1 What difficulties does Angélique have?
2 What is the main cause of her difficulties?
3 What is special about this year's holidays? Mention three details.
4 What does Angélique think about her parents?

© Phosphore

3 Celui ou celle?

Simon adore les couleurs vives et les vêtements originaux. Lesquels de ces vêtements va-t-il choisir?
Exemple: *1 a Il va choisir celle qui est rayée.*

1
a une chemise rayée   b une chemise unie

2
a une cravate à pois   b une cravate unie

3
a un pantalon gris foncé   b un pantalon à carreaux

4
a des chaussures noires   b des chaussures vertes

5
a un pull tricolore   b un pull marron

6
a des gants rouges   b des gants gris

Cosette, c'est moi

Je ne suis pas à la mode et, en plus, je n'ai pas d'argent de poche. Ma mère n'a rien contre la mode, seulement c'est trop cher pour nous. Mon père gagne peu et ma mère ne travaille pas. Mes parents ont fait le choix d'avoir une famille nombreuse, ils se privent énormément pour nous, pour nos études: quelquefois, au bout de deux ou trois semaines sans 'dépenses inutiles', l'un d'entre nous reçoit une somme modeste.

Jamais nous ne sommes partis en vacances tous ensemble. Alors cet été, nous avons décidé de partir: pour la première fois – notre famille sera réunie pendant quinze jours. Deux de mes frères et moi ayant plus de 16 ans, nous pouvons travailler pendant les grandes vacances. Nous avons tous les trois travaillé pendant le mois de juillet. Avec cela, nous allons aller en Normandie.

Les études, c'est dur: l'avenir est bouché, d'accord, mais j'ai des parents qui font tout pour moi, des frères et des sœurs adorables et marrants, je fais les études que j'ai voulues. J'ai de bons amis. Alors j'ai tout ce qu'il faut pour être heureuse et je ne m'en prive pas.

Angélique

1 Chasse à l'intrus

Trouvez le mot qui ne va pas avec les autres.
Exemple: 1 *huile*

1 nouilles, huile, pâtes, spaghettis
2 baguette, beurre, pain, croissant
3 eau, limonade, lait, viande
4 bonbon, chocolat, thé, café
5 sel, moutarde, potage, poivre
6 jambon, pomme, citron, orange
7 céréales, végétarien, toast, confiture
8 fromage, yaourt, lait, sucre

2 🎧 À table

Nathalie dîne chez la famille Briand. Écoutez la conversation.
Qu'est-ce qu'elle prend?
Exemple: 1 *b*

1 Comme hors-d'œuvre, il y a …
   a du melon   b du potage   c du pâté.
2 Comme plat principal, on mange …
   a une omelette   b du poulet   c du poisson.
3 Comme légumes, il y a …
   a des haricots   b des carottes   c des petits pois.
4 Pendant le repas, elle boit …
   a de l'eau   b du vin   c du jus d'orange.
5 Elle ne prend pas …
   a de pain   b de légumes   c de fromage.
6 Il y a un grand choix de …
   a fromage   b pain   c desserts.
7 Après le repas, Nathalie boit …
   a du thé   b du chocolat   c du café.

3 Une lettre

Complétez cette lettre avec les mots dans la case.
Exemple: 1 *lettre*

favori	petit déjeuner	pommes de terre	céréales
viande	lettre	lait	repas	le four	déjeuner

Cher (Chère) Alex,

Dans ta …(1)…, tu m'as demandé de te parler des …(2)… qu'on mange tous les jours en Grande-Bretagne et de te décrire un plat typique que j'aime bien.

Eh bien, voilà. Chez nous, le matin, on prend le …(3)… assez vite et on mange des …(4)… avec du …(5)… .
À midi pour le …(6)…, normalement, on ne prend qu'un sandwich, mais le soir, nous dînons ensemble, si possible.

Mon plat …(7)… est le 'Shepherd's pie' ('shepherd' veut dire 'berger'). C'est fait avec de la …(8)… hâchée et de la purée de …(9)… . On le fait cuire dans …(10)… et on le mange au déjeuner ou au dîner.

Quand tu viendras chez nous, tu pourras le goûter.

À bientôt!

Chris

4 Au café – questions et réponses

Trouvez les paires. **Exemple: 1** *f*

1 Qu'est-ce que vous avez comme sandwichs?
2 Qu'est-ce que tu aimes comme sandwichs?
3 Qu'est-ce que vous prenez comme boisson?
4 Qu'est-ce que tu prends comme glace?
5 Est-ce que vous servez des plats chauds?
6 Un croque-monsieur, qu'est-ce que c'est?
7 Où sont les toilettes, s'il vous plaît?
8 Le citron pressé, c'est combien?

a Je ne sais pas – ils ont quels parfums?
b Au sous-sol, à droite.
c Je préfère jambon ou pâté.
d Une limonade pour moi et un coca pour Sébastien.
e C'est 2 euros.
f Nous avons jambon, fromage et pâté.
g C'est un sandwich grillé avec du fromage et du jambon.
h Oui. Aujourd'hui, il y a des omelettes et des frites.

5 Des mots utiles

Trouvez les contraires. **Exemple: 1** *c*

1 neuf
2 toujours
3 beaucoup
4 demain
5 simple
6 grand
7 à l'avance
8 commencer
9 étroit
10 lentement

a jamais
b compliqué
c vieux
d très peu
e en retard
f hier
g finir
h petit
i vite
j large

1 Un repas

Vous préparez un repas avec une amie. Elle vous a laissé ce message. Répondez par e-mail.

Exemple: J'ai acheté …

As-tu acheté du pain?
Qu'est-ce qu'il faut
acheter en plus?
Tu préfères du pâté ou
du jambon?
Qu'est-ce que tu aimes
comme légumes?
Qu'est-ce qu'on va
prendre comme dessert?

(Je p……)

2 Une conversation

Travaillez à deux. Posez des questions et répondez à tour de rôle.

Exemple: 1 *– Aimes-tu les glaces?*
– Oui, j'aime les glaces?
(*or better:* Oui, je les aime.)

1 Aimes-tu les glaces?
2 Quel parfum préfères-tu?
3 Tu préfères la limonade avec ou sans glace?
4 Tu préfères l'eau gazeuse ou non-gazeuse?
5 Est-ce que tu aimes la cuisine chinoise?
6 Quelle cuisine étrangère préfères-tu?
(par exemple indienne, française, italienne)
7 Préfères-tu le poisson ou la viande?
8 Comment trouves-tu les repas au collège?
9 Où voudrais-tu manger pour ton anniversaire?
10 Est-ce que tu préfères manger au restaurant ou à la maison?
(Donne tes raisons.)*

Pour vous aider

*Moi, je préfère manger au restaurant / à la maison parce que …

j'aime	goûter les plats que je ne connais pas.
je n'aime pas	avoir des surprises.
je préfère	avoir un grand choix de plats.
je peux	regarder la télé pendant le repas.
	discuter pendant le repas.
	manger seul.
	manger avec des amis.

3 Qu'est-ce qu'il faut dire?

Trouvez les paires. **Exemple: 1 f**

1 *You want to book a table for four for tonight.*
2 *You would like to eat outside.*
3 *You would like the menu.*
4 *You want to know if there is a set price menu.*
5 *You want to complain because the steak is over-cooked.*
6 *You're ordering a salad as a starter.*
7 *You want to know what there is for today's special dish.*
8 *You would like the waiter to recommend a wine.*
9 *You would like the bill.*
10 *You think there's been a mistake.*

a La carte, s'il vous plaît, Monsieur.
b L'addition, s'il vous plaît, Monsieur.
c Est-ce qu'il y a un menu à prix fixe?
d Pourriez-vous nous recommander un vin, s'il vous plaît?
e Je crois qu'il y a une erreur.
f Je voudrais réserver une table pour ce soir, pour quatre personnes.
g Comme entrée, je prendrai des crudités.
h Le plat du jour, qu'est-ce que c'est?
i Nous voudrions manger sur la terrasse, si possible.
j Monsieur! Ce steak est trop cuit.

4 Des cartes postales

Quiberon, Bretagne

Chère Anne-Laure,
Je passe de bonnes vacances ici. On mange très bien! Hier, j'ai déjeuné dans une crêperie. On y mange des crêpes salées ou sucrées de toutes sortes. Pour commencer, j'ai pris une crêpe au fromage, puis comme dessert, une crêpe à l'ananas. C'était délicieux! À bientôt!
Christophe

Sénégal

Cher Romain,
Je suis en vacances chez ma correspondante au Sénégal – c'est très intéressant! Hier, nous avons fêté l'anniversaire de mon amie et nous avons mangé le 'Domoda'. C'est fait avec des morceaux de viande cuits dans de l'eau, puis avec de la pâte de cacahuètes, des tomates et d'autres légumes et du piment. On le sert avec du riz. C'est très épicé, mais très bon.
Bises,
Delphine

Lisez les cartes postales et complétez les phrases.
Exemple: 1 *sucrée*

1 Une crêpe aux fraises est une crêpe …
2 Une crêpe au jambon est … … …
3 Une crêperie est une sorte de …
4 La correspondante de Delphine habite au …
5 Le 'Domoda' est un … spécial.
6 Pour faire le 'Domoda', on coupe d'abord la viande en …
7 On fait de la … avec des cacahuètes.
8 On ajoute une sélection de …
9 On mange le 'Domoda' avec …
10 Delphine a … le 'Domoda'.

1 Une lettre à écrire

Écrivez à votre correspondant(e) français(e) en suivant le modèle ci-dessous.

> Cher/Chère …,
> 1 Écrivez une introduction:
>   • remerciez votre correspondant(e) de sa lettre;
>   • expliquez pourquoi vous n'avez pas répondu plus tôt etc.
> 2 Répondez à ces questions:
>   • Chez vous, est-ce qu'on mange le petit déjeuner anglais traditionnel (œufs, bacon etc.)?
>   • Quel est le repas le plus important en Grande-Bretagne, le déjeuner ou le dîner? Où et quand prends-tu le déjeuner?
>   • Qu'est-ce que tu aimes surtout manger et boire? (Parlez des plats, des boissons et de vos préférences personnelles.)
> 3 Posez des questions sur la nourriture en France.
> 4 Finissez et signez la lettre.

2 Nos lecteurs nous écrivent

Le végétarisme

a Moi, voilà pourquoi je suis végétarien: c'est parce que les bêtes qui fournissent toute cette viande pour les repas des nations riches occupent beaucoup de terre. Alors, au lieu d'utiliser ces champs pour les bêtes, on pourrait y produire beaucoup de céréales et de légumes pour nourrir les habitants des nations pauvres.
Frédéric

b On a besoin des bêtes, même si on ne mange pas de viande. Même les végétariens ont besoin des vaches pour leur donner du lait et du fromage. En tout cas, mon père est fermier, alors les fermiers, ils doivent gagner leur vie aussi, non?
Sophie

c Je sais que les repas végétariens sont bons pour la santé, mais je ne les aime pas beaucoup! Je ne suis pas un lapin, je veux manger des choses plus solides qui ont meilleur goût que les salades! J'aime bien la viande et, en plus, c'est bon pour la santé.
Marion

d Je suis végétarien surtout pour des raisons de santé, mais il faut dire que même les végétariens devraient bien choisir ce qu'ils mangent. Par exemple, si on mange une grosse omelette au fromage avec du ketchup et des tas de frites, un milk-shake au chocolat et un gâteau à la crème fraîche, c'est végétarien, mais on ne peut pas dire que c'est un repas idéal pour la santé!
Antoine

3 🎧 Au téléphone

Écoutez la conversation et répondez aux questions.

1 Frédéric n'était pas à la fête de Daniel. Pourquoi?
2 Le samedi soir, Daniel a dîné où?
3 Qu'est-ce que Daniel a choisi pour commencer?
4 La sœur de Daniel, qu'est-ce qu'elle a mangé comme entrée?
5 La spécialité du bistro, c'est quoi?
6 Quand est-ce qu'on a servi le vrai repas de fête?
7 Qui a préparé ce repas?
8 Quelle est sa spécialité?
9 Qu'est-ce qu'on a mangé comme plat principal?
10 À votre avis, quelle est la meilleure description de Frédéric?
  a C'est un bon ami de Daniel qui ne s'intéresse pas à la nourriture.
  b C'est quelqu'un qui connaît vaguement Daniel.
  c C'est un vrai ami de Daniel et de sa famille qui aime bien manger.
  d C'est un jeune journaliste qui écrit des articles sur les restaurants.

4 Les pique-niques

Regardez les lettres et l'article à la page 129. Inventez des phrases.

1 Adeline aime les pique-niques parce qu'on …
  Elle aime manger …
  C'est …
2 Alain n'aime pas les pique-niques parce qu'il faut …
  et souvent …
  et on mange …
3 Le pique-nique du 14 juillet était incroyable parce que …
  Malheureusement, …
  Mais quand même, …

Lisez les lettres. Maintenant, lisez chaque phrase. Qui pense ça? Écrivez l'initiale correcte.
Exemple: 1 F (Frédéric)

1 Il faut utiliser la terre pour produire du blé, des arbres fruitiers et des légumes.
2 Les végétariens ne mangent pas de viande, mais ils boivent du lait et ils mangent du fromage, donc ils ont besoin de vaches.
3 Les animaux qui mangent de l'herbe occupent trop d'espace dans les champs.
4 J'ai décidé d'être végétarien pour des raisons de santé.
5 La viande vous fait du bien.
6 Les fermiers doivent gagner leur vie comme les autres.
7 Même les repas végétariens ne sont pas toujours bons pour la santé.
8 Les repas végétariens n'ont pas beaucoup de goût.

1 🎧 Les jeunes et les loisirs

Écoutez les conversations et trouvez la bonne description pour chaque personne: Julie, Marc, Élodie, Laurent, Claire et Daniel.
Exemple: *Julie – e*

a Il/Elle aime jouer sur l'ordinateur et surfer sur Internet. Quelquefois, il/elle fait du shopping ou va au cinéma avec ses amis.

b Il/Elle adore le sport et fait partie de deux équipes.

c Il/Elle s'intéresse beaucoup à l'informatique, mais il/elle déteste le sport.

d Il/Elle aime lire et faire des gâteaux. Il/Elle va à un club des jeunes le dimanche soir.

e Il/Elle aime bien le sport, mais ne sort pas souvent parce qu'il/elle a beaucoup de travail scolaire.

f Il/Elle aime la musique et fait partie d'un groupe de jazz. Il/Elle aime aussi faire du dessin et visiter des musées de temps en temps.

2 Des questions et des réponses

Trouvez deux réponses pour chaque question.
Exemple: 1 *b + ...*

1 Qu'est-ce que tu fais généralement le soir?
2 Est-ce que tu vas à un club au collège?
3 Est-ce que tu sors souvent?
4 Qu'est-ce que tu as fait samedi dernier?
5 Qu'est-ce que tu vas faire le week-end prochain?

a Je ne sors pas beaucoup en semaine, mais le samedi soir, je vais souvent au cinéma avec mes copains.

b Quand je rentre, je joue sur l'ordinateur ou je lis un roman ou un magazine, puis je commence mes devoirs.

c Je vais au club théâtre au collège. C'est le jeudi soir après les cours. J'aime ça parce que c'est amusant.

d Samedi après-midi, je vais jouer un match avec l'équipe du collège. Dimanche, je ne sais pas encore. Je vais peut-être voir mes amis.

e Après l'école, je regarde la télé pendant une heure à peu près, puis on mange et après le repas, je fais mes devoirs.

f Normalement, je sors le vendredi soir quand je vais au club des jeunes avec mes amis.

g L'après-midi, je suis allé aux magasins en ville et le soir, je suis allé au cinéma pour voir un film de James Bond.

h Je fais partie du club échecs. C'est le mercredi pendant la pause-déjeuner.

i Samedi matin, je suis allé(e) à la piscine et l'après-midi, j'ai travaillé au supermarché.

j Samedi, je vais faire mes devoirs parce que dimanche, je vais sortir toute la journée. Je vais visiter un parc d'attractions avec une amie pour fêter son anniversaire.

3 Le sport et moi

a Complétez les phrases comme indiqué.
b Choisissez six phrases. Écrivez la phrase, mais changez le sport.
   Exemple: 1 a *le hockey*
   b *Comme sport, j'aime bien la natation.*

1 Comme sport, j'aime bien le …

2 Mon sport préféré est la …

3 Je joue dans l'équipe de …

4 J'aime bien regarder le … à la télé.

5 Je n'aime pas la …

6 Quelquefois, je vais à un match de …

7 De temps en temps, je joue au … , mais je ne suis pas très sportif/sportive.

8 Pendant les vacances, je fais souvent du …

9 L'été dernier, j'ai fait de la …

10 J'aimerais bien essayer le …

4 Des messages

Répondez à ces messages.

1

→ Je veux bien sortir, samedi.
→ Qu'est-ce qu'on va faire?
→ Rendez-vous où?
→ À quelle heure?
→ On va manger en ville?
→ On rentre à quelle heure?
→ Luc

2

→ Je veux bien aller au cinéma.
→ Qu'est-ce qu'on va voir?
→ Tu prends le bus?
→ Rendez-vous où?
→ Qu'est-ce qu'on va faire après?
→ Comment va-t-on rentrer?
→ Louise

Exemple:

Cher Luc,
Samedi, on va aller au musée des sciences.
Rendez-vous devant le musée, à 14 heures.
On va manger à la pizzeria après et on va rentrer vers 20 heures.

1 Mon temps libre

a *Préparez un tableau où vous écrivez les détails de deux activités différentes.*
b *Travaillez à deux. Posez des questions et répondez à tour de rôle.*
  - Qu'est-ce que tu fais comme activités?
  - Quand?
  - Avec qui? Où?
  - C'est intéressant? Pourquoi?

	Activité	Quand	Détails (avec qui, où)	Avis (pourquoi)
1	club des jeunes	mardi soir	avec deux amis, en ville	C'est bien, parce qu'on rencontre d'autres jeunes et on fait des activités intéressantes, comme le patinage, les jeux etc.
2	orchestre / football	samedi matin	collège	C'est assez intéressant, mais quelquefois, je suis fatigué(e).

2 Deux sports

a *Complétez les textes avec les mots dans les cases.*
b *Identifiez chaque sport.*

1

école	françaises	nom	quatre	stade

C'est un sport d'origine anglaise auquel on joue souvent à deux, mais aussi à …(1)… . On le pratique de plus en plus en France, mais dans des clubs plutôt qu'à l'…(2)… . Au mois de mai, un championnat international pour ce sport a lieu au …(3)… Roland Garros à Paris. Les termes du sport ont, en effet, des origines …(4)… . Le terrain où on joue à ce sport vient du mot français 'la cour' et le …(5)… du sport même vient du vieux français 'tenez'.

2

ballon	gymnase	nombre	populaire	vingt

Inventé en 1891 dans un collège américain, c'est maintenant un sport très …(6)… en France. Chaque équipe comprend cinq joueurs (garçons ou filles) et on y joue avec un …(7)… rond. Il s'agit de marquer le plus grand …(8)… de 'paniers' pendant la partie, qui se compose de deux mi-temps de …(9)… minutes. On peut y jouer dehors ou dans un …(10)… . Ce n'est pas du tout un sport violent – le contact est interdit, en effet, mais les joueurs dépensent beaucoup d'énergie.

3 Des adverbes utiles

Dans la case, trouvez …

a 4 adverbes qui indiquent **quand**
b 4 adverbes qui indiquent **comment**
c 4 adverbes qui indiquent **où**
d 4 adverbes qui indiquent **combien** (de fois).
Écrivez les adverbes avec l'anglais.
Exemple: a *enfin – at last*

beaucoup	là-bas	partout	tard
bien	lentement	peu	tôt
enfin	loin	rarement	toujours
ici	mal	récemment	vite

4 On parle du sport

Écoutez Didier et Marilyn et répondez aux questions.
1 Quels sont deux sports qu'il/elle pratiquait à l'école?
2 Quel sport est-ce qu'il/elle pratique aujourd'hui?
3 Quel sport voudrait-il/elle essayer?
4 Quel(s) sport(s) est-ce qu'il/elle regarde à la télé?
5 À votre avis, est-ce que Didier/Marilyn est une personne (a très b assez c pas très) sportive?

5 Un bon week-end?

Complétez les conversations en mettant les verbes à l'imparfait. Pour vous aider, regardez La Grammaire (The imperfect tense).

a – C'(**1** être) bien, la boum chez Pierre?

  – Ce n'(**2** être) pas terrible. Moi, je ne (**3** connaître) presque personne. Daniel et Élodie (**4** être) là, mais à part eux, il n'y (**5** avoir) personne du collège.

b – Comment as-tu trouvé le concert de rock?

  – C'(**1** être) vraiment sensass. Il y (**2** avoir) une très bonne ambiance. C'(**3** être) en plein air, tu sais. Alors heureusement, il (**4** faire) beau. Il y (**5** avoir) plusieurs groupes et la musique (**6** être) excellente. Nous avons trouvé une bonne place par terre, d'où nous (**7** pouvoir) très bien voir et entendre.

1 🎧 Un livre que j'ai lu

Écoutez la conversation et notez les détails.

Titre	_____
Auteur	_____
Genre	_____
Ça se passe où?	(sur un bateau, dans un train, dans une vieille maison etc.)
Opinion	_____

3 Laisse-moi un mot!

Répondez à deux de ces messages (1–3).
a Remerciez la personne. Acceptez l'invitation et posez une question.
b Refusez l'invitation et expliquez pourquoi.
   Exemples:

a
> Cher Luc,
> Merci de ton invitation. Je voudrais bien aller au Festival de Jazz. Ça coûte combien?
> Martin

b
> Chère Charlotte,
> J'ai bien reçu ton message. Je suis désolée, mais je ne peux pas venir parce que je travaille ce jour-là. Merci quand même.
> Sika

1
> Demain, on ira au Festival de Jazz avec le club. Rendez-vous à la gare routière à 20h. Laisse-moi un mot si tu viens!
> Luc

2
> On organise une excursion pour aller à la Fête de l'Internet à la Cité des Sciences, le 7 mars. Tu viens? Écris-moi un petit mot!
> Charlotte

3
> Vendredi prochain, on va aller ensemble au cinéma pour voir 'Le Seigneur des Anneaux'. Laisse-moi un mot si tu veux y aller. Prix – 8 euros.
> Nicolas

2 Le journal

Vous lisez un journal français. Pour chaque extrait (1–6), trouvez le bon titre.
Exemple: 1 f

1 Aujourd'hui, à midi, un vol a eu lieu dans le bureau de poste principal à Nice. Les voleurs, habillés en vêtements de vacances, se sont échappés avec des sacs de timbres-poste d'une valeur inconnue.

2 Hier, pendant le championnat de France, un accident grave a eu lieu quelques minutes après le départ de la course. La voiture de Roger Jordan s'est retournée et le pilote a été transporté à l'hôpital.

3 Un homme de 40 ans a sauvé la vie d'une petite fille de trois ans qui est tombée dans la rivière près du pont. Jean Lemont se promenait avec son chien mercredi à quinze heures lorsque l'accident a eu lieu.

4 Une grande partie du château de Saint-Paul a été détruite à la suite d'un incendie dans la nuit du 19 juillet.

5 Après les pluies violentes, les habitants du village Sainte-Odile doivent affronter un nouveau problème - l'inondation. Plusieurs familles ont dû évacuer leur maison.

6 Après le tremblement de terre qui a frappé la région, les autorités ont annoncé dix morts et une trentaine de blessés. La plupart des blessés logeaient à l'hôtel Belle Vue qui s'est effondré au moment du tremblement de terre.

a	Pilote de course hospitalisé	**d**	Hôtel détruit
b	Enfant sauvé	**e**	Château en feu
c	Village sous l'eau	**f**	Vol de timbres-poste

4 🎧 Des parcs d'attractions

Écoutez les conversations et complétez ces extraits.
1 a Je suis allée à Disneyland … (quand?)
  b Il y a une attraction que j'ai bien aimée. C'est une espèce de … fou.
  c Mais on ne peut pas apporter son propre … dans le parc. Je trouve ça ridicule.
2 a J'y suis allé avec mon correspondant anglais, à … (quand?)
  b Les … étaient très bien construites.
  c À mon avis, il y avait trop de … et les … étaient trop chers.
3 a Moi, je suis allée au parc Astérix avec … (qui?)
  b Il y a une attraction assez originale qui s'appelle le Grand Splash. C'était très …
  c Au mois d'août, il y a beaucoup de monde et on a perdu beaucoup de temps à faire la …

1 Sondage vacances

Travaillez à deux. Posez des questions et répondez à tour de rôle. Notez les réponses.

1 Où préfères-tu passer tes vacances?
Je préfère passer mes vacances …
a au bord de la mer   d à l'étranger
b à la campagne   e dans les grandes villes
c à la montagne

2 Qu'est-ce que tu aimes faire pendant les vacances?
J'aime …
a faire du sport   d acheter des souvenirs
b me reposer sur une plage   e aller dans les discothèques
c visiter des musées et des monuments

3 Quel genre de logement préfères-tu?
Je préfère …
a aller à l'hôtel   d louer un gîte ou un appartement
b aller à l'auberge   e aller chez la famille ou chez
  de jeunesse   des amis
c faire du camping

4 Comment préfères-tu voyager?
Je préfère voyager …
a en avion   c en bateau   e en car
b en train   d en voiture   f à vélo

2 Vacances de Pâques

Complétez le message en mettant les verbes au futur.

Est-ce que tu (**1** partir) en vacances à Pâques?
Moi, je (**2** faire) du camping avec le club des jeunes.
Nous (**3** aller) en Provence pendant une semaine.
Nous (**4** prendre) le car de Paris à Avignon.
J'espère qu'il y (**5** avoir) du soleil et qu'il ne (**6** faire) pas trop
froid.
Nous ne (**7** être) pas loin de la mer, alors nous (**8** pouvoir) passer
une journée sur la plage.

3 Mes vacances de rêve

Changez les mots en bleu pour décrire vos vacances de rêve.

Je voudrais aller **en Chine** parce que j'ai toujours voulu voir
Beijing et la grande muraille.
Je voudrais aller aussi à **Hong Kong pour faire du shopping.**
Je voudrais **visiter les îles.**
Je voudrais voyager **en avion.**
Je voudrais y aller avec **trois amis.**
J'aimerais loger **dans des hôtels confortables.**
Un mois, ça serait idéal.

4 Du matériel utile

Trouvez les paires.

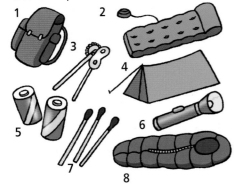

a des allumettes (f pl)
b une lampe de poche
c un matelas pneumatique
d un ouvre-boîtes
e des piles (f pl)
f un sac à dos
g un sac de couchage
h une tente

5 Avez-vous passé de bonnes vacances?

a *Écoutez Louise et Simon. À chaque fois, notez les numéros qui correspondent à leurs réponses.*
b *Travaillez à deux. Inventez d'autres conversations.*
Exemple: *Louise: 3, …*

– Où es-tu allé(e) en vacances?
– Dans quel endroit exactement?
– Tu es parti(e) quand?
– Comment as-tu voyagé?
– Il a fait quel temps?
– Tu as logé où?
– Tu es parti(e) combien de temps?
– Et qu'est-ce que tu as fait?

Quand?
1 au printemps
2 en juin
3 en juillet
4 en août
5 en septembre
6 en automne

Comment?
1 en avion
2 en voiture
3 en train
4 en ferry
5 en car
6 à vélo

Où?
1 en Espagne (à Barcelone)
2 en France (dans la Dordogne)
3 en Grèce (à Rhodes)
4 au Portugal (dans les Algarves)
5 au Québec (à Montréal)
6 au Sénégal (à Dakar)

Météo
1 beau, soleil
2 chaud
3 couvert, nuageux
4 pluie
5 froid
6 neige

Logement
1 à l'hôtel
2 à l'auberge de jeunesse
3 dans un camping
4 dans un gîte
5 chez des amis
6 chez la famille

Combien de temps?
1 un week-end
2 quelques jours
3 une semaine
4 dix jours
5 quinze jours
6 un mois

Activités
1 aller à la plage
2 se baigner dans la mer
3 faire des sports nautiques
4 visiter la ville/la région
5 jouer au tennis/au volley
6 aller dans des discothèques

unité 8 Au choix

I Les jours fériés en France

La France est un des pays qui ont un grand nombre de jours fériés. Alors, faites attention si vous êtes en vacances. Souvent, les magasins sont fermés et il y a beaucoup de circulation sur les routes.
Lisez la liste des jours fériés et trouvez la date (ou le mois) de chaque fête.

Exemple: – *Le jour de l'An, c'est quand?*
   – *C'est le 1er janvier.*

Calendrier des fêtes

1 le jour de l'An
2 le lundi de Pâques
3 la Fête du Travail
4 l'Armistice 1945
5 l'Ascension
6 le lundi de Pentecôte
7 la Fête Nationale
8 l'Assomption
9 la Toussaint
10 l'Armistice 1918
11 Noël
12 le vendredi saint (jour férié en Alsace seulement)

a 1er novembre
b 14 juillet
c 8 mai
d 1er janvier
e lundi ? mai ou lundi ? juin
f 25 décembre
g jeudi ? mai jeudi ? juin
h 15 août
i lundi ? mars ou lundi ? avril
j 1er mai
k 11 novembre

2 🎧 On parle des vacances

Écoutez les conversations (page 151) et choisissez la bonne réponse.

1 Djamel passe ses vacances …
   a à l'hôtel **b** chez la famille **c** au camping.
2 Pendant les vacances, Élodie aime …
   a se reposer **b** rester dans l'appartement **c** faire du sport.
3 Jonathan va souvent …
   a à l'étranger **b** à la montagne **c** chez ses grands-parents.
4 Cet été, Stéphanie va partir …
   a dans des auberges de jeunesse **b** chez des amis
   c au camp.
5 L'été dernier, Marc est allé en voyage organisé …
   a dans les Alpes **b** dans les Pyrénées **c** en Bretagne.

3 Savoir voyager

a Complétez cette liste de conseils aux touristes.
b Ensuite, identifiez le pays. (C'est un des pays à la page 152.)

> chaussures chemise correctement guide longue mains
> mangent oubliez soif thé verres

1 Pour ne pas confronter aux traditions du pays, il faut s'habiller … en ville. Les hommes doivent porter un pantalon et une … à manches courtes, les femmes une jupe assez … et un chemisier. N'… pas un chapeau de soleil et des lunettes de soleil.
2 Avant d'entrer dans une maison particulière, on doit enlever ses … .
3 Vous serez sans doute invité à boire du … à la menthe. Ne refusez pas les trois premiers … de thé, même si vous n'avez pas … . Si le thé est bouillant, ne soufflez pas dessus.
4 À table, il est d'usage de se laver les … avec une aiguière* et de dire 'Bismilah' (au nom de Dieu) avant de manger. D'habitude, les hommes et les femmes … séparément.
5 La première fois que vous allez à la médina, prenez un … officiel pour ne pas vous perdre!

> ***une aiguière** – water jug*

4 À l'hôtel

Complétez les phrases avec un mot dans la case.

> chambre combien complet confirmer douche
> lettre petit déjeuner prends remplir réservé
> salle de bains voir

1 Avez-vous une … de libre pour ce soir, s'il vous plaît?
2 Vous voulez une chambre avec … … … ou …?
3 Ça coûte … la chambre par nuit?
4 Est-ce que le … … est compris?
5 Est-ce que je peux … la chambre?
6 Bon, je la …
7 Pouvez-vous … cette fiche, s'il vous plaît?
8 Pourriez-vous … la réservation par lettre ou par fax?
9 J'ai … une chambre au nom de Taylor. Voici ma … de réservation.
10 Je regrette, l'hôtel est …

5 Des questions

Complétez les questions.

1 Vous avez de la place pour  ?

2 Vous faites des ?

3 Le petit déjeuner  ?

4 L'auberge ?

1 🎧 Des prévisions météorologiques

Écoutez la météo et répondez aux questions.

1 Quel temps fait-il en ce moment?
2 Est-ce que ça va continuer?
3 Est-ce qu'il y aura du soleil dans le Midi?
4 Est-ce qu'il y aura de la pluie?
5 Quel temps fera-t-il dans le reste de la France?
6 Est-ce qu'il neigera dans les Alpes?

3 Vacances sous la tente

*Vous avez fait du camping pendant les vacances. Écrivez une lettre à un(e) ami(e) français(e) pour lui raconter vos vacances.
Voici des idées:*

Détails généraux
Où êtes-vous allés? Avec qui? Pendant combien de temps?
Le terrain de camping
C'était comment? Est-ce qu'il y avait une piscine / un terrain de jeux? Est-ce que c'était près d'un lac / d'une rivière / de la plage?
Les repas
Est-ce que vous avez fait la cuisine vous-même? Avec succès?
Avez-vous acheté des plats cuisinés?
Avez-vous mangé au restaurant?
Le temps
Est-ce qu'il a fait beau? Qu'est-ce que vous avez fait quand il faisait mauvais?
Le séjour
Ça s'est passé comment? (passer toute la journée sur la plage, visiter la région, rencontrer de nouvelles personnes)
Est-ce qu'il y avait des activités organisées au camping? (un tournoi de tennis, une chasse au trésor, des discothèques, des barbecues)
Est-ce qu'il y a eu des incidents? (la tente est tombée, le vent a emporté vos vêtements, le chien a mangé vos provisions, il y avait une souris dans la tente, on a perdu votre réservation et le camping était complet)
Vos impressions
C'était amusant/bien/fatigant/inoubliable etc.

5 Des journées particulières

Answer these questions in English.

1 Mention three activities that Nathan will do during the day.
2 What is the name of this initiative?
3 Who is it primarily intended for?
4 What are the two objectives of the event?
5 Will the event be repeated next year?

2 🎧 Un nouvel hôtel

L'hôtel Dupont, un nouvel hôtel à Paris, va ouvrir dans six jours. Mme Dupont, la propriétaire, est en réunion. Vous travaillez dans son bureau. Le téléphone sonne tout le temps. Écrivez des messages.
Exemple: 1 *Suzanne est allée directement à l'office de tourisme.*

1 Suzanne – aller directement – l'office de tourisme
2 Kévin – être malade – rester à la maison
3 Jean-Pierre – organiser la conférence de presse – mercredi 11h00
4 Magali – aller directement – l'agence de publicité – cet après-midi – ne pas passer – bureau.
5 Camille – manquer le train – arriver vers 14h00
6 Sébastien – prendre des photos – téléphoner demain

4 Voyage en Afrique

Lisez ce récit d'un voyage en Afrique et écrivez les verbes au passé composé ou à l'imparfait.

1 Quand j'(avoir) 21 ans, j'(gagner) un concours de photos.
2 Avec l'argent, j'(décider) de faire un voyage en Afrique.
3 Pendant le voyage, j'(faire) la connaissance d'un Américain, James, qui (faire) le tour du monde.
4 Nous (décider) de voyager ensemble.
5 Nous (être) en Tunisie et James (acheter) un véhicule tout terrain.
6 Au début, tout (aller) bien.
7 Nous (faire) un safari et j'(prendre) des photos superbes.
8 Le paysage, les animaux – tout (être) magnifique.
9 Mais alors que nous (traverser) le désert, le véhicule (tomber) en panne.
10 Finalement, nous (réparer) le véhicule et nous (arriver) à un petit hôtel.
11 Mais pendant que nous (loger) à l'hôtel, on m'(voler) mon passeport.
12 James, qui avait été piqué par des moustiques, (tomber) malade.
13 Enfin, James (récupérer) et (décider) de continuer son voyage.
14 Et moi, je (rentrer) en France.

Nathan saute sur le trampoline. Ce matin, il a eu une bonne heure de vélo tout terrain. Tout à l'heure, il terminera l'après-midi par une initiation à l'équitation au centre hippique. Inutile de dire que lorsqu'il regagnera le domicile familial ce soir, Nathan, comme ses copains, tombera de fatigue.

Vélo tout terrain, découverte de la nature, équitation, trampoline … Ils seront deux mille au mois d'août à profiter du choix proposé par le conseil général du Nord. On les reconnaît à leur t-shirt illustré. «L'été des collégiens», c'est le nom de cette opération organisée par le département, une «première», destinée en priorité aux 12–16 ans qui ne partent pas en vacances.

Pendant des journées particulières, on essaie de marier l'utile et l'agréable. Le circuit en VTT, par exemple, est l'occasion d'une découverte de la nature. Lecture d'une carte, utilisation d'une boussole pour s'orienter, informations sur la botanique et les rivières … On apprend sans s'ennuyer.

Pour cette opération organisée avec les villes et les associations, des animateurs spécialisés sont mobilisés. Les villes n'ont pas hésité: une journée aussi variée en activités pour une centaine de jeunes qui ne partent pas en vacances, voilà une chance qui ne se refuse pas.

L'opération «L'été des collégiens» devrait se répéter l'an prochain puisqu'elle a prouvé cette année que l'on peut trouver le dépaysement sans aller à l'autre bout du monde.

unité 9 Au choix

1 La santé l'été

Trouvez les paires.
Exemple: 1 *c*

1 Quand il fait chaud, il vaut mieux faire du sport …
2 Il est important de boire de l'eau …
3 Si vous êtes piqué par une abeille, désinfectez la blessure …
4 S'il y a du soleil, …
5 Après avoir mangé, attendez une heure …
6 Si vous avez bu de l'alcool, …

a mettez un chapeau et des lunettes de soleil.
b avant de vous baigner.
c après trois heures de l'après-midi ou tôt le matin.
d ne vous baignez pas.
e pour remplacer l'eau qu'on perd en transpirant.
f avec un produit antiseptique.

2 Ça ne va pas!

a *Trouvez les paires.* **Exemple: 1** *c*
b *Changez la fin des phrases 3, 7 et 8.* **Exemple: 3** J'ai mal *aux pieds.*

1 Qu'est-ce qui …
2 Je ne me sens …
3 J'ai mal …
4 Je crois que j'ai …
5 J'ai envie de …
6 Je voudrais m'allonger …
7 Je vais te chercher …
8 On va …

a à la tête.
b sur le lit.
c ne va pas?
d de la fièvre.
e un verre d'eau.
f vomir.
g consulter le pharmacien.
h pas bien.

3 À la pharmacie

Complétez les phrases avec des mots dans la case.

aspirine	comprimés (m pl)	enrhumé(e)	médicament
ordonnance	pastilles (f pl)	sirop	vomi

1 Je suis très …
2 Vous pouvez prendre de l'…
3 Je voudrais des … pour la gorge, s'il vous plaît.
4 Ces … sont très bons pour la grippe.
5 J'ai mal au cœur et j'ai … pendant la nuit.
6 Ce … est très bon pour les rhumes.
7 Le médecin m'a donné une … pour des médicaments.
8 Avez-vous un … contre la diarrhée?

5 Deux conversations

Faites deux conversations différentes avec des phrases qui commencent comme ça.
Exemple: 1 a Je voudrais prendre un rendez-vous *chez le dentiste.*
b J'ai mal … *(etc.)*

a Je voudrais prendre un rendez-vous …
b J'ai mal …
c Ça me fait mal depuis …
d Est-ce qu'il faut …?

hier matin	deux jours	aux dents	rester au lit
à l'oreille	chez le médecin	revenir	chez le dentiste

4 112 – le numéro d'urgence

Complétez le texte avec les mots dans la case.

alertée
anglaise
blessés
compose
numéro
rapide
secours
seulement

Le 112 est un …(1)… d'appel d'urgence qui fonctionne depuis des portables dans toute l'Europe. Il faut utiliser ce numéro …(2)… en cas d'extrême urgence. Voici un exemple:

Une touriste …(3)… est témoin d'un accident de la route sérieux. Elle ne connaît pas les numéros d'urgence français, mais elle …(4)… le 112. Son appel est dirigé vers le centre de …(5)… des pompiers le plus proche.

La caserne des pompiers *(fire station)* la plus proche du lieu de l'accident est …(6)… . La sirène retentit. On étudie l'itinéraire le plus …(7)… pour se rendre sur les lieux de l'accident.

Quelques minutes après l'appel, les pompiers sont sur les lieux pour porter secours aux …(8)…

1 Un petit problème

Vous avez eu un petit problème pendant vos vacances en France.
Écrivez un e-mail à vos amis français pour raconter ce qui s'est passé.
Exemple:

```
Samedi dernier, nous avons eu un petit problème.
Mon père s'est coupé la main en montant la
tente. Ça faisait très mal et nous sommes allés
à la pharmacie. On lui a mis une crème
antiseptique et un pansement et maintenant, ça
va mieux.
```

Quand?
l'autre jour,
samedi dernier,
hier,
etc.

Qui?
moi
ma mère
mon père
etc.

Le problème
se couper la main (je me suis coupé la main etc.)
se faire piquer par une guêpe (il/elle s'est fait piquer etc.)
se faire mal au pied (je me suis fait mal au pied etc.)

Comment?
c'était très douloureux
ça faisait mal
il/elle ne pouvait presque plus parler

À la pharmacie, ...
on lui a conseillé / on m'a conseillé de consulter un médecin
on lui a vendu / on m'a vendu un bon médicament
on lui a mis / on m'a mis un pansement / une crème antiseptique

Maintenant, ...
ça va (un peu) mieux
ça fait toujours mal – il/elle va consulter un médecin

2 De quoi s'agit-il?

a *Écrivez une phrase au lieu de deux et décidez à chaque fois de quoi il s'agit.*

Exemple: **1** *C'est une boisson chaude qu'on boit souvent avec du lait, mais quelquefois avec du citron. (le thé)*

1 C'est une boisson chaude. On la boit souvent avec du lait, mais quelquefois avec du citron.

2 C'est un sport individuel. On le pratique à la montagne en hiver.

3 C'est un gros animal gris avec de grandes oreilles. On le voit souvent dans les zoos.

4 C'est un sandwich grillé au fromage et au jambon. On le vend dans les cafés.

b *Écrivez une définition pour ces objets*

5 livre – consulter pour la traduction d'un mot

6

fruit – manger en salade

7

moyen de transport – prendre pour arriver rapidement à sa destination

8

appareil – écouter pour entendre des émissions et de la musique

3 Autres pays, autres mœurs

Pouvez-vous compléter ces phrases avec une partie du corps?

1

En France, on se serre ... quand on se rencontre.

2

En Chine, pour se saluer, on incline ... à distance respectueuse.

3

Dans les pays de tradition bouddhique, ... est considérée comme la partie la plus noble du corps. Donc il ne faut pas toucher ... de quelqu'un d'autre, même s'il s'agit d'un enfant.

4

À l'inverse, ... sont considérés comme malpropres. Alors évitez de vous servir des ... pour fermer la porte.

5

En Turquie et en Grèce, si on hoche ... de bas en haut, ça veut dire 'non'.

6

En Indonésie, faites attention à ne pas parler avec quelqu'un en tenant ... sur les hanches. Ça peut indiquer le désir de se battre.

4 Une journée catastrophique

Complétez les phrases.

Exemple: *En arrivant à Calais, nous avons eu un petit accident.*

1 (traverser) la Manche, j'ai été très malade.
2 (aller) au camping, nous nous sommes perdus.
3 (acheter) des provisions, ma mère a perdu son porte-monnaie.
4 (faire) la cuisine, je me suis brûlé la main.
5 (manger) un sandwich, mon père s'est cassé une dent.
6 (faire) du bateau, ma sœur est tombée dans l'eau.
7 (réparer) mon vélo, je me suis coupé le doigt.
8 (rentrer) chez nous, nous sommes tombés en panne.

5 🎧 Des messages téléphoniques

Écoutez les messages sur le répondeur et choisissez les bons mots pour compléter les détails.

1 Nathalie a téléphoné.
  a Elle ne peut pas sortir …
  b Elle doit …
  c Son grand-père s'est cassé …
  d Elle téléphonera …
2 Martin a téléphoné.
  a Il ne peut pas aller au cinéma …
  b Sa mère s'est cassé …
  c Il doit …
  d Il téléphonera …

- ce soir / demain soir / samedi soir
- le pied / le poignet / la jambe
- aller à l'hôpital / conduire sa mère chez ses grands-parents / faire du baby-sitting
- lundi / mercredi / dimanche

6 Pour avoir de belles dents

Complétez ces conseils avec les mots dans la case.

brosse
dentiste
dents
deux
éliminer
santé
soir
vite

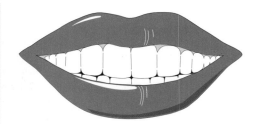

- Évitez de manger des sucreries, surtout le …(1)…, avant de vous coucher.
- Apprenez à vous brosser les …(2)… de la bonne manière, des gencives vers les dents, pendant trois minutes.
- Brossez vos dents …(3)… fois par jour, le matin et le soir.
- Allez consulter votre …(4)… deux fois par an.
- Pour maintenir vos dents en bonne …(5)…, mangez des aliments solides (fruits et légumes crus, par exemple).
- N'hésitez jamais à faire soigner très …(6)… une dent atteinte par la carie.
- Utilisez du fil de soie pour …(7)… la plaque dentaire dans les espaces interdentaires.
- Changez votre …(8)… à dents tous les trois mois.

7 J'ai changé mon mode de vie

Complétez cette lettre à un magazine sur la santé en mettant la forme correcte des verbes.

Pour vous aider, mettez les verbes en bleu *au présent, les verbes en* vert *à l'imparfait et les verbes en* rouge *au passé composé.*

Je (**1 mener**) une vie professionnelle très active avec pas mal de stress. Il y a trois ans, je (**2 fumer**) beaucoup et je ne (**3 faire**) pas beaucoup d'exercice: juste un peu de marche à pied le week-end. Je (**4 vivre**) sur mes nerfs et je le (**5 trouver**) difficile de me détendre. En rentrant à la maison, je (**6 penser**) toujours aux problèmes du travail, je le (**7 trouver**) difficile de m'en détacher.

Puis, un jour, je (**8 se décider**) à me prendre en main. Je (**9 s'inscrire**) à une classe de yoga et j'(**10 décider**) de faire de la natation au moins deux fois par semaine.

Depuis, je (**11 fumer**) moins et je (**12 se sentir**) mieux équipée pour combattre les problèmes du travail.

Anne Lebrun

8 Charles Martin

Il y a deux ans, Charles Martin a décidé de s'entraîner pour un marathon. Pour se préparer, il a dû changer son mode de vie. Faites un petit résumé de sa vie d'autrefois et de sa vie d'aujourd'hui. Voici les détails.

Autrefois
- fumer régulièrement
- ne pas manger équilibré (trop de sucreries, pas assez de fruits et légumes)
- souffrir souvent de migraines

Décision
- s'entraîner pour le marathon
- cesser de fumer

Aujourd'hui
- ne plus fumer
- faire du sport régulièrement
- souffrir de migraines moins souvent

1 Comment a-t-il fait ça?

Répondez aux questions.

Exemple: 1 *En nettoyant la salle à manger.*

1 Comment a-t-elle trouvé le bracelet?
2 Comment a-t-elle perdu la balle?
3 Comment a-t-il découvert la nouvelle?
4 Comment as-tu cassé ces assiettes?
5 Comment a-t-elle trouvé son numéro de téléphone?
6 Comment est-il tombé?

2 Le portable fait un tabac!

Le portable fait un tabac!

Selon une hypothèse de deux Anglais, le téléphone portable contribue à la désaffection des jeunes pour le tabac. On considère que le portable a les mêmes attraits auprès des jeunes que les cigarettes, par exemple: ça fait adulte, ça montre de l'individualité, ça fait rébellion et ça renforce le sentiment de faire partie d'un groupe.

On a constaté aussi qu'au Royaume-Uni, le nombre d'adolescents qui fument a baissé pendant les dernières années, tandis que le nombre de jeunes qui possèdent un portable a augmenté.

Le budget des adolescents est limité, alors il faut souvent faire le choix entre l'achat des cigarettes et l'usage du portable. Pour beaucoup de jeunes, c'est le portable qui gagne.

Est-ce que cette hypothèse est valable en France, où le nombre de jeunes fumeurs est le plus élevé en Europe? Nous avons posé cette question à deux jeunes: un fumeur et un non-fumeur.

Aurélie:
Moi, je fume et j'ai un portable. Si je devais faire choix, j'arrêterais la cigarette, mais je ne vois pas vraiment de rapport.

Thomas:
Le portable, c'est une part importante du budget pour les jeunes. Certains parents paient le portable pour leurs enfants, mais pas les cigarettes. Pour ma part, je préfère dépenser mon argent de poche pour téléphoner. En tout cas, je n'ai pas l'intention de fumer.

faire un tabac – *to be a great success*

Read the article and answer these questions in English.

1 *What is the theory that is being considered in this article?*
2 *In what ways are using a mobile phone and smoking similar in their appeal to teenagers?*
3 *Has smoking amongst teenagers in the UK increased or decreased in recent years?*
4 *Which European country has the highest number of young smokers?*
5 *What do a lot of young people spend their pocket money on?*

3 En forme, le jour J

En forme, le jour J

Pour être en forme le jour de son examen, il faut respecter, tout au long de l'année, certaines règles simples.

Manger équilibré et régulièrement

Manger de tout – sans excès – est la bonne règle pour rester en bonne santé. Sauter des repas, boire du café pour gagner des heures sur son temps de sommeil n'ont pas de répercussions immédiates. Mais au bout d'une semaine ou de quinze jours, vous vous sentirez considérablement affaibli.

Évitez les bonbons et les pâtisseries. Fruits et légumes (même en conserve) en revanche sont indispensables à un bon équilibre. Consommez avec prudence le café, le thé et les matières grasses. Le jour de l'examen, n'oubliez pas de prendre un bon petit déjeuner.

Prenez le temps de vous détendre

Il est très important de savoir se détendre, surtout en période de stress. Essayez de vous détacher de votre travail en écoutant de la musique, en regardant la télé ou en vous absorbant dans un passe-temps. Le sport est un excellent moyen de vous rafraîchir. Il est surtout important de prendre le temps de vous relaxer avant de vous coucher.

Évitez la panique

Si vous vous sentez de plus en plus inquiet, essayez d'en identifier la cause et parlez-en à quelqu'un d'autre, par exemple un adulte ou un professeur. Faites des exercices de respiration – relaxez-vous la figure et les épaules et respirez longuement et profondément. Essayez de garder les choses en perspective – après tout, la vie est plus importante que les examens!

Read the article and answer these questions in English.

1 *What two general rules are you given about diet?*
2 *If you skip meals and miss out on sleep, when might you feel the effect?*
3 *Which two types of food are considered essential to a balanced diet?*
4 *When is it especially important to relax?*
5 *Give two of the suggestions mentioned to overcome feelings of panic?*

unité 10 Au choix

1 Dans l'avenir

Complétez les phrases.

1 Après les examens, je vais … le collège. *(to leave)*
2 Ça dépend. Si j'ai de bons …, j'irai au lycée. *(results)*
3 Plus tard, j'aimerais … comme informaticien. *(to work)*
4 … … faire un apprentissage pour devenir imprimeur. *(I would like)*
5 Comme …, je vais faire français, anglais et allemand. *(subjects)*
6 … …, je vais me spécialiser dans les sciences. *(Next year)*
7 Avant d'aller à l'université, … voyager un peu. *(I hope)*
8 Mon … est de devenir joueur de tennis professionnel. *(dream)*
9 J'… … de devenir vétérinaire. *(I intend)*
10 Je n'ai pas de … précis. *(plans/projects)*

2 🎧 Les examens et moi

Écoutez Laura et Daniel (page 193), lisez les phrases et écrivez vrai (V) ou faux (F).

Laura

1 Laura prépare son GCSE dans neuf matières.
2 Sa matière favorite est la musique.
3 Pour réviser, elle a affiché un emploi du temps sur le mur de sa chambre.
4 Après les examens, elle va partir en vacances avec sa famille.
5 L'année prochaine, elle espère faire des études scientifiques.
6 Plus tard, elle voudrait aller à l'université et travailler à l'étranger.

Daniel

7 Pour réviser, il enregistre des notes et les écoute sur son baladeur.
8 Tout de suite après les examens, il espère partir en Irlande.
9 L'année prochaine, il va étudier l'histoire-géo, la musique et le français.
10 Plus tard, il a l'intention de voyager puis d'aller à l'université.

3 Emily en France

a *Complétez les blancs avec les mots dans la case.*
   Exemple: 1 *stage*

> enfants   école primaire   lits   professeurs   faisaient
> était   intéressant   vite   stage   l'après-midi

Pour mon …(1)… en France, j'ai travaillé dans une …(2)… à Ploudalmézeau, dans la classe maternelle, avec des …(3)… de trois à cinq ans. C'était très …(4)… et j'aimais travailler avec les petits. Une difficulté pour moi …(5)… de comprendre les enfants qui parlaient beaucoup plus …(6)… et moins distinctement que les …(7)…
Une chose qui m'a étonnée un peu, c'était qu'au début de …(8)…, on sortait des …(9)… et tous les enfants …(10)… la sieste – bonne idée, non?

b *Answer these questions in English.*

1 What age group did Emily work with?
2 What did she like about the job?
3 What did she find hard to do?
4 What did she find surprising?
5 What did she think about this?

4 Mon job

Lisez les questions et trouvez les bonnes réponses.

Les questions
1 As-tu un un job?
2 C'est quoi, ton job?
3 Qu'est-ce que tu fais exactement?
4 Depuis quand as-tu cet emploi?
5 Qu'est-ce que tu as fait la semaine dernière pour ton travail?
6 Est-ce que tu aimes ton job?

Les réponses
a Je débarrasse les tables, je fais la vaisselle et j'aide à préparer les repas.
b Oui, j'ai un petit job le samedi.
c Je l'ai depuis trois mois.
d J'ai préparé des sandwichs, mais cette fois, je n'ai pas fait la vaisselle.
e Je ne l'aime pas beaucoup, parce que c'est dur et je ne gagne pas beaucoup.
f Je travaille au café.

1 Qu'est-ce que vous faites comme études?

Lisez ces résumés et faites l'activité.

Michel

Il s'est orienté vers les sciences. Il prépare le bac et s'il a de bonnes notes, il ira à l'université. Plus tard, il a l'intention de travailler pour gagner assez d'argent pour voyager en Australie et en l'Extrême-Orient. Quand il reviendra, il espère être journaliste ou travailler dans la publicité.

Boris

Quand il quittera l'école, il va d'abord travailler dans le garage de son oncle. Sinon, il pense travailler comme sapeur-pompier, mais son rêve est d'aller aux États-Unis et d'être astronaute!

Ludovic

S'il a son bac, il ira à l'université pour obtenir des diplômes en activités physiques et sportives. Plus tard, il espère devenir prof de sport dans un collège en France, mais d'abord, quand il sortira de l'université, il a l'intention de passer au moins un an au Canada.

Pauline

Pour le bac, elle étudie la biologie, la physique, la chimie, les maths, l'histoire-géo, la philosophie et l'allemand. Elle espère aller à la fac pour étudier la biologie. Plus tard, elle a l'intention d'enseigner la biologie en Afrique. Si ce n'est pas possible, elle travaillera peut-être pour le ministère de l'environnement.

Nadège

Cette année, elle va passer son bac de français. Quand elle quittera le lycée, elle a l'intention de continuer ses études et elle voudrait faire une fac de droit, pour être avocate. Sinon, elle pense travailler dans l'administration.
Elle espère trouver une place à l'Université de Paris, mais elle va habiter chez ses parents pour la première année au moins.

C'est qui? Écrivez le nom ou l'initiale.
(Vous pouvez utiliser un nom plus d'une fois.)
Exemple: 1 *Boris (B)*

1 Mon rêve, c'est de voyager dans l'espace, mais ça m'étonnerait que j'y arrive!
2 Je fais trois sciences, mais je préfère la biologie.
3 Pour commencer, je serai mécanicien, et mon oncle m'a offert un apprentissage.
4 Si j'ai de bonnes notes, j'espère étudier le droit à l'université.
5 C'est surtout le sport qui m'intéresse, mais plutôt comme prof que comme joueur professionnel.
6 Si possible, je voudrais travailler à l'étranger, comme professeur de sciences probablement.
7 Plus tard, je voudrais habiter dans une cité universitaire, mais comme ça coûte cher, je vais rester chez moi pour l'instant.
8 Je voudrais voyager avant de trouver une situation permanente. En tout cas, ça m'aiderait beaucoup dans ma carrière comme journaliste.

2 On cherche du travail

Voici des phrases utiles pour écrire une lettre de demande d'emploi ou de renseignements sur un emploi. Trouvez les paires.

1 Suite à votre annonce…
2 Pourriez-vous m'envoyer des renseignements?
3 Veuillez agréer, Madame/Monsieur, l'expression de mes sentiments distingués.
4 Je voudrais savoir …
5 Je cherche du travail.
6 Quel est le salaire?
7 En quoi consiste le travail?
8 Quels sont les horaires?
9 Je voudrais poser ma candidature.
10 Je serai libre …

a *What are the hours?*
b *In response to (with reference to) your advert …*
c *I should like to apply for the job.*
d *I am looking for work.*
e *I shall be free (available) …*
f *What is the rate of pay?*
g *Could you send me some information?*
h *I should like to know …*
i *What does the work involve (consist of)?*
j *Yours sincerely (= full official formula for end of an official letter)*

3 Un coup de téléphone

You are phoning to find out about a holiday job in France. Decide what you would say, then practise the conversation with a partner.

1 – (Ask to speak to M. Martin.)
  – Je suis désolé(e), mais il n'est pas là pour le moment.
2 – (Ask if you can leave a message.)
  – Bien sûr, Monsieur/Mademoiselle. C'est de la part de qui?
3 – (Say your name, spelling your surname.)
  – Et quel est votre numéro de téléphone, s'il vous plaît?
4 – (Give details of your phone number and e-mail.)
  – D'accord. M. Martin va vous contacter plus tard.
5 – (Say thank you and goodbye.)
  – De rien. Au revoir.

4 Pour gagner de l'argent

Écoutez ces jeunes qui parlent de leur petit job. Pour chaque personne, écrivez (en français) une opinion positive et une opinion négative.

Personne	Positive	Négative
Maxime	*on s'amuse*	*c'est dur*
Camille		
Denis		
Manon		
Kévin		

Exemple:

1 Des prédictions

Choisissez un ou plusieurs sujets et faites quatre prédictions. Il y a un grand choix de sujets. Voici des idées pour vous aider.

Exemple: **1** *Dans la maison de l'avenir, il y aura un escalier roulant pour monter au premier étage.*

1 la maison de l'avenir
2 le réchauffement de la terre et la destruction de notre planète
3 les avancées médicales
4 les recherches spatiales
5 à l'école (des ordinateurs qui obéiront à la voix et à l'œil)
6 les finances (les cartes à puce)
7 les loisirs (une vie moins active et la santé)
8 les transports

2 Des métiers

Pour chaque métier, notez un avantage (a–g) et un inconvénient (h–n).
Exemple: **1** *b, i*

1 professeur	5 avocat(e)	9 médecin
2 infirmier(-ière)	6 agriculteur(-trice)	10 cuisinier(-ière)
3 informaticien(ne)	7 journaliste	
4 coiffeur(-euse)	8 secrétaire	

Voici des idées.

Avantages ☺	Inconvénients ☹
a On travaille souvent en plein air.	**h** Il faut faire des études très longues.
b C'est bien, si on s'entend bien avec les jeunes.	**i** Il y a beaucoup de travail à faire le soir.
c C'est intéressant et varié comme travail.	**j** Ce n'est pas bien payé.
d On travaille en équipe et on rencontre beaucoup de gens.	**k** Ce n'est pas très sûr comme emploi – il y a beaucoup de personnes au chômage.
e On rend service aux gens.	**l** Les horaires sont longs et on doit travailler la nuit ou le week-end, par exemple.
f Il est assez facile d'obtenir un emploi.	**m** On travaille souvent tout seul.
g Il est possible de gagner un bon salaire.	**n** C'est très fatigant, surtout pour les yeux et le dos.

3 Une lettre à écrire

Répondez à cette lettre de votre correspondant(e) français(e). Vos réponses peuvent être vraies ou imaginaires. Posez aussi deux questions au moins.

> Salut!
>
> J'ai bien reçu ta dernière lettre et les belles photos – merci beaucoup. Tu m'as demandé de te parler des métiers de mes parents etc. Eh bien, voilà.
>
> Cette semaine, en effet, on a eu de bonnes nouvelles pour notre famille – après six mois au chômage, mon père vient de trouver une situation. Il travaillait avant pour une école de conduite qui a dû fermer, mais maintenant, il va travailler comme chauffeur de camion pour la Poste. Ouf! Ma mère surtout est contente. Elle est pâtissière, mais lorsque mon père était au chômage, elle a dû faire des heures supplémentaires comme serveuse au café à côté de la pâtisserie. Comme nous sommes trois enfants dans la famille, elle était très fatiguée.
>
> Et tes parents, qu'est-ce qu'ils font dans la vie? Qu'est-ce que tu voudrais faire plus tard? Est-ce que tu espères continuer tes études après l'école?
>
> Moi, je voudrais travailler en ville dans une banque ou dans une grande entreprise. Pour ça, je dois d'abord avoir mon bac, puis entrer à la fac pour obtenir un diplôme en maths. Je ne sais pas si je réussirai ou pas.
>
> À bientôt!
>
> Ton ami(e) français(e)
>
> Martin(e)

4 Les jobs

Complétez les réponses comme indiqué, puis répondez pour vous-même, si vous avez un job.
Exemple: **1** *Oui, j'ai un job. Je travaille au supermarché.*

1 As-tu un job?  (dans un supermarché)

2 Qu'est-ce que tu fais exactement?  caissier/caissière)

3 Tu fais combien d'heures par semaine? (six heures)

4 Tu aimes ton travail? ✔ (mes collègues sont gentils)

5 Tu prends le bus pour aller au travail? ✗

6 Comment as-tu trouvé cet emploi? (annonce dans le journal)

7 Depuis quand fais-tu ce travail? (six mois)

8 Que fais-tu de l'argent que tu gagnes? (vêtements; des économies pour les vacances)

9 Est-ce que tu voudrais faire ce travail plus tard? ✗ (ennuyeux/fatigant etc.)

10 Qu'est-ce que tu aimerais faire comme petit job, au lieu de ça?

(page 10) 5 L'interviewer, c'est vous!

Travaillez à deux. Une personne (B) regarde cette page et l'autre (A)
regarde la page 10.
Voici les détails personnels de deux jeunes. Votre partenaire regarde les
détails de deux jeunes différents. Posez des questions et répondez à
tour de rôle et notez les détails.

Exemple:
B *Ta première personne – qui est-ce?*
A *C'est Jean Boulez.*
B *Comment ça s'écrit?*
A *J-E-A-N B-O-U-L-E-Z.*
B *Quel âge a-t-il?*

	prénom	nom	âge	nationalité	domicile	loisirs	rêve
1	Corinne	Trudeau	16	canadienne française	Montréal	les animaux la natation l'informatique	aller au Kenya
2	René	Courbet	18	suisse	Genève	le roller jouer de la batterie	visiter l'Amazone

(page 30) 3 Le jeu des bâtiments

Travaillez à deux. Une personne (B) regarde cette page, l'autre (A)
regarde la page 30. Votre partenaire va vous demander où se trouvent
des bâtiments dans la rue. Seulement les bâtiments en rouge sont
marqués sur son plan. Vous avez un plan complet. Expliquez-lui où se
trouve chaque bâtiment par rapport aux bâtiments en rouge.

Exemple:
A *L'hôpital, c'est où exactement?*
B *C'est au coin de la rue, à côté du supermarché.*

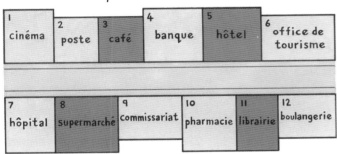

(page 36) 5 Le week-end dernier

Travaillez à deux. Une personne (B) regarde cette page, l'autre (A)
regarde la page 36. Posez des questions à tour de rôle. Notez les
détails.

Exemple:
1 B *Tu as passé un bon week-end?*
   A *Oui.*
   B *Où es-tu allé(e)?*
   A *Je suis allé(e) à la campagne.*

Vous notez: 1 = à la campagne

Voici les détails de votre week-end.
1 Destination: Londres
2 Moyen de transport: train
3 Logement: chez des amis
4 Samedi: faire des achats
5 Samedi soir: aller au cinéma
6 Dimanche, heure de rentrée: 21h00

(page 39) 5 Des provisions pour un pique-nique

Travaillez à deux. Une personne (B) regarde
cette page, l'autre (A) regarde la page 39.
Votre partenaire vous demande s'il y a des
provisions pour un pique-nique. Regardez
dans le placard et répondez. Ensuite, faites
une liste des choses qu'il faut acheter.

Exemple:
A *Est-ce qu'il y a du fromage?*
B *Non, il n'y en a plus.*

Vous écrivez:

du fromage

(page 42) 4 Studio à louer

Travaillez à deux. Une personne regarde cette
page et donne les détails de ce studio. L'autre
regarde la page 42 et veut louer un studio.
Inventez une conversation.

Lyon, centre ville (75 rue de la
République), 4e ét. chauffage individuel à
gaz, coin cuisine, douche, meublé. Loyer
mensuel € 230 avec charges comprises.
Tél. Delarue 04 78 28 43 25.

(page 45) 5 On déménage

Travaillez à deux. Une personne (**B**) regarde cette page, l'autre (**A**) regarde la page 45. Votre partenaire va demander où il faut mettre chaque article. Regardez le plan et répondez.

Exemple: **A** *Où est-ce qu'on met la table?*

B *Mets-la dans la cuisine.*

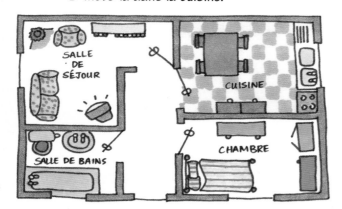

(page 63) 4 Un horaire

Travaillez à deux. Une personne regarde cette page, l'autre regarde la page 63. Posez des questions et répondez à tour de rôle, puis complétez l'horaire.

Exemple: – *C'est à quelle heure le train pour (Dijon)?*

– *Pour (Dijon), c'est quel quai?*

Trains au départ

Départ	Destination	Quai
08.00	Dijon	
	Avignon	4
08.15	Nîmes	
	Marseille	1
10.00	Lyon	
	Montpellier	5

(page 68) 4 On confirme le vol

Travaillez à deux. Une personne (**B**) regarde cette page, l'autre (**A**) regarde la page 68.

Vous voulez confirmer l'heure de départ et l'heure d'arrivée de ces vols. Posez des questions et notez les détails.

Départs	Arrivées
AF 024 Washington	AF 643 Milan
AF 2916Z Bruxelles	AF 807 Londres
AF 1104 Madrid	AF 2855 Genève

Exemples: **B** *Pouvez-vous me confirmer l'heure de départ du vol (AF 024) à destination de (Washington)?*

A *Oui, le vol part à (13h10).*

B *Pouvez-vous me confirmer l'heure d'arrivée du vol (AF 807) en provenance de (Londres)?*

A *Oui, le vol arrive à (11h35).*

(page 160) 4 On consulte la météo

Travaillez à deux. Une personne (**B**) regarde cette page, l'autre (**A**) regarde la page 160.

Consultez votre partenaire pour savoir quel temps il a fait hier/il fait aujourd'hui/il fera demain. Notez les détails pour les trois premières régions, puis changez de rôle.

Exemple: **B** *Quel temps a-t-il fait hier dans le Midi?*

A *Hier, dans le Midi, il a fait chaud.*

		hier	aujourd'hui	demain
1	Dans le Midi	☼		
2	En Bretagne			
3	Dans les Alpes			
4	Dans la région parisienne			
5	Sur la côte atlantique			
6	Dans le Nord			

Solutions

(page 19) 8 🎧 Êtes-vous chouette ou alouette?

1 Si vous avez choisi surtout la lettre a, vous êtes une alouette. Par exemple, vous vous couchez tôt le soir, avant dix heures, et le matin, vous vous levez de bonne heure et vous commencez tout de suite à travailler. Même le dimanche matin, vous ne restez pas au lit.

2 Si vous avez choisi surtout la lettre c, vous êtes une chouette. Le soir, vous ne vous couchez pas avant minuit et le matin, vous vous réveillez avec difficulté. Pour vous, le week-end est idéal. Vous passez la nuit à vous amuser et le dimanche matin, vous dormez jusqu'à midi.

3 Si vous avez choisi surtout la lettre b ou si vous avez une bonne sélection de lettres, vous êtes dans la moyenne – donc, pas de problèmes!

(page 27) 1 Le savez-vous?

1c, 2b, 3a, 4b, 5c

(page 47) 4 Un jeu sur l'environnement

1b, 2c, 3c, 4b, 5b, 6b

1 Les transports parisiens: que savez-vous? (page 60)

1a, 2b, 3b, 4b, 5b, 6a, 7b, 8a

(page 115) 3 Test-santé

Comptez vos points!

Pour chaque réponse:

A 3 points; **B** 2 points; **C** 1 point.

13–15	Vous mangez très bien – félicitations!
10–12	Vous mangez bien.
7–9	Vous ne suivez pas un régime très équilibré – faites un effort!
0–6	Hmmm – relisez l'article et le Test-santé tout de suite.

(page 175) 1 Une machine magnifique!

1b (Le plus gros se trouve dans la jambe, le plus petit se trouve dans l'oreille.), **2c** (On a 20 dents de lait.), **3a**, **4a**, **5b**, **6b** (Mais quand on s'exerce, on peut respirer jusqu'à 80 fois par minute.), **7c** (Plus exactement, l'émail des dents.)

(page 186) 4 L'alcool

1 Il y a la même quantité d'alcool dans tous les trois. *(assuming drinks served in a bar, i.e. not equal quantities of fluid)*

2 Non.

3 Oui.

4 Il diminue l'activité mentale.

5 Non, mais on en perçoit moins les effets.

6 Non.

1 Nouns

1.1 Masculine and feminine

A noun is the name of someone or something or the word for a thing (e.g. a box, a pencil, laughter). All nouns in French are either masculine or feminine. (This is called their **gender**.)

masculine singular	feminine singular
le garçon	*la fille*
un village	*une ville*
l'appartement	*l'épicerie*

Nouns which refer to people often have a special feminine form. Most follow one of these patterns:

	masculine	feminine
add -e	*un ami*	*une amie*
-er → -ère	*un ouvrier*	*une ouvrière*
-eur → -euse	*un vendeur*	*une vendeuse*
-eur → -rice	*un instituteur*	*une institutrice*
-en → -enne	*un lycéen*	*une lycéenne*
stay same	*un touriste* *un élève* *un enfant*	*une touriste* *une élève* *une enfant*
no pattern	*un copain* *un roi*	*une copine* *une reine*

1.2 Is it masculine or feminine?

Sometimes the ending of a word can give you a clue as to whether it's masculine or feminine. Here are some guidelines:

endings normally masculine	exceptions	endings normally feminine	exceptions
-age -aire -é -eau -eur -ier -in -ing -isme -ment -o	*une image* *l'eau* (f) *la fin* *la météo*	-ade -ance -ation -ée -ère -erie -ette -que -rice -sse -ure	*un lycée* *un squelette* *le plastique,* *un moustique,* *un kiosque* *le dentifrice*

1.3 Singular and plural

Nouns can also be singular (referring to just one thing or person) or plural (referring to more than one thing or person):

une chambre	*des chambres*

In many cases, it is easy to use and recognise plural nouns because the last letter is an -s. (Remember that an -s on the end of a French word is often silent.)

un livre	*des livre**s***

1.3a Some common exceptions:

1 Most nouns which end in -eau or -eu add an -x:

un château	*des château**x***
un jeu	*des jeu**x***

2 Some nouns which end in -ou add an -s in the plural, others add an x:

un trou	*des trou**s***
un chou	*des chou**x***

3 Most nouns which end in -al change this to -aux in the plural:

un animal	*des animau**x***

4 Nouns which already end in -s, -x or -z don't change in the plural:

un repas	*des repas*
le prix	*les prix*

5 A few nouns don't follow any clear pattern:

un œil	*des yeux*

2 Articles

2.1 *le, la, les* (definite article)

The definite article is the word for 'the' which appears before a noun. It is often left out in English, but it must not be left out in French (except in a very few cases).

masculine	singular feminine	before a vowel	plural (all forms)
le village	*la ville*	*l'épicerie*	*les touristes*

2.1a The main uses:

- to refer to a particular thing or person, in the same way as we use 'the' in English:
  *Voici **l'**hôtel où nous sommes descendus.*
  There's the hotel where we stayed.
- to make general statements about likes and dislikes:
  *J'aime **les** pommes mais je n'aime pas les prunes.*
  I like apples but I don't like plums.
- to refer to things as a whole, e.g. dogs:
  ***Les** chiens me font peur.*   I'm afraid of dogs.
- with titles:
  ***le** Président de la France*   President of France
  ***la** Reine Elizabeth*   Queen Elizabeth
- with parts of the body
  *Il s'est brossé **les** dents.*   He brushed his teeth.
  *Elle a mal à **la** tête.*   She has a headache.
- with days of the week to give the idea of 'every':
  *Je joue au tennis **le** samedi matin.*
  I play tennis on Saturday mornings.
- with different times of the day to mean 'in' or 'during':
  ***Le** matin, j'ai cours de 9 heures jusqu'à midi et demi.*
  In the morning, I have lessons from 9 o'clock until 12.30.
- with prices, to refer to a specific quantity:
  *C'est 2 euros **la** pièce.*   They're 2 euros each.

2.2 *un, une, des* (indefinite article)

These are the words for 'a', 'an' or 'some' in French.

masculine	singular feminine	plural (all forms)
un appartement	*une maison*	*des appartements* *des maisons*

No article is used in French when describing a person's occupation:

Elle est dentiste.	She's a dentist.
Il est employé de bureau.	He's an office worker.

Note: if there is an adjective before the noun, *des* changes to *de*.
On a vu de beaux châteaux au pays de Galles.
We saw some fine castles in Wales.

2.3 Some or any (partitive article)

The word for 'some' or 'any' changes according to the noun it is used with:

masculine	singular feminine	before a vowel	plural (all forms)
du pain	*de la viande*	*de l'eau*	*des poires*

Use de (d') instead of du/de la/de l'/des in the following cases:
- after a negative (ne ... pas, ne ... plus, ne ... jamais etc.)

Je n'ai pas **d'**argent. | I haven't any money.
Il n'y a plus **de** légumes. | There are no vegetables left.

- after expressions of quantity:

un kilo **de** poires | a kilo of pears

But not with the verb être or after ne ... que, e.g.

Ce n'est pas du sucre, c'est du sel. | It's not sugar, it's salt.
Il ne reste que du café. | There's only coffee left.

3 This, that, these, those

3.1 ce, cet, cette, ces

masculine	singular before a vowel (masculine only)	feminine	plural (all forms)
ce chapeau	**cet** anorak	**cette** jupe	**ces** chaussures

Ce can mean either 'this' or 'that'. Ces can mean either 'these' or 'those'. To make it clearer which you mean, you can also add -ci and -là to distinguish between this object and that object:

Est-ce que tu préfères **ce pull-ci** ou **ce pull-là**?
Do you prefer this pullover or that pullover?
Je vais acheter **cette robe-là**.
I'm going to buy that dress.

3.2 celui, celle, ceux, celles

These pronouns mean 'the one' or 'the ones'. Add -ci or -là to distinguish between 'this one' and 'that one'.

singular masculine	feminine	plural masculine	feminine
celui-ci	celle-ci this one	ceux-ci	celles-ci these
celui-là	celle-là that one	ceux-là	celles-là those

Nous avons deux pulls dans cette taille; **celui-ci** est en laine, **celui-là** est en acrylique.
We have two jumpers in that size; this one is in wool, that one is in acrylic.

3.3 cela (ça)

If there is no noun, cela (ça) (that) is used.

Ça, c'est une bonne idée. | That's a good idea.
Cela me fait mal. | That hurts.

4 Adjectives

4.1 Agreement of adjectives

Adjectives, or describing words (e.g. tall, important) tell you more about a noun. In French, adjectives are masculine, feminine, singular or plural to agree with the noun.
Look at the patterns in the tables below to see how adjectives agree.

4.1a Regular adjectives

singular masculine	feminine	plural masculine	feminine
grand	grand**e**	grand**s**	grand**es**

A lot of adjectives follow the above pattern.

Adjectives which end in -u, -i or -é change in spelling, but sound the same.

bleu	bleue	bleus	bleues
joli	jolie	jolis	jolies
fatigué	fatiguée	fatigués	fatiguées

Adjectives which already end in -e (with no accent) have no different feminine form:

| jaune | jaune | jaune**s** | jaune**s** |

Adjectives which already end in -s have no different masculine plural form:

| français | français**e** | français | français**es** |

Adjectives which end in -er follow this pattern:

| cher | ch**è**re | cher**s** | ch**è**re**s** |

Adjectives which end in -eux follow this pattern:

| délicieux | délici**euse** | délicieux | délici**euses** |

Some adjectives double the last letter before adding an -e for the feminine form:

| gros | gros**se** | gros | gros**ses** |
| bon | bon**ne** | bons | bon**nes** |

4.1b Irregular adjectives

Many common adjectives are irregular, and you need to learn each one separately. Here are some you have already met:

blanc	blanche	blancs	blanches
long	longue	longs	longues
vieux (vieil)	vieille	vieux	vieilles
nouveau (nouvel)	nouvelle	nouveaux	nouvelles
beau (bel)	belle	beaux	belles

Vieil, nouvel and bel are used before masculine nouns which begin with a vowel.
A few adjectives are invariable (inv.) and do not change at all:

marron	marron	marron	marron
bleu marine	bleu marine	bleu marine	bleu marine
vert foncé	vert foncé	vert foncé	vert foncé
gris clair	gris clair	gris clair	gris clair

4.2 Position of adjectives

Adjectives normally follow the noun:

J'ai vu un film très intéressant à la télé.
Regarde cette jupe noire.

Some common adjectives go before the noun, e.g. grand, petit, bon, mauvais, beau, jeune, vieux, joli, gros, premier, court, long, haut.

C'est un petit garçon.
Il prend le premier train pour Paris.

Adjectives of colour and nationality follow the noun.
Some adjectives change their meaning according to their position:

un livre **ancien** | an old (ancient) book
un **ancien** élève | a former pupil
une voiture **chère** | an expensive car
chers amis | dear friends
aujourd'hui **même** | this very day
la **même** chose | the same thing
des mains **propres** | clean hands
de mes **propres** yeux | with my own eyes

4.3 Comparisons

To compare one person or thing with another, you use *plus* (more), *moins* (less) or *aussi* (as) before the adjective, followed by *que* (than/as):

	plus		richer than
Il est	*moins*	*riche que mon père*	not as rich as
	aussi		as rich as

Remember to make the adjective agree in the usual way:

Jean-Luc est plus âgé que Nicole.
Nicole est plus âgée que Robert.
Jean-Luc et Nicole sont plus âgés que Robert.

Notice these special forms:

bon	*meilleur* (better)
mauvais	*plus mauvais* or *pire* (worse)

Ce livre est meilleur que l'autre.
Cette maison est meilleure que l'autre.
Cet article est pire que l'autre.

You can also use *ne … pas aussi* (not as):

Il n'est pas aussi fort que son frère.
He's not as strong as his brother.

4.4 The superlative

You use the superlative when you want to say that something is the best, the biggest, the most expensive etc.
La Tour Eiffel est le plus célèbre monument de Paris.
The Eiffel Tower is the most famous monument in Paris.
Paris est la plus belle ville du monde.
Paris is the most beautiful city in the world.
Les TGV sont les trains français les plus rapides.
The TGV are the fastest French trains.

Notice that

- you use *le plus, la plus, les plus* and the correct form of the adjective, depending on whether you are describing something which is masculine, feminine, singular or plural.
- if the adjective normally goes after the noun, then the superlative also follows the noun:

  (C'est un monument moderne.)
  C'est le monument le plus moderne de Paris.
  It's the most modern monument in Paris.

- if the adjective normally goes before the noun, then the superlative can go before the noun:

  (C'est un haut monument.)
  C'est le plus haut monument de Paris.
  It's the tallest monument in Paris.

- you usually use *le/la/les plus* (meaning 'the most') but you can also use *le/la/les moins* (meaning 'the least'):

  J'ai acheté ce gâteau parce que c'était le moins cher.
  I bought this cake because it was the least expensive.

Here are some useful expressions:

le moins cher	the least expensive
le plus cher	the most expensive
le plus petit	the smallest
le plus grand	the biggest
le meilleur	the best
le pire	the worst
le moindre	the least, slightest
Il n'y a pas la moindre chance.	There's not the slightest chance.

4.5 *tout*

singular		plural	
masculine	**feminine**	**masculine**	**feminine**
tout	toute	tous	toutes

Tout meaning 'all', 'the whole' or 'every' is usually used as an adjective and agrees with the noun that follows:

On a mangé tout le pain.	We've eaten all the bread.
On va en France tous les ans.	We go to France every year.

Tout meaning 'all' or 'everything' can sometimes be used as a pronoun and it then doesn't change form:

On a tout vu.	We've seen everything.
Tout est bien qui finit bien.	All's well that ends well.

Here are some useful expressions:

à tout prix	at all costs
tous (toutes) les deux	both of them
tout à coup	suddenly
tout à fait	absolutely
tout de suite	straightaway, immediately
tout le monde	everyone

4.6 Indefinite adjectives and pronouns

autre	other
certain	certain, some
chacun	each one
chaque	each
même	same
n'importe quel	whatever, any
n'importe qui	whoever, anybody
pareil	same, similar, anything like
pas grand-chose	not much
plusieurs	several
quelqu'un (quelques-uns)	someone (some people)
quelque chose (de)	something (that's)
quelque(s)	a few
tel	such

Here are some examples in use:

Qui est l'autre?	Who's the other one?
Je viendrai un autre jour.	I'll come some other day.
Chaque personne a une carte d'identité.	
Every person has an identity card.	
Chacun est venu.	Each (person) came.
Venez n'importe quel jour.	Come on any day
C'est ouvert à n'importe qui?	Is it open to anyone?
Quelqu'un a téléphoné.	Someone phoned.
Avez-vous quelque chose de moins cher?	
Do you have something cheaper?	

5 Adverbs

5.1 Formation

Adverbs usually tell you how, when or where something happened, or how often something is done.
Many adverbs in English end in -ly, e.g. quietly. Similarly, many adverbs in French end in -ment, e.g. doucement.
To form an adverb in French you can often add -ment to the feminine singular of the adjective:

masculine singular	feminine singular		adverb
malheureux	*malheureuse*	+ *ment*	*malheureusement* unfortunately
lent	*lente*	+ *ment*	*lentement* slowly

If a masculine singular adjective ends in a vowel, just add -*ment*:
  vrai + *ment*   *vraiment* (= really, truly)

If a masculine singular adjective ends in -*ent*, change to -*emment*:
  évident   *évidemment* (= obviously)

5.2 Comparative and superlative

As with adjectives, you can use the comparative or superlative to say that something goes more quickly or fastest etc.

Marc skie plus vite que Chantal.
Marc skis faster than Chantal.
Allez à la gare le plus vite possible.
Go to the station as quickly as possible.

Notice these special forms:

bien	*mieux*	well	better
mal	*pire*	badly	worse

Ça va mieux aujourd'hui? — Are you feeling better today?
Non, je me sens encore pire. — No, I feel even worse.

You can also use *ne … pas si* (not as):

*Je **ne** joue **pas si** bien que ma sœur.*
I don't play as well as my sister.

5.3 Quantifiers

These are useful words which add more intensity to meaning.

à peine	hardly
assez	quite, rather
beaucoup	much
pas beaucoup	not much
(un) peu	(a) little
tout à fait	completely, quite
très	very
trop	too
vraiment	really

Here are some examples in use:

Elle est assez grande. — She's quite tall.
La maison est beaucoup plus grande que l'autre.
The house is much bigger than the other one.
Il reste un peu de chocolat. — There's a bit of chocolate left.
Ce n'est pas beaucoup plus loin. — It's not much further.
Tu as tout à fait raison. — You are absolutely right.
Il y a peu de place. — There's little room.
C'est trop cher. — It's too expensive.
C'était vraiment excellent. — It was really excellent.

5.4 Place, number, dates, time

See *Vocabulaire par thèmes* (General vocabulary, **2–4**).

6 Expressing possession

6.1 My, your, his, her, its, our, their

	masculine	singular feminine	before a vowel	plural (all forms)
my	*mon*	*ma*	*mon*	*mes*
your	*ton*	*ta*	*ton*	*tes*
his/her/its	*son*	*sa*	*son*	*ses*
our	*notre*	*notre*	*notre*	*nos*
your	*votre*	*votre*	*votre*	*vos*
their	*leur*	*leur*	*leur*	*leurs*

These words show who something or somebody belongs to. They agree with the noun that follows them, NOT the person.
This means that *son, sa, ses* can mean 'his', 'her' or 'its'. The meaning is usually clear from the context.

Paul mange son déjeuner. — Paul eats his lunch.
Marie mange son déjeuner. — Marie eats her lunch.
Le chien mange son déjeuner. — The dog eats its lunch.

Before a feminine noun beginning with a vowel, you use *mon, ton* or *son*:

Mon amie s'appelle Nicole.
Où habite ton amie, Françoise?
Son école est fermée aujourd'hui.

6.2 à moi, à toi etc.

mine	*à moi*	ours	*à nous*
yours	*à toi*	yours	*à vous*
his	*à lui*	theirs	*à eux*
hers	*à elle*	theirs	*à elles*

– *C'est à qui, ce stylo?* — Whose pen is this?
– *C'est à moi.* — It's mine.
– *Les cartes postales sont à toi aussi?*
Are the postcards yours as well?

This way of expressing possession is common in conversational French.

6.3 le mien, le tien etc. (HR)

In more formal French, you may come across these possessive pronouns:

	masculine	singular feminine	before a vowel	plural (all forms)
mine	*le mien*	*la mienne*	*les miens*	*les miennes*
yours	*le tien*	*la tienne*	*les tiens*	*les tiennes*
his, her, its	*le sien*	*la sienne*	*les siens*	*les siennes*
ours	*le nôtre*	*la nôtre*	*les nôtres*	*les nôtres*
yours	*le vôtre*	*la vôtre*	*les vôtres*	*les vôtres*
theirs	*le leur*	*la leur*	*les leurs*	*les leurs*

– *C'est ta valise?*
– *Non, c'est celle de Charlotte. La mienne est là-bas.*
– Is that your case?
– No, it's Charlotte's. Mine is over there.

6.4 de + noun

There is no use of apostrophe -s in French, so to translate 'Marie's house' or 'Olivier's skis' you have to use *de* followed by the name of the owner:

C'est la maison de Marie. — It's Marie's house.
Ce sont les skis d'Olivier. — They are Olivier's skis.

If you don't actually name the person, you have to use the appropriate form of *de* (*du, de la, de l'* or *des*):

C'est la tente de la famille anglaise.
It's the English family's tent.
– *C'est votre journal?* — Is it your newspaper?
– *Non, c'est celui du monsieur qui vient de sortir.*
No, it belongs to the man who has just gone out.

6.5 le, la, l', les + parts of the body

In French, the definite article (*le, la, l', les*) is normally used with parts of the body:

Elle s'est lavé les mains. — She washed her hands.
Il s'est coupé le doigt. — He cut his finger.

7 Subject and object

7.1 Subject

The subject of a verb is the person or thing performing the action or being described. In the sentence *Jean regarde la télé*, the subject is Jean because it is Jean who is watching TV.

7.2 Direct object

The direct object of a verb is the person or thing which has whatever is being talked about done to it, e.g.

Elle mange un sandwich.

In the above example *un sandwich* is the object, because the sandwich is having what is being talked about (being eaten!) done to it.
The object of a sentence can be a noun or a pronoun. If it is a noun it usually comes after the verb. If it is a pronoun it usually goes between the subject and the verb:

On a acheté des pommes. On les mangera à midi.

Des pommes and *les* are the objects of the above sentences. They are also examples of the direct object.

7.3 Indirect object

In French, the indirect object (if it is a noun) usually has *à, au* or *aux* in front of it. In English you can usually put 'to' or 'for' in front of it, e.g.

J'ai déjà écrit à mes parents, mais je leur parlerai ce soir.
I have already written to my parents but I will speak to them tonight.

Mes parents and *leur* are the indirect objects of the above sentences.

8 Pronouns

8.1 Subject pronouns

Subject pronouns are pronouns like 'I', 'you' etc. which usually come before the verb. In French, the subject pronouns are:

je	I
tu	you (to a young person, close friend, relative)
il	he, it
elle	she, it
on	one, you
	we (often used in place of nous in spoken French)
	they, people in general
nous	we
vous	you (to an adult you don't know well)
	you (to more than one person)
ils	they (for a masculine plural noun)
	they (for a mixed group)
elles	they (for a feminine plural noun)

Je regarde le film.	I watch the film.
Tu aimes le sport?	Do you like sport?
Il (Le garçon) a 15 ans.	He is fifteen.
Il (Le jardin) est joli.	It is pretty.
Elle (La fille) est dans notre classe.	She is in our class.
Elle (La veste) est bleue.	It is blue.
On peut acheter des timbres au tabac.	You can buy stamps at the tobacconist's.
On va à Paris.	We are going to Paris.
En France, on mange vers 19 heures.	In France, people eat at about 7pm.
Nous jouons au golf.	We play golf.
Vous parlez anglais?	Do you speak English?
Vous allez au café, vous autres?	Are you going to the café, you lot?
Ils (Les garçons) jouent au football.	They are playing football.
Ils sont ici, M. et Mme Laval?	Are M. and Mme Laval here?
Elles (Les tartes) sont délicieuses.	They're delicious.

8.2 Object pronouns

These pronouns replace a noun, or a phrase containing a noun which is not the subject of the verb. They are used a lot in conversation and save you having to repeat a noun or phrase. The pronoun goes immediately before the verb, even when the sentence is a question or in the negative:

*Tu **le** vois?*	Can you see him?
*Non, je ne **le** vois pas.*	No, I can't see him.

If a verb is used with an infinitive, the pronoun goes before the infinitive:

*Quand est-ce que vous allez **les** voir?*	When are you going to see them?
*Elle veut **l'**acheter tout de suite.*	She wants to buy it straight away.

In the perfect tense, the object pronoun goes before the auxiliary verb (*avoir* or *être*):

*C'est un bon film. Tu **l'**as vu?*	It's a good film. Have you seen it?

8.2a *le, la, les* (direct object pronouns)
Le replaces a masculine noun and *la* replaces a feminine noun to mean 'it', 'him' or 'her'. *Les* means 'them'.

Tu prends ton vélo?	*Oui, je **le** prends.*
Are you taking your bike?	Yes, I'm taking it.
Vous prenez votre écharpe?	*Oui, je **la** prends.*
Are you taking your scarf?	Yes, I'm taking it.
N'oubliez pas vos gants!	*Ça va, je **les** porte.*
Don't forget your gloves.	It's OK, I'm wearing them.
Tu as vu Philippe en ville?	*Oui, je **l'**ai vu au café.*
Did you see Philippe in town?	Yes, I saw him in the café.
Tu verras Monique ce soir?	*Non, je ne **la** verrai pas.*
Will you see Monique tonight?	No, I won't be seeing her.

These pronouns can also be used with *voici* and *voilà*:

Tu as ta carte?	***La** voilà.*	Here it is.
Vous avez votre billet?	***Le** voilà.*	Here it is.
Où sont Philippe et Monique?	***Les** voilà.*	Here they are.

8.2b *Lui* and *leur* (indirect object pronouns)
– *Qu'est-ce que tu vas offrir à ta sœur?*	
What will you give your sister?	
– *Je vais **lui** offrir un CD.*	I'll give her a CD.
– *Et à ton frère?*	And your brother?
– *Je vais **lui** offrir un livre.*	I'll give him a book.

Lui is used to replace masculine or feminine singular nouns, often in a phrase beginning with *à*. It usually means 'to him' or 'for him' or 'to her' or 'for her'.
In the same way, *leur* is used to replace masculine or feminine plural nouns, often in a phrase beginning with *à* or *aux*. It usually means 'to them' or 'for them'.

– *Tu as déjà téléphoné à tes parents?*	
– *Non, mais je vais **leur** téléphoner ce soir.*	
Have you already phoned your parents?	
No, but I'll phone them tonight.	

8.2c *me, te, nous, vous*
These are used as both direct and indirect object pronouns.

Me (or *m'*) means 'me', 'to me' or 'for me':
*Zut! Elle **m'**a vu!*	Blast! She's seen me!
– *Est-ce que tu peux **m'**acheter un timbre?*	
– *Oui, si tu **me** donnes de l'argent.*	
Can you buy me a stamp?	
Yes, if you give me some money.	

Te (or *t'*) means 'you', 'to you' or 'for you':
*Henri ... Henri, je **te** parle. Qui **t'**a donné cet argent?*
Henri, I'm speaking to you. Who gave you this money?

Nous means 'us', 'to us' or 'for us':
*Jean-Pierre vient **nous** chercher à la maison.*
*Les autres **nous** attendent au café.*
Jean-Pierre is picking us up at home.
The others are waiting for us at the café.

Vous means 'you', 'to you' or 'for you':
*Je **vous** dois combien?*	How much do I owe you?
*Je **vous** rendrai les skis la semaine prochaine.*	
I'll give you the skis back next week.	

8.2d Direct object pronouns in the perfect tense (HR)

When *le*, *la*, *l'* or *les* are used in the perfect tense with verbs which take *avoir*, the past participle agrees with the pronoun:

– *Où as tu acheté ta robe?*	Where did you buy your dress?
– *Je l'ai achetée à Promod.*	I bought it at Promod.
– *As-tu acheté les chaussures de ski?*	
– *Non je les ai essayées, mais elles étaient trop petites.*	
Did you buy the ski boots?	
No, I tried them on but they were too small.	

The same rule applies to *me*, *te*, *nous*, *vous* when they are used as the direct object.

Vous nous avez vus au café?　　Did you see us at the café?

8.3 Emphatic pronouns

Emphatic pronouns (also known as disjunctive or stressed pronouns) are sometimes used with a verb, but can also be used on their own:

moi	me		*nous*	us
toi	you		*vous*	you
lui	him		*eux*	them (masc)
elle	her		*elles*	them (fem)

The main uses are:

- for emphasis:
  Moi, j'adore l'opéra, mais lui, il déteste ça.
  I love opera, but **he** hates it.
- after *c'est* or *ce sont*:
  Qui est-ce?　　Who is it?
  C'est nous.　　It's us.
- on their own or after *pas*:
  Qui a fait ça? Toi?　　Who did that? You?
  Pas moi.　　Not me.
- after some prepositions, e.g. 'with', 'without', 'before', 'after':
  Je joue au golf avec elle, samedi.
  I'm playing golf with her on Saturday.
  après vous　　after you
- in comparisons:
  Elle joue mieux que lui.　　She plays better than him.
- after *à* to show who something belongs to:
  Cette cassette est à moi, l'autre est à lui.
  This tape is mine, the other is his.

8.4 y

Y usually means 'there' and is used instead of repeating the name of a place.

– *Quand est-ce que tu vas au Musée d'Orsay?*
When are you going to the Musée d'Orsay?

– *J'y vais dimanche.*　　I'm going there on Sunday.

It is also used to replace *à* or *dans* + a noun or phrase which does not refer to a person.

Est-ce que tu penses quelquefois à l'accident?
Do you sometimes think about the accident?
Oui, j'y pense souvent.　　Yes, I often think about it.

It is also used in the following:

il y a	there is, there are
il y a deux ans	two years ago
On y va?	Shall we go? Let's go
J'y vais	I'll go
Ça y est	It's done, that's it
Vas-y!/Allez-y!	Go on! Come on!
Je n'y peux rien	I can't do anything about it

8.5 en

En can mean 'of it', 'of them', 'some' or 'any'.

J'aime le pain/les légumes, j'en mange beaucoup.
I like bread/vegetables, I eat a lot of it/of them.

Il y a un gâteau: tu en veux?
There is a cake: do you want some (of it)?

Non merci, je n'en mange jamais.
No thank you, I never eat any (of it).

In French it is essential to include *en*, whereas in English the pronoun is often left out.

En is also used to replace an expression beginning with *de*, *d'*, *du*, *de la*, *de l'* or *des*:

Quand es-tu revenu de Paris?
When did you get back from Paris?

J'en suis revenu samedi dernier.
I got back (from there) last Saturday.

Est-ce que j'aurai besoin d'argent?
Will I need any money?

Oui, tu en auras besoin.
Yes, you will need some.

En is also used in the following expressions:

J'en ai assez	I have enough
J'en ai marre	I'm fed up with it
Je n'en peux plus	I can't take any more
Il n'en reste plus	There's none (of it) left
Il n'y en a pas	There isn't/aren't any
Je n'en sais rien	I don't know anything about it

8.6 Two pronouns together

Occasionally two pronouns are used together in a sentence. When this happens, the rule is:

me							
te		*le (l')*		*lui*			
se	come	*la (l')*	come	*leur*	come	*y* or *en*	
nous	before	*les*	before		before		
vous							

Est-ce que je t'ai déjà dit ça?	Have I already told you that?
Oui, tu me l'as souvent dit!	Yes, you've often told me it!
– *Il est bon, ce chocolat. Tu en veux?*	
– *Merci, tu m'en as déjà donné.*	
This chocolate is nice. Do you want some?	
No thank you, you've already given me some.	

8.7 Pronouns in commands

When the command is to do something, the pronoun comes after the verb and is joined to it by a hyphen:

Donne-le-lui.	Give it to him.
Montrez-lui votre passeport.	Show him your passport.

When the command is not to do something (i.e. in the negative), the pronoun comes before the verb:

Ne lui dites rien.　　Don't say anything to her.

In commands, *moi* and *toi* are used instead of *me* and *te*, except when the command is in the negative.

Donnez-moi un kilo de tomates, s'il vous plaît.
Give me a kilo of tomatoes please.
Ne me regarde pas comme ça!　　Don't look at me like that!

9 Relative pronouns

9.1 *qui*

When talking about people, *qui* means 'who':

*Voici l'infirmière **qui** travaille à la clinique à La Rochelle.*
There's the nurse who works in the hospital in La Rochelle.

When talking about things or places, *qui* means 'which' or 'that':

*C'est un vent froid du nord **qui** souffle en Provence.*
It's a cold north wind that blows in Provence.
C'est une ville française qui est très célèbre.
It's a French town which is very famous.

It links two parts of a sentence together, or joins two short sentences into a longer one. It is never shortened before a vowel.

Qui relates back to a noun or phrase in the first part of the sentence. In its own part of the sentence, *qui* is used instead of repeating the noun or phrase, and is the subject of the verb.

9.2 *que*

Que in the middle of a sentence means 'that' or 'which':

*C'est le cadeau **que** Christine a acheté pour son amie.*
It's the present that Christine bought for her friend.

*C'est un plat célèbre **qu'**on sert en Provence.*
It's a famous dish which is served in Provence.

Que can also refer to people:

*C'est le garçon **que** j'ai vu à Paris.*
It's/He's the boy (that) I saw in Paris.

Sometimes you would miss 'that' out in English, but you can never leave *que* out in French.
Like *qui*, it links two parts of a sentence together or joins two short sentences into a longer one. But *que* is shortened to *qu'* before a vowel. The word or phrase which *que* replaces is the object of the verb, and not the subject:

– *Qu'est-ce que c'est comme livre?*
– *C'est le livre **que** Paul m'a offert à Noël.*

(In this example *que* refers to *le livre*. It (the book) didn't give itself to me, Paul gave it to me.)

9.3 *dont* (HR)

Dont is used quite a lot in French to refer back to what or whom you were talking about.

*Voici le livre **dont** je te parlais.*
Here's the book I was telling you about. (= about which)

*C'est une maladie **dont** on peut mourir.*
It's an illness that you can die from. (= from which)

Dont is used instead of *qui* or *que* with verbs which must be followed by *de*:

*C'est quelque chose **dont** on se sert pour ouvrir les boîtes.*
It's something that you use for opening tins.

Dont never changes its form and can refer to people or things.

9.4 *lequel, laquelle* etc. (HR)

| singular | | plural | |
masculine	feminine	masculine	feminine
lequel	laquelle	lesquels	lesquelles

These words mean 'which' and are used after prepositions to refer to things but not people. They often come after a noun and must agree with it:

*C'est le film **pour lequel** il a gagné un Oscar.*
It's the film for which he won an Oscar.

*C'est la raquette **avec laquelle** j'ai joué.*
It's the racket with which I played.

After the prepositions *à* and *de*, the following forms are used:

| singular | | plural | |
masculine	feminine	masculine	feminine
auquel	à laquelle	auxquels	auxquelles
duquel	de laquelle	desquels	desquelles

*C'est une machine **grâce à laquelle** on peut faire des calculs très rapidement.*
It's a machine thanks to which you can do calculations very quickly.
*C'est le magasin **près duquel** il y a un grand café.*
It's the shop near which there's a large café.

10 Prepositions

10.1 *à* (to, at)

| singular | | before a vowel | plural |
masculine	feminine		(all forms)
au parc	à la piscine	à l'épicerie à l'hôtel	aux magasins

The word *à* can be used on its own with nouns which do not have an article (*le, la, les*):

*Il va **à** Paris.*　　　　　　He's going to Paris.

10.2 *de* (of, from)

| singular | | before a vowel | plural |
masculine	feminine		(all forms)
du centre-ville	de la gare	de l'hôtel	des magasins

*Cet autobus part **du** centre-ville.*
This bus leaves from the town centre.

*Je vais **de la** gare à la maison en taxi.*
I go home from the station by taxi.

*Elle téléphone **de l'**hôtel.*
She is phoning from the hotel.

*Elle est rentrée **des** magasins avec beaucoup d'achats.*
She's come back from the shops with a lot of shopping.

De can be used on its own with nouns which do not have an article (*le, la, les*):

*Elle vient **de** Boulogne.*　　　She's come from Boulogne.

10.3 *en* (in, by, to, made of)

En is often used with the names of countries and regions:

*Arles se trouve **en** Provence.*　　Arles is in Provence.

*Nous passons nos vacances **en** Italie.*
We are spending our holidays in Italy.

You use en with most means of transport:

en *autobus*　　　　　　by bus
en *voiture*　　　　　　by car

You use en with dates, months and the seasons (except le printemps):

en *1900*　　　　　　in 1900
en *janvier*　　　　　in January
en *hiver*　　　　　　in winter
(but *au printemps*)

You use *en* to say what something is made of:

*Ce sac est **en** plastique.*　　This bag is made of plastic.

10.4 Prepositions with countries and towns

You use *à* (or *au*) with names of towns:

Je vais à Paris   I go to Paris.
Je passe mes vacances au Havre.
I spend the holidays at Le Havre

You use *en* (or *au* or *aux*) with names of countries:

Elle va en France. (la France)
Il passe ses vacances au Canada. (le Canada)
Je prends l'avion aux États-Unis. (les États-Unis)

To say where someone or something comes from, you use *de*
(or *du* or *des*):

Je viens de Belgique. (la Belgique)
Ils viennent du Canada. (le Canada)
Elle vient des États-Unis. (les États-Unis)

11 Conjunctions

Conjunctions are words like 'and', 'but', 'then'. They are used to link two
sentences together. See *Vocabulaire par thèmes* (General vocabulary, **8d**).

12 The negative

12.1 *ne ... pas*

To say what is not happening or didn't happen (in other words to make a
sentence negative), put *ne* and *pas* round the verb.

Je ne joue pas au badminton.   I don't play badminton.

In the perfect tense, *ne* and *pas* go round the auxiliary verb.

Elle n'a pas vu le film.   She didn't see the film.

In reflexive verbs, the *ne* goes before the reflexive pronoun.

Il ne se lève pas.   He's not getting up.

To tell someone not to do something, put *ne* and *pas* round the
command.

N'oublie pas ton argent.   Don't forget your money.
Ne regardez pas!   Don't look!
N'allons pas en ville!   Let's not go to town.

If two verbs are used together, the *ne ... pas* usually goes around the first
verb:

Je ne veux pas faire ça.   I don't want to do that.

If there is an extra pronoun before the verb, *ne* goes before it:

Je n'en ai pas.   I haven't any.
Il ne lui a pas téléphoné.   He didn't phone her.

Sometimes *pas* is used on its own:

Pas encore   Not yet
Pas tout à fait   Not quite
Pas du tout   Not at all

Remember to use *de* after the negative instead of *du, de la, des, un* or
une (except with the verb *être* and after *ne ... que*):

– *Avez-vous du lait?*   Have you any milk?
– *Non, je ne vends pas de lait.* No, I don't sell milk.

12.2 Other negative expressions

12.2a No more, nothing, never
Here are some other negative expressions which work in the same way as
ne ... pas:

• *ne ... plus*	no more, no longer, none left
• *ne ... rien*	nothing, not anything
• *ne ... jamais*	never

Je n'habite plus en France. I no longer live in France.
Il n'y a rien à la télé.   There's nothing on TV.
Je ne suis jamais allé à Paris. I've never been to Paris.

12.2b Nobody, only, nowhere
The following expressions work like *ne ... pas* in the present tense:

• *ne ... personne*	nobody, not anybody
• *ne ... que*	only
• *ne ... nulle part*	nowhere, not anywhere

However, they differ in the perfect tense: the second part (*que, personne*
or *nulle part*) goes after the past participle:

Elle n'a vu personne ce matin.
She didn't see anyone this morning.
Je n'ai passé qu'un après-midi à Marseille.
I only spent an afternoon in Marseilles.
On ne l'a vu nulle part.   We didn't see it anywhere.

12.2c Neither
• *ne ... ni ... ni*   neither ... nor, not either ... or

Ne ... ni ... ni go before the words they refer to:

Je n'aime ni le tennis ni le badminton.
I like neither tennis nor badminton.

Je ne connais ni lui ni ses parents.
I don't know either him or his parents.

12.2d No, not any
• *ne ... aucun*   no, not any

Aucun is an adjective and agrees with the noun which follows it:

Il n'y a aucun restaurant dans le village.
There is no restaurant in the village.

Ça n'a aucune importance. It's of no importance.

12.2e Used on their own
Rien, jamais and *personne* can be used on their own:

Qu'est-ce que tu as fait? What did you do?
Rien de spécial.   Nothing special.

Qui est dans le garage?   Who is in the garage?
Personne.   Nobody.

Avez-vous déjà fait du ski? Have you ever been skiing?
Non, jamais.   No, never.

Aucun(e) can also be used on its own:

– *Qu'est-ce que tu veux faire?* What do you want to do?
– *Aucune idée.*   No idea.

12.3 Useful expressions

Ne t'en fais pas.	Don't worry
Ne vous inquiétez pas.	Don't worry.
Je n'ai pas de chance.	I'm out of luck.
Il n'y a pas de quoi.	That's all right. Not at all. (used in response to *merci*)
Il n'y en a plus.	There's no more left.
Ça ne fait rien.	It doesn't matter.
Ça ne me dit rien.	That doesn't appeal to me.
Rien de plus facile.	Nothing could be simpler.
Il n'y a personne.	There's nobody there.
Personne ne le sait.	Nobody knows.
On ne sait jamais.	You never know.
Jamais de la vie.	Never in my life
Il ne reste que ça.	That's all that's left.
Je n'en ai aucune idée.	I've no idea.
Pas de problème.	No problem.
Ni l'un ni l'autre.	Neither one nor the other.
Moi non plus.	Nor me.

Sometimes two or more negatives are used together:

ne ... plus ... que	now only
ne ... plus ... rien	nothing any more

La bibliothèque n'est plus ouverte que le jeudi.
The library is now only open on Thursdays.

Je ne vois plus rien.   I can't see anything any more

13 Asking questions

13.1 Ways of asking questions

There are several ways of asking a question in French.
You can just raise your voice in a questioning way:

Tu viens? ↗   Are you coming?
Vous avez décidé? ↗   Have you decided?

You can add *Est-ce que* to the beginning of the sentence:

Est-ce que vous êtes allé à Paris?   Have you been to Paris?

You can turn the verb around:

Jouez-vous au badminton?   Do you play badminton?

Notice that if the verb ends in a vowel in the third person you have to add -t- when you turn it round:

Joue-t-il au football?   Does he play football?
Marie, a-t-elle ton adresse?   Has Marie got your address?

In the perfect tense you just turn the auxiliary verb round:

As-tu écrit à Paul?   Have you written to Paul?
Avez-vous vu le film au cinéma Rex?
Have you seen the film at the Rex cinema?
Robert et Pierre, sont-ils allés au match hier?
Did Robert and Pierre go to the match yesterday?
Monique, a-t-elle téléphoné à Chantal?
Did Monique phone Chantal?

13.2 Question words

Qui est-ce?   Who is it?
Quand arriverez-vous?   When will you arrive?
Combien l'avez-vous payé?   How much did you pay for it?
Combien de temps restez-vous en France?
How long are you staying in France?
Comment est-il?   What is it (he) like?
Comment allez-vous?   How are you?
Pourquoi avez-vous fait ça?   Why did you do that?
Qu'est-ce que c'est?   What is it?
C'est quoi?   What is it?
À quelle heure?   At what time?
Depuis quand?   Since when?
D'où?   From where?
Qui ...?   Who ...?
Que?/Qu'est-ce que ...?   What ...?

13.2a *quel*

Quel is an adjective and agrees with the noun that follows:

Quel âge avez-vous?   How old are you?
De quelle nationalité est-elle?   What nationality is she?
Quels sont vos horaires?   What hours do you work?
Quelles matières préfères-tu?   Which subjects do you prefer?

13.2b *lequel*

Lequel, meaning 'which one', follows a similar pattern:

– *Je voudrais du pâté.*   I'd like some pâté.
– *Lequel?*   Which one?
– *Avez-vous cette cravate*   Do you have this tie
  en d'autres couleurs?   in other colours?
– *Laquelle?*   Which one?
– *Où sont mes gants?*   Where are my gloves?
– *Lesquels?*   Which ones?
– *Tu as vu mes lunettes?*   Have you seen my glasses?
– *Lesquelles?*   Which ones?

14 Verbs – main uses

14.1 Infinitive

This is the form of the verb which you would find in a dictionary. It means 'to ... ', e.g. 'to speak', 'to have'. Regular verbs in French have an infinitive which ends in -er, -re or -ir, e.g. *parler*, *vendre* or *finir*. The infinitive never changes its form.

14.1a Verb + infinitive

Some verbs (such as *pouvoir* and *vouloir*) are often followed by another verb in the infinitive. See section **18**.

14.2 Regular and irregular verbs

There are three main types of regular verbs in French. They are grouped according to the last two letters of the infinitive.

-er verbs e.g. *jouer* (to play)
-re verbs e.g. *vendre* (to sell)
-ir verbs e.g. *choisir* (to choose)

However, many common French verbs are irregular. These are listed in **Les verbes**, (**20.3**).

14.3 Tense

The tense of the verb tells you when something happened, is happening or is going to happen. Each verb has several tenses. There are several important tenses, such as the present tense, the perfect tense, the future tense and the imperfect tense.

14.4 The present tense

The present tense describes what is happening now, at the present time or what happens regularly.

Je travaille ce matin.   I am working this morning.
Il vend des glaces aussi.   He sells ice cream as well.
Elle joue au tennis le samedi.   She plays tennis on Saturdays.

The expressions *depuis* and *ça fait ... que* are used with the present tense when the action is still going on:

Je l'attends depuis deux heures.
I've been waiting for him for two hours (and still am!).
Ça fait trois mois que je travaille en France.
I've been working in France for three months.

14.5 Imperative

To tell someone to do something, you use the imperative or command form.

Attends!   Wait! (to someone you call *tu*)
Regardez ça!   Look at that! (to people you call *vous*)

It is often used in the negative.

Ne fais pas ça!   Don't do that!
N'effacez pas ... !   Don't rub out .... !

To suggest doing something, use the imperative form of *nous*.

Allons au cinéma!   Let's go to the cinema!

It is easy to form the imperative: in most cases you just leave out *tu*, *vous* or *nous* and use the verb by itself. With -er verbs, you take the final -s off the *tu* form of the verb. (See also **15.3**.)

14.6 The perfect tense

The perfect tense is used to describe what happened in the past, an action which is completed and is not happening now.
It is made up of two parts: an auxiliary (helping) verb (either *avoir* or *être*) and a past participle.

Samedi dernier, j'ai chanté dans un concert.
Last Saturday, I sang in a concert.
Hier, ils sont allés à La Rochelle.
Yesterday, they went to La Rochelle.

14.6a Forming the past participle

Regular verbs form the past participle as follows:

-er verbs change to -é, e.g. *travailler* becomes *travaillé*
-re verbs change to -u, e.g. *attendre* becomes *attendu*
-ir verbs change to -i, e.g. *finir* becomes *fini*

Many verbs have irregular past participles.

14.6b *avoir* as the auxiliary verb

Most verbs form the perfect tense with *avoir*. This includes many common verbs which have irregular past participles, such as

avoir	eu	faire	fait
boire	bu	mettre	mis
comprendre	compris	pouvoir	pu
connaître	connu	prendre	pris
croire	cru	savoir	su
devoir	dû	voir	vu
dire	dit	vouloir	voulu
être	été		

With *avoir*, the past participle doesn't change to agree with the subject.

14.6c *être* as the auxiliary verb

About thirteen verbs, mostly verbs of movement like *aller* and *partir*, form the perfect tense with *être* as their auxiliary. Some compounds of these verbs (e.g. *revenir* and *rentrer*) and all reflexive verbs also form the perfect tense with *être*.

Here are three ways to help you remember which verbs use *être*.

1 If you have a visual memory, this picture may help you.

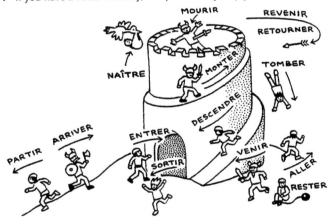

2 Learn them in pairs of opposites according to their meaning. Here are ten of them in pairs:

aller	to go	je suis allé
venir	to come	je suis venu
entrer	to go in	je suis entré
sortir	to go out	je suis sorti
arriver	to arrive	je suis arrivé
partir	to leave, to depart	je suis parti
descendre	to go down	je suis descendu
monter	to go up	je suis monté
rester	to stay, to remain	je suis resté
tomber	to fall	je suis tombé

and one odd one:

retourner	to return	je suis retourné*

Here is one more pair of opposites:

naître	to be born	il est né
mourir	to die	il est mort

*revenir (like *venir*) and *rentrer* (like *entrer*) can often be used instead of this verb.

3 Each letter in the phrase 'Mrs van de Tramp' stands for a different verb. Can you work them out?

When you form the perfect tense with *être*, the past participle agrees with the subject of the verb (the person doing the action). This means that you need to add an extra -e if the subject is feminine, and to add an extra -s if the subject is plural (more than one). Often the past participle doesn't actually sound any different when you hear it or say it.

je suis allé/allée	nous sommes allés/allées
tu es allé/allée	vous êtes allé/allée/allés/allées
il est allé	ils sont allés
elle est allée	elles sont allées
on est allé/allée/allés/allées	

14.7 The imperfect tense

The imperfect tense is another past tense.
It is used to describe something that used to happen frequently or regularly in the past:

Quand j'étais petit, j'allais chez mes grands-parents tous les week-ends.
When I was small, I used to go to my grandparents' every weekend.

It is also used for description in the past, particularly of weather:

J'étais en vacances. Il faisait beau.
I was on holiday. The weather was fine.
L'homme, comment était-il? What was the man like?
Est-ce qu'il portait des lunettes? Did he wear glasses?

It describes how things used to be:

À cette époque, il y avait beaucoup moins de circulation.
At that time, there was much less traffic.

It often translates 'was ... ing' and 'were ... ing':

Que faisiez-vous quand j'ai téléphoné?
What were you doing when I phoned?

It can be used to describe something you wanted to do, but didn't:

Nous voulions aller à Paris, mais il y avait une grève des transports.
We wanted to go to Paris but there was a transport strike.

It describes something that lasted for a long period of time:

En ce temps-là, nous habitions à Marseille.
At that time we lived in Marseille.

C'était + adjective can be used to say what you thought of something:

C'était magnifique.	It was great.
C'était affreux.	It was awful.

The imperfect tense can often be used for making excuses, for example in the following expressions:

Ce n'était pas de ma faute.	It wasn't my fault.
Je croyais/pensais que ...	I thought that ...
Je voulais seulement ...	I only wanted to ...
Je ne savais pas que ...	I didn't know that ...

The imperfect tense is also used with *depuis* to show how long something **had been** happening.

Ils habitaient là-bas depuis 10 ans.
They had been living there for 10 years.

14.7a Forming the imperfect tense

The endings for the imperfect tense are the same for all verbs:

je	... **ais**	nous	... **ions**
tu	... **ais**	vous	... **iez**
il	... **ait**	ils	... **aient**
elle	... **ait**	elles	... **aient**
on	... **ait**		

To form the imperfect tense, you take the *nous* form of the present tense, e.g. *nous allons*. Take away the *nous* and the *-ons* ending. This leaves the imperfect stem *all-*. Then add the imperfect endings:

j'all**ais**	nous all**ions**
tu all**ais**	vous all**iez**
il all**ait**	ils all**aient**
elle all**ait**	elles all**aient**
on all**ait**	

A few verbs form the imperfect stem (the part before the endings) in a different way, but the endings are always the same.
The most important exception is *être*. The imperfect stem is *ét-*.

j'étais	nous étions
tu étais	vous étiez
il était	ils étaient
elle était	elles étaient
on était	

In the present tense, verbs like *manger*, *ranger* etc. take an extra -e in the *nous* form. This is to make the g sound soft (like a j sound). However, the extra -e is not needed before *-i*:

je mang**e**ais	nous mangions
tu mang**e**ais	vous mangiez
il mang**e**ait	ils mang**e**aient
elle mang**e**ait	elles mang**e**aient
on mang**e**ait	

Similarly, with verbs like *commencer*, *lancer* etc. the final c becomes ç before *a* or *o* to make it sound soft. This gives *je commençais* but *nous commencions* etc.

14.8 Using the perfect and imperfect tenses

The imperfect tense and the perfect tense are often used together. One way to help you decide which tense to use is to imagine a river running along, with bridges crossing over it at intervals. The river represents something going on continuously, a state of affairs. The bridges cut across the river: they represent single actions, things that happened and are completed. The imperfect tense is like the river: it describes the state of things, what was going on, e.g. *il faisait beau*. The perfect tense is like the bridges: it is used for the actions and events, for single things which happened and are completed, e.g. *Nous sommes allés à la plage.*

14.9 The future tense

The future tense is used to describe what will (or will not) happen at some future time:

L'année prochaine, je passerai mes vacances à Paris.
Next year I'll spend my holidays in Paris.
Qu'est-ce que tu feras quand tu quitteras l'école?
What will you do when you leave school?

The future tense must be used after *quand* if the idea of future tense is implied. (This differs from English.)

Je lui dirai de vous téléphoner quand il rentrera.
I'll ask him to phone you when he gets home.

The endings for the future tense are the same as the endings of the verb *avoir* in the present tense.

je	... **ai**	nous	... **ons**
tu	... **as**	vous	... **ez**
il	... **a**	ils	... **ont**
elle	... **a**	elles	... **ont**
on	... **a**		

14.9a Regular -er and -ir verbs

To form the future tense of these verbs, you just add the endings to the infinitive of the verb:

travailler	je travaillerai	partir	nous partirons
donner	tu donneras	jouer	vous jouerez
finir	il finira	sortir	ils sortiront

14.9b Regular -re verbs

To form the future tense, you take the final -e off the infinitive and add the endings:

prendre	je prendrai
attendre	elles attendront

14.9c Irregular verbs

Some common verbs don't form the first part of the verb (the future stem) in this way. But they still have the same endings:

acheter	j'achèterai	faire	je ferai
aller	j'irai	pouvoir	je pourrai
avoir	j'aurai	recevoir	je recevrai
courir	je courrai	savoir	je saurai
devoir	je devrai	venir	je viendrai
envoyer	j'enverrai	voir	je verrai
être	je serai	vouloir	je voudrai

You will notice that, in all cases, the endings are added to a stem which ends in -r. This means that you will hear an r sound whenever the future tense is used.

14.9d *aller* + infinitive

You can use the present tense of the verb *aller* followed by an infinitive to talk about the future and what you are going to do:

Qu'est-ce que vous allez faire ce week-end?
What are you going to do this weekend?
Je vais passer le week-end à Paris.
I'm going to spend the weekend in Paris.

The imperfect tense of *aller* + infinitive is used to say what was about to happen when something else took place:

Il allait partir quand elle est arrivée
He was about to leave when she arrived.

14.10 The conditional tense

The conditional is used where 'would' or 'should' are used in English. It is a polite and less abrupt way of asking for something.

*Je **voudrais** partir maintenant.*	I **should like** to leave now.
***Pourriez**-vous m'aider?*	**Could** you help me?
*J'**aimerais** aller au Québec.*	I**'d love** to go to Quebec.

It is used to say what would happen if a particular condition were fulfilled:

*Si j'avais beaucoup d'argent, je **ferais** le tour du monde.*
If I had a lot of money, I**'d travel** round the world.

14.11 The pluperfect tense

The pluperfect tense is used to describe something that had already happened before something else occurred or before a fixed point in time.

Elle était déjà partie quand je suis arrivé.
She had already left, when I arrived.

The pluperfect tense is formed by using the imperfect tense of *avoir* or *être* and the past participle. The same rules about which verbs take *avoir* and which take *être* and about agreement of the past participle apply to both the perfect and the pluperfect tenses.

dire	**arriver**
j'avais dit (I **had** said)	j'étais arrivé(e) (I **had** arrived)
tu avais dit	tu étais arrivé(e)
il/elle/on avait dit	il/elle/on était arrivé(e)
nous avions dit	nous étions arrivé(e)s
vous aviez dit	vous étiez arrivé(e)(s)
ils/elles avaient dit	ils/elles étaient arrivé(e)s

14.12 'If' sentences

Sentences which contain two parts, one of which is an 'if' clause, normally follow one of the following patterns:

si + present tense, + future tense
si + imperfect tense, + conditional tense
si + pluperfect tense, + conditional perfect tense

*S'il **pleut** demain, je **resterai** à la maison.*
If it rains tomorrow, I'll stay at home.

***Sauriez**-vous quoi faire si la voiture **tombait** en panne?*
Would you know what to do, if the car broke down?

*Si tu m'**avais téléphoné** plus tôt, j'**aurais pu** venir.*
If you had phoned me earlier, I could have come.

14.13 The present subjunctive (HR)

The subjunctive is used after certain link words (*avant que* – before, *pour que* – so that, *bien que* – although) and to express:

- a necessity
  Il faut que tu partes.   You must leave.

- a possibility
  Tu viendras samedi, à moins que tu ne doives travailler.
  You'll come on Saturday, unless you have to work.

- a doubt
  Je ne suis pas sûr que mes parents puissent venir.
  I'm not sure that my parents can come.

- an opinion (but not a certainty)
  Je ne pense pas qu'il soit là.   I don't think he'll be there.

To form the subjunctive:
take the *ils/elles* form of the present tense, e.g. *ils travaill**ent***;
take off *-ent* to leave the stem **travaill**-;
add the endings (*-e, -es, -e, -ions, -iez, -ent*).

The following common verbs are irregular in the subjunctive:

aller – que j'aille   *avoir – que j'aie*
être – que je sois   *faire – que je fasse*
pouvoir – que je puisse   *savoir – que je sache*
vouloir – que je veuille

14.14 en + present participle

En + present participle is used when you want to describe two actions which happen more or less at the same time:

En sortant de l'hôtel, tournez à droite.
As you go out of the hotel, turn right.

It translates the English expressions 'whilst/while -ing' and 'by -ing'.

*Je me suis cassé la jambe **en faisant** du ski.*
I broke my leg (whilst) skiing.

***En mangeant** moins, on perd des kilos.*
By eating less, you lose weight.

It can be used in a special way with the verb *courir* – to run:

*Il est sorti de la banque **en courant**.*
He ran out of the bank.

The present participle is formed as follows:
take the *nous* form of the present tense, e.g. *nous faisons*;
delete the *nous* and the *-ons* ending to give the stem **fais-**;
then add *-ant* to give **faisant**.
Three important exceptions are:

être   **étant**
avoir   **ayant**
savoir   **sachant**

***Ayant** très peur, il a ouvert la porte.*
Feeling very frightened, he opened the door.

15 Reflexive verbs

15.1 Infinitive

Reflexive verbs are listed in a dictionary with the pronoun *se* (called the reflexive pronoun) in front of the infinitive, e.g. *se lever*. The *se* means 'self' or 'each other' or 'one another'.

Je me lave.	I get (myself) washed.
Ils se regardaient.	They were looking at each other.
Quand est-ce qu'on va se revoir?	
When shall we see one another again?	

15.1a Some common reflexive verbs

s'amuser	to enjoy oneself
s'appeler	to be called
s'approcher (de)	to approach
s'arrêter	to stop
se baigner	to bathe
se brosser (les dents)	to clean (your teeth)
se coucher	to go to bed
se débrouiller	to sort things out, manage
se dépêcher	to be in a hurry
se demander	to ask oneself, to wonder
se déshabiller	to get undressed
se disputer (avec)	to have an argument (with)
s'entendre (avec)	to get on (with)
se fâcher	to get angry
se faire mal	to hurt oneself
s'habiller	to get dressed
s'intéresser (à)	to be interested in
se laver	to get washed
se lever	to get up
se marier	to get married
se mettre à	to start, to get down to
s'occuper (de)	to be concerned (with)
se promener	to go for a walk
se reposer	to rest
se réveiller	to wake up
se sentir	to feel
se trouver	to be (situated)

15.2 The present tense

Many reflexive verbs are regular *-er* verbs:

Je me lave	I get washed
Tu te lèves?	Are you getting up?
Il se rase	He gets shaved
Elle s'habille	She gets dressed
On s'entend (bien)	We get on (well)
Nous nous débrouillons	We manage/We get by
Vous vous dépêchez?	Are you in a hurry?
Ils s'entendent (bien)	They get on (well)
Elles se disputent (toujours)	They are (always) arguing

15.3 Commands

To tell someone to do (or not to do) something, use the imperative or command form.
Reflexive verbs follow this pattern – in the *tu* form, *te* changes to *toi*:

Lève-toi!	Stand up!
Assieds-toi!	Sit down!
Amusez-vous bien!	Have a good time!
Présentons-nous!	Let's introduce ourselves!
Dépêchons-nous!	Let's hurry!

In the negative, this changes as follows:

Ne te lève pas!	Don't get up!
Ne vous inquiétez pas!	Don't worry!
Ne nous dépêchons pas!	Let's not rush!

15.4 The perfect tense

Reflexive verbs form the perfect tense with *être*. The past participle appears to agree with the subject: add an -e if the subject is feminine and an -s if it is plural. In fact the past participle is agreeing with the preceding direct object, which in reflexive verbs is usually the same as the subject.

se réveiller

je me suis réveillé(e)	*nous nous sommes réveillé(e)s*
tu t'es réveillé(e)	*vous vous êtes réveillé(e)(s)*
il s'est réveillé	*ils se sont réveillés*
elle s'est réveillée	*elles se sont réveillées*
on s'est réveillé(e)(s)	

15.5 Reflexive verbs and parts of the body

Reflexive verbs are often used when referring to a part of the body:

Je me suis coupé le pied.	I've cut my foot.
Il se brosse les dents.	He is cleaning his teeth.
Elle se lave la tête.	She is washing her hair.

Note: When a reflexive verb is used with a part of the body in the perfect tense, the past participle does not agree with the reflexive pronoun. This is because the reflexive pronoun acts as the indirect object in this instance and not the direct object:

Elle s'est lavé les mains avant de manger.
She washed her hands before eating.

Qu'est-ce qui ne va pas, Céline?	What's the matter, Céline?
Je me suis coupé le doigt.	I've cut my finger.

16 Verbs – some special uses

16.1 *avoir*

In French, *avoir* is used for certain expressions where the verb 'to be' is used in English:

J'ai ...	*... quatorze ans.*	I'm fourteen.
Tu as ...	*... quel âge?*	How old are you?
Il a ...	*... froid.*	He's cold.
Elle a ...	*... chaud.*	She's hot.
Nous avons ...	*... faim.*	We're hungry.
Vous avez ...	*... soif?*	Are you thirsty?
Ils ont ...	*... mal aux dents.*	They've got toothache.
Elles ont ...	*... peur.*	They're afraid.

Avoir is also used in *avoir besoin de*, meaning 'to need' (or 'to have need of').

J'ai besoin d'argent pour aller à Paris.
I need some money to go to Paris.

As-tu besoin d'argent?	Do you need any money?
Tout le monde en a besoin.	Everyone needs some.

16.2 *devoir*

The verb *devoir* has three different uses:

1 to owe
When it means 'to owe', *devoir* is not followed by an infinitive:

*Je te **dois** combien?*	How much do I **owe** you?

2 to have to, must
With this meaning, *devoir* is nearly always followed by a second verb in the infinitive:

*Je **dois** me dépêcher.*	I have to rush off.
*Elle **a dû** travailler tard.*	She had to work late.

3 ought to, should
When used in the conditional or conditional perfect, *devoir* means 'ought', 'should', 'ought to have' or 'should have'.

*Tu **devrais** venir me voir en été.*
You **should** come and see me in the summer.
*Il **aurait dû** rentrer avant minuit.*
He **should have** got home before midnight.

16.3 *être sur le point de*

This means 'to be about to do something'.
L'avion était sur le point de décoller quand ...
The plane was about to take off when ...

16.4 *être en train de*

This means 'to be in the middle of doing something'
J'étais en train de lui écrire, quand le téléphone a sonné.
I was in the process of writing to him when the phone rang.

16.5 *faire*

The verb *faire* is used with weather phrases:

Il fait beau.	The weather's fine.
Il fait froid.	It's cold.

It is also used to describe some activities and sports:

faire des courses	to go shopping
faire du vélo	to go cycling

16.6 *savoir* and *connaître* (to know)

Savoir is used when you want to talk about knowing specific facts or knowing how to do something.

Je ne savais pas que son père était mort.
I didn't know that his father was dead.

Tu sais faire du ski?	Do you know how to ski?

Connaître is used to say you know people or places. It has the sense of 'being acquainted with'.

Vous connaissez mon professeur de français?
Do you know my French teacher?

Il connaît bien Paris.	He knows Paris well.

16.7 *savoir* and *pouvoir* (know how to, can)

Savoir is used to say you can (know how to) do something.

Tu sais jouer du piano?
Can you (Do you know how to) play the piano?

Pouvoir is used to say whether something is possible or not.

Tu peux venir à la maison, samedi?
Can you (Is it possible for you to) come to the house on Saturday?

16.8 *venir de*

To say something has just happened, you use the present tense of
venir + *de* + the infinitive:

Elle vient de téléphoner.	She's just phoned.
Vous venez d'arriver?	Have you just arrived?
Ils viennent de partir.	They've just left.

To say something had just happened, you use the imperfect tense of
venir de + the infinitive:

Elle venait de partir, quand il a téléphoné.
She had just left when he phoned.

16.9 Verb + infinitive

Some verbs are nearly always used with the infinitive of another verb,
e.g. *pouvoir, devoir, vouloir* and *savoir*:

Est-ce que je peux vous aider?   Can I help you?

Vous devez prendre le métro à Bir-Hakeim.
You have to take the metro to Bir-Hakeim.

Voulez-vous jouer au tennis?
Do you want to play tennis?

The verb *savoir* + infinitive is used to talk about something you can do:

Je sais nager.   I can swim.
Il sait faire marcher l'ordinateur.
He knows how to work the computer.

16.10   *pour* + infinitive

In French, you use *pour* + infinitive to say 'in order to …':

Pour obtenir son numéro de téléphone, consultez l'annuaire.
To find out her telephone number, look in the directory.

Pour aller à l'hôpital, s'il vous plaît?
How do I get to the hospital, please?

16.11   Before and after

Avant de (**before**) is followed by the **infinitive** of the verb:
Elle m'a donné son adresse avant de partir.
She gave me her address before she left.

After doing something is expressed in French by *après avoir* or *après
être* + **past participle**:

Après avoir téléphoné au bureau, je suis parti.
After phoning the office, I left.

Après être arrivée à Paris, elle est allée à son hôtel.
After arriving in Paris, she went to her hotel.

This can only be used when the subject is the same for both verbs, i.e.
After **I** telephoned the office, **I** left.

The rules for the perfect tense regarding which verbs take *avoir* and which
take *être* and about agreement of the past participle also apply here.

17 Impersonal verbs

17.1 *falloir* (to be necessary, must, need)

This is an unusual verb which is only used in the *il* form and can have
different meanings according to the tense and context.

Il faut *deux heures pour aller à Paris.*
It takes two hours to get to Paris.
Il ne faut pas *stationner ici.*
You mustn't park here.

It can be used with an indirect object pronoun in the following way:

*Avez-vous tout ce qu'**il vous faut**?*
Do you have everything **you need**?
Il me faut *une serviette, s'il vous plaît.*
I need a towel please.

It can also be used in different tenses:
Il fallait *me le dire.*
You should have told me.
Il vous faudra *100 euros pour y aller.*
You will need 100 euros to go there.

17.2 Other impersonal verbs

These verbs are also mainly used in the *il* form.

il s'agit de	it's about
il vaut mieux	it's better to
il vaudrait mieux	it would be better to
il me reste 20 euros	I have 20 euros left
il manque une cuillère	there's a spoon missing
Ce qui manque ici, c'est un cinéma.	
What's missing here is a cinema.	

(*Manquer* can also be used in other forms, e.g.

J'ai manqué le train.	I've missed the train.)
Ça vous a plu?	Did you like it?
	(lit. Did it please you?)
Oui, ça m'a beaucoup plu.	Yes, I liked it a lot.
Ça vous intéresse, le sport?	Are you interested in sport?

18 Verb constructions

It is common to find two verbs in sequence in a sentence:
a main verb followed by an **infinitive**.
Sometimes the infinitive follows directly, sometimes you must use *à* or *de*
before the infinitive.

18.1 Verbs followed directly by the infinitive

adorer	to love
aimer	to like, love
aller	to go
compter	to count on, intend
désirer	to want, wish
détester	to hate
devoir	to have to, must
entendre	to hear
espérer	to hope
faillir	to nearly do something
faire	to have something done
monter	to go up(stairs)
oser	to dare
penser	to think, intend
pouvoir	to be able, can
préférer	to prefer
savoir	to know how
venir	to come
voir	to see
vouloir	to want, wish

*Que **pensez**-vous faire l'année prochaine?*
What are you thinking of doing next year?

***Aimez**-vous **étudier**?*	Do you like studying?
*Il **a fait réparer** son velo.*	He had his bike repaired.

18.2 Verbs followed by *à* + infinitive

A small number of verbs are followed by *à* + infinitive:

aider qqn à	to help someone to
s'amuser à	to enjoy doing
apprendre à	to learn to
commencer à	to begin to
consentir à	to agree to
continuer à	to continue to
encourager à	to encourage to
hésiter à	to hesitate to
s'intéresser à	to be interested in
inviter qqn à	to invite someone to
se mettre à	to begin to
passer (du temps) à	to spend time in
réussir à	to succeed in

*Il **a commencé à pleuvoir**.*
It started to rain/It started raining.
*J'**ai passé** tout le week-end **à faire** mes devoirs.*
I spent all weekend doing my homework.

18.3 Verbs followed by *de* + infinitive

Many verbs are followed by *de* + infinitive. Here are some of the most common:

arrêter de	to stop
cesser de	to stop
décider de	to decide to
se dépêcher de	to hurry
empêcher de	to prevent
essayer de	to try to
éviter de	to avoid
menacer de	to threaten to
être obligé de	to be obliged to
oublier de	to forget to
refuser de	to refuse to

*Il **a cessé de neiger**.*
It's stopped snowing.
*Nous **étions obligés de rester** jusqu'au matin.*
We had to stay until the morning.

Many expressions with *avoir* are followed by *de* + infinitive:

avoir besoin de	to need to
avoir l'intention de	to intend to
avoir peur de	to be afraid of
avoir le droit de	to have the right to, be allowed to
avoir le temps de	to have time to
avoir envie de	to wish, want to

*Elle **avait peur de dire** la vérité.*
She was afraid of telling the truth.

18.4 Verbs followed by *à* + person + *de* + infinitive

commander	to order
conseiller	to advise
défendre	to forbid
demander	to ask
dire	to tell
ordonner	to order
permettre	to allow
promettre	to promise
proposer	to suggest

*Elle **a demandé** à sa correspondante **de lui envoyer** une photo.*
She asked her penfriend to send her a photo.
*J'**ai conseillé** à ma sœur **de ne pas aller** à Paris.*
I advised my sister not to go to Paris.

Sometimes *à* + person is replaced by an indirect object pronoun:
*Il a permis **à son fils** de prendre sa voiture.*
He allowed his son to take the car.
*Il **lui** a permis de prendre sa voiture.*
He allowed him to take the car.

19 The passive

19.1 Using the passive

The passive form of the verb is used when the subject, instead of doing something (active form), has something done to it.
He **saw** the girl. (Active: he was doing the seeing.)
He **was seen** by the girl. (Passive: he was being seen.)
The passive is formed by using any tense of *être* with the past participle. The past participle is used like an adjective and agrees with the subject:

*Les passagers **sont priés** de monter dans le train.*
Passengers **are requested** to get in the train.

*Elle **était aimée** de tous.*	She **was loved** by everyone.
*Il **a été blessé**.*	He **has been injured**.
*Elle **a été piquée** par une guêpe.*	
She **was stung** by a wasp.	
*Le château **a été construit** au 16e siècle.*	
The castle **was built** in the 16th century.	

19.2 Avoiding the passive

If there is no mention of the person or thing who has performed the action, it is common to avoid using the passive by using the pronoun *on*:

On dit que …	It is said that …
On m'a averti que …	I have been informed that …

Sometimes, a reflexive verb can be used:

Ça se comprend.	That's understood.
Ça ne se traduit pas facilement.	
That can't be translated easily.	

20 Les verbes

20.1 Regular verbs

The following verbs show the main patterns for regular verbs. There are three main groups: those whose infinitives end in -er, -ir or -re. Verbs which do not follow these patterns are called irregular verbs.

infinitive	present	perfect	imperfect	future
jouer	je jou**e**	j'ai jou**é**	je jou**ais**	je jouer**ai**
to play	tu jou**es**	tu as jou**é**	tu jou**ais**	tu jouer**as**
	il jou**e**	il a jou**é**	il jou**ait**	il jouer**a**
imperative	elle jou**e**	elle a jou**é**	elle jou**ait**	elle jouer**a**
joue!	on jou**e**	on a jou**é**	on jou**ait**	on jouer**a**
jouons!	nous jou**ons**	nous avons jou**é**	nous jou**ions**	nous jouer**ons**
jouez!	vous jou**ez**	vous avez jou**é**	vous jou**iez**	vous jouer**ez**
	ils jou**ent**	ils ont jou**é**	ils jou**aient**	ils jouer**ont**
	elles jou**ent**	elles ont jou**é**	elles jou**aient**	elles jouer**ont**
choisir	je chois**is**	j'ai chois**i**	je chois**issais**	je choisir**ai**
to choose	tu chois**is**	tu as chois**i**	tu chois**issais**	tu choisir**as**
	il chois**it**	il a chois**i**	il chois**issait**	il choisir**a**
imperative	elle chois**it**	elle a chois**i**	elle chois**issait**	elle choisir**a**
choisis!	on chois**it**	on a chois**i**	on chois**issait**	on choisir**a**
choisissons!	nous chois**issons**	nous avons chois**i**	nous chois**issions**	nous choisir**ons**
choisissez!	vous chois**issez**	vous avez chois**i**	vous chois**issiez**	vous choisir**ez**
	ils chois**issent**	ils ont chois**i**	ils chois**issaient**	ils choisir**ont**
	elles chois**issent**	elles ont chois**i**	elles chois**issaient**	elles choisir**ont**
vendre	je vend**s**	j'ai vend**u**	je vend**ais**	je vendr**ai**
to sell	tu vend**s**	tu as vend**u**	tu vend**ais**	tu vendr**as**
	il vend	il a vend**u**	il vend**ait**	il vendr**a**
imperative	elle vend	elle a vend**u**	elle vend**ait**	elle vendr**a**
vends!	on vend	on a vend**u**	on vend**ait**	on vendr**a**
vendons!	nous vend**ons**	nous avons vend**u**	nous vend**ions**	nous vendr**ons**
vendez!	vous vend**ez**	vous avez vend**u**	vous vend**iez**	vous vendr**ez**
	ils vend**ent**	ils ont vend**u**	ils vend**aient**	ils vendr**ont**
	elles vend**ent**	elles ont vend**u**	elles vend**aient**	elles vendr**ont**

Some verbs are only slightly irregular. Here are some which you have met.
The main difference in the verbs **acheter** and **jeter** is in the *je, tu, il/elle/on* and *ils/elles* forms of the present tense and in the stem for the future tense:

infinitive	present	future	infinitive	present	future
acheter	j'ach**è**te	j'ach**è**terai	**jeter**	je je**tt**e	je je**tt**erai
to buy	tu ach**è**tes	tu ach**è**teras	*to throw*	tu je**tt**es	tu je**tt**eras
imperative	il ach**è**te	il ach**è**tera	**imperative**	il je**tt**e	il je**tt**era
ach**è**te!	nous achetons	nous ach**è**terons	je**tt**e!	nous jetons	nous je**tt**erons
achetons!	vous achetez	vous ach**è**terez	jetons!	vous jetez	vous je**tt**erez
achetez!	ils ach**è**tent	ils ach**è**teront	jetez!	ils je**tt**ent	ils je**tt**eront

manger (and **arranger**, **nager**, **partager**, **ranger**, **voyager** etc.)
There is an extra e before endings starting with a, o or u to make the g sound soft.
present: nous mang**e**ons; **imperfect:** je mang**e**ais etc.; **present participle:** en mang**e**ant

commencer (and **placer**, **remplacer** etc.)
The second c becomes ç before endings starting with a, o or u to make the c sound soft.
present: nous commen**ç**ons; **imperfect:** je commen**ç**ais etc.; **present participle:** en commen**ç**ant

20.2 Reflexive verbs

Reflexive verbs are used with a reflexive pronoun (*me, te, se, nous, vous*). Sometimes this means 'self' or 'each other'.
Many reflexive verbs are regular -er verbs and they all form the perfect tense with *être* as the auxiliary, so you must remember to make the past participle agree with the subject.

infinitive	present		perfect		imperative
se laver	je **me** lave	nous **nous** lavons	je **me** suis lavé(e)	nous **nous** sommes lavé(e)s	lave-**toi**!
to get washed,	tu **te** laves	vous **vous** lavez	tu **t'**es lavé(e)	vous **vous** êtes lavé(e)(s)	lavons-**nous**!
wash oneself	il **se** lave	ils **se** lavent	il **s'**est lavé	ils **se** sont lavés	lavez-**vous**!
	elle **se** lave	elles **se** lavent	elle **s'**est lavée	elles **se** sont lavées	
	on **se** lave		on **s'**est lavé(e)(s)		

Les verbes

20.3 Irregular verbs

In the following verbs the *il* form is given. The *elle* and *on* forms follow the same pattern unless shown separately.
The same applies to *ils* and *elles*.

infinitive	present	perfect	imperfect	future
aller	je vais	je suis allé(e)	j'allais	j'irai
to go	tu vas	tu es allé(e)	tu allais	tu iras
	il va	il est allé	il allait	il ira
imperative		elle est allée		
va!	nous allons	nous sommes allé(e)s	nous allions	nous irons
allons!	vous allez	vous êtes allé(e)(s)	vous alliez	vous irez
allez!	ils vont	ils sont allés	ils allaient	ils iront
		elles sont allées		
apprendre	see **prendre**			
to learn				
avoir	j'ai	j'ai eu	j'avais	j'aurai
to have	tu as	tu as eu	tu avais	tu auras
imperative	il a	il a eu	il avait	il aura
aie!	nous avons	nous avons eu	nous avions	nous aurons
ayons!	vous avez	vous avez eu	vous aviez	vous aurez
ayez!	ils ont	ils ont eu	ils avaient	ils auront
boire	je bois	j'ai bu	je buvais	je boirai
to drink	tu bois	tu as bu	tu buvais	tu boiras
imperative	il boit	il a bu	il buvait	il boira
bois!	nous buvons	nous avons bu	nous buvions	nous boirons
buvons!	vous buvez	vous avez bu	vous buviez	vous boirez
buvez!	ils boivent	ils ont bu	ils buvaient	ils boiront
comprendre	see **prendre**			
to understand				
conduire	je conduis	j'ai conduit	je conduisais	je conduirai
to drive	tu conduis	tu as conduit	tu conduisais	tu conduiras
imperative	il conduit	il a conduit	il conduisait	il conduira
conduis!	nous conduisons	nous avons conduit	nous conduisions	nous conduirons
conduisons!	vous conduisez	vous avez conduit	vous conduisiez	vous conduirez
conduisez!	ils conduisent	ils ont conduit	ils conduisaient	ils conduiront
connaître	je connais	j'ai connu	je connaissais	je connaîtrai
to know	tu connais	tu as connu	tu connaissais	tu connaîtras
imperative	il connaît	il a connu	il connaissait	il connaîtra
connais!	nous connaissons	nous avons connu	nous connaissions	nous connaîtrons
connaissons!	vous connaissez	vous avez connu	vous connaissiez	vous connaîtrez
connaissez!	ils connaissent	ils ont connu	ils connaissaient	ils connaîtront
considérer	see **espérer**			
to consider				
courir	je cours	j'ai couru	je courais	je courrai
to run	tu cours	tu as couru	tu courais	tu courras
imperative	il court	il a couru	il courait	il courra
cours!	nous courons	nous avons couru	nous courions	nous courrons
courons!	vous courez	vous avez couru	vous couriez	vous courrez
courez!	ils courent	ils ont couru	ils couraient	ils courront
croire	je crois	j'ai cru	je croyais	je croirai
to believe,	tu crois	tu as cru	tu croyais	tu croiras
to think	il croit	il a cru	il croyait	il croira
imperative	nous croyons	nous avons cru	nous croyions	nous croirons
crois!	vous croyez	vous avez cru	vous croyiez	vous croirez
croyons!	ils croient	ils ont cru	ils croyaient	ils croiront
croyez!				

infinitive	present	perfect	imperfect	future
devoir *to have to* **imperative** dois! devons! devez!	je dois tu dois il doit nous devons vous devez ils doivent	j'ai dû tu as dû il a dû nous avons dû vous avez dû ils ont dû	je devais tu devais il devait nous devions vous deviez ils devaient	je devrai tu devras il devra nous devrons vous devrez ils devront
dire *to say* **imperative** dis! disons! dites!	je dis tu dis il dit nous disons vous dites ils disent	j'ai dit tu as dit il a dit nous avons dit vous avez dit ils ont dit	je disais tu disais il disait nous disions vous disiez ils disaient	je dirai tu diras il dira nous dirons vous direz ils diront
dormir *to sleep* **imperative** dors! dormons! dormez!	je dors tu dors il dort nous dormons vous dormez ils dorment	j'ai dormi tu as dormi il a dormi nous avons dormi vous avez dormi ils ont dormi	je dormais tu dormais il dormait nous dormions vous dormiez ils dormaient	je dormirai tu dormiras il dormira nous dormirons vous dormirez ils dormiront
écrire *to write* **imperative** écris! écrivons! écrivez!	j'écris tu écris il écrit nous écrivons vous écrivez ils écrivent	j'ai écrit tu as écrit il a écrit nous avons écrit vous avez écrit ils ont écrit	j'écrivais tu écrivais il écrivait nous écrivions vous écriviez ils écrivaient	j'écrirai tu écriras il écrira nous écrirons vous écrirez ils écriront
envoyer *to send* **imperative** envoie! envoyons! envoyez!	j'envoie tu envoies il envoie nous envoyons vous envoyez ils envoient	j'ai envoyé tu as envoyé il a envoyé nous avons envoyé vous avez envoyé ils ont envoyé	j'envoyais tu envoyais il envoyait nous envoyions vous envoyiez ils envoyaient	j'enverrai tu enverras il enverra nous enverrons vous enverrez ils enverront
espérer *to hope* **imperative** espère! espérons! espérez!	j'espère tu espères il espère nous espérons vous espérez ils espèrent	j'ai espéré tu as espéré il a espéré nous avons espéré vous avez espéré ils ont espéré	j'espérais tu espérais il espérait nous espérions vous espériez ils espéraient	j'espérerai tu espéreras il espérera nous espérerons vous espérerez ils espéreront
essayer *to try* **imperative** essaie! essayons! essayez!	j'essaie tu essaies il essaie nous essayons vous essayez ils essaient	j'ai essayé tu as essayé il a essayé nous avons essayé vous avez essayé ils ont essayé	j'essayais tu essayais ils essayait nous essayions vous essayiez ils essayaient	j'essayerai tu essayeras il essayera nous essayerons vous essayerez ils essayeront
être *to be* **imperative** sois! soyons! soyez!	je suis tu es il est nous sommes vous êtes ils sont	j'ai été tu as été il a été nous avons été vous avez été ils ont été	j'étais tu étais il était nous étions vous étiez ils étaient	je serai tu seras il sera nous serons vous serez ils seront
faire *to do, make* **imperative** fais! faisons! faites!	je fais tu fais il fait nous faisons vous faites ils font	j'ai fait tu as fait il a fait nous avons fait vous avez fait ils ont fait	je faisais tu faisais il faisait nous faisions vous faisiez ils faisaient	je ferai tu feras il fera nous ferons vous ferez ils feront
falloir *must, is necessary*	il faut	il a fallu	il fallait	il faudra

infinitive	present	perfect	imperfect	future
se lever *to get up* **imperative** lève-toi! levons-nous! levez-vous!	je me lève tu te lèves il se lève nous nous levons vous vous levez ils se lèvent	je me suis levé(e) tu t'es levé(e) il s'est levé elle s'est levée nous nous sommes levé(e)s vous vous êtes levé(e)(s) ils se sont levés elles se sont levées	je me levais tu te levais il se levait nous nous levions vous vous leviez ils se levaient	je me lèverai tu te lèveras il se lèvera nous nous lèverons vous vous lèverez ils se lèveront
lire *to read* **imperative** lis! lisons! lisez!	je lis tu lis il lit nous lisons vous lisez ils lisent	j'ai lu tu as lu il a lu nous avons lu vous avez lu ils ont lu	je lisais tu lisais il lisait nous lisions vous lisiez ils lisaient	je lirai tu liras il lira nous lirons vous lirez ils liront
mettre *to put, put on* **imperative** mets! mettons! mettez!	je mets tu mets il met nous mettons vous mettez ils mettent	j'ai mis tu as mis il a mis nous avons mis vous avez mis ils ont mis	je mettais tu mettais il mettait nous mettions vous mettiez ils mettaient	je mettrai tu mettras il mettra nous mettrons vous mettrez ils mettront
mourir *to die* **imperative** meurs! mourons! mourez!	je meurs tu meurs il meurt nous mourons vous mourez ils meurent	je suis mort(e) tu es mort(e) il est mort elle est morte nous sommes mort(e)s vous êtes mort(e)(s) ils sont morts elles sont mortes	je mourais tu mourais il mourait nous mourions vous mouriez ils mouraient	je mourrai tu mourras il mourra nous mourrons vous mourrez ils mourront
naître *to be born*	je nais tu nais il naît nous naissons vous naissez ils naissent	je suis né(e) tu es né(e) il est né elle est née nous sommes né(e)s vous êtes né(e)(s) ils sont nés elles sont nées	je naissais tu naissais il naissait nous naissions vous naissiez ils naissaient	je naîtrai tu naîtras il naîtra nous naîtrons vous naîtrez ils naîtront
ouvrir *to open* **imperative** ouvre! ouvrons! ouvrez!	j'ouvre tu ouvres il ouvre nous ouvrons vous ouvrez ils ouvrent	j'ai ouvert tu as ouvert il a ouvert nous avons ouvert vous avez ouvert ils ont ouvert	j'ouvrais tu ouvrais il ouvrait nous ouvrions vous ouvriez ils ouvraient	j'ouvrirai tu ouvriras il ouvrira nous ouvrirons vous ouvrirez ils ouvriront
partir *to leave, depart* **imperative** pars! partons! partez!	je pars tu pars il part nous partons vous partez ils partent	je suis parti(e) tu es parti(e) il est parti elle est partie nous sommes parti(e)s vous êtes parti(e)(s) ils sont partis elles sont parties	je partais tu partais il partait nous partions vous partiez ils partaient	je partirai tu partiras il partira nous partirons vous partirez ils partiront
pleuvoir *to rain*	il pleut	il a plu	il pleuvait	il pleuvra
pouvoir *to be able to* *(I can etc.)*	je peux tu peux il peut nous pouvons vous pouvez ils peuvent	j'ai pu tu as pu il a pu nous avons pu vous avez pu ils ont pu	je pouvais tu pouvais il pouvait nous pouvions vous pouviez ils pouvaient	je pourrai tu pourras il pourra nous pourrons vous pourrez ils pourront

infinitive	present	perfect	imperfect	future
prendre	je prends	j'ai pris	je prenais	je prendrai
to take	tu prends	tu as pris	tu prenais	tu prendras
imperative	il prend	il a pris	il prenait	il prendra
prends!	nous prenons	nous avons pris	nous prenions	nous prendrons
prenons!	vous prenez	vous avez pris	vous preniez	vous prendrez
prenez!	ils prennent	ils ont pris	ils prenaient	ils prendront
préférer	see **espérer**			
to prefer				
recevoir	je reçois	j'ai reçu	je recevais	je recevrai
to receive	tu reçois	tu as reçu	tu recevais	tu recevras
imperative	il reçoit	il a reçu	il recevait	il recevra
reçois!	nous recevons	nous avons reçu	nous recevions	nous recevrons
recevons!	vous recevez	vous avez reçu	vous receviez	vous recevrez
recevez!	ils reçoivent	ils ont reçu	ils recevaient	ils recevront
rire	je ris	j'ai ri	je riais	je rirai
to laugh	tu ris	tu as ri	tu riais	tu riras
imperative	il rit	il a ri	il riait	il rira
ris!	nous rions	nous avons ri	nous riions	nous rirons
rions!	vous riez	vous avez ri	vous riiez	vous rirez
riez!	il rient	ils ont ri	ils riaient	ils riront
savoir	je sais	j'ai su	je savais	je saurai
to know	tu sais	tu as su	tu savais	tu sauras
imperative	il sait	il a su	il savait	il saura
sache!	nous savons	nous avons su	nous savions	nous saurons
sachons!	vous savez	vous avez su	vous saviez	vous saurez
sachez!	ils savent	ils ont su	ils savaient	ils sauront
sortir	see **partir**			
to go out				
tenir	je tiens	j'ai tenu	je tenais	je tiendrai
to hold	tu tiens	tu as tenu	tu tenais	tu tiendras
imperative	il tient	il a tenu	il tenait	il tiendra
tiens!	nous tenons	nous avons tenu	nous tenions	nous tiendrons
tenons!	vous tenez	vous avez tenu	vous teniez	vous tiendrez
tenez!	ils tiennent	ils ont tenu	ils tenaient	ils tiendront
venir	je viens	je suis venu(e)	je venais	je viendrai
to come	tu viens	tu es venu(e)	tu venais	tu viendras
imperative	il vient	il est venu	il venait	il viendra
viens!		elle est venue		
venons!	nous venons	nous sommes venu(e)s	nous venions	nous viendrons
venez!	vous venez	vous êtes venu(e)(s)	vous veniez	vous viendrez
	ils viennent	ils sont venus	ils venaient	ils viendront
		elles sont venues		
vivre	je vis	j'ai vécu	je vivais	je vivrai
to live	tu vis	tu as vécu	tu vivais	tu vivras
imperative	il vit	il a vécu	il vivait	il vivra
vis!	nous vivons	nous avons vécu	nous vivions	nous vivrons
vivons!	vous vivez	vous avez vécu	vous viviez	vous vivrez
vivez!	ils vivent	ils ont vécu	ils vivaient	ils vivront
voir	je vois	j'ai vu	je voyais	je verrai
to see	tu vois	tu as vu	tu voyais	tu verras
imperative	il voit	il a vu	il voyait	il verra
vois!	nous voyons	nous avons vu	nous voyions	nous verrons
voyons!	vous voyez	vous avez vu	vous voyiez	vous verrez
voyez!	ils voient	ils ont vu	ils voyaient	ils verront
vouloir	je veux	j'ai voulu	je voulais	je voudrai
to want	tu veux	tu as voulu	tu voulais	tu voudras
imperative	il veut	il a voulu	il voulait	il voudra
veuille!	nous voulons	nous avons voulu	nous voulions	nous voudrons
veuillons!	vous voulez	vous avez voulu	vous vouliez	vous voudrez
veuillez!	ils veulent	ils ont voulu	ils voulaient	ils voudront

Vocabulaire par thèmes
General vocabulary

1 Asking and answering questions

a Des questions — Question words

c'est quoi?	what is it?
combien?	how many?
combien de temps?	how long? how much time?
comment?	how, what … like?
de quelle couleur?	what colour?
lequel/laquelle/ lesquels/lesquelles?	which one(s)?
où?	where?
pourquoi?	why?
qu'est-ce que c'est?	what is it/that?
qu'est-ce que tu aimes comme …?	what sort of … do you like?
quand?	when?
que?/qu'est-ce que?	what?
que veut dire …?	what does … mean?
quel/quelle/ quels/ quelles …?	what …? which …?
qui?	who?
quoi?	what?

b Pour répondre aux questions — Answering questions

il y a …	there is …/there are …
il n'y a pas …	there isn't …/ there aren't …
c'est …	it's …
ce n'est pas …	it isn't …
voici …	here is …/here are …
voilà …	there is …/there are …
voilà pourquoi	that's why
celui-ci/celle-ci	this one
celui-là/celle-là	that one
parce que	because
peut-être	perhaps
c'est possible	it's possible
je ne sais pas	I don't know

2 Saying where things are

a C'est où? — Where is it?

à	in, at, to
à côté de	next to
au bord de	on the edge of
au bout de	at the end of
au centre de	at the centre of
au coin de	at the corner of
au-dessous de	below
au-dessus de	above
au fond de	at the bottom of
au milieu de	in the middle of
autour de	around
avant	before
contre	against
dans	in
dedans	inside
derrière	behind
devant	in front of
en bas	below
en haut	above
en face de	opposite
entre	in between

ici	here
jusqu'à	as far as
là	there
là-bas	over there
loin de	far from
vers	towards
continuer	to continue
descendre	to go down
monter	to go up

b À quelle distance? How far?

loin de	far from
près de	near
près d'ici	near here
proche	nearby, close
tout près	very close
à … kilomètres de	… kilometres from
à … milles de	… miles from

c Quelle direction? Which direction?

à droite	(on the) right
à gauche	(on the) left
tout droit	straight ahead

d Les points cardinaux — Points of the compass

nord	north
sud	south
est	east
ouest	west
nord-est	north-east
nord-ouest	north-west
sud-est	south east
sud-ouest	south-west

e Les pays, les continents, les nationalités — Countries, continents, nationalities

Afrique (f); africain	Africa; African
Maroc (m); marocain	Morocco; Moroccan
Sénégal (m); sénégalais	Senegal; Senegalese
Amérique (f); américain	America; American
Antilles (f pl); antillais	West Indies; West Indian
Canada (m); canadien	Canada; Canadian
États-Unis (m pl)	United States
Asie (f); asiatique	Asia; Asian
Chine (f); chinois	China; Chinese
Inde (f); indien	India; Indian
Japon (m); japonais	Japan; Japanese
Pakistan (m); pakistanais	Pakistan; Pakistani
Australie (f); australien	Australia; Australian
Nouvelle-Zélande (f); néo-zélandais	New Zealand; New Zealander
Europe (f); européen	Europe; European
Allemagne (f); allemand	Germany; German
Angleterre (f); anglais	England; English

Autriche (f); autrichien	Austria; Austrian
Belgique (f); belge	Belgium; Belgian
Danemark (m); danois	Denmark; Danish
Écosse (f); écossais	Scotland; Scottish
Espagne (f); espagnol	Spain; Spanish
France (f); français	France; French
Grèce (f); grec(que)	Greece; Greek
Hollande (f); hollandais	Holland; Dutch
Irlande (f); irlandais	Ireland; Irish
Irlande du Nord (f);	Northern Ireland;
irlandais du Nord	Northern Irish
Italie (f); italien	Italy; Italian
Norvège (f); norvégien	Norway; Norwegian
Pays-Bas (m pl); hollandais	Holland; Dutch
pays de Galles (m); gallois	Wales; Welsh
Portugal (m); portugais	Portugal; Portuguese
Royaume-Uni (m) britannique	United Kingdom; British
Suède (f); suédois	Sweden; Swedish
Suisse (f); suisse	Switzerland; Swiss

3 Numbers

a Les nombres — Numbers

0	zéro	21	vingt et un
1	un	22	vingt-deux
2	deux	23	vingt-trois
3	trois	30	trente
4	quatre	31	trente et un
5	cinq	40	quarante
6	six	41	quarante et un
7	sept	50	cinquante
8	huit	51	cinquante et un
9	neuf	60	soixante
10	dix	61	soixante et un
11	onze	70	soixante-dix
12	douze	71	soixante et onze
13	treize	72	soixante-douze
14	quatorze	80	quatre-vingts
15	quinze	81	quatre-vingt-un
16	seize	82	quatre-vingt-deux
17	dix-sept	90	quatre-vingt-dix
18	dix-huit	91	quatre-vingt-onze
19	dix-neuf	100	cent
20	vingt	1000	mille
		1 000 000	(un) million

b Dans l'ordre — In order

premier (première)	first
deuxième	second
troisième	third
quatrième	fourth
cinquième	fifth

vingtième	twentieth
vingt et unième	twenty-first

4 Time and date

a *L'heure* The clock

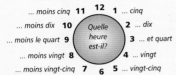

Il est une heure/deux heures/trois heures …

... moins cinq ... cinq
... moins dix ... dix
... moins le quart ... et quart
... moins vingt ... vingt
... moins vingt-cinq ... vingt-cinq
... et demie

Quelle heure est-il?

12:00	Il est midi. Il est minuit.	12:30	Il est midi et demi. Il est minuit et demi.

b *Les jours de la semaine* Days of the week

lundi	Monday
mardi	Tuesday
mercredi	Wednesday
jeudi	Thursday
vendredi	Friday
samedi	Saturday
dimanche	Sunday

c *Les mois de l'année* Months of the year

janvier	January
février	February
mars	March
avril	April
mai	May
juin	June
juillet	July
août	August
septembre	September
octobre	October
novembre	November
décembre	December

d *Les saisons* Seasons

en hiver (m)	in winter
au printemps (m)	in spring
en été (m)	in summer
en automne (m)	in autumn

e *Expressions utiles* General time expressions

après	after
avant de (+ infinitive)	before
combien de temps?	how long?
combien de fois?	how often?
d'abord	first of all
d'habitude	normally
de temps en temps	now and again
durer	to last
encore une fois	once more
enfin	at last
en général	in general
ensuite	next
généralement	usually
longtemps	for a long time
normalement	normally
parfois	sometimes
plus tard	later
puis	then
quelquefois	sometimes

seulement	only
souvent	often
toujours	always
tous les jours	every day
toutes les (dix) minutes	every (ten) minutes
très peu de	very little, not much

5 Describing things

a *C'est comment?* What's it like?

bas	low
carré	square
court	short
en forme de tube	tube-shaped
étroit	narrow
grand	tall
gros(se)	big
haut	high
large	wide
long(ue)	long
mince	thin, slim
moyen	average
(tout) neuf (toute neuve)	(brand) new
nouveau (nouvel, nouvelle)	new
petit	small
rayé	striped
rond	round
vide	empty
vieux (vieil, vieille)	old

b *Les quantités* Quantities

assez	enough
beaucoup	a lot
boîte (f)	box, tin
bouteille (f)	bottle
demi-douzaine (f)	half dozen
encore du/de la/de l'/des	some more …
gramme (m)	gram
kilo (m)	kilo
litre (m)	litre
moins	less
morceau (m)	piece
paquet (m)	packet
un peu (plus)	a little (more)
plein de	full of
plus de	more (of)
plusieurs	several
portion (f)	portion
pot (m)	pot
presque	almost
quelques	a few
rien	nothing
rondelle (f)	round slice
tablette (f)	bar (chocolate etc.)
tout	everything
tranche (f)	slice
très	very
trop	too much

c *Les couleurs* Colours

blanc (blanche)	white
bleu	blue
bleu marine (inv. doesn't agree)	navy blue
blond	blond

brun	brown
châtain	brown (hair)
(bleu) clair	light (blue)
(vert) foncé	dark (green)
gris	grey
jaune	yellow, tan
marron (inv. doesn't agree)	brown (eyes)
noir	black
orange	orange
pourpre	purple
rose	pink
rouge	red
roux (rousse)	red/auburn (hair)
vert	green
violet(te)	violet

d *C'est en quelle matière?* What's it made of?

en argent	silver
en bois	wood
en coton	cotton
en cuir	leather
en laine	wool
en métal	metal
en nylon	nylon
en or	gold
en plastique	plastic
en soie	silk

e *Des caractéristiques physiques* Appearance

avoir environ … ans	to be aged about …
avoir l'air	to seem
barbe (f)	beard
beau (bel, belle)	beautiful/lovely/good looking
chauve	bald
cheveux (m pl)	hair
court(e)	short
fort	well built, strong
frisé	curly
grand	tall
gros(se)	big
joli	pretty
long(ue)	long
lunettes (f pl)	glasses
mince	slim
moustache (f)	moustache
petit	small
raide	straight
sembler	to seem
de taille moyenne	medium size
yeux (m pl)	eyes

f *Des caractéristiques personnelles* Personal characteristics

agréable	pleasant
aimable	polite, kind, likeable
ambitieux(-euse)	ambitious
amusant	amusing, funny
calme	quiet
content	happy, contented
équilibré	well balanced
fatigant	tiring
fort	strong
généreux(-euse)	generous
gentil(le)	nice, kind
heureux(-euse)	happy
honnête	honest
impatient	impatient

impoli	impolite, rude
intelligent	intelligent
malheureux (-euse)	unhappy
méchant	naughty, bad, spiteful
mignon(ne)	sweet, cute
optimiste	optimistic
paresseux(-euse)	lazy
patient	patient
pessimiste	pessimistic
plein de vie	full of life
poli	polite
sportif(-ive)	sporty, athletic
sympa (inv.)	nice
timide	shy
travailleur(-euse)	hard working

6 Opinions

a *On donne son avis*
Giving your opinion

à mon avis	in my opinion
je n'ai vraiment pas d'opinion	I have no strong feelings about it
ça, c'est très important	that's very important
par contre	on the other hand
il y a du pour et du contre	there are points for and against
je pense que ...	I think that ...
je trouve cela amusant/ étonnant/ intéressant	I think it's enjoyable/ astonishing/ interesting etc.

b *On fait une réflexion*
Commenting on something

ça me fait rire	it makes me laugh
ça me fait pleurer	it makes me cry
ça m'énerve	it gets on my nerves
c'est très bien	that's very good
c'est bien triste	that's very sad
c'est vraiment affreux	that's really awful
c'est difficile	that's difficult
c'est (bien) dommage	that's a (real) pity
Félicitations!	Congratulations!
tu as/vous avez de la chance	you're lucky

c *Des réflexions positives*
Positive comments

c'est .../ c'était ...	it is .../it was ...
amusant	amusing
bien	good
drôle	funny
excellent	excellent
fantastique	fantastic
formidable	great
génial	brilliant
intéressant	interesting
pas mal	not bad
passionnant	exciting
super	super
touchant	touching

d *Des réflexions négatives*
Negative comments

c'est .../c'était ...	it is .../it was ...
affreux	dreadful

bête	stupid
ennuyeux	boring
mauvais	bad
moche	lousy
nul	rubbish
pénible	painful, tiresome

e *On est d'accord*
Agreeing with someone

je suis de votre avis	I'm of the same opinion
c'est exactement ce que je pense	that's exactly what I think
je suis d'accord	I agree
c'est bien mon avis	that's certainly my opinion
c'est ça	that's right
voilà	that's it
tu as/vous avez raison	you're right
moi aussi, je pense ...	I also think ...

... mais pas tout à fait   *... but only to a degree*

oui, mais ...	yes, but ...
ça dépend	it depends
c'est possible	it's possible
peut-être	perhaps
je ne suis pas tout à fait d'accord	I don't entirely agree
je n'en suis pas sûr(e)/certain(e)	I'm not sure

f *On n'est pas d'accord*
Disagreeing with someone's view

là, je ne suis (absolument) pas d'accord	there I disagree (entirely)
je ne suis pas du tout d'accord	I disagree entirely

7 Communications

a *L'informatique*   **ICT**

base de données (f)	database
brancher	to plug in
cartouche (f)	cartridge
CD-ROM/ cédérom (m)	CD-ROM
charger	to load
clavier (m)	keyboard
cliquer sur	to click on
couper-coller	to cut and paste
curseur (m)	cursor
disque dur (m)	hard disk
disquette (f)	floppy disk
écran (m)	screen
effacer	to delete
en ligne	on line
'envoi'	'return'
fermer	to shut down
fichier (m)	file
imprimante (f)	printer
lecteur de CD-ROM (m)	CD-ROM drive
lien (m)	link
marquer	to highlight
menu (m)	menu
message (m)	message
moniteur (m)	monitor

mot de passe (m)	password
ordinateur (m)	computer
réseau (m)	network
sauvegarder	to save
scanner (m)	scanner
site web (m)	website
souris (f)	mouse
surfer sur Internet	to surf the net
tableur (m)	spreadsheet
taper	to type
touche (f)	key
touche-espace (f)	space bar
traitement de texte (m)	word processing
visualiser	to display

b *Au téléphone*   **Using the telephone**

annuaire (m) **(électronique)**	(computerised) phone directory
âllo	hello
à l'appareil	speaking
attendre la tonalité	to wait for dialling tone
c'est de la part de qui?	who's speaking?
composer le numéro	to dial
coup de téléphone (m)	phone call
coup de fil (m)	phone call
décrocher	to pick up the receiver
indicatif (m)	area code
laisser un message	to leave a message
lentement	slowly
ne quittez pas	hold the line
numéro (m)	number
occupé	engaged
en PCV	reverse charges
(téléphone) portable (m)	mobile (phone)
poste (m)	extension
prendre un message	to take a message
raccrocher	to hang up
rappeler	to call back
remercier	to thank
répéter	to repeat
répondeur automatique (m)	answering machine
se tromper de numéro	to get a wrong number
sonner	to ring
télécarte (f)	phone card
téléphoner	to phone
zéro	zero

c *On écrit des lettres aux amis*
Writing letters to friends

Salut!	Hallo! Hi!
(Mon) cher/ (Ma) chère/(Mes) chers ...	(My) dear ...
Chers (Chères) ami(e)s	Dear friends
Maintenant, je dois terminer ma lettre.	
I must stop now.	
J'espère te/vous lire bientôt	
I hope to hear from you soon	

En attendant de tes/vos nouvelles
Waiting to hear from you
Écris/Écrivez-moi bientôt Write soon
Encore merci pour tout
Once again, thanks for everything
Bien à vous Yours,
Amicalement Best wishes
(Meilleures) Best wishes
amitiés
Ton ami(e) Your friend
Ton/Ta Your penfriend
correspondant(e)
Je t'embrasse Love
Bises/Bisous Love and kisses

d *On écrit des lettres formelles*
Writing formal letters
Monsieur/ Dear Sir(s)
Messieurs
Madame/ Dear Madam
Mademoiselle
Veuillez Please send me …
m'envoyer …
Je voudrais vous demander de …
I would like to ask you to …
Je vous prie de … Please …
Je serais très reconnaissant(e) si
vous pouviez … I would be very
grateful if you could …
Vous seriez très aimable de me faire
savoir …
Would you kindly let me know …
Dans l'attente de votre réponse
Looking forward to hearing from you
Par avance, je vous remercie de votre
réponse
Thanking you in advance for your reply
Je vous prie de croire en mes
sentiments les meilleurs
Yours sincerely
Veuillez agréer, Monsieur/Madame/
Mademoiselle, l'expression de mes
sentiments les plus distingués
Yours sincerely

8 Describing events

a *On parle du passé*
Talking about the past
à cette at that time
époque(-là)
l'année last year
dernière
auparavant previously, beforehand
autrefois formerly, in the past
avant-hier the day before
yesterday
ce jour-là that day
dans le temps in the past, in olden
days
en ce temps-là at that time
hier yesterday
hier matin/soir yesterday morning/
evening
un jour d'hiver one winter's day
pendant les during the last
dernières holidays
vacances
la semaine last week
dernière

samedi dernier last Saturday
dimanche last Sunday, I went
dernier, je suis allé(e) …
j'ai vu … I saw
je me suis très I had a good time
bien amusé(e)
il faisait it was hot/cold
chaud/froid
c'était it was fun/tiring
amusant/fatigant
ce n'était pas très intéressant
it wasn't very interesting

b *On parle du présent*
Talking about the present
à présent at present
aujourd'hui today
chaque année, every year, in the
au mois de … month of …
en ce moment at the moment

c *On parle de l'avenir*
Talking about the future
après-demain the day after
tomorrow
bientôt soon
ce soir this evening
(tonight)
cet été this summer
dans cinq in five days/weeks
jours/semaines
dans dix ans in ten years
dans dix in ten minutes
minutes
dans l'avenir in the future
demain tomorrow
demain tomorrow afternoon
après-midi
l'année next year
prochaine
la semaine next week
prochaine
plus tard later
un de ces jours one of these day
un jour dans one day in the future
l'avenir
l'année prochaine, je voudrais
voyager …
next year, I would like to travel…
un jour, je voudrais travailler en
France one day I would like to work
in France.
quand je quitterai l'école, j'aimerais
travailler dans l'informatique
when I leave school, I would like to work
in the computer industry
je ne sais pas ce que je ferai plus
tard dans la vie
I don't know what I'll do later in life
il y aura … there will be …

d *Des mots et des phrases de liaison*
Linking words and phrases
à la fin in the end
à ma grande to my great surprise
surprise
ainsi thus
alors in that case, then, so
car for, because
cependant however
c'est-à-dire that is to say
d'abord (at) first

d'ailleurs moreover, besides
déjà already
de toute façon in any case
donc therefore, so
du moins at any rate
en ce moment at that very moment
même
en effet indeed, as a matter
of fact
en fait in fact
en général in general
enfin at last, finally
ensuite then, next
et … et both … and
finalement finally
heureusement fortunately
lorsque when
mais but
malgré in spite of
malheureusement unfortunately
naturellement of course
parce que because
par conséquent as a result,
consequently
peut-être perhaps
pourtant however
puis then, next
quand when
quand même all the same
soudain suddenly
surtout above all
tandis que while, whereas
tout à coup suddenly
tout de suite immediately
après afterwards

9 Social issues, citizenship and responsibilities

a *Les problèmes dans le monde*
Worldwide problems
accident (m) accident
alcool (m) alcohol
attaquer to attack
attentat à la bomb attack
bombe (m)
avalanche (f) avalanche
avoir lieu to take place
blessé(e) wounded
cancer (m) cancer
cambriolage (m) burglary
catastrophe (f) disaster
chômage (m) unemployment
crise (f) crisis
dégâts (m pl) damage
délit (m) offence, crime
disparaître disappear
disparu disappeared
drogue (f) drugs
explosion (f) explosion
faim (f) hunger
famine (f) famine
graffiti (m pl) graffiti
grave serious
(en) grève (f) (on) strike
guerre (f) war
incendie (m) fire
inondation (f) flood
manifestation (f) demonstration
meurtre (m) murder

mort	dead
mort (f)	death
racisme(m)	racism
les sans-abri (m pl)	the homeless
SDF (sans domicile fixe)	homeless
sécheresse (f)	drought
soupçonner	to suspect
tabagisme (m)	smoking
tempête (f)	gale, storm
tremblement de terre (m)	earthquake
tuer	to kill
victime (f)	victim
vol (m)	theft
voler	to steal
voleur(-euse) (m/f)	thief
voyou (m)	hooligan, thug

b *L'aide humanitaire*
Humanitarian aid

aider	to help
Croix rouge (f)	Red cross
gouvernement (m)	government
humanitaire	humanitarian
organisation humanitaire (f)	charity
volontaire	volunteer; voluntary

c *L'environnement* **The environment**

agriculture biologique (f)	organic farming
bruit (m)	noise
centre de recyclage (m)	recycling centre
(gaz) CFC (m pl)	CFC gases
conserver	to preserve
couche d'ozone (f)	ozone layer
déchets (m pl)	rubbish
écologie (f)	ecology
emballage (m)	wrapping/packaging material
énergie (f)	energy
effet de serre (m)	greenhouse effect
faire des économies d'énergie	to save energy
gaspiller	to waste
jeter	to throw (away)
lutter contre la pollution	to fight pollution
nettoyer	to clean
planète (f)	planet
pluies acides (f pl)	acid rain
polluer	to pollute
poubelle (f)	dustbin
protection de la nature (f)	protection of nature
protéger	to protect
réchauffement (m) **de la planète**	global warming
recycler	to recycle
réduire	to reduce
réutiliser	to reuse
sauver	to save
terre (f)	earth
toxique	poisonous

trier	to sort out
vert	green, ecological

10 Classroom language and instructions

a *Des activités de classe*
Classroom activities

il s'agit de	it's about
aider	to help
allumer	to switch on
apprendre (par cœur)	to learn (by heart)
avoir raison	to be right
avoir tort	to be wrong
chercher dans le dictionnaire	to look up in a dictionary
choisir	to choose
commencer	to begin
comparer	to compare
compléter	to complete
comprendre	to understand
corriger	to correct
dessiner	to draw, design
deviner	to guess
distribuer	to give out
donner	to give
écouter	to listen
écrire	to write
effacer	to rub out
emprunter	to borrow
encore une fois	once more
entendre	to hear
essayer	to try
éteindre	to switch off
expliquer	to explain
fermer	to close
finir	to finish
gagner	to win
mettre dans le bon ordre	to put in the right order
montrer	to show
noter	to make a note of
oublier	to forget
ouvrir	to open
parler	to speak
penser	to think
perdre	to lose
poser une question	to ask a question
pouvoir	to be able
prêter	to lend
ranger	to tidy up, put away
remplir	to fill in
répéter	to repeat
répondre	to reply
savoir	to know
souligner	to underline
tourner	to turn
travailler (à deux/en équipes)	to work (in pairs/in teams)
trouver	to find
vérifier	to check

b *Le matériel scolaire*
School materials

baladeur (m)	personal stereo
bic (m)	biro
bureau (m)	desk

cahier (m)	exercise book
calculette (f)	calculator
calculatrice (f)	calculator
cartable (m)	school bag
cassette (vidéo) (f)	(video) cassette
chaise (f)	chair
craie (f)	chalk
crayon (m)	pencil
feuille (f)	sheet of paper
feutre (m)	felt-tip pen
gomme (f)	rubber
lecteur de CD (m)	CD player
livre (m)	book
magnétophone (m)	cassette recorder
magnétoscope (m)	video recorder
ordinateur (m)	computer
projecteur (m)	overhead projector
règle (f)	ruler, rule
stylo (à bille) (m)	(ballpoint) pen
table (f)	table
tableau (m)	board; picture
taille-crayon (m)	pencil sharpener
trousse (f)	pencil case

c *Des difficultés de langue*
Language difficulties

Tu comprends?/ Vous comprenez?	Do you understand?
Excusez-moi, mais je n'ai pas compris.	Sorry, but I didn't understand.
Je ne comprends pas (très bien).	I don't understand (very well).
Pouvez-vous/ Peux-tu répéter cela?	Could you repeat that?
Pouvez-vous/ Peux-tu parler plus fort/plus lentement, s'il vous/te plaît?	Could you speak more loudly/more slowly, please?
Qu'est-ce que ça veut dire (en anglais)?	What does that mean (in English)?
Comment dit-on 'computer' en français?	What's the French for computer?
Ça s'écrit comment?	How is that spelt?
C'est pour …	It's for/to …
C'est le contraire de …	It's the opposite of …
Comment?	Pardon? What was that?
Pouvez-vous/ Peux-tu écrire cela?	Could you write that down?
machin (m)	thing, gadget
truc (m)	trick, knack; thingummy

This lists topic vocabulary linked to each unit which is additional to the *Lexiques* in that unit.

Unité 1 Myself, family and friends

**a *Les détails personnels*
Personal information**

adresse (f)	address
âge (m)	age
anniversaire (m)	birthday
date de naissance (f)	date of birth
lieu de naissance (m)	place of birth
nationalité (f)	nationality
né(e)	born
nom de famille (m)	surname
numéro de téléphone (m)	telephone number
prénom (m)	first name
as-tu un téléphone portable?	do you have you a mobile phone?
quel est votre/ ton numéro de téléphone?	what is your number?

**b *Au bureau de poste* At the post office
(des mots supplémentaires)**

à l'étranger	abroad
adresse (f)	address
boîte aux lettres (f)	letter box
bureau de poste (m)	post office
cabine téléphonique (f)	phone booth
carte postale (f)	postcard
code postal (m)	post code
colis (m)	package
courrier (m)	mail, post
enveloppe (f)	envelope
envoyer	to post
imprimés (m pl)	printed material
lettre (f)	letter
levée (f)	collection
mettre à la poste	to post
paquet (m)	parcel
par avion	by air
peser	to weigh
poste restante (f)	poste restante
tabac (m)	tobacconist's
télécarte (f)	phone card
timbre (m)	stamp

c *Les animaux* Pets

chat (m)	cat
cheval (m)	horse
chien (m)	dog
cobaye, cochon d'Inde (m)	guinea pig
gerbille (f)	gerbil
hamster (m)	hamster
lapin (m)	rabbit
oiseau (m)	bird
patte (f)	paw
perroquet (m)	parrot
perruche (f)	budgerigar
poisson rouge (m)	goldfish
queue (f)	tail
serpent (m)	snake
souris (f)	mouse
tortue (f)	tortoise

**d *Des expressions de politesse*
Social conventions**

à tout à l'heure!	see you later!
au revoir	goodbye
bonjour!	hello/good morning!
bonne nuit!	good night!
bonsoir!	good evening!
bravo!	well done!
cadeau (m)	present
carte d'anniversaire (f)	birthday card
carte de vœux (f)	greetings card
félicitations!	congratulations!
(à votre) santé!	good health!
(comment) ça va?	how are you?
bien, merci	fine, thanks
pas mal	not bad
comme ci comme ça	not too bad
et toi/vous?	how about you?
salut!	hello!/hi!
à bientôt/ ce soir/ demain/	see you soon/ this evening/ tomorrow

e *Mes amis et moi* My friends and me

ami(e) (m/f)	friend
amitié (f)	friendship
amour (m)	love
amoureux	in love
camarade (m/f)	colleague, classmate
copain (copine) (m/f)	friend
critiquer	to criticise
dispute (f)	argument
meilleur(e) ami(e) (m/f)	best friend
petit(e) ami(e)	boyfriend/ girlfriend
s'entendre avec	to get on with
se disputer	to argue
sens de l'humour (m)	sense of humour
voisin(e) (m/f)	neighbour

Voir aussi les Lexiques:
Les pays, les nationalités – *Countries, nationalities* (page 7)
Des mots interrogatifs – *Question words* (page 8)
Fêtes et expressions de politesse – *Special occasions and phrases* (page 12)
Au bureau de poste – At *the post office* (page 13)
La famille – *The family* (page 14)

Pour faire une description – *Descriptions* (page 20)
Les vêtements – *Clothes* (page 20)
La bijouterie – *Jewellery* (page 20)
Pour décrire le caractère de quelqu'un – *Describing someone's character* (page 23)
On échange des coordonnées – *Exchanging details* (page 24)
On veut se revoir – *Arranging to see someone again* (page 24)

Unité 2 France, town, country and home

a *La France*

Des fleuves (m pl)	Rivers
la Garonne	Garonne
la Loire	Loire
le Rhône	Rhone
la Seine	Seine

Des montagnes (f pl)	Mountain ranges
les Alpes	Alps
le Massif Central	Central massif
les Pyrénées	Pyrenees
les Vosges	Vosges

Des mers (f pl)	Seas
la mer Méditerranée	Mediterranean Sea
la mer du Nord	North Sea
la Manche	Channel
l'océan atlantique (m)	Atlantic Ocean

Des régions (f pl)	Regions
la Bretagne	Brittany
la Côte d'Azur	Côte d'Azur
le Midi	South of France
la Normandie	Normandy
la région parisienne	Paris area

**b *La ville, c'est comment?*
What's the town like?**

améliorer	to improve
animé	lively
attraction (f)	attraction
calme	quiet
ce qui manque ici, c'est …	what's missing here, is …
détendu	relaxed
distractions (f pl)	entertainment
habitant (m)	inhabitant
historique	historical
industriel	industrial
joli	pretty
million de (m)	million
piéton (m)	pedestrian
piste cyclable (f)	cycle track
pittoresque	picturesque
quartier (m)	district
rue (f)	street
touristique	which attracts tourists
transports en commun (m pl)	public transport
vue (f)	view

Vocabulaire par thèmes

Unité 3 Travel and transport

a Expressions générales
General expressions

annuler	to cancel
arrivée (f)	arrival
arriver	to arrive
attendre	to wait for
bagages (m pl)	luggage
ceinture de sécurité (f)	seat belt
changer	to change
contrôler	to check
contrôleur (m)	inspector
départ (m)	departure
descendre de	to get off
destination (f)	destination
gare routière (f)	bus and coach station
jour férié (m)	public holiday
manquer	to miss
monter dans	to get on
montrer	to show
partir	to leave
piéton(ne) (m/f)	pedestrian
prendre	to take
ralentir	to slow down
retard (m)	delay
rue (f)	street
s'arrêter	to stop
transports en commun (m pl)	public transport
tunnel (m)	tunnel
véhicule (m)	vehicle
vérifier	to check

b Des panneaux — **Road signs**

défense de stationner	parking forbidden
interdit aux piétons	no pedestrians
limitation de vitesse (f)	speed limit
passage à niveau (m)	level crossing
sens interdit	no entry
sens unique	one way

c En route — **On the road**
(des mots supplémentaires)

amende (f)	fine
carte routière (f)	road map
garer la voiture/se garer	to park a car
limite de vitesse (f)	speed limit
permis de conduire (m)	driving licence
coffre (m)	boot
freins (m pl)	brakes
marque (f)	make
mécanicien(ne)	mechanic
moteur (m)	engine
numéro d'immatriculation (m) registration number	
en panne	broken down
siège (m)	seat (in vehicle)

d À vélo — **By bike**

anti-vol (m)	padlock
casque (m)	helmet
crevaison (f)	puncture
piste cyclable (f)	cycle track
pneu (m)	tyre
pompe (f)	pump
roue (f)	wheel
VTT (vélo tout terrain) (m)	mountain bike

e On voyage en mer — **Travelling by sea**

aéroglisseur (m)	hovercraft
bateau (m)	boat
débarquer	to disembark
embarquer	to embark
ferry (m)	ferry
gare (f) maritime	ferry terminal
gilet de sauvetage (m)	life jacket
mal de mer (m)	sea sickness
port (m)	port
traversée (f)	crossing
traverser (la Manche)	to cross (the Channel)

Unité 4 Staying with a family

a On fait connaissance
Meeting people

tu connais …?	do you know …?
voici …	this is …
vous connaissez …?	do you know …?
je te présente (mon oncle)	I'd like to introduce you to (my uncle)
enchanté(e)!	delighted to meet you!
(je suis) heureux(-euse) de faire votre/ta connaissance	(I am) pleased to meet you
bienvenue (chez nous)	welcome (to our house)

b Des expressions de politesse
Social conventions

as-tu bien dormi?	did you sleep well?
bonne nuit!	good night!
bonne fin de séjour!	enjoy the rest of your stay!
bon retour!	have a good journey back!
bonnes vacances!	have a good holiday!

c La télévision — **TV**

acteur (actrice)	actor
allumer	to switch on
bande dessinée (f)	cartoon
chaîne (f)	TV channel
débat (m)	debate, discussion
dessin animé (m)	cartoon
documentaire (m)	documentary
émission (f)	programme
en direct (de)	live (from)
éteindre	to switch off
fermer	to close down, switch off
feuilleton (m)	serial, soap
film (m)	film
il s'agit de	it's about
informations (f pl)	news
jeu (m)	game
journal télévisé (m)	news
magazine (m)	general interest programme
poste (m)	set (radio or TV)
présentateur (-trice) (m/f)	presenter
publicité (f)	advertising
série (f)	series
télécommande (f)	remote control
variétés (f pl)	variety programme
vedette (f)	star, personality
zapping (m)	channel hopping

d Des réflexions — **General comments**

ça détend	it's relaxing
ça divertit	it's entertaining
ça me fait rire	it makes me laugh
ça me fait pleurer	it makes me cry
ça m'énerve	it gets on my nerves
ça m'intéresse	that interests me
j'adore	I love (it)
j'aime	I like
je déteste	I hate (it)
je m'intéresse à	I'm interested in
je trouve ça bête/ridicule	I find it stupid

e On dit 'merci' — **Thanking someone**

je vous/te remercie	I would like to thank you
je me suis très bien amusé(e)	I had a good time
j'ai surtout aimé	I especially liked

j'espère que	I hope you'll be	**durer**	to last	**sciences**	natural sciences
vous pourrez	able to come	**école maternelle/**	nursery/primary	**naturelles** (f pl)	
revenir/venir	again/come to my	**primaire** (f)	school	**sciences**	physical sciences
chez moi	house	**élève** (m/f)	pupil	**physiques** (f pl)	
merci beaucoup	thank you very	**emploi du**	timetable	**sport** (m)	sport
pour votre/ton	much for your	**temps** (m)		**technologie** (f)	technology
hospitalité (f)/	hospitality/	**équipe** (f)	team		
invitation (f)	invitation	**étude** (f)	study period		
mille fois merci	many thanks	**facultatif**	optional		

d *Les matières et moi*
School subjects and me

je suis faible en … I'm weak/not very good at …
je suis fort(e) en … I'm good at …
je suis moyen(ne) en … I'm average at …
je suis nul(le) en … I'm hopeless at …
ma matière préférée est … my favourite subject is …

f *Quand on vous remercie*
Acknowledging thanks

de rien	not at all
il n'y a pas de quoi	that's ok
je vous en prie	it's a pleasure
mon plaisir	it's a pleasure

interne (m/f)	boarder
leçon (f)	lesson
lycée (m)	school for 16–19 year olds
membre (m)	member
mi-trimestre (f)	mid-term, half term
natation (f)	swimming
note (f)	mark
obligatoire	compulsory
pause de midi (f)	midday break
faire des progrès	to improve, make progress
orchestre (m)	orchestra
récréation (f)	break
rentrée scolaire (f)	return to school
sonnerie (f)	bell
trimestre (m)	term
vacances scolaires (f pl)	school holidays

g *On a perdu quelque chose*
Losing something

bureau des objets trouvés (m)	the lost property office
commissariat (m)	police station
contenu (m)	contents
fiche (f)	form
forme (f)	shape
marque (f)	brand, make
matière (f)	material
perdre	to lose
porte-feuille (m)	wallet
porte-monnaie (m)	purse
remplir	to fill in, complete
trouver	to find
valeur (f)	value
vide	empty
voler	to steal
voleur (voleuse)	thief

e *On fait des achats*
Shopping

à partir de	(starting) from
acheter	to buy
annonce (f)	notice, announcement
ascenseur (m)	lift
caisse (f)	till, cash desk
centre commercial (m)	shopping mall/ centre
en promotion	on special offer
en vitrine	in the window
étage (m)	floor, storey, level
faire du lèche-vitrines	to go window shopping
fermer	to close
grand magasin (m)	department store
grande surface (f)	large store
gratuit	free
jusqu'à	until
le/la/les meilleur(e)(s)	the best
marque (f)	brand name, designer label
meilleur(e)(s)	better (adjective)
niveau (m)	level/floor
ouvert	open
ouvrir	to open
payer	to pay for
prix (m)	price
produit (m)	product
réduit	reduced
remise (f)	discount
rez-de-chaussée (m)	ground floor
sous-sol (m)	basement
vendre	to sell

b *Les années scolaires* **The school years**

entrer en sixième	to start at secondary school
je suis en sixième	I am in Year 7
sixième (f)	Year 7
cinquième (f)	Year 8
quatrième (f)	Year 9
troisième (f)	Year 10
seconde (f)	Year 11
première (f)	Year 12/Lower Sixth
terminale (f)	Year 13/Upper Sixth/ final year

Voir aussi les Lexiques:

Dans l'avenir – *In the future*
(page 70)

A mettre dans sa valise – *Things to take on holiday* (page 75)

Chez une famille – *At a family's home* (page 76)

Difficultés de langue – *Language problems* (page 77)

Des opinions – *Opinions* (page 78)

Le travail à la maison – *Household tasks* (page 82)

Pour décrire quelque chose – *Describing something* (page 85)

Dire au revoir et merci – *Saying goodbye and thank you* (page 88)

Le voyage – *The journey* (page 89)

c *Les matières* **School subjects**

allemand (m)	German
anglais (m)	English
arts plastiques (m pl)	art and craft
biologie (f)	biology
chimie (f)	chemistry
dessin (m)	art
EPS (éducation physique et sportive) (f)	P.E.
espagnol (m)	Spanish
français (m)	French
géographie (f)	geography
gymnastique (f)	gymnastics
histoire (f)	history
informatique (f)	computing
instruction civique (f)	citizenship
instruction religieuse (f)	religious instruction
langues vivantes (f pl)	modern languages
latin (m)	Latin
maths (f pl)	maths
musique (f)	music
physique (f)	physics
sciences économiques (f pl)	economics

Unité 5 Daily routine, school life and shopping

a *À l'école* **At school**

bulletin (m)	report
chorale (f)	choir
classe (f)	class
club (m)	club
collège (m)	school for 11–14 or 15-year-olds
cours (m)	lesson
demi-pensionnaire (m/f)	pupil who has lunch at school
devoirs (m pl)	homework

f *On achète des vêtements*
Buying clothes
(des mots supplémentaires)

à carreaux	check(ed)
beau (bel, belle, beaux, belles)	beautiful
(en) coton (m)	cotton
(en) laine (f)	wool
essayer	to try on
joli	pretty
modèle (m)	style
rayé	striped
tissu (m)	fabric
uni	plain
c'est quelle taille?	what size is it?
vous faites quelle taille?	what size are you?

je fais du trente-huit	I'm size 38
petit/moyen/grand	small/medium/large
je peux l'essayer?	may I try it on?
ça te/vous va très bien	it suits you very well
c'est trop grand/ petit/long/court	it's too big/small/ long/short

g *On rend des achats* **Returning items**

cassé	broken
déchiré	torn
échanger	to change
un défaut (m)	a fault
il manque …	… is missing
marcher	to work
ça ne marche pas	it doesn't work
reçu (m)	receipt
je regrette	I'm sorry
rembourser	to refund
pouvez-vous me rembourser?	can you give me a refund?
remplacer	to replace
remplacement (m)	replacement
il/elle a rétréci	it's shrunk
tache (f)	stain
trou (m)	hole

Voir aussi les Lexiques:
La routine – *Routine* (page 92)
La vie au collège – *School life* (page 94)
Les locaux – *School premises* (page 95)
Les magasins – *Shops* (page 103)
Les cadeaux – *Presents* (page 104)
L'argent – *Money* (page 104)
On achète des vêtements – *Buying clothes* (page 106)

Unité 6 Food and drink

a *La nourriture (des mots supplémentaires)* **Food**

baguette (f)	French loaf
biscuits (m pl)	plain biscuits
bonbon (m)	sweet
chips (m pl)	crisps
confiture (f)	jam
crème fraîche (f)	fresh cream
gâteau (m)	cake
huile (d'olive) (f)	(olive) oil
lait (pasteurisé) (m)	(pasteurised) milk
miel (m)	honey
œuf (m)	egg
œuf à la coque	boiled egg
pain (m)	bread
pâtes (f pl)	pasta
petits gâteaux (m pl)	sweet biscuits
poisson (m)	fish
riz (m)	rice
salade (f)	green salad, lettuce
soupe (f)	soup
spaghettis (m pl)	spaghetti
sucre (m)	sugar
toast (m)	toast
vinaigre (m)	vinegar

b *Les légumes (m pl)* **Vegetables**

ail (m)	garlic
artichaut (m)	artichoke
avocat (m)	avocado
betterave (f)	beetroot
carotte (f)	carrot
champignon (m)	mushroom
chou (m)	cabbage
chou de Bruxelles (m)	Brussels sprout
chou-fleur (m)	cauliflower
concombre (m)	cucumber
haricot vert (m)	green bean
laitue (f)	lettuce
oignon (m)	onion
petits pois (m pl)	peas
poireau (m)	leek
pomme de terre (f)	potato
radis (m)	radish
salade (f)	(green) salad

c *Les fruits (m pl)* **Fruit**

abricot (m)	apricot
ananas (m)	pineapple
banane (f)	banana
cerise (f)	cherry
citron (m)	lemon
fraise (f)	strawberry
framboise (f)	raspberry
figue (f)	fig
kiwi (m)	kiwi fruit
melon (m)	melon
orange (f)	orange
pamplemousse (m)	grapefruit
pêche (f)	peach
poire (f)	pear
pomme (f)	apple
prune (f)	plum
raisin (m)	grape
tomate (f)	tomato

d *Les noix (f pl)* **Nuts**

cacahuète (f)	peanut
noisette (f)	hazel nut

e *Les magasins d'alimentation* **Food shops**

alimentation générale (f)	general food shop, grocer's
boucherie (f)	butcher's
boulangerie (f)	baker's
charcuterie (f)	delicatessen, pork butcher's
confiserie (f)	confectioner's, sweet shop
crémerie (f)	dairy (and grocer's)
épicerie (f)	grocer's
marchand de fruits/légumes (m)	greengrocer's
marché (m)	market
pâtisserie (f)	cake shop
poissonnerie (f)	fishmonger's

Voir aussi les Lexiques:
Les repas – *Meals* (page 111)
La nourriture – *Food: general words, describing food, accepting and declining food* (pages 112, 115)
Le végétarisme – *Vegetarianism* (page 116)
Pour acheter des provisions – *Buying provisions* (page 117)

Les casse-croûtes – *Snacks* (page 122)
Les boissons – *Drinks* (page 122)
Les quantités – *Quantities* (page 122)
Au café – *At the café* (page 123)
Où manger – *Where to eat* (page 125)
Le repas – *The meal (courses, dishes etc.)* (page 126)
Au restaurant – *At a restaurant* (page 127)
Des problèmes – *Problems* (page 129)

Unité 7 Free time

a *Les passe-temps* **Hobbies**

cinéma (m)	cinema
bricolage (m)	DIY
collectionner	to collect
couture (f)	sewing
faire une collection (de timbres)	to collect (stamps)
cuisine (f)	cooking
être fana de	to be a fanatic about
être membre d'un club	to be a member of a club
faire des promenades	to go for walks
faire du théâtre	to do drama
faire partie de	to belong to
informatique (f)	computing
jeu électronique (m)	electronic game
jeu de société (m)	board game
jeu vidéo (m)	video game
jouer aux cartes/ aux échecs	to play cards/ chess
lecture (f)	reading
loisirs (m pl)	leisure
musique (f)	music
orchestre (m)	orchestra
passe-temps (m)	hobby
peinture (f)	painting
photo(graphie) (f)	photography

b *On fait du sport* **Taking part in sport**

alpinisme (m)	mountaineering
arbitre (m)	referee
athlétisme (m)	athletics
badminton (m)	badminton
basket (m)	basketball
canne à pêche (f)	fishing rod
championnat (m)	championship
cyclisme (m)	cycling
danse (f)	dance
s'entraîner	to train
équipe (f)	team
équitation (f)	horse-riding
escalade (f)	climbing
escrime (f)	fencing
football (m)	football
gagner	to win
golf (m)	golf
gymnastique (f)	gymnastics
handball (m)	handball
hockey (m)	hockey
joueur(-euse) (m/f)	player
judo (m)	judo
karaté (m)	karate
match (m)	match
match nul (m)	draw
natation (f)	swimming

patin à glace/ roulettes (m)	ice/roller skating
patinage (m)	ice skating
pêche (f)	fishing
piste (f)	track, ski run
planche à voile (f)	windsurfing
pratiquer un sport	to practise a sport
roller (m)	rollerblading
rugby (m)	rugby
skate (m)	skateboarding
ski (m)	skiing
sportif(-ive)	interested in sport
sports d'hiver (m pl)	winter sports
stade (m)	stadium
tennis (m)	tennis
terrain (m)	ground
tir à l'arc (m)	archery
vélo tout terrain (VTT) (m)	mountain biking
voile (f)	sailing
volley(ball) (m)	volleyball
vol libre (m)	hang-gliding
yoga (m)	yoga

c *Qu'est-ce qu'il y a?* **What's on?**

adulte (m/f)	adult
avoir lieu	to take place
au balcon (m)	in the circle
c'est combien?	how much is it?
commencer	to begin
coûter	to cost
enfant (m/f)	child
entrée (f)	entrance ticket
fermé	closed
groupe (m)	group, party
interdit	forbidden
à l'orchestre (m)	in the stalls
ouvert	open
à partir de	from
place (f)	place
prix (m)	price
programme (m)	programme
qu'est-ce qu'il y a?	what's on?
qu'est-ce qu'on passe au cinéma?	what's on at the cinéma?
réduction (f)	reduction
réserver	reserve
séance (f)	performance
tarif réduit (m)	reduced price
tlj (tous les jours)	every day, daily

d *Au cinéma (des mots supplémentaires)* **At the cinema**

cinéma (m)	cinema
dessin animé (m)	cartoon
doublé	dubbed
durer	to last
écran (m)	screen
effets spéciaux (m pl)	special effects
en version originale	with original soundtrack
entracte (m)	interval
entrée (f)	entrance, ticket
film (m)	film
– comique	comedy film
– d'amour	love story
– d'aventures	adventure film
– d'épouvante	thriller
– de science-fiction	science fiction film
– fantastique	fantasy film

– policier (un polar)	crime film
jouer	to act
séance (f)	performance, showing
sous-titré	subtitled
vedette de cinéma (f)	film star

e *Des distractions* **Entertainment**

s'amuser	to have fun, a good time
avoir lieu	to take place
bal (m)	dance
boîte de nuit (f)	night club
boum (f)	party
cinéma (m)	cinema
cirque (m)	circus
club des jeunes (m)	youth club
concert (m)	concert
discothèque (f)	disco
exposition (f)	exhibition
fête (f)	party
fête foraine (f)	funfair
feu d'artifice (m)	firework display
musée (m)	museum
parc d'attractions (m)	theme park
soirée (f)	party
spectacle (m)	show
théâtre (m)	theatre

Voir aussi les Lexiques:
Surfer sur Internet – *Surfing on the Internet* (page 132)
La musique – *Music* (page 133)
On écoute la radio – *Listening to the radio* (page 134)
La lecture – *Reading* (page 138)
La presse – *The press* (page 141)
On s'excuse – *Making excuses and responding* (page 144)
Au cinéma – *At the cinema* (page 146)
On discute des films – *Talking about films* (page 147)

Unité 8 Holidays, weather, accommodation

a *On parle des vacances* **Talking about holidays**

à la campagne	in the countryside
à la montagne	in the mountains
annulé	cancelled
appareil photo (m)	camera
assurance de voyage (f)	travel insurance
au bord de la mer	at the seaside
bagages (m pl)	luggage
baignade (f)	bathing
caméscope (m)	video camera
chantier (m)	work camp
circuit (m)	tour
contrôles de sécurité (m pl)	security control
destination (f)	destination
douane (f)	customs
entrée (f)	entrance
hébergement (m)	accommodation

matelas pneumatique (m)	lilo
mer (f)	sea
onde (f)	wave
passeport (m)	passport
plage (f)	beach
retard (m)	delay
rocher (m)	rock
sable (m)	sand
se dépayser	to get away from it all
stage (m)	course
station balnéaire (f)	seaside resort
station de ski (f)	ski resort
traversée (f)	crossing
trousse de toilette (f)	wash bag
vague (f)	wave
valise (f)	suitcase
voyager	to travel

b *La météo* **The weather**

agréable	pleasant
averse (f)	rain shower
beau	fine
brouillard (m)	fog
brume (f)	mist
brumeux	misty
chaud	hot
chute de neige (f)	a snowfall
ciel (m)	sky
couvert	overcast
climat (m)	climate
degré (m)	degree
éclaircie (f)	sunny period
ensoleillé	sunny
fort	strong
foudre (f)	lightning, thunderbolt
froid	cold
geler	to freeze
léger	light
mauvais	bad weather
météo (f)	weather forecast/ service
neiger	to snow
nuage (m)	cloud
nuageux	cloudy
orage (m)	storm
orageux	stormy
pleuvoir (il pleut)	to rain (it's raining)
pluie (f)	rain
pluvieux	rainy
prévisions (f pl)	forecast
soleil (m)	sun
température (f)	temperature
temps (m)	weather
variable	variable
vent (m)	wind
verglas (m)	black ice

c *Au gîte* **Staying in a gite (rented property)**

allumer l'électricité/le gaz	to turn on the electricity/gas
en bon état	in good condition
fermer l'électricité/le gaz	to turn off the electricity/gas
fermer la porte à clef	to lock the door
inventaire (f)	inventory
locataire (m/f)	tenant, lodger
prise de courant (f)	socket, plug

propriétaire (m/f)	owner
règle (f)	rule
se servir de	to use, make use of
utiliser	to use

Voir aussi les Lexiques:
Des vacances – *Holidays in general*
(page 150)
À l'office de tourisme – *At the tourist office* (page 155)
À l'hôtel – *At an hotel* (pages 157–159)
Le camping – *Camping* (page 165)
Du matériel utile – *Useful equipment*
(page 165)
À l'auberge de jeunesse – *At the youth hostel* (page 166)

Unité 9 Health and fitness

a *Les parties du corps* **Parts of the body**

bouche (f)	mouth
bras (m)	arm
cheville (f)	ankle
cou (m)	neck
cœur (m)	heart
dent (f)	tooth
doigt (m)	finger
dos (m)	back
estomac (m)	stomach
figure (f)	face
genou (m)	knee
gorge (f)	throat
jambe (f)	leg
joue (f)	cheek
main (f)	hand
nez (m)	nose
œil (les yeux) (m)	eye
oreille (f)	ear
peau (f)	skin
pied (m)	foot
poitrine (f)	chest
sang (m)	blood
tête (f)	head
ventre (m)	stomach
visage (m)	face
voix (f)	voice

b *Chez le médecin* **At the doctor's**
(des mots supplémentaires)

avoir mal	to have a pain, ache
avoir mal au cœur	to feel sick
blessé	injured
blessure (f)	injury
bouger	to move
cabinet du médecin (m)	doctor's consulting room
chirurgien (m)	surgeon
coup de chaleur (m)	heatstroke
coupure (f)	cut
docteur (m)	doctor
dormir	to sleep
guérir	to get better, to heal
insolation (f)	sunstroke
malade	ill
piqûre (f)	sting; injection
prendre un rendez-vous	to make an appointment
se blesser	to injure oneself
se brûler	to burn oneself

se casser (le bras)	to break (one's arm)
se couper	to cut oneself
se faire mal	to hurt
se reposer	to rest
souffrir	to suffer
tomber malade	to fall ill
tousser	to cough

c *En cas d'urgence*
Emergencies, warnings, instructions

accident (m)	accident
aider	to help
ambulance (f)	ambulance
attention!	look out!
avoir le droit de	to have the right to, to be allowed to
chien méchant	dangerous dog
dangereux	dangerous
défense de	forbidden to
feu (m)	fire
incendie (m)	fire
interdit	forbidden
obligatoire	obligatory, compulsory
permis	allowed, permitted
police (f)	police
pompiers (m pl)	fire service
premiers soins (m pl)	first aid
SAMU (m)	emergency medical aid
au secours!	help!

d *En forme?*
Healthy and unhealthy lifestyles

alcool (m)	alcohol
arrêter de fumer	to stop smoking
ça me fait du bien	it does me good
faire de l'exercice	to do physical exercise
faire du sport	to do sport
forme (f)	fitness, well-being
fumer	to smoke
fumeur (m)	smoker
garder la forme	to keep fit
matière grasse (f)	fat (food)
mode de vie (m)	lifestyle
nourriture (f)	food
respirer	to breathe
rester en forme	to remain fit
s'entraîner	to get fit, to train
sain	healthy, well
santé (f)	health
sucrerie (f)	sugary food
tabac (m)	tobacco
tabagisme (m)	smoking

Voir aussi les Lexiques:
À la pharmacie – *At the chemist's*
(page 172)
Le corps humain – *Parts of the body*
(page 175)
Chez le dentiste – *At the dentist's*
(page 181)
Chez le médecin – *At the doctor's*
(page 182)
Ça va ou ça va pas? – *Describing mood*
(page 184)

Unité 10 Future plans, work and careers

a *Les projets d'avenir* **Future plans**

apprentissage (m)	apprenticeship
avoir l'intention de	to intend to
carrière (f)	career
chance (f)	luck
choisir	to choose
commencer	to begin
conseiller(-ère) d'orientation (m/f)	careers adviser
devenir	to become
diplôme (m)	diploma, qualification
espérer	to hope
étudiant(e) (m/f)	student
étudier	to study
examen (m)	exam
faculté (f)	university
faire des études	to study
faire un stage en entreprise	to do work experience/a placement
formation (f)	training
lycée (m)	senior school or sixth form college
lycée technique (m)	technical college
matière (f)	school subject
note (f)	mark
profession (f)	occupation
projets (m pl) (précis)	(definite) plans
quitter le collège	to leave school
rater (fam.)	to fail, miss (slang)
résultats (m pl)	results
rêve (m)	dream
se spécialiser	to specialise
(entrer) en terminale	(to go into) the Upper Sixth
travailler	to work
université (f)	university

b *Quel genre de travail?*
What kind of work?

un travail ...	a job ...
dans l'armée	in the army
dans le commerce	in commerce, business
dans la fonction publique	in the civil service
dans l'informatique	in computing
dans l'industrie	in industry
dans le marketing	in marketing
de bureau	in an office
en plein air	in the open air
qui me permettra de voyager à l'étranger	that will enable me to travel abroad

c *Les métiers* **Jobs**
(des mots supplémentaires)

agent de police (m)	police officer
agriculteur (-rice) (m/f)	farmer
assistant(e) social(e) (m/f)	social worker
avocat(e) (m/f)	lawyer
boucher(-ère) (m/f)	butcher

boulanger(-ère) (m/f)	baker
chanteur(-euse) (m/f)	singer
conducteur (-trice) (m/f)	driver
cuisinier(-ère) (m/f)	cook
dentiste (m/f)	dentist
électricien(ne) (m/f)	electrician
épicier(-ère) (m/f)	grocer
fonctionnaire (m/f)	civil servant
garagiste (m/f)	garage owner/ mechanic
instituteur (-trice) (m/f)	primary school teacher
journaliste (m/f)	journalist
médecin (m)	doctor
photographe (m/f)	photographer
pilote (m)	pilot
pompier (m)	firefighter
professeur (m)	teacher
programmeur (-euse) (m/f)	programmer

d Le chômage   **Unemployment**

ANPE (f)	unemployment office
chômage (m)	unemployment
chômeur(-euse) (m/f)	unemployed (person)
demande d'emploi (f)	situation wanted
emploi (m)	job
être au chômage	to be unemployed
licenciement (m)	redundancy
offre d'emploi (f)	job advert, vacancy
travail (m)	work

e Aspects du travail   **Aspects of work**

agence (f)	agency
apprenti(e) (m/f)	apprentice
bien payé	well paid
employé(e) (m/f)	employee
employeur (m)	employer
entreprise (f)	company, business
expérimenté	experienced
faire du classement	to do filing
gagner	to earn
horaires de travail (m pl)	hours of work
jour de congé (m)	day off
jour férié (m)	public holiday
mal payé	badly paid
par heure	by hour
par jour	by day
patron(ne) (m/f)	boss, owner
publicité (f)	advertising
réunion (f)	meeting

**f L'argent de poche et les petits jobs
Pocket money and part-time work**

acheter	to buy
animateur (-trice) (m/f)	organiser, presenter
annonce (f)	advert
argent de poche (m)	pocket money
assez	enough
boulot (m) (fam.)	job (slang)
chercher	to look for
connaissance (f)	knowledge, acquaintance
CV (m)	CV

dépenser	to spend
déposer sur son compte	to put into one's account
depuis	since, for
distribuer	to deliver
donner	to give
écrire	to write
entretien (m)	job interview
faire des économies	to save
faire du baby-sitting	to babysit
formulaire (m)	form
interview (f)	interview
livrer	to deliver
maître-nageur (m)	life guard
moniteur(-trice) (m/f)	instructor
payer	to pay
petite annonce (f)	small ad
poser sa candidature	to apply
pourboire (m)	tip
se présenter	to present oneself

Voir aussi les Lexiques:
Les examens – *Exams* (page 191)
Un stage en entreprise – *Work experience*
(page 194)
Les métiers – *Jobs* (page 196)
Le monde du travail – *The world of work*
(page 199)
Au bureau – *In the office* (page 200)
Au téléphone – *On the phone* (page 201)

A

à (au, à la, à l', aux) in, at, to
à l'appareil on the phone, speaking
à bientôt see you later
à carreaux check(ed)
à cause de because of
à côté de next to, beside
à demain see you tomorrow
à droite on the right
à durée indéterminée for an indefinite period
à gauche on the left
à la carte from the menu
à la hâte in haste
à la tienne/vôtre! cheers!
à l'étranger abroad
à l'heure on time
à moi mine
à mon avis in my opinion
à part apart
à partir de from
à peine hardly
à peu près about, approximately
à point in the right condition
à propos by the way
à sens unique one way
à temps partiel part time
à tout à l'heure see you soon
à travers across
à vendre for sale
une **abeille** bee
abîmer to damage, ruin
abolir to abolish
un **abonnement** subscription
un **abricot** apricot
absolument absolutely
l' **accès** (m) access
accès interdit (m) no entry
accompagner to accompany
un **accident** accident
un **accord** agreement, chord
accorder to agree
accro (p) hooked (slang)
s' **accrocher à** to hang on to, to hook on to, cling to
l' **accueil** (m) welcome, reception
accueillir to welcome, greet
accuser to accuse
acheter to buy
acquérir de l'expérience to broaden one's experiences
un(e) **acteur(-trice)** actor (actress)
actif(-ive) active
les **actualités** (f pl) news
actuellement at the moment
une **addition** bill
admis admitted
un(e) **ado** (p) teenager (slang)
un(e) **adolescent(e)** teenager
adopté adopted
adorer to love
une **adresse** address
s' **adresser à** to report/ speak/apply to
un(e) **adulte** adult

une **aérogare** air terminus
un **aéroglisseur** hovercraft
un **aéroport** (m) airport
les **affaires** (f pl) things, belongings; matters; business
affectueusement yours affectionately
une **affiche** notice, poster
une **affirmation** statement
affreux awful, dreadful
africain African
l' **Afrique** (f) Africa
agacer to annoy
âgé old
l' **âge** (m) age
une **agence de voyages** travel agency
un(e) **agent de police** police officer
une **agglomération** built up area
agité anxious, rough (sea)
un **agneau** lamb
agrandir to enlarge
agréable pleasant
agricole to do with farming
un **agriculteur** farmer
l' **agriculture** (f) agriculture
l' **aide** (f) help, assistance
aider (qqn à faire qch) to help (s.o. to do sthg)
aïe! eek!
une **aiguière** water jug
l' **ail** (m) garlic
d' **ailleurs** moreover, besides
aimable friendly, kind
aimer to like
aîné oldest
ainsi que as well as
l' **air** (m) air
une **aire** surface, area
– de jeux play area
– de repos motorway rest area
ajouter to add
l' **alcool** (m) alcohol
alcoolisé alcoholic
les **alentours** (m pl) surrounding area
une **alerte** alarm, warning
l' **alimentation** (f) food (industry)
une – générale general food shop
une **allée** path
l' **Allemagne** (f) Germany
allemand(e) German
aller to go
aller à la pêche to go fishing
aller chercher to fetch
aller mieux to be better
un **aller-retour** return ticket
un **aller simple** single ticket
allergique à allergic to
allô hello (on phone)
allonger to stretch out, extend
allumer to switch on, light
des **allumettes** (f pl) matches
alors so
une **alouette** lark
l' **alpinisme** (f) mountain climbing
une **ambiance** atmosphere

ambitieux(-euse) ambitious
une **ambulance** ambulance
une **amélioration** improvement
améliorer to improve, get better
aménagé (fully) fitted, equipped
l' **aménagement** (m) fitting out, installation
une **amende** a fine
amener to take
américain(e) American
amicalement best wishes
un(e) **ami(e)** friend
petit(e) – boy/ girlfriend
l' **amitié** (f) friendship
amitiés best wishes
l' **amour** (m) love
amoureux de in love with
une **ampoule** light bulb
amusant fun, entertaining
s' **amuser** to enjoy yourself, have a good time
– à faire qch to enjoy doing sthg
un **an** year
un **ananas** pineapple
les **anchois** (m pl) anchovies
ancien very old; former
anglais(e) English
l' **Angleterre** (f) England
anglophone English speaking
un **animal (pl animaux)** animal
un(e) **animateur(-trice)** organiser, leader
l' **animation** (f) entertainment
animé lively
un **anneau** ring
une **année** year
un **anniversaire** birthday
bon –! happy birthday!
une **annonce** advert
un **annuaire** directory
annuler to cancel
une **antenne** (f) aerial
une **antenne parabolique** (f) satellite dish
les **Antilles** (f pl) West Indies
un **anti-vol** padlock
août August
apercevoir to notice
un **apéritif** aperitif
un **appareil** machine
un **appareil électrique** electrical appliance
un **appareil-photo** camera
un **appartement** flat
appartenir to belong to
un **appel** call
appeler to call
s' **appeler** to be called
bon appétit! enjoy your meal
apporter to bring
une **appréciation** comment
apprendre to learn
– qch à qqn to teach sthg to s.o.
un(e) **apprenti(e)** apprentice
un **apprentissage** apprenticeship

s' **approcher de** to approach
approprié appropriate
approuver to approve
appuyer to press
après after
après avoir (+ verb) after
– quitté after leaving
après-demain the day after tomorrow
un **après-midi** afternoon
arabe arabic
une **araignée** spider
un **arbitre** referee
un **arbre** tree
une **arène** arena, amphitheatre
l' **argent** (m) money
– de poche pocket money
l' **argot** (m) slang
l' **armée** (f) army
l' **armistice** (f) armistice, truce
une **armoire** wardrobe
un **arrêt (d'autobus)** (bus) stop
arrêter to stop; to arrest
s' **arrêter (de faire qch)** to stop (doing sthg)
les **arrhes** (f pl) deposit
l' **arrière** (f) back, rear
l' **arrivée** (f) arrival
arriver to arrive
un **arrondissement** district (in Paris)
arroser to water
l' **art dramatique** (m) drama
un **artichaut** artichoke
les **arts graphiques** (m pl) graphic design
– martiaux martial arts
– plastiques art and craft
un **ascenseur** lift
asiatique Asian
les **asperges** (f pl) asparagus
un **aspirateur** vacuum cleaner
l' **aspirine** (f) aspirin
assaisonné seasoned
un **assassin** murderer
un **assassinat** murder
asseyez-vous sit down
s' **asseoir** to sit down
assez (de) quite; (enough)
une **assiette** plate
– anglaise plate of cold cooked meats
être **assis** to be seated
assister à to attend
assorti matching
une **assurance** insurance
l' **astronomie** (f) astronomy
une **astuce** trick
un **atelier** workshop, studio
un(e) **athlète** athlete
atteint de suffering from
attendre to wait (for)
dans l' **attente de** looking forward to
atterrir to land
l' **atterrissage** (m) landing (plane)

attirer to attract
attraper to catch
au to, at
au bord de la mer at the seaside
au bout de at the end of
au coin in the corner
au début at the start
au lieu de instead of
au milieu de in the middle of
au revoir goodbye
au secours! help!
une **auberge de jeunesse** youth hostel
aucun(e) no, not any
un(e) **auditeur(-trice)** listener
au-delà de beyond
au-dessous de below
au-dessus de above
une **augmentation** increase
aujourd'hui today
auparavant before(hand), previously
auquel (à laquelle, auxquels, auxquelles) to which, at which
aussi also, as well
aussitôt straight away
l' **Australie** (f) Australia
autant de as much
un(e) **auteur(-trice)** author
un **autobus** bus
un **autocar** coach
autocollant self-adhesive
un **autocollant** sticker
un(e) **automobiliste** car driver
l' **autorisation** (f) permission
l' **auto-stop** (m) hitchhiking
un(e) **autostoppeur(-euse)** hitchhiker
autour de around
autre other
d'– else
d'– part on the other hand
autrefois formerly
autrement dit in other words
l' **Autriche** (f) Austria
avaler to swallow
à l' **avance** in advance
avant before
l' **avant** (m) the front
avant-hier the day before yesterday
avec with
l' **avenir** (m) future
une **aventure** adventure
une **averse** shower (of rain)
avertir to warn, advise, inform
aveugle blind
un **avion** plane
un **avis** opinion
à ton – in your opinion
un **avocat** lawyer; avocado
avoir to have
avoir l'air to seem
avoir chaud to be hot
avoir du mal à to have trouble to
avoir faim to be hungry
avoir froid to be cold
avoir hâte de to be in a hurry to

avoir horreur de to hate to
avoir lieu to take place
avoir mal to have an ache/pain
avoir marre (p) to be fed up (slang)
avoir peur to be afraid
avoir raison to be right
avoir tort to be wrong
avril April

B

le **babyfoot** table football
le **Bac (Baccalauaréat)** equivalent to A-level exam
un **bac à linge** sink (for washing)
un **bac à vaisselle** sink (for washing up)
le **badminton** badminton
les **bagages** (m pl) luggage
une **bagarre** fight, quarrel
une **bagnole** (p) car (slang)
une **bague** ring
une **baguette** French loaf
le **bahut** (p) school (slang)
se **baigner** to go swimming
une **baie** bay
la **baignade** bathing
une **baignoire** bath
baisser to lower
un **bal** dance
se **balader** to wander around
un **baladeur** personal stereo, walkman
un **balcon** balcony
une **baleine** whale
une **balle** ball
un **ballon de football** football
une **banane** banana
un **banc** bench
une **bande dessinée** cartoon strip
la **banlieue** suburbs, outskirts
en – in the suburbs
une **banque** bank
un **bar** bar
barbant (p) boring (slang)
une **barbe** beard
une **barbecue** barbecue
une **barquette** punnet, pack
une **barrière** barrier
en **bas** below
une **base de données** data-base
le **base-ball** baseball
le **basket** basketball
les **baskets** (f pl) trainers
une **bataille** battle
un **bateau** boat
un **bateau à moteur** motor boat
un **bateau à rames** rowing boat
un **bateau-mouche** pleasure boat
un **bâtiment** building
bâtir to build
un **bâton** stick, pole
un **bâton de colle** glue stick
la **batterie** drums

battre to beat
bavard chatty
bavarder to chat, gossip
beau (bel, belle) beautiful
beaucoup (de) a lot of, many
– de monde a lot of people
un **beau-frère** brother-in-law
un **beau-père** father-in-law; stepfather
un(e) **bébé** baby
belge Belgian
la **Belgique** Belgium
une **belle-mère** mother-in-law; stepmother
une **belle-sœur** sister-in-law
bénéficier (de) to benefit (from)
bénévole voluntary, unpaid
les **béquilles** (f pl) crutches
un **besoin** need
bête stupid
une **bête** animal
petite – insect
une **bêtise** silly or stupid thing
une **betterave** beetroot
le **beurre** butter
une **bibliothèque** library; bookcase
un **bic** biro
bien fine, well
bien cuit well cooked
bien entendu OK, agreed
bien sûr of course
bientôt soon
bienvenu(e) welcome
la **bière** beer
le **bifteck** steak
un **bijou** jewel
une **bijouterie** jeweller's
un **billet** ticket
– de banque bank note
la **biologie** biology
une **biscotte** rusk-like biscuit/toasted bread slices eaten mainly for breakfast
un **biscuit** biscuit
une **bise** kiss
faire la – to kiss on both cheeks
bisous love (at end of letter)
bizarre strange, odd
blaguer to joke
un **blanc** blank space, gap
blanc (blanche) white
un **blanco** correcting pen
blessé injured, wounded
un(e) **blessé(e)** injured person
une **blessure** wound
bleu blue
– clair light blue
– marine (inv) navy blue
le **bloc sanitaire** washing facilities
blond blonde
une **blouse** overall
un **blouson** jacket, overall
le **bœuf** beef
boire to drink
le **bois** wood
une **boisson** drink

une **boîte** tin, box
– à lettres postbox
– de conserves tin of food
une **boîte de nuit** nightclub
un **bol** bowl
bon(ne) good
bon appétit have a nice meal
bon marché cheap
bon séjour have a nice stay
bon voyage have a good journey
un **bonbon** sweet
le **bonheur** happiness
un **bonhomme de neige** snowman
bonjour hello, good morning
bonne année Happy New Year
bonne chance good luck
bonne idée good idea
bonne nuit goodnight
bonsoir good evening
un **bonnet** woolly hat, ski hat
le **bord** edge, side
(au) – de la mer (at) the seaside
à **bord** on board
une **borne** terminal; post
bosser (p) to work (slang)
des **bottes** (f pl) boots
la **bouche** mouth
une **boucherie** butcher's shop
un **bouchon** cork, bottleneck
bouclé curly
une **boucle d'oreille** earring
bouddhiste Buddhist
la **bouffe** (p) food (slang)
bouger to move
une **bougie** candle
la **bouillabaisse** fish soup from Provence
une **boulangerie** baker's
les **boules** (f pl) bowls
un **boulevard périphérique** ring road
bouleverser to overwhelm
un **boulodrome** centre for playing boules
le **boulot** (p) work, job (slang)
une **boum** party
un **bouquin** (p) book (slang)
une **bourse** grant, scholarship
le **bout** end
une **bouteille** bottle
une **boutique** shop
un **bouton** button; spot; knob
branché (p) tuned in, in the know (slang)
le **branchement électrique** connection to electricity
brancher to plug in, connect
le **bras** arm
une **brasserie** café, restaurant serving beer
bravo! well done!
bref in brief
la **Bretagne** Brittany
le **brevet** school exam taken at end of **collège**

le bricolage DIY
faire du – to do odd jobs
brièvement briefly
briller to shine
une brique rectangular carton
britannique British
une brochure brochure, pamphlet
bronzer to sunbathe
se faire – to get a suntan
une brosse à dents toothbrush
se brosser les cheveux/dents to brush your hair/ teeth
le brouillard fog
brouillé jumbled, scrambled
un bruit noise
brûlé burnt
se brûler to burn oneself
la brume mist, fog
brun brown
brusquement abruptly, sharply
bruyant noisy
la bûche de Noël Christmas log cake
un buffet snack bar, sideboard
un buisson bush
une bulle speech bubble
un bulletin scolaire school report
un bureau office
un bureau d'accueil reception office
un bureau de change exchange bureau
un bureau de location box office
un bureau de poste post office
un bureau de renseignements information office
un bureau de tabac tobacconist's
un bureau des objets trouvés lost property office
le but aim, goal

C

ça that
ça dépend it depends
ça fait combien? how much is it?
ça me plaît beaucoup I really like it
ça m'embête I can't stand it
ça m'est égal I don't mind
ça se prononce comment? how is that pronounced?
ça s'écrit comment? how do you spell that?
ça suffit that's enough
ça vaut la peine it's worth it
ça ne fait rien it doesn't matter
ça va? OK? how are you?

ça y est! that's it!; there you are
une cabine booth; cubicle; cabin
– d'essayage fitting room
– téléphonique telephone box/kiosk
le cabinet doctor/vet's surgery
le câble cable TV
cacher to hide
le cachet de la poste postmark
un cadeau gift, present
le cadet youngest
un cadre executive; picture frame; framework or setting
un café café; coffee
un café-crème white coffee
une cafetière coffee machine
un cahier exercice book
la caisse till, cash desk
un(e) caissier(-ère) cashier
une calculatrice calculator
calculer to calculate
une calculette calculator
calme quiet
un(e) camarade friend
cambrioler to burgle
un cambrioleur burglar
une caméra TV or film camera
un caméscope camcorder
un camion lorry
une camionnette van
la campagne country(side)
un camping (terrain de –) campsite
un camping-gaz camping stove
canadien(ne) Canadian
un canapé sofa
un canard duck
une canette tin can
un canif penknife
une canne à pêche fishing rod
une cantine canteen, dining hall
le caoutchouc rubber
une capitale capital city
un car coach
le caractère character
une carafe d'eau water jug
une caravane caravan
un carnet notebook; book of ten metro tickets
– de correspondance pupil's record book
une carotte carrot
carré square-shaped
un carrefour crossroads
caresser to stroke
une carrière career
un cartable school bag
une carte card; menu; map
– à puce smart card
– bancaire bank card
– d'adhérent membership card
– de crédit credit card
– postale postcard
le carton cardboard
une cartouche cartridge
en cas de in case of
un(e) cascadeur(-euse) stunt artist

une case box (in diagram); hut, cabin
un casque helmet
une casquette cap, baseball hat
cassé broken
une casse-croûte snack
casse-pieds (p) boring (slang)
(se) casser to break (a part of the body)
se – la tête to rack one's brains
une casserole saucepan
une cassette-vidéo videotape
le cassis blackcurrant
une catastrophe disaster
une cathédrale cathedral
un cauchemar nightmare
une caution deposit
une cave (wine) cellar
une caverne cave
un CD CD (compact disc)
le CDI (Centre de Documentation et d'Information) resources room, library
un CD-ROM/cédérom CD-ROM
ce (cet, cette, ces) this, that
c'est it is
c'est-à-dire that is (to say)
c'était it was (from être)
une ceinture belt
– de sécurité seatbelt
cela that
célèbre famous
célibataire single, unmarried
celui-ci (celle-ci) this one
celui-là (celle-là) that one
un cendrier ashtray
ce n'est pas la peine it's not worth it
cent hundred
une centrale nucléaire nuclear power station
un centre commercial shopping centre
un centre de recyclage recycling centre
un centre sportif sports centre
le centre-ville town centre
cependant however
les céréales (f pl) cereal(s)
une cerise cherry
un certificat certificate
le cerveau brain
un CES (collège d'enseignement secondaire) school for 11–15 year olds
cesser to stop
ceux-ci (celles-ci) these
chacun each
une chaîne TV channel; chain
– hi-fi stereo system
une chaise chair
la chaleur heat
une chambre bedroom
la – d'hôte bed and breakfast
un champ field
un champignon mushroom

un championnat championship
la chance luck
avoir de la – to be lucky
changer to change
une chanson song
chanter to sing
un(e) chanteur(-euse) singer
un chantier building site; work site
un chapeau hat
– melon bowler hat
chaque each, every
une charcuterie pork butcher's, delicatessen
chargé heavy, busy
charger to load
les charges (f pl) service charge
un chariot trolley
charmant charming
la chasse d'eau flushing (of toilet)
un chat cat
châtain brown-haired
un château castle
chaud warm, hot
avoir – to be hot
il fait – it's hot
le chauffage heating
un chauffe-eau water heater
chauffer to heat
un(e) chauffeur(-euse) (de taxi) (taxi) driver
une chaussette sock
une chaussure shoe
chauve bald
le chef boss
un chemin path, way
– de fer railway
une cheminée fireplace
une chemise shirt
– de nuit nightdress
un chemisier blouse (shirt)
un chèque de voyage traveller's cheque
cher (chère) dear, expensive
chercher to look for
un cheval (pl chevaux) horse
les cheveux (m pl) hair
la cheville ankle
une chèvre goat
chez at, to (someone's house)
chic smart
un chien dog
un chiffre figure, number
la chimie chemistry
chimique chemical
la Chine China
chinois(e) Chinese
des chips (m pl) crisps
un chirurgien (m) surgeon
un chocolat chaud hot chocolate
choisir to choose
un choix choice
le chômage unemployment
au – unemployed
un chômeur unemployed person
une chope mug
une chorale choir
une chose thing
un chou cabbage
une chouette owl

le **chouette!** great!
le **chou-fleur** cauliflower
les **choux de Bruxelles** (m pl) Brussels sprouts
chrétien(ne) Christian
une **chute** fall
une **cible** target
ci-contre opposite, in the margin
ci-dessous below
le **cidre** cider
le **ciel** sky; heaven
une **cigare** cigar
une **cigarette** cigarette
un **cinéaste** film director
un **cinéma** cinema
en **cinquième** in the second year of high school
un **cintre** coathanger
un **circuit** route, tour
la **circulation** traffic
circuler to move around
un **cirque** circus
des **ciseaux** (m pl) scissors
un(e) **citadin(e)** city dweller
une **cité** housing estate
un **citron** lemon
– **pressé** lemon juice drink
la **civière** stretcher
clair clear, light
une **classe** class
le **classement** filing
classer to file
un **classeur** file
un **clavier** keyboard
une **clé/clef** key
un(e) **client(e)** customer
clignoter to indicate (car)
la **climatisation** air conditioning
le **climat** climate
une **clinique** private hospital
une **cloche** bell; bell-shaped container
clos enclosed
un **clou** nail, stud
un **cobaye** guinea pig
un **coca** Coca-Cola
cocher to tick off, mark
un **cochon** pig
– **d'Inde** guinea pig
le **code de la route** Highway Code
le **code postal** post code
par **cœur** by heart
le **cœur** heart
avoir mal au – to feel sick
par – by heart
le **coffre** car boot; safe, deposit box
se **coiffer** to do your hair
un(e) **coiffeur(-euse)** hairdresser
la **coiffure** hairstyle
un **coin** corner, small area
en **colère** furious
un **colis** parcel, package
un **collant** pair of tights
la **colle** glue
collectionner to collect
un **collège** secondary school (11–15 years)
coller to stick
un **collier** necklace
une **colline** hill

une **colonie de vacances** children's holiday camp
une **comédie de situation** sitcom
comique comic, funny
la **commande** control
commander to order
comme as, for
commencer (à faire qch) to begin, start (to do sthg)
comment? how; what; pardon?
des **commerçants** (m pl) shopkeeper
les **commerces** (m pl) shops, business
commettre to commit
le **commissariat de police** police station
une **commode** chest of drawers
une **compagnie** company
– **aérienne** airline company
un **compartiment** compartment
complet (complète) full
complexe complicated
un **complexe sportif** sports centre
le **comportement** behaviour
composer un numéro to dial
composter to validate/date-stamp a ticket
comprendre to understand; to include
un **comprimé** pill, tablet
compris included; understood
tout – inclusive
compter to count
un **comptable** accountant
compter to count; to intend
les **comptes** (f pl) accounts
un **comptoir** counter, desk
un **concert** concert
un(e) **concierge** caretaker
le **concombre** cucumber
un **concours** competition
un(e) **concurrent(e)** competitor
un(e) **conducteur(-trice)** driver
conduire to drive
la **confiance** confidence
confier to entrust
une **confiserie** sweet shop; sweet factory
la **confiture** jam
– **d'oranges** marmalade
le **confort** comfort
confortable comfortable
un **congé** holiday, leave
un **congélateur** freezer
une **connaissance** acquaintance
faire la – de to get to know
connaître to know (person or place)
connu well known
consacré à devoted to, allocated to
consciencieux conscientious

un **conseil** piece of advice
conseiller (à qqn de faire qch) to advise (s.o. to do sthg)
un(e) **conseiller(-ère) d'orientation** careers adviser
une **conséquence** consequence
la **consigne** left luggage; deposit
– **automatique** left luggage lockers
une **consommation** drink, snack
le **consommé** clear soup
consommer to use, consume
constipé constipated
construire to build
construit constructed, built
une **consultation** consultation
un **conteneur** container
contenir to contain
content happy, pleased
le **contenu** contents
continuer (à faire qch) to continue (to do sthg)
contraint restrained, restricted
contraire opposite
contre against
par – on the other hand
un **contrôle** test (at school)
le – de sécurité security check
un **contrôleur** ticket inspector
convenable suitable
convenir to go with, to suit
les **coordonnées** (f pl) address and telephone number
un(e) **copain (copine)** friend
copier to copy
un **coq** cockerel
une **corde** string, rope, cord
un **corps** body
une **correspondance** connection, change (of train), correspondance
un(e) **correspondant(e)** penfriend
faire **correspondre** to match up
corriger to correct
la **Corse** Corsica
la **côte** coast
– **d'Azur** part of French Mediterranean coast
un **côté** side
une **côte de porc** pork chop
une **côtelette** cutlet
le **coton** cotton
le **cou** neck
la **couche** layer
– **d'ozone** ozone layer
se **coucher** to go to bed
le **coucher du soleil** sunset
une **couchette** berth
coudre to sew
le **coude** elbow
une **couette** duvet

une **couleur** colour
un **couloir** corridor
un **coup** hit, blow
un **coup de fil** phone call
un **coup de main** help, a hand
un **coup de pied** kick
un **coup de soleil** sunburn
un **coup de téléphone** phone call
coupable guilty
une **coupe** cup
la – du monde world cup
un **couple** couple
la **cour** school yard, grounds; royal court
courageux(-euse) brave
couramment fluently
un **coureur** racing cyclist, runner
le **courrier (électronique)** (e-)mail
courrier du cœur agony column
un **cours** lesson
– **de conduite** driving lesson
le – du change exchange rate
une **course** race
court short
un **court de tennis** tennis court
le **couscous** Arab dish
un(e) **cousin(e)** cousin
un **couteau** knife
coûter to cost
– **les yeux de la tête** to cost an arm and a leg
coûteux(-euse) costly
la **couture** sewing
un(e) **couturier(-ière)** fashion designer
couvert overcast
un **couvert** place setting; cover
une **couverture** blanket, cover
couvrir to cover
la **craie (bleue)** chalk (marl)
craindre to fear
une **crampe** cramp
une **cravate** tie
un **crayon** pencil
une **crème** cream
la – anglaise custard
– **solaire** sun-tan cream
une **crémerie** shop selling dairy products
une **crêpe** pancake
une **crêperie** pancake restaurant
creuser to hollow out, dig
une **crevaison** puncture
crevé (p) dead tired, worn out (slang)
les **crevettes** (f pl) prawns, shrimps
crier to shout
un **crime** crime
une **crique** creek, cove
une **crise** crisis
une **crise cardiaque** heart attack
critiquer to criticise

croire to think, believe
une croisière cruise
une croix cross
un croque-monsieur toasted ham and cheese sandwich
croquer la vie to enjoy life
croustillant crusty
cru raw
les crudités (f pl) raw vegetables
cueillir to pick
une cuiller/cuillère spoon
une cuillerée spoonful
en cuir made of leather
la cuisine kitchen; cooking
un(e) cuisinier(-ière) cook
une cuisinière (à gaz/à électricité) cooker
la cuisse thigh
–s de grenouille frog's legs
cuit cooked
cultiver to cultivate, grow
curieux(-euse) curious
une curiosité sight, item of interest
le curseur cursor
le cyclisme cycling
un cyclomoteur moped
un cyclone cyclone

D

d'abord first of all
d'accord OK
d'après according to
une dame lady
le Danemark Denmark
danois danish
dangereux(-euse) dangerous
dans in
la danse dance
le dard sting (of bee)
une date date
un dé dice
de of, from
de bonne heure early
de bonne humeur in a good mood
de la part de on behalf of
de luxe luxurious
de mauvaise humeur in a bad mood
de nouveau new; again
de rien that's all right (in reply to merci)
de temps en temps from time to time
débarquer to unload; to land; to get off (a boat)
débarrasser to clear away
un débat discussion, debate
debout standing
un débouché opening, opportunity
se débrouiller to cope, manage
le début beginning
un(e) débutant(e) beginner
décaféiné decaffeinated
décédé dead, deceased
décembre December
décevant disappointing
les déchets (f pl) rubbish
déchirer to tear

décider (de faire qch) to decide (to do sthg)
déclarer to declare
un décodeur decoder
décoller to take off
décorer to decorate
découper to cut out
se décourager to get depressed, to get discouraged
une découverte discovery
découvrir to discover
décrire to describe
décrocher to unhook
déçu disappointed
dedans in(side)
une dédicace dedication
défaire sa valise to unpack
un défaut weakness, fault
défense de forbidden
un défilé procession
– de mode fashion parade
les dégâts (m pl) damage
dégoûtant disgusting
un degré degree
déguisé in fancy dress
se déguiser to disguise oneself; to dress up
déguster to taste, sample
dehors outside
en – de outside (sthg)
déjà already
le déjeuner lunch
déjeuner to have lunch
délicieux(-euse) delicious
demain tomorrow
demander (à qqn de faire qch) to ask (s.o. to do sthg)
démarrer to start up
déménager to move house
une demeure residence
demeurer to live
un demi a half litre/pint (beer etc.)
un demi-frère half-brother
la demi-pension half-board
un demi-pensionnaire pupil who has lunch at school
une demi-sœur half-sister
un demi-tour U-turn
démodé out of fashion
démuni impoverished
une dent tooth
le dentifrice toothpaste
un(e) dentiste dentist
un déodorant deodorant
dépanner to fix, help out
le départ departure
un département administrative area of France (like a county)
dépasser to exceed; overtake
dépaysé out of one's element
se dépayser to get away from it all
se dépêcher to hurry
ça dépend it depends
dépenser to spend
les dépenses (f pl) expenses
se déplacer to move around
un dépliant leaflet

dépolluer to reduce pollution
déprimé depressed
depuis since, for
déranger to disturb
dernier(-ère) latest, last
la dernière levée last collection
derrière behind
dès as soon as, from
désagréable unpleasant
un désastre disaster
descendre (de) to go down; to get off
déséquilibrer to unbalance
un désert desert
se déshabiller to get undressed
désirer to want
désobéir to disobey
désolé very sorry
un dessert sweet, dessert
le dessin drawing; design; art
dessin animé cartoon
un(e) dessinateur(-trice) illustrator
dessiner to draw
en dessous (de) below
le dessus the top
destiné intended for
détendant relaxing
se détendre to relax
la détente relaxation
détester to hate
détruire to destroy
le détritus refuse, rubbish
un deux-roues two-wheeled vehicle
deuxième second
devant in front of
devenir to become
une déviation diversion
deviner to guess
devoir to have to, 'must'
les devoirs (m pl) homework
d'habitude usually
la diarrhée diarrhœa
un dictionnaire dictionary
un(e) diététicien(-ne) dietician
Mon Dieu! Good heavens!
difficile difficult
dimanche Sunday
la dinde turkey
le dîner dinner
dîner to have dinner
un dinosaure dinosaur
un diplôme qualification
dire to say
direct direct
un(e) directeur(-trice) director; headteacher
une direction direction
diriger to direct
se diriger vers to go towards
une discothèque disco(theque)
un discours speech
discret quiet, discreet
discuter to discuss, argue
la disparition disappearance
disparaître to disappear
disponible available
à votre disposition for your use
disputer to argue
un disque compact CD

le disque dur hard disk
une disquette floppy disc
des distractions (f pl) entertainment
distrait absent-minded
distribuer give out, deliver
un distributeur automatique cash machine
divorcé divorced
une dizaine ten
d'occasion second hand
un documentaire documentary
un(e) documentaliste information officer
la documentation information, publications
dodu plump
un doigt finger
un doigt de pied toe
c'est dommage it's a pity
domicile home
donc therefore
donner to give
se donner rendez-vous to arrange to meet
donner sur to have a view over
dont of which, of whom
doré golden
d'origine (africaine) of (African) origin
dormir to sleep
un dortoir dormitory
le dos back
un dossier file; project
la douane customs
doublé dubbed
doubler to overtake
doucement quietly, gently
une douche shower
doué gifted
la douleur pain, sorrow
douloureux painful
doux gentle; quiet; mild; sweet
un drap sheet
un drapeau flag
un drap-sac sheet sleeping bag
la drogue drugs
un(e) drogué(e) drug addict
une droguerie hardware shop
droit straight
le droit the right
(à) droite (on the) right
drôle funny
dur hard
la durée length of time, duration
durer to last
dynamique dynamic

E

l' eau (f) water
– (non-)potable (not) drinking water
– minérale mineral water
un échange exchange
échanger to exchange
un échantillon sample
s' échapper to escape
une écharpe scarf

les **échecs** (m pl) chess
une **échelle** ladder
échouer to fail
— **à un examen** to fail an exam
un **éclair** lightning
une **éclaircie** sunny period
une **école** school
— **maternelle** nursery school
— **primaire** primary school
l' **écologie** (f) ecology
des **économies** (f pl) savings
faire des — to save
écossais(e) Scottish
l' **Écosse** (f) Scotland
écouter to listen to
des **écouteurs** (m pl) headphones
un **écran** screen
s' **écraser** to crash
écrire to write
l' **écriture** (f) writing
— **pour les aveugles** Braille
un **écrivain** writer
une **écurie** stable
éditer to edit
l' **éducation physique** (f) physical education
éduquer to educate
effacer to rub out, erase
un **effaceur** eraser pen
un **effet** effect
en — in fact
l'— de serre greenhouse effect
efficace effective
effrayant frightening
effroyable dreadful, appalling
l' **égalité** (f) equality
également equally
une **église** church
égoïste selfish
un(e) **électricien(ne)** electrician
électronique electronic
un(e) **élève** pupil
elle she, it; her
elles they; them
l' **emballage** (m) packaging
l' **embarquement** (m) boarding, loading
embarquer to go on board
embêtant annoying
un **embouteillage** traffic jam
embrasser to kiss
une **émission** broadcast, programme
emmener to take (a person)
empêcher (qqn de faire qch) to prevent (s.o. from doing sthg)
un **emplacement** place, pitch (on a campsite)
un **emploi du temps** timetable
un(e) **employé(e)** employee
— **de bureau** office worker
emporter to take/carry away
emprunter to borrow
en in; of it/them

en bonne santé in good health
en ce qui concerne concerning
en colère angry
en face de opposite
en haut above
en mauvaise santé in bad health
en panne not working, breakdown
en plein air outside, in the open air
en provenance de from (train)
en sus as a supplement, in addition
en terminale in the sixth form
encore une fois once again
enceinte pregnant
enchanté delighted to meet you
encore again; more; another
l' **encre** (f) ink
endommagé damaged
s' **endormir** to fall asleep
un **endroit** place
l' **énergie (nucléaire)** (f) (nuclear) energy
énervé irritated, nervous
l' **enfance** (f) childhood
un(e) **enfant** child
enfin at last, finally
enlever to take away/off
un **ennemi** enemy
ennuyeux(-euse) boring
une **enquête** inquiry, survey, investigation
un **enregistrement** (m) registration, recording
enregistrer to record
être enrhumé to have a bad cold
enrichissant enriching
l' **enseignement secondaire** (m) secondary education
enseigner to teach, instruct
ensemble together
un — a suit, outfit
ensoleillé sunny
ensuite then, next
entendre to hear
s' **entendre (avec)** to get on (with)
entendu of course, agreed
l' **enthousiasme** (m) enthusiasm
enthousiaste enthusiastic
entier(-ère) entire, whole
une **entorse** sprain
entouré de surrounded by
une **entracte** interval
entre between
une **entrée** entrance; entry fee; first course of meal
une **entreprise** company, business
entrer (dans) to go in, enter
une **entrevue** interview
une **enveloppe** envelope

à l' **envers** back to front
avoir **envie de** to wish, want
environ about, around
l' **environnement** (m) environment
les **environs** (m pl) surrounding area
envoyer to send
épais thick
une **épaule** shoulder
épeler to spell
une **épicerie** grocer's
un(e) **épicier(-ère)** grocer
les **épinards** (m pl) spinach
éplucher to peel
une **éponge** sponge
épouser to marry
une **époque** time, period
épouvantable dreadful
un(e) **époux(-se)** spouse
une **épreuve** test
éprouver to experience
l' **EPS (éducation physique et sportive)** (f) physical education
épuisé exhausted
équilibré balanced
une **équipe** team
équipé equipped
l' **équitation** (f) horse-riding
faire de — to go horse-riding
une **erreur** mistake
l' **escalade** (f) climbing
faire de l'— to go climbing
un **escalier** staircase
un **escalier roulant** escalator
des **escargots** (m pl) snails
un(e) **esclave** slave
l' **escrime** (f) fencing
l' **espace** (m) space
l' **Espagne** (f) Spain
espagnol(e) Spanish
une **espèce** species
— **en voie de disparition** endangered/ threatened species
espérer to hope
l' **espoir** (m) hope
l' **esprit** (m) mind, attitude
essayer (de faire qch) to try (to do sthg)
l' **essence** (f) petrol
l' **essentiel** (m) the main points
s' **essouffler** to get out of breath
les **essuie-glaces** (m pl) windscreen wipers
essuyer to wipe dry
(à l') **est** (m) (de) (to the) east (of)
l' **estomac** (m) stomach
et and
un **établissement** establishment
un **étage** storey, tier
une **étagère** shelf
un **état** state, condition
les **États-Unis** (m pl) United States
l' **été** (m) summer
éteindre to turn out/off
une **étoile** star
étrange strange

un(e) **étranger(-ère)** foreigner, stranger
être to be
être en retenue to be in detention
être en train de to be in the process of
être reçu to succeed
être remboursé to be reimbursed
être sur le point de to be about to
étroit narrow
les **études** (f pl) studies
un(e) **étudiant(e)** student
étudier to study
un **euro** euro
l' **Europe** (f) Europe
européen European
s' **évader** to escape
eux them, themselves
un **événement** event
évidemment obviously
évident obvious
un **évier** sink
éviter (de faire qch) to avoid (doing sthg)
un **examen** exam
— **blanc** mock exam
une **excursion (scolaire)** (school) trip, outing
s' **excuser** to apologise
excusez-moi! excuse me!
un **exemplaire** copy
un **exemple** example
l' **expéditeur** (m) sender
une **expérience (scientifique)** (scientific) experiment
expérimenté experienced
une **explication** explanation
expliquer to explain
une **exposition** exhibition
exprès on purpose
l' **Extrême-Orient** (m) Far East

F

fabriquer to manufacture, make
en **face de** opposite
se **fâcher** to get angry
fâché angry
facile easy
facilement easily
une **façon** way
un **facteur** postman
une **facture** bill, till receipt
facultatif(-ive) optional
faible weak
avoir **faim** to be hungry
faire to do; go; make
faire des achats to go shopping
faire de l'alpinisme to go mountaineering
faire l'appel to take the register
faire de l'autostop to hitchhike
faire ses bagages to pack one's bags
faire la bise to kiss on both cheeks
faire du bricolage to do odd jobs
faire du camping to go camping

faire du cheval to go horse-riding
faire la connaissance to get to know
faire les courses to do the shopping
faire la cuisine to cook
faire des économies to save
faire de l'équitation to go horseriding
faire une expérience to do an experiment
faire la grasse matinée to sleep in
faire le jardinage to do the gardening
faire du lèche-vitrine to go window shopping
faire les lits to make the beds
faire mal to hurt
faire le ménage to do the housework
faire de la natation to go swimming
faire un paquet-cadeau to gift wrap
faire de la planche à roulettes to go skateboarding
faire de la planche à voile to go windsurfing
faire du ski (nautique) to go (water) skiing
faire partie de to belong to
faire une partie de to have a game of
faire le plein to fill up with petrol
faire une promenade to go for a walk
faire quelque chose to do something
faire une randonnée to go hiking
faire le repassage to do the ironing
faire du sport to do sport
faire un stage to do a course
faire la vaisselle to do the washing up
faire du vélo to go bike riding
faire de la voile to go sailing
en fait in fact
les faits divers (m pl) 'news in brief'
familial connected with family
une famille family
un(e) fana de fan, a fanatic about
fanatique de fanatical about
fantaisie novelty
fantastique fantastic
la farine flour
un fast-food fast food restaurant
fatigant tiring
fatigué tired
il faut you need; it is necessary

une faute mistake
un fauteuil armchair
faux (fausse) false
favori favourite
félicitations! congratulations!
féliciter to congratulate
une femme woman
la femme de chambre cleaning lady
une fenêtre window
le fer (à repasser) iron
une ferme farm
fermer to close
fermé à clef locked
la fermeture annuelle annual closing
une fermeture éclair zip
un(e) fermier(-ière) farmer
un ferry ferry
une fête saint's day; party, festival
une fête foraine funfair
fêter to celebrate
un feu fire
– d'artifice firework display
un feu (rouge/vert) (red/green) traffic light
une feuille leaf; sheet of paper; page
un feuilleton serial
un feutre felt tip pen
les feux (m pl) traffic lights
février February
les fiançailles (f pl) engagement
la ficelle string
une fiche note, slip of paper
ficher le moral à zéro (p) to make you feel really down (slang)
s'en ficher (p) to not care (slang)
un fichier file
fier(-ère) proud
fiévreux feverish
la figure face
un fil thread, wire
– de fer wire
– de soie dental floss
une file traffic lane
filer to go by
un filet luggage rack, net
une fille girl, daughter
un film à suspense thriller
un fils son
la fin end
finir to finish
fixe fixed
un flacon bottle
flâner to wander about, stroll
le flash newsflash
une flèche arrow
une fleur flower
une fleuriste florist
un fleuve river
un flic cop, policeman
une flûte flute
– à bec recorder
le foie liver
le foie gras liver terrine
une foire fair
une fois time
à la – at a time
(bleu) foncé dark (blue)

un fonctionnaire civil servant
le fond back, rear
une fontaine fountain
le football football
une forêt forest
formater to format
la formation training
la forme fitness, shape
être en – to be fit
formidable terrific
un formulaire form
fort strong, well-built, hard
fou (folle) mad
un foulard scarf
une foule crowd
fouler la cheville to twist the ankle
un four oven
– à micro-ondes microwave oven
une fourchette fork
le foyer home
une fracture break
frais (fraîche) fresh
les frais (m pl) expenses, commission
une fraise strawberry
une framboise raspberry
les Français (m pl) French people
français(e) French
la France France
franchement frankly
francophone French-speaking
une frange fringe
frapper to knock, strike, hit
freiner to brake
les freins (m pl) brakes
un frère brother
le fric (p) money (slang)
un frigidaire fridge
le frigo fridge
les fringues (f pl) (p) clothes (slang)
frisé curly
les frites (f pl) chips
froid cold
le fromage cheese
le front forehead
une frontière border, frontier
un fruit fruit
les fruits de mer (m pl) seafood
une fuite leak
la fumée smoke
fumé smoked
fumer to smoke
(non-) fumeurs (non-)smokers
un funiculaire cable car
furieux(-euse) furious
futé smart, acute, crafty

G

gâcher to spoil
un(e) gagnant(e) winner
gagner to earn, to win
une galette savoury pancake, flat cake
la galette des Rois Twelfth Night cake
Galles, le pays de – Wales
gallois Welsh

une gamme range
un gant glove
– de toilette face flannel
un garage garage
un garçon boy
garder to look after, keep
garder le lit to stay in bed
garder le reçu to keep the receipt
une garderie pour enfants crèche
un gardien warden
une gare station
– routière bus station
– maritime harbour station
garer to park
gaspiller to waste
gâté spoilt
un gâteau (au chocolat) (chocolate) cake
(à) gauche (on the) left
une gaufre waffle
les Gaulois (m pl) the Gauls
le gaz carbonique carbon dioxide
le gaz d'échappement exhaust fumes
gazeux(-euse) fizzy, gassy
le gazole diesel
le gaz gas
le gazon grass, turf
le gel frost
geler to freeze
gênant irritating
une gencive gum
un gendarme armed policeman
gêner to inconvenience, get in the way, irritate
généralement normally
génial brilliant
le genou knee
un genre kind, type
les gens (m pl) people
gentil(le) nice, kind
la géographie geography
une gerbille gerbil
un gilet waistcoat
– de sauvetage life jacket
un gîte holiday house
la glace ice; ice cream; mirror
glisser to slip, slide
les godasses (f pl) (p) shoes (slang)
le golf golf
une gomme rubber
gonfler to inflate
la gorge throat
un gosse (p) kid (slang)
le goudron tar
un goût taste
le goûter afternoon tea
goûter to taste
le gouvernement government
grâce à thanks to
grand large; tall; great
une grande surface department store
la Grande-Bretagne Great Britain
une grand-mère grandmother

un **grand-parent** grandparent
un **grand-père** grandfather
gras fatty, greasy; bold
au **gratin** with cheese
un **gratte-ciel** skyscraper
gratuit free of charge
grave serious
grec(que) Greek
la **Grèce** Greece
la **grêle** hail
un **grenier** attic, loft
une **grenouille** frog
une **grève** strike
un **gréviste** striker
grièvement blessé seriously injured
griffé with designer label
grignoter to nibble
grillé grilled, toasted
griller un feu (p) to jump the lights (slang)
grimper to climb
la **grippe** flu
gris grey
gros(se) big; fat
en – broadly speaking, in general
grossir to gain weight, to get fat
une **guêpe** wasp
se **guérir** to get better
une **guerre** war
un **guichet** ticket office
une **guitare** guitar
un **gymnase** gymnasium
la **gymnastique** gymnastics

H

s' **habiller** to get dressed
un **habitant** inhabitant
habiter to live in
une **habitude** habit, custom
d'– normally
s' **habituer à** to get used to
le **hachis parmentier** Shepherd's pie
une **haie** hedge
haïr to hate
le **hall** entrance hall
un **hamster** hamster
les **hanches** (f pl) hips
handicapé handicapped
les **haricots verts** (m pl) green beans
par **hasard** by (any) chance
à la **hâte** in haste
une **hausse** increase
haut high
un **haut** (camisole) top
la **hauteur** height
hebdomadaire weekly
l' **hébergement** (m) accommodation
héberger to accommodate, put up
hélas! alas!
un **hélicoptère** helicopter
l' **herbe** (f) grass
une mauvaise – weed
un(e) **héros (héroïne)** hero (heroine)
l' **heure** (f) hour; the time
de bonne – early
les **heures d'ouverture** (f pl) opening hours
– de pointe rush hour

heureusement fortunately
heureux(-euse) happy
heurter to hit, crash into
hier yesterday
une **histoire** story
l' **histoire** (f) history
historique old, historic
l' **hiver** (m) winter
des **HLM** (f pl) council housing
le **hockey** hockey
la **Hollande** Holland
hollandais Dutch
un **homme** man
un **homme d'affaires** businessman
un **homme politique** politician
honnête honest
une **honte** shame
un **hôpital** hospital
l' **horaire** (m) timetable; opening times
une **horloge** clock
un **hors-d'œuvre** first course
hors de outside of, away from
– question out of the question
un(e) **hôte** host
un **hôtel** hotel
l' **hôtel de ville** (m) town hall
une **hôtesse de l'air** air hostess
une **housse** duvet cover
l' **huile** (f) oil
– huile d'olive (f) olive oil
huit eight
les **huîtres** (f pl) oysters
l' **humeur** (f) mood, humour
humide humid, damp
un **hypermarché** hypermarket

I

ici here
d' **ici** from here; between now and …
une **idée** idea
une **igname** yam
ignorer to not know
il he, it
il manque it's missing, it lacks
il pleut à verse it's pouring with rain
il pleuvait it was raining
il s'agit de it's about, it concerns
il vaut la peine it's worth the effort
il y a there is, there are
il y a eu/il y avait there was, there were
une **île** island
ils they
une **image** picture
imaginaire imaginary
l' **immatriculation** (f) registration
immatriculé registered
immédiat immediate
immense huge
un **immeuble** block of flats

un **immigré** immigrant
un **imperméable** raincoat
impoli impolite
n' **importe où** anywhere at all
l' **impôt** (m) tax
une **imprimante** printer (ICT)
imprimer to print
inattendu unexpected
un **incendie** fire
un **incident** incident
inclus inclusive
inconnu unknown
un **inconvénient** disadvantage, inconvenience
incroyable unbelievable
l' **Inde** (f) India
indépendant independent
l' **indicatif** (m) telephone code
une **indice** clue
indiquer to show, indicate
indispensable necessary
(un) **individu** individual
industriel(le) industrial
un(e) **infirmier(-ère)** nurse
un(e) **informaticien(-ne)** computer specialist
l' **informatique** (f) computer studies
les **infos** (f pl) news
un **ingénieur** engineer
une **inondation** flood, flooding
inquiet(-ète) anxious, worried
une **insecte** insect
une **insolation** sunstroke
s' **installer** to settle in
un(e) **instituteur(-trice)** primary school teacher
l' **instruction civique** (f) citizenship
l' **instruction religieuse** (f) religious education
un **instrument de musique** musical instrument
insuffisant insufficient
insupportable unbearable
interdit forbidden
intéressant interesting
s' **intéresser à** to be interested in
l' **intérêt** (m) interest
à l' **intérieur** on the inside
un **internat** boarding school
un(e) **interne** boarder
Internet (m) Internet
intervenir to intervene
interviewer to interview
inutile useless
inventer to invent
inviter (qqn à faire qch) to invite (s.o. to do sthg)
irlandais Irish
l' **Irlande** (f) Ireland
l' **Italie** (f) Italy
italien(ne) Italian
ivre drunk

J

jaloux(-ouse) jealous
jamais never; ever
la **jambe** leg
le **jambon** ham
le **Japon** Japan
japonais Japanese
un **jardin** garden
un **jardin potager** orchard
un **jardin public** park
le **jardinage** gardening
jaune yellow, tan
un **jean** pair of jeans
un **jet d'eau** fountain
jeter to throw
un **jeton** counter
un **jeu** game, amusement
– de cartes pack of cards
– électronique electronic game
– de société indoor (usually card or board) game
– vidéo video game
– télévisé games show
une **jeune fille** girl
les **jeunes** (m pl) young people
la **jeunesse** youth
un **job** job
un **jogging** tracksuit, jogging trousers
joli pretty
jouer to play
un **jouet** toy
un(e) **joueur(-euse)** player
un **jour** day
– de congé day off
– de fête holiday
– férié public holiday
tous les –s every day
un **journal (pl journaux)** newspaper
– du soir evening paper
une **journée** day
Joyeuses Pâques Happy Easter
Joyeux Noël Happy Christmas
le **judo** judo
un(e) **juge** judge
juger to judge
juif(-ive) Jewish
juillet July
juin June
un(e) **jumeau (jumelle)** twin
le **jumelage** town twinning
jumelé twinned
une **jupe** skirt
un **jus de fruit** fruit juice
jusqu'à until, as far as
juste fair, correct

K

le **karaté** karate
le **ketchup** tomato ketchup
un **kiosque** kiosk
un **kiwi** kiwi fruit

L

là there
là-bas over there, there
un **laboratoire** laboratory

un **lac** lake
là-haut up there
laid ugly
la **laine** wool
laisser to leave (an object)
laisser tomber to drop, let fall
le **lait** milk
laitier(-ière) dairy
une **laitue** lettuce
une **lampe** lamp
– de poche torch
lancer to throw
une **langue (vivante)** (modern) language
un **lapin** rabbit
laquelle (lequel)? which one?
large wide
le **latin** latin
un **lavabo** wash basin
le **lavage** car wash; laundry
la **lavande** lavender
un **lave-linge** washing machine
se **laver** to wash
– les cheveux to wash your hair
un **lave-vaisselle** dishwasher
le **lendemain** the next day
le **long de** along
le **lèche-vitrines** window shopping
une **leçon** lesson
un(e) **lecteur(-trice)** reader
– de CD CD player
la **lecture** reading
léger(-ère) light
un **légume** vegetable
le **lendemain** the next day
lent(ement) slow(ly)
une **lentille de contact** contact lens
un **LEP (lycée d'enseignement professionnel)** technical college
lequel (laquelle, lesquels, lesquelles)? which one(s)?
la **lessive** washing
une **lettre** letter
leur to them; their
la **levée** (post) collection
se **lever** to get up
– du mauvais pied to get out of the wrong side of bed
le **lever du soleil** sunrise
la **lèvre** lip
une **librairie** bookshop
libre free
libre-service self-service
une **licence** (university) degree
licencier to make people redundant
un **lieu** place
une **ligne** line
la **limitation de vitesse** speed limit
la **limonade** lemonade
le **linge** linen; washing
un **lion** lion
en **liquide** with cash
lire to read
une **liste** list
un **lit** bed

des –s superposés (m pl) bunk beds
un **livre** book
une **livre sterling** pound
livrer to deliver
un(e) **locataire** tenant, person hiring something
la **location** hire charge, hire of
les **locaux** (m pl) premises, building
le **logement** accommodation
loger to stay overnight
le **logiciel** software
la **loi** law
loin (de) far (from)
lointain distant, far away
les **loisirs** (m pl) leisure
Londres London
long(ue) long
longtemps a long time
lorsque when, while
louer to hire
lourd heavy
le **loyer** rent
lui (to) him, (to) her
lui-même himself
la **lumière** light
lundi Monday
la **lune** moon
des **lunettes** (f pl) glasses
lutter (contre) to struggle (against)
le **Luxembourg** Luxembourg
luxueux(-euse) luxurious
un **lycée** senior school (15+)
un(e) **lycéen(ne)** student at a lycée

M

ma my
un **machin** thing, gadget
une **machine à laver** washing machine
un **maçon** builder
un **magasin** shop
un **magazine** magazine
maghrébin North African
un **magnétophone** tape recorder
un **magnétoscope** video recorder
magnifique splendid
maigre thin
maigrir to lose weight
un **maillot** top, vest
– de bain swimming costume
la **main** hand
maintenant now
le **maire** mayor
la **mairie** town hall
mais but
une **maison** house
maison jumelle (f) semi-detached house
une **maison des jeunes** Youth Centre
un **maître-nageur** lifesaver
mal badly
le **mal de mer** sea sickness
mal payé badly paid
malade ill
un(e) **malade** patient
une **maladie** disease
malgré in spite of

malheureusement unfortunately
malheureux(-euse) unhappy
maman Mum
la **Manche** English Channel
la **manche** sleeve
manger to eat
une **manifestation** demonstration, event
un **mannequin** fashion model
un **manoir** manor, large house
le **manque de pluie** lack of rain
manquer to miss, be lacking
un **manteau** coat
une **maquette** model
le **maquillage** make up
se **maquiller** to wear/put on make up
un(e) **maquilleur(-euse)** make-up artist
un(e) **marchand(e)** stallholder, shopkeeper
un **marché** market
– aux puces flea market
une **marche** step
marcher to work (machine); walk
le **Mardi gras** Shrove Tuesday
la **marée basse/haute** low/high tide
la **marée noire** oil slick
un **mari** husband
un **mariage** wedding
marié married
une **marmite** cooking pot
le **Maroc** Morocco
une **marque** brand name
marquer un but to score a goal
marrant (p) funny, fun (slang)
marron chestnut brown
un **match** match
match nul a draw
un **matelas pneumatique** airbed, lilo, inflatable mattress
la **maternelle** nursery school
les **mathématiques/maths** (f pl) maths
une **matière** school subject; matter
en – plastique made of synthetic material
des –s grasses (f pl) fats
un **matin** morning
une **matinée** morning
mauvais bad
un(e) **mécanicien(ne)** mechanic; flight engineer; train driver
méchant naughty, fierce
un **médecin** doctor
un **médicament** medication, drugs
meilleur better, best
meilleurs vœux best wishes
le **mél** e-mail
mélanger to mix

un **mélo** soap (opera)
un **melon** melon
même even; same
menacer to threaten
le **ménage** household
faire le – to do the housework
une **ménagère** housewife
mener to lead
mensuel(le) monthly
la **menthe** mint
– à l'eau green, peppermint-flavoured drink
mentir to lie
le **menton** chin
le **menu à prix fixe/à 20 €** fixed price/20 € menu
la **mer** sea
– méditerranée Mediterranean sea
merci (no) thank you
mercredi Wednesday
une **mère** mother
les **merguez** (m pl) spicy sausages
mériter to deserve
merveilleux(-euse) marvellous
mes my
la **messagerie électronique** e-mail
la **météo** weather forecast
un **métier** career, trade
un **mètre** metre
le **métro** the underground
un **metteur en scène** (film) director
mettre to put
– en marche to make something work, start something off
– la table to set the table
meublé furnished
meubler to furnish
les **meubles** (m pl) furniture
un **meurtre** murder
un **micro** microphone
un **micro-ondes** microwave
midi midday
le **miel** honey
mieux better, best
mignon(ne) sweet
au **milieu de** in the middle of
mille (f) thousand
des **milliers** thousands
mince slim, thin
les **minéraux** (m pl) minerals
minuit midnight
une **minute** minute
un **miroir** mirror
à **mi-temps** part time
mixte mixed
une **mobylette** moped
moche (p) horrible (slang)
la **mode** fashion
le **mode de vie** way of life
moi I, myself
moi-même myself
le/la **moindre** the least
au **moins** at least
(le) **moins** less (least)
– cher less expensive
– de less than
un **mois** month

la **moitié** half
un **môme** kid
un **moment** moment
momentanément for the moment
mon my
le **monde** world
mondial of the world
un(e) **moniteur(-trice)** instructor
la **monnaie** small change
monoparental single parent
un **monstre** monster
une **montagne** mountain
monter (dans) to go up, get on
une **montre** watch
montrer to show
un **monument** sight, monument
la **moquette** fitted carpet
un **morceau** piece
mordre to bite
mordu bitten, smitten
mort(e) dead
une **mosquée** mosque
un **mot** word
les **–s croisés** crossword
– de passe password
le **moteur** engine
une **moto(cyclette)** motorbike
un **mouchoir (en papier)** (paper) handkerchief
mouillé wet, soaked
une **moule** mussel
mourir to die
la **mousse** foam
une **moustache** moustache
une **moustique** mosquito
la **moutarde** mustard
un **mouton** sheep, mutton
moyen average
la **moyenne** the average
en **moyen** in medium (size)
un **moyen (de transport)** means (of transport)
municipal belonging to the town or municipality
mûr ripe, mature
un **mur** wall
un **musée** museum
la **musique** music
musulman Moslem
mystérieux mysterious

N

n'est-ce pas? isn't that so?
n'importe quel/qui/où no matter what/who/where
nager to swim
la **naissance** birth
naître to be born
une **nappe** tablecloth
la **natation** swimming
nature on its own
naturellement of course, naturally
une **navette** shuttle
ne ... jamais never
ne ... pas not
ne ... plus de no more, none left

ne quittez pas hold the line
ne ... rien nothing
né(e) born (from **naître**)
nécessaire necessary
il **neige** it's snowing
la **neige** snow
le **nettoyage à sec** dry cleaning
nettoyer to clean
neuf (neuve) new
un **neveu** nephew
le **nez** nose
une **nièce** niece
un **niveau** level
les **noces** (f pl) wedding
nocturne late-night opening
Noël (m) Christmas
noir black
le **noir** darkness
une **noisette** hazelnut
un **nom** name
– de famille surname
un **nombre** number
nombreux(-euse) numerous
non no
non potable unsuitable for drinking
non plus neither
le **nord** north
le **nord-ouest** north-west
normalement normally
un **notaire** solicitor
une **note** mark
notre our
des **nouilles** (f pl) noodles
une **nourrice** nanny, childminder
nourrir to feed, nourish
la **nourriture** food
nous we; us, to us
de **nouveau** again
nouveau (nouvel, nouvelle) new
une **nouvelle** piece of news
un **nuage** cloud
nuageux cloudy
une **nuit** night
bonne – goodnight
il fait – it's dark
nul useless, nil
(ne ...) **nulle part** nowhere
un **numéro** number; copy (of a magazine etc.)
– d'immatriculation car registration number

O

obéir to obey
obligatoire obligatory, compulsory
obligé de obliged to, have to
obtenir to obtain
une **occasion** opportunity
occupé busy, occupied, taken
un **œil (pl yeux)** eye
un **œuf** egg
– à la coque boiled egg
– dur hard boiled egg
– sur le plat fried egg

on m'a **offert** I was given (from **offrir**)
l' **office de tourisme (m)** tourist office
des **offres d'emploi** (f pl) situations vacant (adverts)
offrir to offer, give as a present
une **oie** goose
un **oignon** onion
un **oiseau** bird
ombragé shady
une **ombre** shadow
une **omelette** omelette
on one, we, people (in general)
un **oncle** uncle
une **onde** wave
sur les –s on the air
l' **or (m)** gold
un **orage** storm
orageux stormy
une **orange** orange
une **orangeade** orangeade drink
un **orchestre** orchestra, band
un **ordinateur** computer
une **ordonnance** prescription
les **ordures** (f pl) rubbish
l' **oreille (f)** ear
avoir la puce à l'– to be on the alert
un **oreiller** pillow
un **organisme** organisation
– humanitaire charitable organisation
orient(al) east(ern)
s' **orienter** to specialise
l' **orthographe (f)** spelling
un **os** bone
oser to dare
ôter to take off, remove
ou or
où? where?
oublier (de) to forget (to)
l' **ouest (m)** west
oui yes
un **ours** bear
un **outil** tool
ouvert open
une **ouverture** opening
un **ouvre-boîtes** tin opener
un **ouvre-bouteilles** bottle opener
un(e) **ouvrier(-ère)** worker
un **ouvrier agricole** farm worker
ouvrir to open

P

le **pain** bread, loaf
– au chocolat bread roll with chocolate inside
– grillé toast
paisible peaceful
la **paix** peace
un **palais** palace
pâle pale
le **palier** landing
une **pamplemousse** grapefruit
un **panda géant** giant panda
un **panier** basket
– à linge linen basket

en **panne** out of order, broken down
un **panneau** (road) sign
un **pansement** dressing, bandage
un **pantalon** pair of trousers
une **papeterie** stationer's
le **papier** paper
– à lettres writing paper
– kraft brown wrapping paper
le **papier peint** wallpaper
un **papillon** butterfly
Pâques Easter
un **paquet** packet, parcel
faire un –-cadeau to gift wrap
par by, through
paraître to appear
un **parapluie** umbrella
un **parc** park
un **parc d'attractions** theme park
parce que because
parcourir to cover, travel across
un **pardessus** overcoat
pardon excuse me, I'm sorry
pardonner to forgive
le **pare-brise** windscreen
un **pare-choc** bumper
pareil the same
un **parent** parent, relative
paresseux lazy
parfait perfect
parfois sometimes
le **parfum** perfume; flavour
parfumé flavoured
une **parfumerie** perfume shop, perfume factory
un **parking** car park
le **Parlement** Parliament
parler to talk, speak
parmi amongst
une **parole** word
partager to share
un(e) **partenaire** partner
participer (à) to take part (in)
particulier private, private individual
une **partie** part
partiel partial
partir to leave
à **partir de** starting from
partout everywhere
pas not
– du tout not at all
– grand-chose not much
– mal not bad
passable fairly good, reasonable
un **passage** crossing
– à niveau level crossing
– souterrain subway
– clouté pedestrian crossing
un **passant** passer by
le **passé** past
un **passeport** passport
passer to spend (time)
– l'aspirateur to do the vacuuming

	– un examen to take/do an exam		**Pépé** Grandad	une	**pierre** stone	la	**poche revolver** hip pocket
se	**passer** to take place	une	**perceuse** drill	un	**piéton** pedestrian	une	**poêle** frying pan
un	**passe-temps** hobby, pastime	un	**percuter** to hit (e.g. in car crash)	une	**pile** battery	le	**poids** weight
	passionnant exciting	se	**perdre** to get lost	un	**pilote** pilot	un	**poids lourd** lorry
se	**passionner (pour)** to be fascinated (with), keen (on)		**perdre** to lose		**– de course** racing driver	le	**poignet** wrist
			– connaissance to become unconscious	une	**pilule** pill	un	**point** point; full stop
une	**patate douce** sweet potato	un	**père** father	le	**ping-pong** table tennis		**être sur le – de faire qch** to be about to do sthg
le	**pâté** meat paste, pâté	le	**père Noël** Father Christmas		**piquant** spicy		
les	**pâtes** (f pl) pasta	se	**perfectionner** to improve	un	**pique-nique** picnic	une	**pointure** shoe size
	patiemment patiently		**perforer** to damage, break into		**piquer** to sting	une	**poire** pear
	patient patient			une	**piqûre** injection, sting	à	**pois** with spots, spotted
	patienter to wait, hold the line	une	**perforeuse** hole punch		**– d'insecte** insect bite	un	**poisson (rouge)** (gold)fish
le	**patinage** ice skating	le	**périphérique** ringroad		**pire** worse		
une	**patinoire** skating rink		**permanent** open all the year round	une	**piscine** swimming pool	une	**poissonnerie** fishmonger's
les	**patins à roulettes** (m pl) roller skates	les	**permes (heures de permanence)** (f pl) study periods	une	**pistache** pistachio	la	**poitrine** chest
				une	**piste** track, ski run	le	**poivre** pepper
une	**pâtisserie** cake shop, confectioner's				**– cyclable** cycle track	le	**poivron** pepper (vegetable)
le	**patron** boss, owner		**permettre** to allow	le	**piston** (p) string pulling (slang)		**poli** polite
une	**patte** paw (of an animal)	un	**permis (de conduire)** (driving) licence		**pittoresque** picturesque, pretty		**politique** political
la	**paume de la main** palm of the hand	un	**perroquet** parrot				**un homme/une femme –** politician
		une	**perruche** budgerigar	une	**pizza** pizza		
la	**pause(-déjeuner)** (lunch) break	un	**personnage** character	un	**placard** cupboard		**polluer** to pollute
		une	**personne** person	une	**place** seat; square	une	**pommade** cream, ointment
	pauvre poor	(ne ...)	**personne** no-one, nobody	le	**plafond** ceiling		
un	**pavillon** detached house	une	**perte** loss	une	**plage** beach	une	**pomme** apple
	payé paid		**– de temps** waste of time	une	**plaie** wound	une	**pomme de terre** potato
	payer to pay (for)			se	**plaindre de** to complain about	une	**pompe** pump
un	**pays** country		**peser** to weigh			un	**pompier** fireman
les	**Pays-Bas** (m pl) Holland	la	**pétanque** French bowls		**plaisanter** to joke	les	**pompiers** (m pl) fire service, fire brigade
le	**pays de Galles** Wales		**petit** small, little	le	**plaisir** pleasure		
les	**pays développés** (m pl) developed countries		**– ami(e)** boy/girlfriend	ça me	**plaît** I like it (it pleases me)	un	**pompiste** pump attendant
les	**pays en voie de développement** (m pl) developing countries	le	**petit déjeuner** breakfast			un	**pont** bridge
		les	**petits pois** (m pl) peas	un	**plan** map		**populaire** popular
		les	**petits-enfants** (m pl) grandchildren		**– des pistes** ski map	le	**porc** pork
le	**pays natal** country of origin			la	**planche à roulettes** skateboarding	un	**port** port
le	**paysage** landscape, scenery	une	**petite-fille** granddaughter	la	**planche à voile** windsurfing		**– de pêche** fishing port
		un	**petit-fils** grandson	le	**plancher** floor		
un(e)	**paysan(-ne)** peasant, country person	le	**pétrole** oil	une	**planète** planet	un	**port de plaisance** yacht marina
		un	**peu** a little, rather	une	**plante** plant		
en	**PCV** reverse charges		**peu de** few	un	**plat** dish; course	un	**portable** mobile phone
un	**péage** toll		**peu importe** never mind, it doesn't matter		**– cuisiné** ready-cooked meal	une	**porte** door, gate
la	**peau** skin					la	**porte d'entrée** entrance
une	**pêche** peach	à	**peu près** approximately, about		**– du jour** dish of the day	un	**porte-clés** key ring
un	**pêcheur** fisherman	la	**peur** fear		**– principal** main course	une	**portefeuille** wallet
une	**pédale** pedal		**peut-être** perhaps			un	**porte-monnaie** purse
un	**pédalo** pedal boat	un	**phare** lighthouse; headlamp		**plat** flat		**porter** to wear
	pédestre on foot			un	**plateau** tray	un	**porteur** porter
un	**peigne** comb	une	**pharmacie** chemist	une	**platine-laser** CD player	la	**portière** train door
	peindre to paint	un(e)	**pharmacien(ne)** chemist	le	**plâtre** plaster (for broken limb)		**poser sa candidature** to apply for a job
la	**peine** trouble	une	**photo** photo				
	ce n'est pas la – it's not worth the trouble	une	**photo satellite** satellite picture		**plein** full		**poser une question** to ask a question
	ça vaut la – it's worth the effort	un(e)	**photographe** photographer	en	**plein air** in the open air	la	**posologie** dosage
					pleurer to cry	la	**poste** post-office
un	**peintre** painter	une	**phrase** sentence	il	**pleut** it's raining	un	**poste de radio** radio
la	**peinture** painting	la	**physique** physics		**pleuvoir** to rain	un	**pot** jar
une	**pellicule** film (for a camera)	un	**piano** piano		**plier** to fold	l'eau	**potable** (f) water for drinking
		la	**pièce** piece; room; each; coin	un	**plombage** filling		
une	**pelouse** lawn		**– de théâtre** play		**plomber** to fill a tooth	le	**potage** soup
une	**peluche** soft toy	un	**pied** foot	un	**plombier** plumber	la	**poterie** pottery
des	**pelures de légumes** (f pl) vegetable peelings		**à –** on foot	la	**plongée sous-marine** underwater diving	une	**poubelle** dustbin
			– à – step by step			le	**pouce** thumb
se	**pencher** to lean out		**ça me casse les –s** it gets on my nerves		**plonger** to dive	la	**poudre** powder
	pendant during		**un coup de –** kick	la	**pluie** rain	une	**poule** hen
	pénible tiresome, tedious		**se lever du – gauche** to get out of bed on the wrong side	les	**pluies acides** (f pl) acid rain	le	**poulet** chicken
	penser to think			la	**plupart** most	le	**pouls** pulse
la	**pension** boarding (house)				**plus (de)** more (than)	les	**poumons** (m pl) lungs
	– complète full board	un	**piège** trap, pitfall		**en – in** addition	une	**poupée** doll
	demi- – half board	le	**piercing** body piercing		**plusieurs** several		**pour** for
la	**Pentecôte** Whitsun				**plutôt** rather	un	**pourboire** tip
					pluvieux rainy		**pourpre** purple
				un	**pneu (crevé)** (flat) tyre		**pourquoi?** why?
				une	**poche** pocket		

on **pourrait** we could (from
  pouvoir)
  pourtant however
  pousser to push
  – **un cri** to let out a
    scream
  pouvoir can, to be able
  pratiquer to practise
  précis exact
  préféré favourite
  préférer to prefer
un **préjugé** prejudice
  premier(-ière) first
les **premiers soins** (m pl) first
  aid
  prendre to take, put
  – **un verre** to have a
    drink
  – **rendez-vous** to
    make an appointment
un **prénom** Christian/first
  name
  près de near
tout **près** very near
se **présenter** to introduce
  oneself; to report to
  présenter to present,
  introduce
un **préservatif** condom
  presque nearly, almost
(être) **pressé** (to be) in a hurry
la **pression (des pneus)**
  (tyre) pressure
  prêt ready
  prêter to lend
  prévenir to warn, advise
la **prévention routière** road
  safety campaign
les **prévisions**
  météorologiques (f pl)
  weather forecast
  prévoir to be prepared
  for, foresee, forecast,
  predict
  prévu planned
  prier to request, pray
une **prière** prayer
  prière de you are
  requested to
  principal main
le **printemps** spring
la **priorité** priority
une **prise de courant** electric
  socket
une **prison** prison
  privé private
se **priver de** to go without
le **prix** price; prize
  – **net** inclusive price
  – **d'entrée** entry fee
  probablement probably
  prochain next
la **prochaine levée** next
  collection (of mail)
  proche close
se **produire** to take place
un **produit** product
un **professeur** teacher
  profiter de to benefit
  from
  profond deep
une **profondeur** depth
un **programme** program,
  software
un **programmeur**
  programmer
le **progrès** progress
un **projecteur** projector

un **projet** plan
une **promenade** a walk, trip
se **promener** to go for a
  walk
  promettre to promise
une **promotion** special offer
à **propos** by the way; about
  proposer to suggest
une **proposition** proposal
  propre own; clean
un(e) **propriétaire** owner
une **propriété** property
  protecteur(-trice)
  protective
  protéger to protect
le **proviseur** headteacher
  (lycée)
les **provisions** (f pl) food,
  supplies
à **proximité** in the
  neighbourhood
  prudent wise
une **prune** plum
un(e) **psychologue** psychologist
  publicitaire to do with
  advertising
la **publicité** advertising
la **puce** flea; microchip
  avoir – à l'oreille to
    be alert
  puis then
  puissant powerful
un **pull** pullover, jumper
la **purée** fruit puree; mashed
  potato
un **pyjama** pyjamas

Q

un **quai** platform
  qualifié qualified
  quand when
  quand même all the
  same, nevertheless
  quant à as for
un **quartier** area (of a town)
en **quatrième** in the third
  year of secondary
  school
  que than; as; what?
  qu'est-ce que c'est?
  what is it?
  qu'est-ce qui ne va pas?
  what's wrong?
  quel(le) which, what
  quel dommage what a
  shame
  quelle chance! what
  luck!
  quelque chose
  something
  quelque part somewhere
  quelquefois sometimes
  quelques a few, some
  quelqu'un someone
  – **d'autre** someone
    else
une **question** question
une **queue** tail
une **queue de cheval** ponytail
  qui who, which
une **quincaillerie**
  ironmonger's,
  hardware shop
une **quinzaine** a fortnight
  quinze jours a fortnight
une **quittance** receipt
  quitter to leave

  quoi? what?
(un) **quotidien** daily
  newspaper, everyday

R

un **rabais** discount
le **racisme** racism
le **racket** racketeering,
  bullying
  raconter to talk about,
  describe
un **radiateur** radiator
(à) la **radio** (on the) radio
la **radio** x-ray
un **radis** radish
  rafraîchissant refreshing
  raide straight
du **raisin** grapes
une **raison** reason
  raisonnable reasonable
  ralentir to slow down
  ramasser to pick up,
  collect
une **rame de métro** metro
  train
  ramener to bring back
une **randonnée** hike, long
  walk
  ranger to tidy up
  râpé grated
  rapide quick, fast
  rapidement quickly
  rappeler to call back
un **rapport** relationship
par **rapport à** in comparison
  with
une **raquette de tennis** tennis
  racket
  rarement rarely
avoir **ras le bol** (p) to be fed up
  (slang)
  rasant (p) boring (slang)
se **raser** to shave
un **rassemblement**
  gathering
  – **des élèves** school
    assembly
un **rasoir** razor, shaver
  rassurer to reassure
la **ratatouille** vegetable dish
  of aubergines,
  courgettes, tomatoes,
  onions and olive oil
  rater (p) to fail, miss
  (slang)
la **RATP** (Régie Autonome
  des Transports
  Parisiens) Paris
  transport authority
  ravi delighted
  rayé striped
un **rayon** department
un(e) **réalisateur(-trice)** TV/film
  director
la **réalité virtuelle** virtual
  reality
  rebelle rebellious
  récemment recently
une **réception** party
une **recette** recipe
  recevoir to receive
un **réchaud** stove
le **réchauffement** global
  warming
  recherché sought after
les **recherches** (f pl) research
un **récit** account

la **réclame** advertising
la **récolte** harvest
  recommander to
  recommend
une **récompense** reward
  reconnaissant grateful
  reconnaître to recognise
  reconstituer to
  reconstruct
la **récréation** break
un **reçu** receipt
être **reçu** to pass, to succeed
  reculer to go
  back(wards), reverse
  récupérer to get back,
  recover, pick up
le **recyclage des déchets**
  recycling of waste
  recycler to recycle
un(e) **rédacteur(-rice)** editor
la **rediffusion** repeat
  transmission (on TV)
  redoubler to repeat a
  year at school
  réduire to reduce
  réduit reduced
  réel real
  réfléchir to think about
une **réflexion** comment
un **réfrigérateur** refrigerator
un(e) **réfugié(e)** refugee
un **regard** glance, look
  regarder to watch, look
  at
un **régime** diet
une **région** region
une **règle** ruler; rule
le **règlement** rules
  régler to control
  regretter to regret, be
  sorry
  régulièrement regularly
une **reine** queen
les **reins** (m pl) kidneys
un **relais routier** transport
  café
  remarquer to notice,
  observe
  remboursable refundable
  rembourser to reimburse
  remercier to thank
une **remise** discount
la **remise en forme** fitness
une **remontée mécanique** ski
  lift
  remplacer to replace
  remplir to fill (in), to
  complete
  remporter (un prix) to
  win (a prize)
  rencontrer to meet
un **rendez-vous**
  appointment, date,
  meeting
se **rendre à** to go to
  rendre to make; to give
  back
  rendre visite à to visit
  renfermer to contain,
  hold
  renoncer (à) to renounce,
  give up
  renouvelable renewable
les **renseignements** (m pl)
  information
la **rentrée** return to school
  rentrer to return, go
  home

	– dans to crash into	un	**rideau** curtain	une	**salle de classe** classroom	un	**self-service** self-service
	renverser to overturn,	(ne …)	**rien** nothing	une	**salle de jeux** playroom		restaurant
	knock over		**rigolo** funny, amusing	une	**salle de séjour** lounge		**selon** according to
les	**réparations** (f pl) repairs		**rire** to laugh	une	**salle des fêtes** function	une	**semaine** week
	réparer to repair	un	**risque** risk		room, village hall		**sembler** to seem
un	**repas** meal	une	**rivière** river	la	**salle des professeurs**	une	**semelle** shoe sole
le	**repassage** ironing	le	**riz** rice		staffroom	une	**séminaire** conference,
	repasser to iron	une	**robe** dress	un	**salon** lounge; trade fair,		seminar
	répéter to repeat; to		**– de chambre**		convention	la	**semoule** semolina
	rehearse		dressing gown		**saluer** to greet someone	un	**sens** meaning; direction
un	**répondeur**	un	**robinet** tap		**salut!** hello! hi!		**le bon/mauvais –** the
	(téléphonique)		**– à gaz** gas tap		**samedi** Saturday		right/wrong direction
	answering machine	une	**roche** rock	le	**SAMU** emergency medical		**– interdit** no entry
	répondre to reply	un	**rocher** rock		service		**– unique** one way
un	**reportage** report,	un	**roi** king		**s'amuser** to enjoy oneself		system
	commentary, press	un	**roman** novel	le	**sang** blood		**sensass** fantastic
	coverage, article		**– policier** crime story	les	**sanitaires** (m pl)		**sensationnel** fantastic
se	**reposer** to rest		**– -photo** photo story		washrooms		**sensible** sensitive
	reprendre to pick up		**rond** round		**sans** without	un	**sentiment** feeling
	again	une	**rondelle** round slice	les	**sans abri** (m/f pl)	se	**sentir** to feel
un(e)	**représentant(e)**	un	**rond-point** roundabout		homeless		**séparé** separated
	representative	du	**rosbif** roast beef	les	**sans domicile fixe (SDF)**		**septembre** September
le	**RER** Paris suburban		**rose** pink		(m pl) homeless	une	**série** series
	railway network		**rôti** roast		**sans doute** without		**sérieux(-euse)** serious
le	**réseau** network	une	**roue** wheel		doubt	un	**serpent** snake
le	**réseau autoroutier**		**rouge** red	le	**sans plomb** unleaded		**serré** tight
	motorway network	le	**rouge à lèvres** lipstick		petrol	se	**serrer la main** to shake
une	**réservation** reservation	la	**rougeole** measles	la	**santé** health		hands
	réserver to reserve		**rougir** to blush	un	**sapeur-pompier** fireman	la	**serrure** lock
	respectueux respectful		**rouillé** rusty	un	**sapin de Noël** Christmas	un(e)	**serveur(-euse)** waiter
	respiratoire respiratory		**rouler** to drive, move		tree		(waitress)
	respirer to breathe		(vehicle)		**s'arrêter** to stop		**servez-vous!** help
	responsable responsible	une	**route** road		**s'asseoir** to sit down		yourself!
	resquiller dans les	la	**route (nationale)** (main)		**satisfaire** to satisfy	les	**services** (m pl) **d'urgence**
	queues to jump the		road		**satisfait** satisfied		emergency services
	queue	un	**routier** long distance lorry	la	**sauce vinaigrette** French	une	**serviette** towel; briefcase
se	**ressembler** to look alike		**roux** red (hair)		dressing		**servir** to serve
un	**restaurant** restaurant	le	**Royaume-Uni** United	une	**saucisse** sausage	se	**servir de** to use
	rester to stay		Kingdom	le	**saucisson** continental		**ses** his, her, its
le	**résultat** result	une	**rue** street		spicy sausage		**seul** alone
un	**résumé** summary, résumé	le	**rugby** rugby		**sauf** except		**seulement** only
en	**retard** late	un	**ruisseau** stream	le	**saumon (fumé)** (smoked)		**sévère** strict
	retarder to delay	la	**Russie** Russia		salmon	le	**shampooing** shampoo
	retenir to hold				**sauter** to jump	un	**short** pair of shorts
une	**retenue** detention		**S**		**sauvage** wild, natural		**si** if; yes (insisting)
	retirer to take out				**sauvegarder** to save	le	**Sida** AIDS
le	**retour** return (journey)		**sa** his, her, its		**sauver** to save	un	**siècle** century
	retourner to return	le	**sable** sand		**savoir** to know	un	**siège** seat
se	**retourner** to turn around	un	**sac** handbag	le	**savoir-faire** know-how	le	**sien (la sienne, les siens,**
la	**retraite** retirement		**– de couchage**	le	**savon** soap		**les siennes)** his, hers
	retraité retired		sleeping bag	une	**saynète** sketch, short play		**sieste, faire la –** to have a
	rétrécir to shrink		**– à dos** rucksack	la	**scène** stage		nap after lunch
	retrouver to find, meet		**– à main** handbag	la	**science-fiction**	un	**sifflet** whistle
	up with	un	**sachet de thé** tea bag		science-fcition		**signaler** to indicate
un	**rétroviseur** overhead		**sacré** sacred, holy	les	**sciences** (f pl) science		**signer** to sign
	projector		**s'adresser à** to apply to		**– économiques**		**silencieusement** silently
une	**réunion** meeting		**saignant** rare (of steak)		economics		**silencieux(-euse)** silent
	réussi successful		**saigner** to bleed		**– naturelles** biology		**s'il te/vous plaît** please
	réussir (à faire qch) to		**sain** healthy		**scientifique** scientific		**simplement** simply
	succeed (in doing sthg)	la	**Saint-Sylvestre** New		**scolaire** to do with school	un	**singe** monkey
	réutiliser to re-use		Year's Eve	la	**scolarisation** schooling		**sinon** otherwise
un	**rêve** dream		**saisir** to seize	le	**scotch** sellotape	le	**sirop** concentrated fruit
un	**réveil** alarm clock	une	**saison** season	une	**séance** session, showing		juice; cough linctus
se	**réveiller** to wake up		**saisonnier** seasonal		(of a film),		**– d'érable** maple
	revenir to return, come	la	**salade** green salad;		performance		syrup
	back		lettuce		**sec (sèche)** dry		**situé(e)** situated
	rêver to dream		**– de fruits** fruit salad		**sécher les cours** (p) to	en	**sixième** in Year 7
le	**revenu** income		**– composée** mixed		skive off school (slang)	le	**ski** skiing
	réviser to revise		salad	la	**sécheresse** drought		**faire du –** to go skiing
se	**revoir** to see one another	un	**salaire** salary	en	**seconde** in Year 11		**– alpin** downhill skiing
	again		**salé** savoury, salty	le	**secours** help		**– nautique** water
une	**revue** magazine		**sale** dirty	une	**secrétaire** secretary		skiing
une	**revue de mode** fashion	une	**salle** room	le	**secrétariat** office staff	un	**snack** snack bar
	magazine	une	**salle à manger** dining	la	**sécurité Sociale** social	la	**SNCF** French Railways
le	**rez-de-chaussée** ground		room		security	la	**société** society, company
	floor	une	**salle d'attente** waiting		**séduisant** attractive	une	**sœur** sister
le	**rhume** cold		room	un	**séjour** stay	la	**soie** silk
	– des foins hay fever	une	**salle de bains** bathroom	le	**sel** salt		**soif, avoir –** to be thirsty